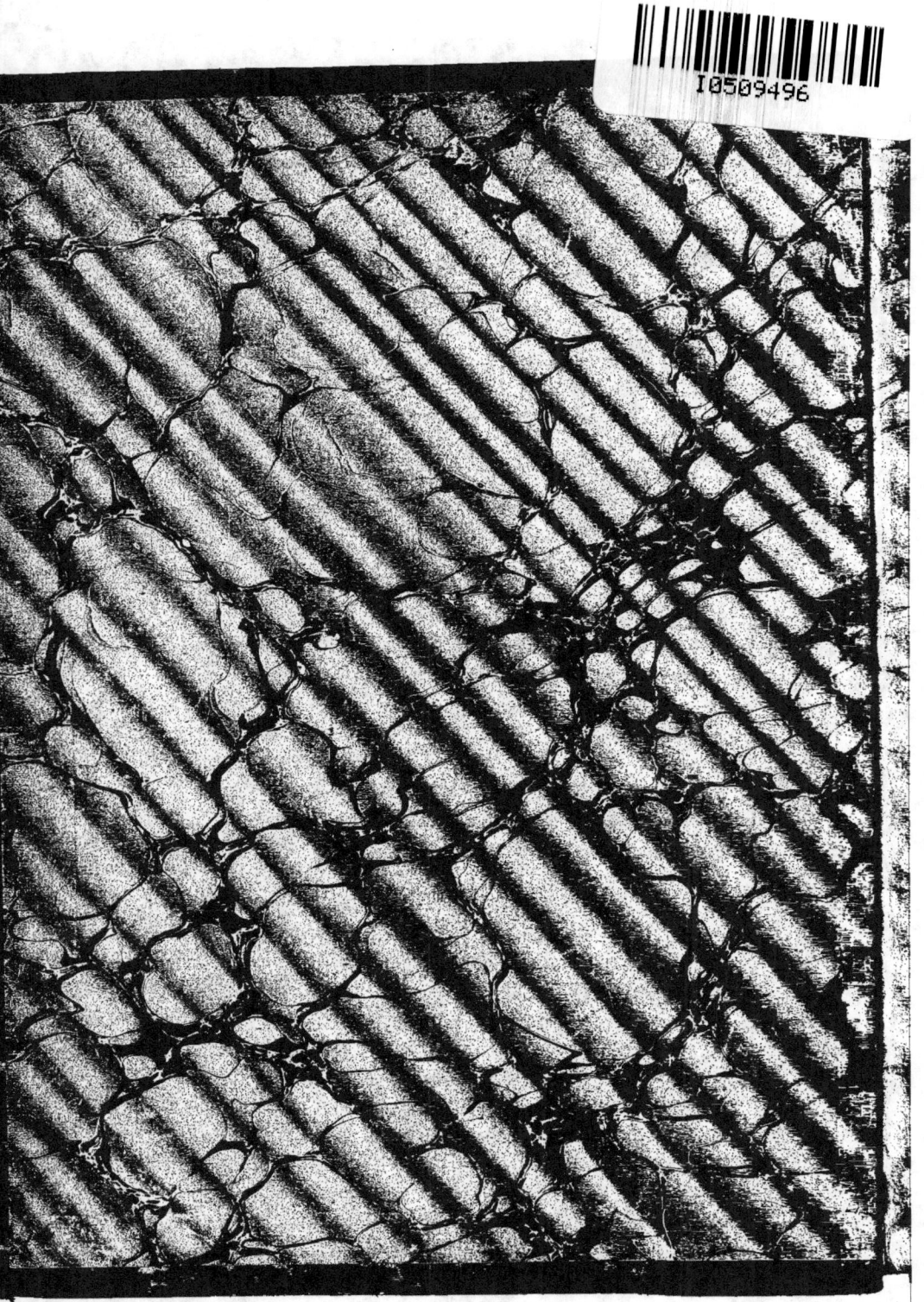

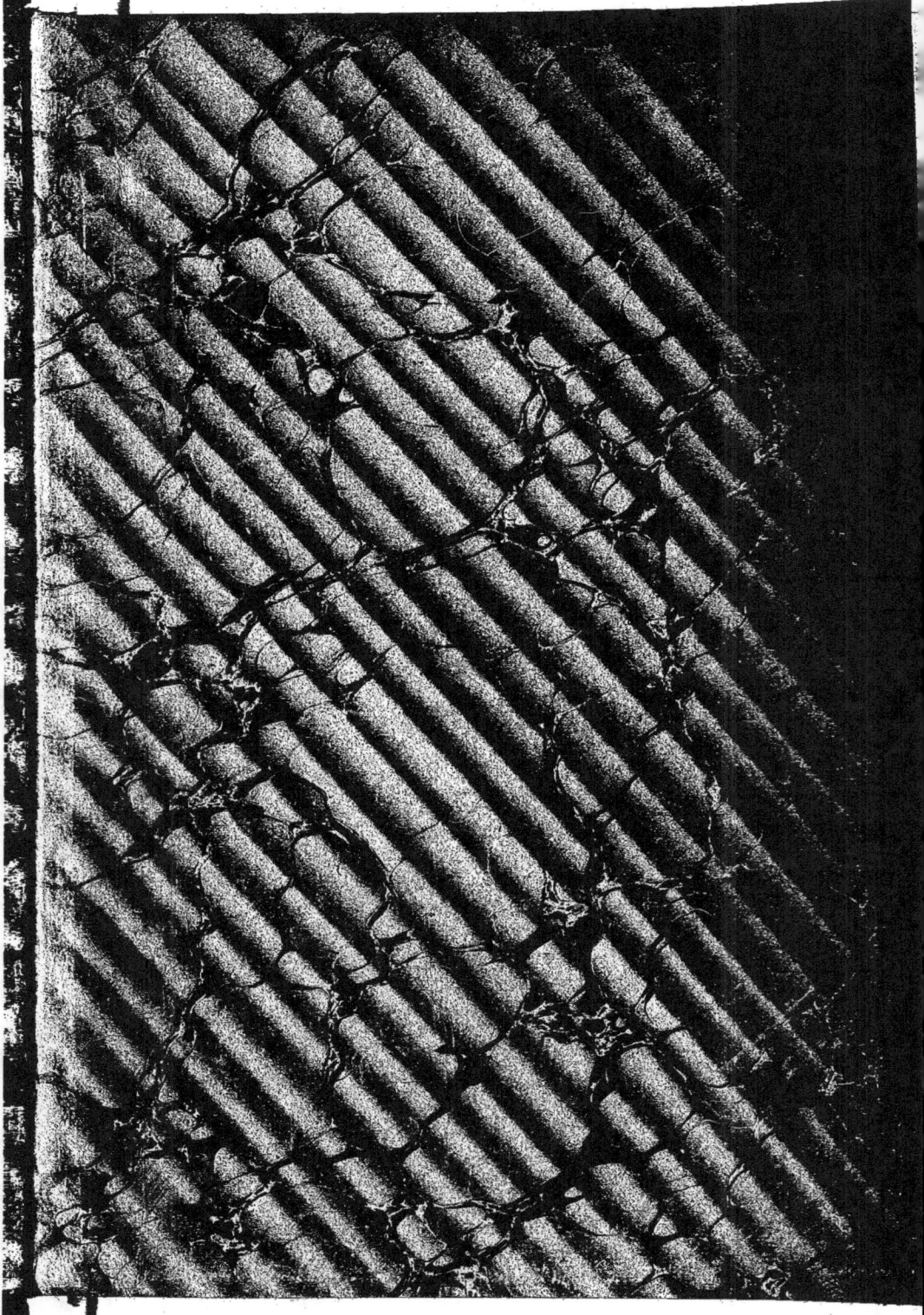

ARMAND DAYOT

Inspecteur-Général des Beaux-Arts

LA
PEINTURE ANGLAISE

DE SES ORIGINES A NOS JOURS

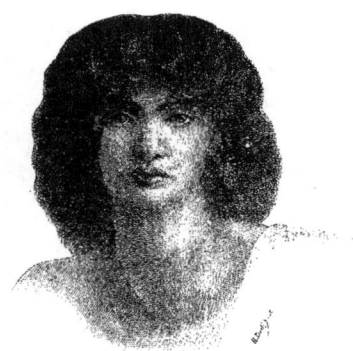

PARIS

LUCIEN LAVEUR, ÉDITEUR

13, RUE DES SAINTS-PÈRES, 13

1908

LA
PEINTURE ANGLAISE

Droits de traduction et de reproduction réservés

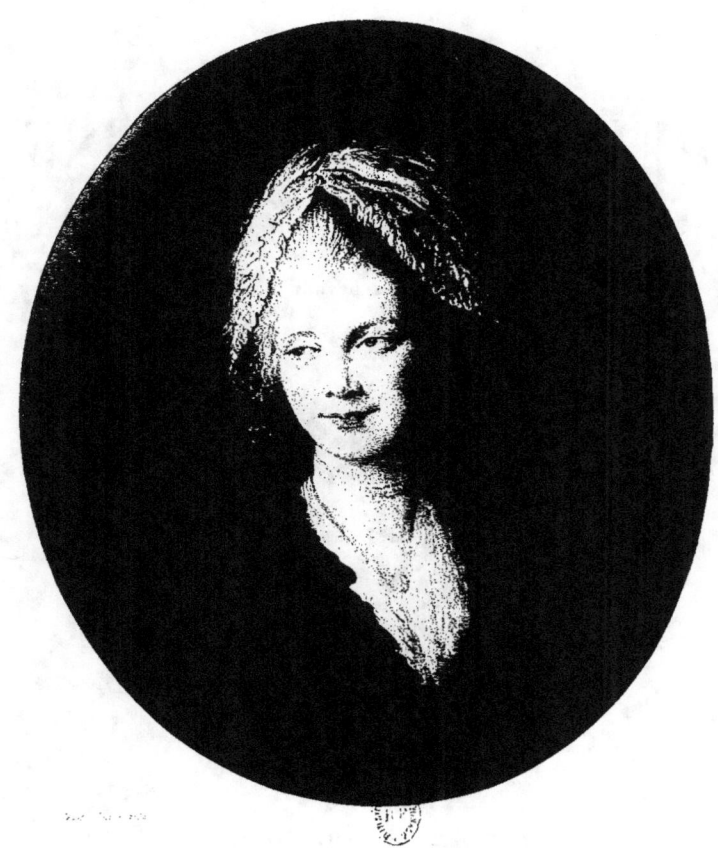

ARMAND DAYOT

Inspecteur-Général des Beaux-Arts

LA
PEINTURE ANGLAISE
DE SES ORIGINES A NOS JOURS

25 HÉLIOGRAVURES ET 282 ILLUSTRATIONS DANS LE TEXTE

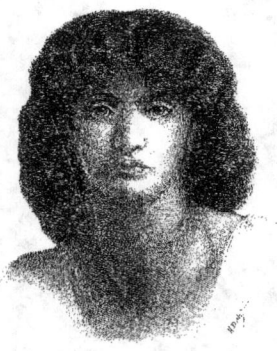

PARIS

LUCIEN LAVEUR, ÉDITEUR

13, RUE DES SAINTS-PÈRES, 13

1908

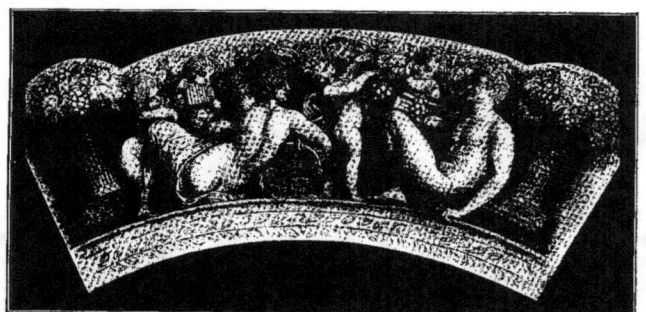

LES VENDANGES (D'APRÈS UN DESSIN ORIGINAL), PAR THOMAS STOTHARD
(British Museum.)

NOTE PRÉLIMINAIRE

Jusqu'en 1857, date de la fameuse « Exhibition » de Manchester, d'où Thoré rapporta des révélations si intéressantes, la réputation des artistes anglais, n'était à vrai dire, qu'insulaire; elle n'avait pas encore traversé le détroit, et le Louvre ne possédait pas un seul de leurs tableaux. Depuis cette époque la curiosité de divers écrivains d'art français fut attirée par la grâce, à peine entrevue, de cette jeune école d'une très incontestable originalité native, de caractères de style et de pratique si particuliers malgré ses ascendances étrangères, et de nouvelles découvertes vinrent s'ajouter à celles de Thoré et enrichir le domaine de l'histoire de l'art.

Puis ce furent les copieuses et savantes monographies de sir Walter Armstrong, traduites en français, et où se révèlent, dans leurs plus infinis détails, les glorieuses existences des Hogarth, des Reynolds, des Gainsborough, des Romney, des Raeburn... etc.

Mais le livre était à faire, croyons-nous, où, sous une forme condensée, les divers et nombreux éléments dont le sujet se compose fussent méthodiquement rassemblés et clairement présentés au lecteur français encore parfois assez ignorant de certains aspects de la peinture anglaise, et trop enclin à en voir se refléter tous les caractères dans l'œuvre de quelques grands maîtres du XVIII° siècle et du début du siècle dernier. Et, pour compléter l'utilité enseignante de ce livre, pour appuyer, en quelque sorte, l'opinion de l'historien, opinion forcément condamnée à de modestes développements par les dimensions du cadre, l'infinie complexité du sujet et la tyrannie documentaire, il était nécessaire que le texte fût orné de nombreuses reproductions d'après les œuvres les plus caractéristiques des grands et des petits maîtres, depuis Gainsborough, Turner et Watts, jusqu'à David Wilkie, Newton et Leslie.

Ce livre, nous avons tenté de le faire, heureux si, après tant d'efforts dispersés, nous avons réussi à classer méthodiquement toute une suite de recherches infinies, d'observations et d'impressions personnelles, où le lecteur pourra suivre utilement et sans trop d'efforts les grandes lignes de l'évolution de la Peinture anglaise, de ses origines jusqu'à nos jours.

PREMIÈRE PARTIE

L'ANCIENNE ÉCOLE

CHAPITRE PREMIER

LE PORTRAIT

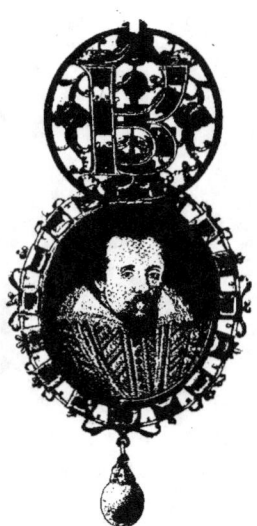

PORTRAIT DE JACQUES Ier
PAR NICOLAS HILLIARD
(British Museum)

L'École anglaise date, en réalité, du xviiie siècle. Hogarth, Reynolds, Gainsborough, sont ses véritables *Primitifs* malgré les troublantes ascendances d'un assez grand nombre d'enluminures gothiques du plus mystérieux anonymat et de quelques panneaux barbares et vermoulus disséminés dans plusieurs vieilles églises du Suffolk et du Gloucester et dans les sombres recoins du *South Kensington*.

Sans doute, il est déjà possible d'en faire une esquisse historique préliminaire à l'aide de quelques noms d'artistes du xvie et du xviie siècle, de Nicolas Hilliard [1], le peintre de la reine Élisabeth, qui apportait l'art sec et minutieux de son remarquable talent de miniaturiste dans l'exécution de ses grands portraits d'apparat, d'Isaac Oliver [2], de Georges

---

1. Nicolas Hilliard naquit à Londres en 1547. Il y mourut en 1619. Le talent réel d'Hilliard se développa sous l'influence d'Holbein.

2. Isaac Oliver naquit à Londres en 1555. Il était élève d'Hilliard et de Zuccher. Comme son maître Hilliard il peignit la miniature avec supériorité. Son fils Peter fut souvent son collaborateur. Il mourut en 1617.

Jamesone[1], de James Gandy[2], de Henry Stone[3], de Dobson[4]..., etc.; mais aucune originalité nationale n'existe chez les uns et les autres, et si l'art aigu et sec des premiers n'est qu'un pâle reflet de celui de Holbein et de Antonio de Moor, celui des autres dérive trop servilement de l'art des Van Dyck, des Peter Lely[5] et des Largillière.

C'est à William Hogarth d'abord, puis à Joshua Reynolds et à Gainsborough qu'il était réservé de fixer du premier coup, dans d'immortels chefs-d'œuvre, et avec un art très particulier, le caractère de la peinture anglaise devenant, en quelque sorte, sous leurs habiles pinceaux, et avec une spontanéité presque miraculeuse, l'expression définitive de la race et de l'esprit d'un peuple.

---

1. Georges Jamesone, qui travailla dans l'atelier de Rubens à Anvers, où il rencontra Van Dyck, a laissé d'assez bons portraits, trop visiblement exécutés sous l'influence de ces deux grands maîtres. Il naquit à Aberdeen en 1586, et mourut à Édimbourg en 1644.

2. James Gandy né en 1619, mort en 1689. Son fils William Gandy fut un peintre distingué.

3. Henry Stone naquit en 1625 et mourut en 1654. Comme Jamesone, comme Gandy, il peignit « à la manière de Van Dyck », bien qu'ayant étudié les diverses écoles de peinture, en France, en Italie et en Hollande. Stone fit aussi de la sculpture et a laissé quelques écrits sur l'art.

4. William Dobson naquit à Londres en 1610, et mourut dans la même ville en 1646. Dobson est, sans contredit, le plus grand artiste anglais que Van Dyck ait formé, et certains de ses portraits, ceux principalement où il s'est représenté lui-même, peuvent être admirés à côté de ceux de son maître. Dobson peignit aussi, sans aucun succès, des tableaux bibliques et religieux. Il mourut à 36 ans à peine, à la suite d'une existence très agitée. A la mort de Van Dyck, William Dobson hérita de la charge de premier peintre et de valet de chambre, *groom of the privy Chamber*, du roi Charles. Reynolds tient Dobson en très haute estime.

5. A peine Van Dyck était-il mort que Peter Lely débarquait à Londres. Il avait 25 ans. Il y demeura pendant 40 ans, jusqu'à sa mort (1680). Pendant ces quarante années il ne cessa de peindre, interprétant d'un pinceau rapide et flatteur, les traits de tous les personnages de la cour spirituelle et galante de Charles Stuart. Lely avait le culte absolu de Van Dyck qu'il imitait parfois presqu'à s'y méprendre. Ses portraits les plus célèbres sont ceux de la duchesse de Richmond, de Lady Hamilton, de la duchesse de Portsmouth, de la duchesse d'Albemarle, de Charles II et de sa femme, Catherine de Bragance. Sir Peter Lely fut le patron de Largillière, à la cour de Charles II où notre grand peintre, dont les Anglais appréciaient fort le talent, exécuta quelques remarquables portraits. Peter Lely était né en Westphalie d'un père hollandais.

Le premier, spirituel et satirique comme Swift et Sterne, saura exprimer sous une forme vive et familière, toute débordante d'humour national, les mœurs populaires et bourgeoises de son pays.

William Hogarth naquit à Londres en 1697. Son père était un simple prote d'imprimerie. « De vraie souche comme de nom et de caractère anglo-saxon, tous ses penchants étaient populaires. Souvent, avant l'année 1725, il avait quitté l'atelier du maître où il gravait des étiquettes de bibliothèque et des plaques d'enseigne, des armoiries et des billets de concert, pour promener son observation naissante et sa curiosité avide dans les tavernes, dans les carrefours et les cafés, à travers les rues et les faubourgs de la grande ville... » M. Philarète Chasles, à qui nous empruntons ces détails biographiques, ajoute que Hogarth, dans la pauvreté et l'obscurité, s'apprêtait à

WILLIAM DOBSON
PORTRAIT DE L'ARTISTE PAR LUI-MÊME
(National Portrait Gallery, Londres.)

devenir l'annotateur minutieux des vanités humaines, le peintre profond de la vie domestique, le vérificateur redoutable des laideurs morales et des difformités physiques. « Tout concourait, dit-il, à cette éducation spéciale; tout l'éloignait de l'idéal grec, de l'unité, de la règle antique et du type sévère du beau. Tout le préparait à devenir non l'élève du Titien, du Corrège et de Raphaël, mais le satirique vigoureux et souvent brutal, le peintre moral et souvent cynique du XVIIIe siècle anglais, le violent adversaire de la convenance attitrée et de la fausse élégance dans l'art, même du grand style et de l'idéal... »

Il y a dans ces quelques lignes une très juste expression de la mission future du peintre. Là cependant où M. Philarète Chasles nous semble dans l'erreur, c'est lorsqu'il nous montre William Hogarth violent adversaire du grand art et de l'idéal. Hogarth, comme d'ailleurs plusieurs autres peintres de genre célèbres, voulut, lui aussi, faire « de la grande peinture » et si son art, tout de détails spirituels, et de mordantes observations, perd toute son originalité et sa force en voulant « s'élever », il n'en reste pas moins acquis que l'auteur de l'*Analyse de la Beauté* tenta d'atteindre au grand style, comme dans *Moïse devant la fille de Pharaon* et *le Bon Samaritain*[1]. Reynolds l'a d'ailleurs très bien peint dans un de ses discours académiques, qui sans doute a échappé à la lecture de M. Chasles : « Notre excellent

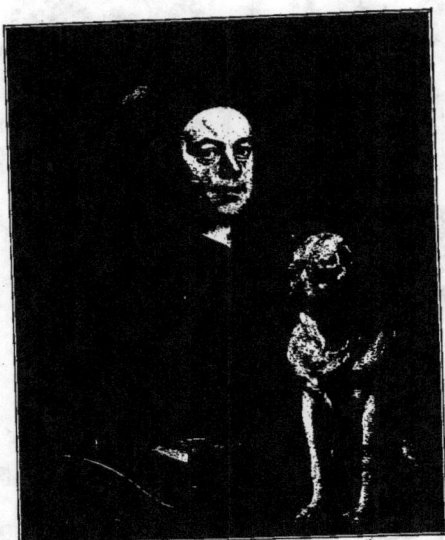

Phot. Giraudou.
WILLIAM HOGARTH
PORTRAIT DE L'ARTISTE PAR LUI-MÊME
(National Gallery.)

---

[1]. Hogarth écrivit, dans les dernières années de sa vie, l'*Analyse de la Beauté* (1753). C'était un traité d'esthétique, assaisonné d'humour, et où il posait en principe que la *ligne de beauté* était la ligne serpentine. Il eut pour collaborateurs, dans cette œuvre, ses amis les docteurs Benjamin Hoadly, Morell et Townsley.

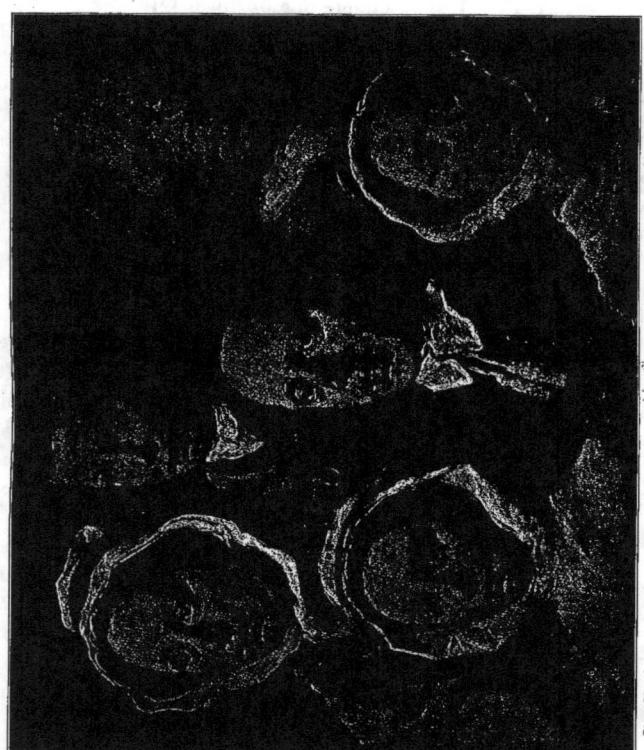

Phot. Giraudon. WILLIAM HOGARTH. — PORTRAITS DES SERVITEURS DU PEINTRE.
(National Gallery.)

Hogarth, malgré tout son talent extraordinaire, n'a pas possédé la connaissance des bornes où il devait se renfermer. Après que cet admirable artiste eut consacré la plus grande partie de sa vie active à étudier avec succès ce que la société offre de ridicule, après qu'il eut créé un nouveau genre de peinture dramatique, après qu'il eut rempli son esprit d'une infinité de matériaux propres à représenter et à expliquer les scènes domestiques et familières de la vie commune, il voulut imprudemment essayer le grand style de l'histoire..., etc. »

Réjouissons-nous de cet échec. Après avoir percé de ses traits aigus la gloire factice de Kent, peintre du roi, et raillé sans pitié les mythologies de son maître Sir James Tornhill, qui succéda à Kent, et dont il enleva d'ailleurs la fille, il eût été fort surprenant et aussi fort regrettable que Hogarth marquât sa place dans l'histoire de la peinture anglaise, à côté de Benjamin West et de James Barry, alors que par l'ingéniosité satirique de son métier et ses dons particuliers d'observation, il était si naturellement désigné pour prendre rang dans la vivante phalange des moralistes du pinceau, de ces charmants petits maîtres septentrionaux dont il était le successeur involontaire avec l'humour anglais, en plus, les Téniers, les Steen, les Ostade, les Brauwer, etc.

Faut-il voir dans Hogarth un des grands maîtres de la peinture anglaise, un technicien exemplaire? Assurément non; le don de composer lui fait souvent défaut. Dans la plupart de ses œuvres, voire même celles où l'intention philosophique est la plus lisible et où il paraît avoir voulu s'attacher plus aux idées qu'aux formes, l'envahissement souvent vulgaire de l'accessoire, la confusion de détails inutiles nuit à l'expression du sujet principal. Souvent aussi sa touche âpre et lourde, son dessin sec et heurté, sont en complet désaccord avec le caractère du sujet. On a pu dire que Hogarth avait quelque chose de Swift pour l'amertume et de Daniel de Foë pour la vérité. On aurait pu aussi ajouter que malheureusement dans toute son œuvre n'existe pas l'unité de forme et de pensée qui domine celle des deux grands écrivains.

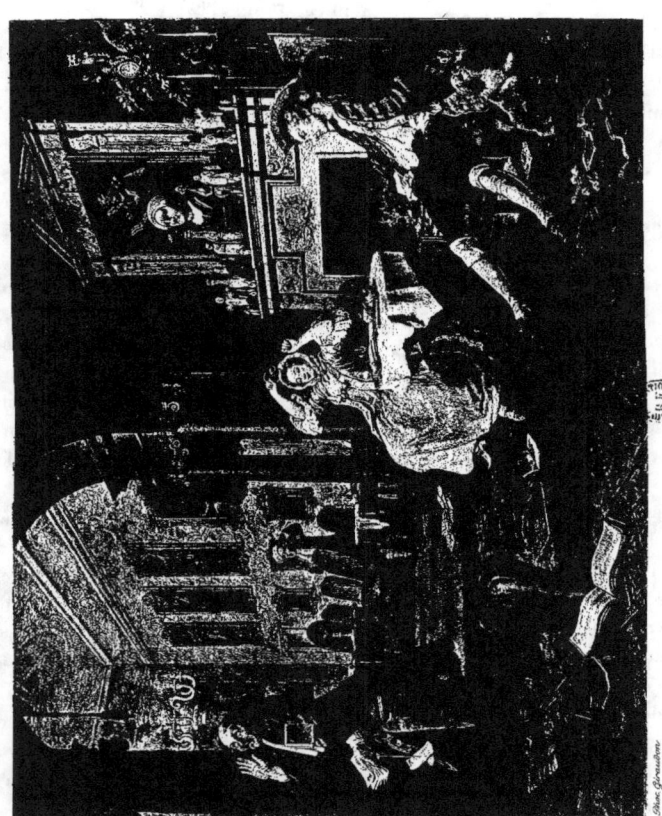

WILLIAM HOGARTH. — UN MARIAGE A LA MODE
PEU APRÈS LE MARIAGE

National Gallery

Ces réserves faites, et en admettant même avec Mérimée que William Hogarth fut plutôt poète comique que peintre, il faut bien reconnaître que dans l'œuvre, si frémissante, de cet extraordinaire artiste, le plus anglais peut-être des peintres anglais, il existe des pages où l'expression de la critique des mœurs est d'une technique très adroite, et qui fait songer parfois à celle de notre grand Chardin, avec plus de fluidité peut-être dans la caresse du pinceau et souvent autant de légèreté dans le clair-obscur des fonds. Assurément ces pages, véritables petites merveilles de métier, sont assez rares. Mais on les trouve encore sans trop de peine dans le prodigieux amoncellement des œuvres de l'artiste.

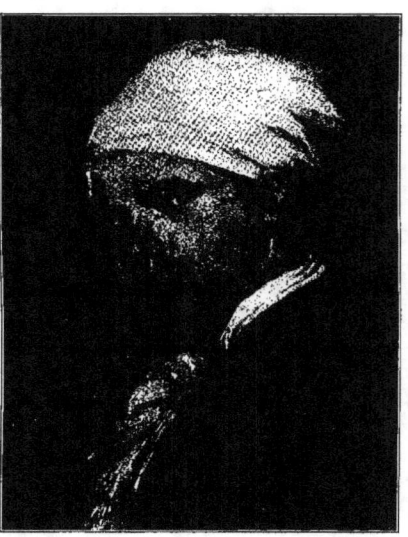

PORTRAIT D'HOMME, PAR WILLIAM HOGARTH
(Collection du marquis de Casa-Torres.)

Le *Mariage à la mode*, qu'il exécuta en 1745 et qui comprend une suite de six peintures, exposées maintenant à la National Gallery, eût suffi à la consécration de la gloire du peintre. A vrai dire, c'est la plus complète expression des tendances philosophiques et satiriques du maître, et jamais la causticité de son pinceau n'eut de plus savantes affirmations. Ici le peintre se révèle avec éclat à côté du moraliste, et l'œil et l'esprit se réjouissent également au spectacle lumineux et vivant des pièces diverses, qui forment la série des multiples péripéties du *Mariage à la mode* et qu'on peut examiner tout à loisir sur une des cimaises de la National Gallery.

Hogarth a divisé son drame comique, en six actes, disons en six tableaux : 1° *Le contrat de mariage*, 2° *L'intérieur du jeune ménage*, 3° *La*

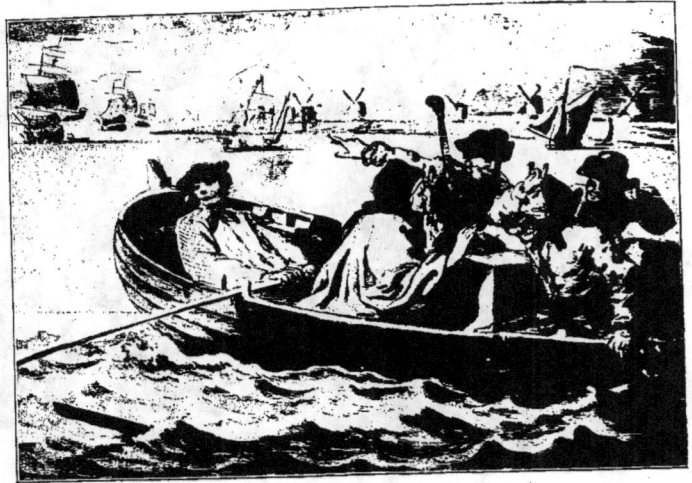

DESSIN POUR « INDUSTRIE ET PARESSE », PAR WILLIAM HOGARTH
(British Museum.)

visite chez l'empirique, 4° *Le petit lever de la comtesse*, 5° *Le duel et la mort du comte*, 6° *La mort de la comtesse*.

Il est difficile de découvrir dans l'histoire de la peinture anglaise des documents plus fidèlement représentatifs d'une époque. Dans le cadre si précis des accessoires, les personnages apparaissent doués d'une vie si réelle, qu'à leur vue l'évocation historique se produit immédiate et le spectateur se trouve brusquement transporté en plein XVIII° anglais, au foyer dévasté d'une de ces familles de la haute société anglaise qui, aussi bien que la petite bourgeoisie et le bas peuple, souffrait de la dissolution générale des mœurs.

Le succès de cette œuvre fut si grand que la mode s'en empara et en figura des scènes sur les éventails. On en fit d'innombrables copies et jusqu'à des images de cire qui, promenées à travers la province,

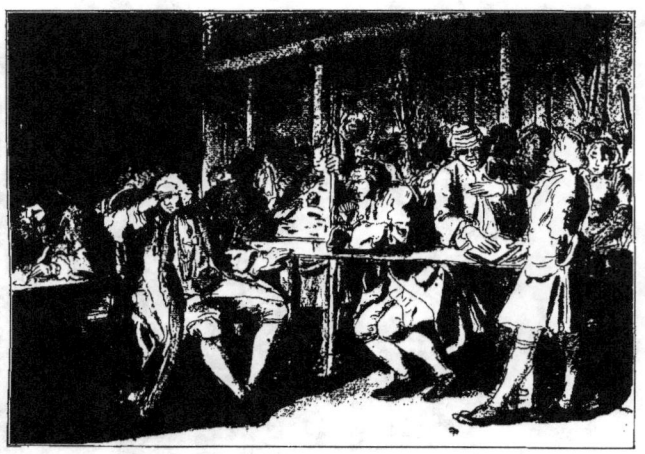

DESSIN POUR « INDUSTRIE ET PARESSE », PAR WILLIAM HOGARTH
(British Museum.)

rendirent vite très populaire le nom d'Hogarth. D'ailleurs, le succès de ses autres peintures satiriques ne fut pas moins grand, et la *Carrière de la Fille de joie* (The Harlot's Progress) en six compositions également, la *Carrière du Libertin* (The Rake's Progress), furent accueillies avec la même faveur.

Ce qui dans ces peintures verveuses et cruelles excitait surtout la curiosité publique, c'était la mimique grotesque des physionomies derrière lesquelles le spectateur se plaisait à rechercher et à découvrir, sans grande difficulté d'ailleurs, des figures très connues. Parmi les séries aristophanesques d'Hogarth, auxquelles il doit, sans contredit, la plus belle part de sa gloire, il faut encore mentionner les *Élections*, les *Quatre parties du jour*, *Activité et indolence*, et aussi ces pièces où il proteste avec tant d'ardeur généreuse contre la cruauté des hommes envers les animaux. Le succès de cette dernière série fut considérable.

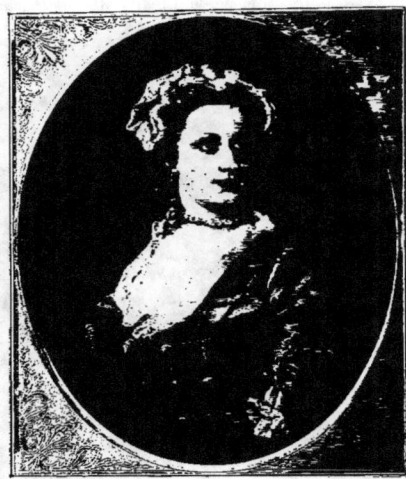

Phot. Giraudon.
PORTRAIT DE MISS LAVINIA FENTON
PAR WILLIAM HOGARTH
(National Gallery.)

Notre abbé Delille les célèbre lui-même dans son livre de la Pitié, et on a raconté qu'un lord à l'âme sensible, qui s'indignait, dans une rue de Londres, de voir un cocher brutal frapper impitoyablement ses chevaux, lui arrêta le bras en s'écriant : « Malheureux ! Tu n'as donc pas vu les tableaux d'Hogarth. »

Dans bien d'autres compositions isolées, peintures, dessins, gravures, documents d'histoire physionomiques, du plus grand intérêt, Hogarth a fixé d'un trait sûr et impitoyable les traits, les gestes, les grimaces des gens du peuple observés dans la rue, dans les tavernes, dans tous les mauvais lieux et aussi les mises et les attitudes fausses ou maniérées des gens du théâtre et du monde, utilisant pour le dessin de sa vaste comédie humaine la somme énorme des matériaux documentaires recueillis dans ses flâneries laborieuses à travers les bouges, les tripots, les coulisses et les salons.

LE PORTRAIT.

Hogarth, avons-nous dit, s'essaya aussi dans le genre historique et religieux, mais bien vainement, et sans doute le nom de l'immortel auteur du *Mariage à la mode* et de l'*Élection parlementaire* n'eût jamais traversé les siècles, s'il n'avait peint que ses tableaux de la *Piscine*,

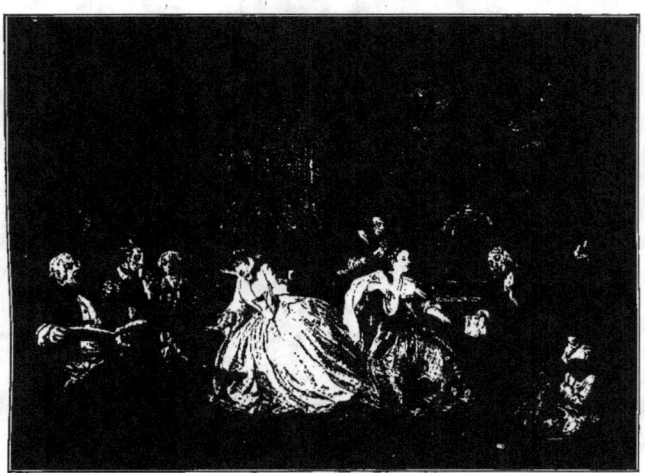

SCÈNE DU « MARIAGE A LA MODE », PAR WILLIAM HOGARTH
(National Gallery.)

de la *Fille de Pharaon*, de *Sigismond et Danaé*, du *Bon Samaritain*[1], de la *Prédication de saint Paul*...

L'art de Hogarth, nous entendons du Hogarth peintre satirique, art toujours pittoresque et intéressant malgré l'incorrection trop fréquente du dessin et la lourde pesanteur de la touche, s'accommode parfaitement de l'interprétation par la gravure. On pourrait même ajouter que, contrairement aux œuvres des maîtres véritables, les pein-

1. Ces deux dernières peintures furent exécutées pour la décoration de l'escalier de Saint-Bartholomé. Les figures avaient sept pieds de haut.

tures d'Hogarth, ou, pour mieux dire, la pensée et l'esprit d'Hogarth, transparaissent plus lisiblement à travers le métier du graveur, surtout lorsque ce graveur est Hogarth en personne [1].

Hogarth fut-il un peintre? Walpole ne le croit pas et Reynolds lui-même ne veut voir en lui qu'un dessinateur satirique, un observateur spirituel, un physionomiste ingénieux...

La postérité, plus juste que le grand écrivain et le grand peintre anglais, mieux renseignée aussi par un examen d'ensemble de l'œuvre et par l'indispensable recul du temps, a su découvrir en Hogarth un beau peintre, d'un métier heurté assurément, d'une technique tourmentée et d'une allure irrégulière. Mais il est impossible qu'un connaisseur en peinture ne soit charmé par certaines délicatesses imprévues de touche, par l'habileté lumineuse du pinceau qui se révèlent dans le *Mariage à la mode* et dans la *Carrière d'une fille de joie*. Aussi bien le grand peintre, qui sommeillait trop souvent dans Hogarth, se réveille lorsqu'il s'improvise portraitiste et qu'il a devant lui des modèles de prédilection comme Wilkes, son ennemi, son ami Fielding, l'auteur de *Tom Jones*, l'acteur Garrick, la belle Lavinia Fenton, dans le rôle de Polly Peachum (The Beggar's opera), Sarah Lennox, Sarah Malcom, celui de sa propre femme, ceux de ses serviteurs, et aussi le sien propre, qui d'ailleurs est peut-être de tous le meilleur, et où, avec une rare force de pinceau, il a fixé pour l'éternité l'ironique expression de son masque puissant troué par les éclairs d'un regard singulièrement scrutateur. Près de l'image du maître figure (intentionnellement symbolique sans doute) celle de *Trump*, son chien favori, un superbe bull-dog, à la mine reposée. Mais ne vous y fiez pas.

Cette double effigie où Hogarth se révèle comme un portraitiste

[1]. Il serait difficile de dresser un catalogue complet des œuvres de Hogarth, aussi bien que de fixer la date de certaines de ses productions. On a évalué son œuvre à 200 pièces dont il a gravé une partie. Parmi les gravures principales de l'œuvre de Hogarth, il faut citer : *La vie d'une fille publique* (six planches), *La vie du libertin* (8 planches), *Le mariage à la mode* (10 planches), *Les quatre parties du jour* (4 planches), *Avant et après* (2 planches), *Industrie et paresse* (12 planches), les quatre scènes de *Cruautés* (4 planches), etc.

et un animalier de premier ordre, est une des œuvres les plus fortes du peintre. Une œuvre de véritable peintre, une des meilleures toiles de la National Gallery.

N'est-elle pas aussi d'un beau peintre de race, cette vivante figure de la *Fille aux crevettes*, dont le joyeux et blanc sourire, fixé d'un

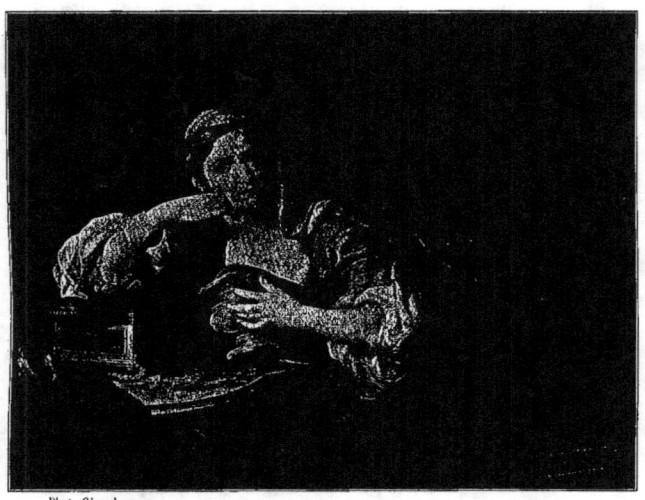

Phot. Giraudon.
SIGISMONDA PLEURANT SUR LE CŒUR DE GUISCARDO, PAR WILLIAM HOGARTH
(National Gallery.)

pinceau si rapide et si sûr, d'un pinceau d'impressionniste, semble éclore dans le brouillard de Londres, comme une fleur dans la nuit?

Et cependant, malgré les jeux souvent si heureux de son pinceau et la beauté des quelques œuvres où il se manifeste, Hogarth, grâce à l'accumulation de ses compositions moralistes, feuillets innombrables d'un livre énorme, livre de comédie et de tragédie humaine, où sont représentés avec une précision rare, mais avec une âpre et cruelle ironie, les mœurs, les modes, les vêtements et jusqu'au mobilier de son époque, apparaît surtout à travers l'histoire de l'art, et en Angleterre plus que partout ailleurs, comme le génial et spirituel illustrateur de la Société anglaise, dans la première partie du xviii° siècle. Jamais psychologue n'utilisa avec plus de science documentaire la récolte opulente de ses rapides impressions d'observateur de la vie qui passe.

La rédaction d'un catalogue complet de l'œuvre si considérable d'Hogarth, où s'inscrit, selon l'expression de Lavater, « un immense déploiement de physionomie », constituerait un travail considérable. Son œuvre est infinie et beaucoup de ses pages hâtives, et non datées, sont encore dispersées dans de nombreuses collections.

Son dernier ouvrage fut exécuté en 1764. C'est une sombre allégorie où la figure du Temps était représentée étendue sur des débris de temples et de palais. Titre : *La fin de toutes choses*.

LA « FILLE AUX CREVETTES »
PAR WILLIAM HOGARTH
(National Gallery.)

On a rapporté que, lorsqu'il eut terminé ce tableau, il brisa ses pinceaux en s'écriant : « J'ai fini. » Il cessa, en effet, de travailler et mourut quelques mois après.

Une anecdote assez piquante pour finir :

Peu de temps après la paix d'Aix-la-Chapelle, Hogarth visita la France. Au moment où il se disposait à rentrer en Angleterre il fut arrêté à Calais, comme espion, pour avoir dessiné une des portes de

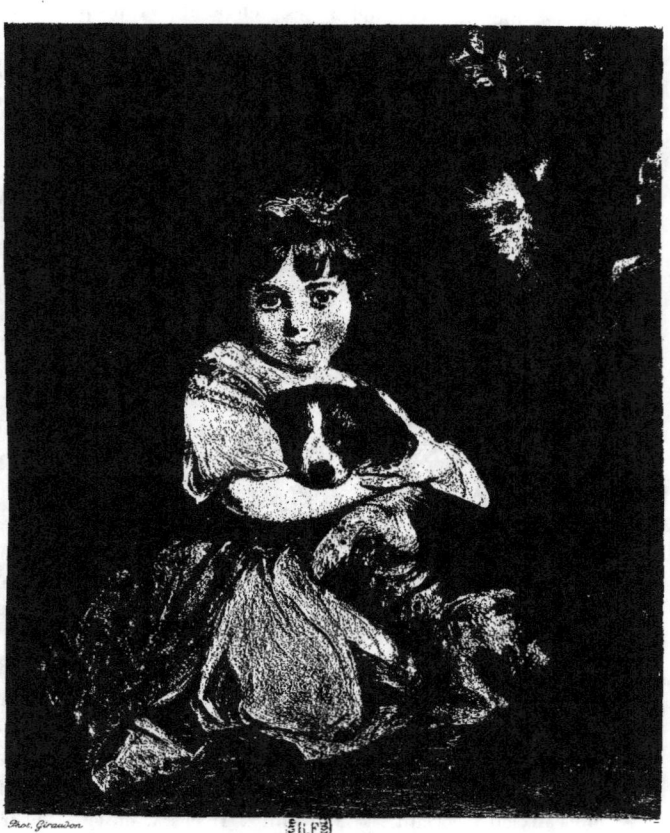

SIR JOSHUA REYNOLDS — MISS BOWLES

Collection Wallace

la ville. Pour ce fait il faillit être pendu et, sur l'ordre du gouverneur, deux soldats le reconduisirent à trois lieues en mer, avec défense expresse de remettre le pied sur le sol français. Par esprit de vengeance, le malheureux Hogarth, et on ne saurait vraiment lui reprocher son mouvement d'humeur, fit deux caricatures d'une outrance excessive où l'urbanité souriante de l'Angleterre était opposée à la grossièreté maussade de la France.

***

Pendant que Hogarth saura exprimer sous une forme vive et familière, toute débordante d'humour national, les mœurs populaires, bourgeoises et aristocratiques de son pays, Reynolds, orientant sa vision artistique vers une autre expression de la société, posera son chevalet dans les intérieurs les plus somptueux, sous les frais ombrages des grands parcs seigneuriaux, choisissant de préférence ses modèles dans les rangs féminins de l'aristocratie anglaise, avec l'arrière-pensée, peut-être, d'être le représentant de celle de son époque, comme Van Dyck l'avait été pour la cour de Charles Ier et Peter Lely pour celle de Charles II.

Reynolds fut par excellence, avec Gainsborough et Romney, le peintre de la femme anglaise au xviiie siècle, « le peintre exquis de la beauté sereine et nonchalante d'une grande race inoccupée ».

Mais la souveraine élégance de ces ladies « en robe de mousseline blanche se promenant sous les ombrages des grands parcs peuplés de statues et ornés de fontaines » n'absorba pas son attention tout entière et la grâce troublante des mères ne dissimula pas à ses regards la grâce naïve des enfants. Avec un égal amour, avec une égale tendresse il peignit la beauté mûre et les charmes naissants, le fruit doré et la fleur qui s'entr'ouvre; aussi mérite-t-il de vivre dans l'histoire de l'art avec le double et glorieux titre du grand peintre de la Femme et de l'Enfant.

L'œuvre de Reynolds est considérable. De 1761 à 1790 il a exposé 240 tableaux aux Salons de l'Académie et plus de 700 de ses ouvrages ont été gravés. Pendant trente-cinq ans il ne cessa de travailler et de produire, tantôt discourant sur les arts dans d'académiques harangues qui demeureront comme des modèles du genre, tantôt fixant de son pinceau savoureux et savant les traits de ses plus belles et de ses plus élégantes compatriotes, représentées dans le cadre somptueux de leur vie intime. Ici quelques lignes biographiques sont de rigueur.

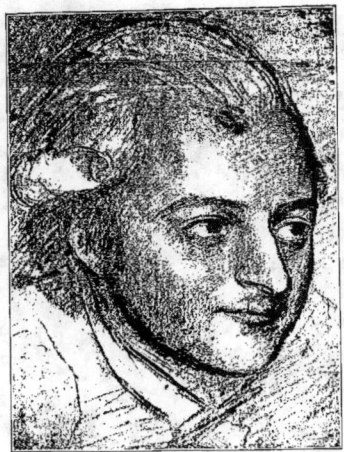

PORTRAIT D'HOMME (CRAYON)
PAR JOSHUA REYNOLDS
(British Museum.)

Joshua Reynolds, comme Gainsborough d'ailleurs, et aussi comme Romney, et Thomas Lawrence, était de très humble origine.

Ces quatre peintres de la grâce aristocratique, en ce qu'elle a de plus raffiné et de plus délicat, ces quatre illustres représentants de la vie de château et de palais dans sa plus souveraine élégance, ces portraitistes des duchesses, des princesses et des reines, reines de cour et reines de théâtre, avaient pour pères, l'un un brave instituteur de campagne, que la précocité artistique de son fils terrifia d'abord; l'autre, Thomas Gainsborough, un modeste marchand de drap; le troisième, Georges Romney, un charpentier de village; le quatrième enfin, Thomas Lawrence, un obscur comédien de province. Cette coïncidence paraîtra peut-être assez piquante,

LE PORTRAIT.

étant donné, non seulement, l'idéal artistique de ces trois maîtres, mais aussi la grande allure de gentilhomme de haute race que devait prendre chacun d'eux dans le milieu brillant où s'épanouissait son génie.

Joshua Reynolds naquit le 16 juillet 1723 à Plympton dans le Devonshire, où son père, le révérend Samuel Reynolds était maître d'école. Celui-ci le destinait à la profession de médecin, mais l'enfant manifestait pour le dessin un goût si prononcé, qu'après de longues hésitations ses parents finirent eux-mêmes par l'encourager dans cette voie. Ce fut, nous a raconté Reynolds luimême, une lecture du *Traité sur la peinture* par Jonathan Richardson, assez bon peintre de portraits, et critique littéraire en renom, qui détermina sa vocation définitive.

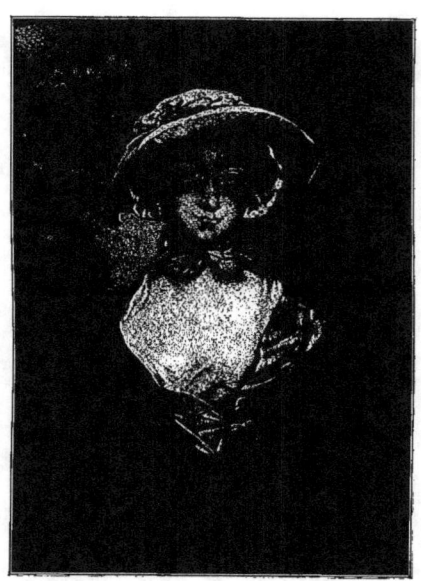

Corbutt del.
MRS CHAMBERS, PAR JOSHUA REYNOLDS

De 1741 à 1744 Reynolds fit ses premières études à Londres dans l'atelier de Thomas Hudson, élève de Richardson. Après la mort de son père, en 1746, il ouvrait un atelier. En 1749 il s'embarquait à bord du *Centurion*, commandé par un de ses amis, le commodore Keppel, qui faisait une croisière dans la Méditerranée, et, après un séjour de quelques mois aux Baléares où il peignit quelques portraits d'officiers, il partait pour l'Italie. Il y passa trois années, visitant tour à tour Rome, Florence, Bologne, Parme, Modène, Milan, Padoue, Venise, où il reçut l'hospitalité du paysagiste Zucharelli.

Vers la fin de l'année 1752, il rentrait à Londres après avoir traversé Paris, où il ne fit qu'un très court séjour. Quelques années plus tard il s'installait définitivement à Leicester-Square, où il faisait construire un immense atelier et une spacieuse galerie pour son admirable collection d'œuvres d'art recueillies dans ses voyages. Et cette demeure, vraiment princière, devait bientôt devenir le centre de réunion du monde élégant, artistique et littéraire de Londres.

Reynolds était déjà connu lorsqu'il fit construire sa fameuse maison de Leicester-

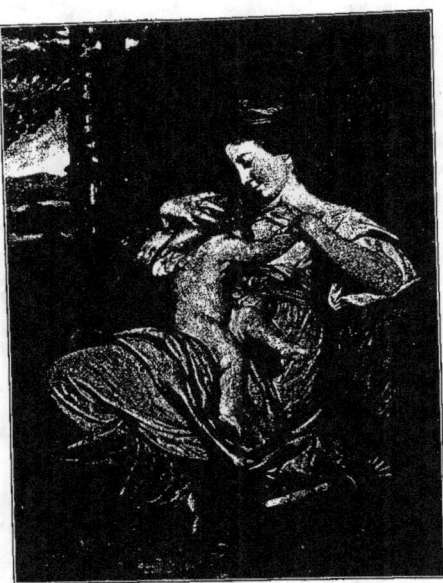

VÉNUS ET L'AMOUR, PAR JOSHUA REYNOLDS

Square, où devait, dans une parfaite quiétude, s'écouler sa glorieuse carrière, faite de succès continuels, de triomphes ininterrompus. Quelques portraits, d'hommes cette fois, ceux du duc de Devonshire, de son ami le commodore Keppel, de Lord Ligonier (aujourd'hui dans la National Gallery), avaient déjà mis son nom en pleine lumière. Ces portraits furent exécutés de 1754 à 1755.

Mais sa grande renommée date surtout de 1762, époque où il exposa sa fameuse toile, *Garrick entre la tragédie et la comédie*, peinture que Fisher a si superbement gravée.

En 1768 Reynolds, dont la laborieuse activité et la prodigieuse facilité d'exécution ne suffisaient plus aux commandes qui affluaient chez lui du monde entier, était fait chevalier. La même année il devenait président de l'Académie royale qui venait de se fonder. En 1784, il succédait à Ramsay comme peintre ordinaire du roi.

Sir Joshua Reynolds mourut le 3 février 1792 et de véritables funérailles nationales lui furent faites dans la cathédrale de Saint-Paul où se dresse sa statue exécutée par Flaxman.

Ceci n'est que l'esquisse, à larges traits,

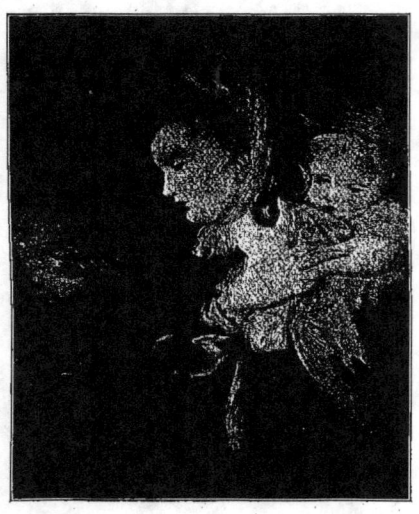

FEMME ET ENFANT, PAR JOSHUA REYNOLDS
(Collection Pierpont-Morgan.)

de l'existence d'un des peintres les plus justement célèbres, et aussi d'un de ceux à qui la fortune se montra toujours particulièrement bienveillante, car la carrière de Reynolds offre un rare exemple de prospérité constante.

Ce n'est assurément pas dans la vie de Reynolds que les jeunes artistes devront chercher des exemples de triomphes obtenus à la suite de luttes pénibles et de douloureux efforts.

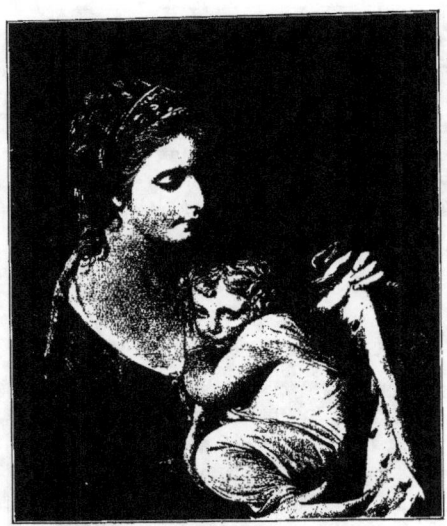

Houston del.

MARIE, COMTESSE DE WALDEGRAVE
ET SA FILLE, LADY ÉLISABETH-LAURA
PAR JOSHUA REYNOLDS

***

A l'encontre de son glorieux rival Thomas Gainsborough, dont il devait en 1788 faire l'éloge dans un de ses plus remarquables discours académiques, Reynolds bien qu'ayant eu un incontestable génie de peintre, ne fut pas peintre de nature, d'instinct.

On peut dire que toute son œuvre fut le résultat d'une laborieuse volonté, d'une ardeur tempérée par une réflexion savante.

Rien de moins prime-sautier que l'art de Reynolds, rien de plus instinctif, de plus spontané que celui de Gainsborough, dont la sensibilité native s'exaltait, presque jusqu'à la souffrance, devant la nature, « le talent de Reynolds est une magnifique conquête de la volonté, celui de Gainsborough l'éclosion spontanée d'une fleur se transformant naturellement et devenant fruit[1] ».

Ce fut un fruit d'une saveur exquise.

Reynolds puisait son génie dans une sorte d'enthousiasme réfléchi, après avoir tout d'abord nourri son esprit des sages et graves conseils de Richardson et rempli ses yeux de la plus pure lumière des écoles

---

[1]. *La Peinture anglaise*, par ERNEST CHESNEAU. A. Quantin, éditeur.

de Rome, de Parme et de Venise. Phénomène très curieux dans l'histoire de l'art, l'œuvre de Michel-Ange pesa de son poids formidable sur la volonté du maître anglais, et le peintre gracieux de la femme et de l'enfant, le peintre exquis, un peu superficiel, de la grâce blanche et rose des ladies aux robes légères et des babys aux yeux couleur de ciel et aux cheveux d'or fin, se prosternait avec une fervour passionnée devant les terribles peintures de la chapelle Sixtine et devant les tombeaux de la chapelle des Médicis.

Dans une de ses plus célèbres harangues académiques, dans la quinzième et dernière, après avoir résumé ses doctrines d'art et fait, en quelque sorte, l'histoire de ses pensées, il s'étend, avec une superbe richesse d'expressions, sur le rôle éducateur de Michel-Ange. « Pour recouvrer le grand style, s'écrie-t-il, cette langue morte qu'on pourrait appeler le langage des Dieux, il faut avoir continuellement sous les yeux les ouvrages de Michel-Ange, les plâtres de ses statues, les copies de ses dessins, les estampes de ses peintures. »

Il va même jusqu'à recommander à ses élèves d'emprunter toutes leurs figures à Michel-Ange en les adaptant à la conception de leurs tableaux. Et son discours tout

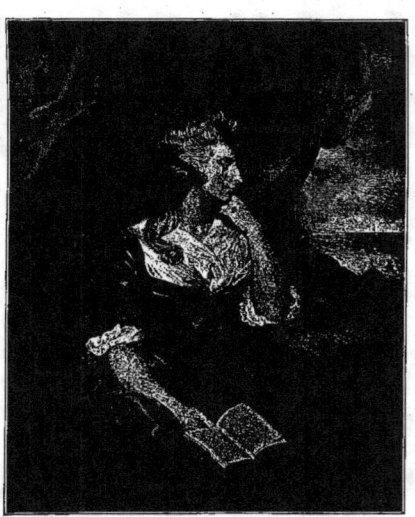

J.-K Sherwin del.
PORTRAIT DE LA DUCHESSE DE RUTLAND
PAR JOSHUA REYNOLDS

débordant de lyrisme michelangelesque se termine par cette phrase vraiment surprenante dans la bouche du peintre de MM. William Hope, de Penelope Boothby, et de la nourrice de Cupidon : « Ce n'est pas sans orgueil que je pense que tous mes discours portent l'empreinte de mon admiration pour cet homme divin, et je fais des vœux pour que les dernières paroles que je prononcerai soient : Michel-Ange! Michel-Ange! »

* *

Avant de voir poser dans son atelier de Leicester-Square toutes les grandes dames et les actrices célèbres d'Angleterre : les duchesses de Devonshire, de Rutland, Lady Spencer, si divinement belle sous son costume de chasse, l'admirable Lady Betty Delme, de la collection Pierpont-Morgan, Lavinia, vicomtesse Althorp, la marquise de Salisbury, Sarah Siddons en muse tragique, l'inoubliable Nelly O'Brien... avant de pouvoir proclamer qu'il avait peint deux générations de beautés, Reynolds avait très laborieusement visité la plupart des galeries de peinture d'Italie, étudiant avec une avidité inquiète les maîtres, leurs manières et leurs procédés, préoccupé, jusqu'à la fièvre, de devenir un jour le grand peintre de l'Angleterre, d'être le réel fondateur de l'école de peinture de son pays, en résumant, dans une expression originale, et par un prodige d'habileté, le splendide coloris des Vénitiens, le modelé fin et brillant de Van Dyck, le mystérieux et léger clair-obscur de Rembrandt.

Il oublia le dessin pénétrant et psychologique d'Holbein.

Et cela est regrettable, car un peu plus d'apparence de vie morale, sous la richesse épidermique de ses personnages, n'eût pas nui à l'éclat de son génie.

Il est bien entendu, ainsi qu'il ressort de ses déclarations académiques, que Raphaël, le Titien et le Tintoret n'absorbèrent pas toutes ses admirations et qu'il en garda une bonne part pour Michel-Ange. Il faut toutefois reconnaître que si l'influence du peintre du *Jugement dernier* se fait vivement sentir dans les exposés théoriques du maître

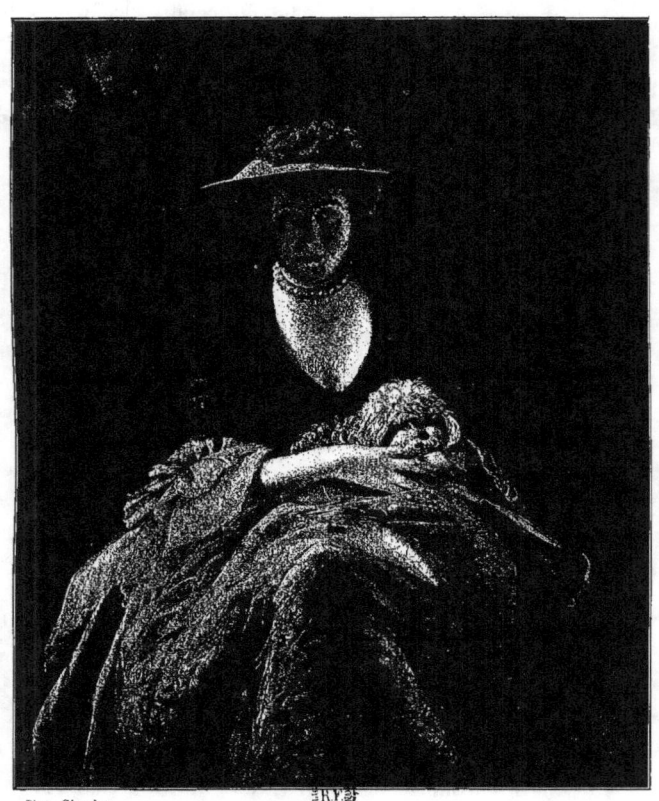

Phot. Giraudon.
NELLY O'BRIEN, PAR JOSHUA REYNOLDS
(Collection Wallace.)

anglais, on n'en découvre nulle trace dans ses essais de peinture historique, religieuse et mythologique où Reynolds est toujours demeuré inférieur à lui-même. « Ce professeur de grand style, dit Charles Blanc, dans son *Histoire des Peintres*, cet Anglais pur sang qui avait appris des Italiens et des Flamands le langage de l'art, ne put jamais, dans la peinture des vierges ou des divinités païennes, échapper à l'expression des formes individuelles. Ses madones ont une physionomie toute britannique et nous chercherions vainement, chez les poètes et chez les sculpteurs de la Grèce, des analogies avec la Vénus hellénique et celle de Reynolds, belle lady blanche et rose, offrant une molle résistance au jeune Éros joufflu, vrai baby qui dénoue malicieusement sa ceinture. »

M. Charles Blanc aurait pu ajouter que la très apparente anomalie qui existe entre la doctrine et l'œuvre de Reynolds s'était transmise, sans interruption, à travers l'histoire de la peinture anglaise et que les Vénus de James Barry, les belles Grecques de William Etty, les Romaines d'Alma Tadema, les vierges d'Holman Hunt et de Burne Jones, les figures symboliques de Watts, les Andromèdes de sir Frédérick Leighton..., étaient toutes de très vivantes représentations de la race britannique, en ce qu'elle a de plus caractéristique.

PORTRAIT DE FEMME, PAR JOSHUA REYNOLDS
(Collection de M™ L. Stern.)

En réalité tous ces artistes, malgré les conseils du

maître, semblent s'être fort peu souciés de ce que Reynolds appelait le grand style et de la nécessité d'adapter les figures de Michel-Ange à la conception du sujet. Et c'est là, indépendamment d'un métier souvent très particulier, un des caractères les plus frappants de l'École anglaise, nationale jusque dans la fantaisie excessive et volontaire de ses anachronismes ethniques.

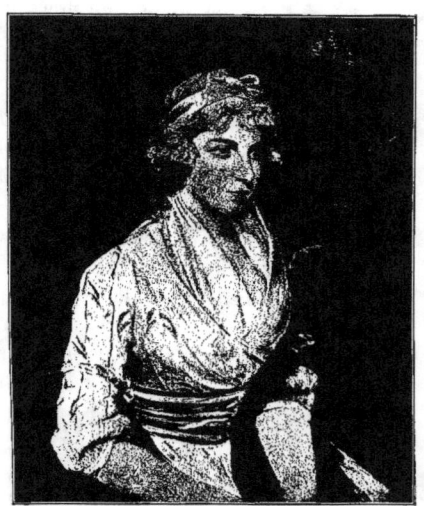

PORTRAIT DE FEMME, PAR JOSHUA REYNOLDS
(Musée du Louvre.)

**

Reynolds, malgré son admiration profonde pour Michel-Ange, est surtout un élève des Vénitiens. Le Titien, Véronèse et le Tintoret, furent ses maîtres véritables. Dans ses recherches infinies pour pénétrer le métier de ces grands artistes, dont il aimait instinctivement l'art fastueux, le coloris éclatant, dans ses élans de passion pour saisir le secret de leur génie, on le vit sacrifier des toiles dues à leurs divins pinceaux, afin d'en décomposer les couleurs, d'en découvrir les pratiques mystérieuses.

Nous n'hésitons pas à nous ranger parmi ceux qui déplorent cet excès de conscience et de curiosité artistiques.

En résumé Reynolds est parvenu, à force d'habileté, à dissimuler et à fondre dans une unité, qui cependant lui est bien propre, les divers emprunts de sa palette, et si, en sacrifiant des tableaux du

Titien et du Tintoret, pour découvrir par le frottement les diverses couches de couleurs que ces maîtres avaient employées, il eut la curiosité un peu excessive du passé, on est obligé de reconnaître qu'il sut avec une science et un art incomparables, surtout dans les portraits de la femme et de l'enfant (genre où il est supérieur), donner à ses personnages, par l'esprit naturel des attitudes, par le pittoresque du costume, par des arrangements de fond appropriés au sujet, par des effets de lumière très imprévus, un caractère tout particulier que souligne encore l'emploi, parfois abusif, de rouges et de bruns somptueux qui appartiennent bien à sa palette.

PORTRAIT DE GARRICK DANS LE ROLE DU « MARI JALOUX », PAR JOSHUA REYNOLDS
(Collection Chéramy.)

***

Il avait pénétré le secret de toutes les distinctions, de toutes les élégances, de tout le charme de la femme, et aussi de la grâce de l'enfant. L'expression rapide des fugitives émotions, des voluptueuses tendresses, des yeux étonnés des vierges, des câlineries enfantines, convenait admirablement à son facile et caressant pinceau, toujours nourri de couleurs riches et fraîches.

C'est par des œuvres pleines de grâce exquise, comme les portraits de Lady Cokburn et de ses enfants, de Nelly O'Brien, de Lady

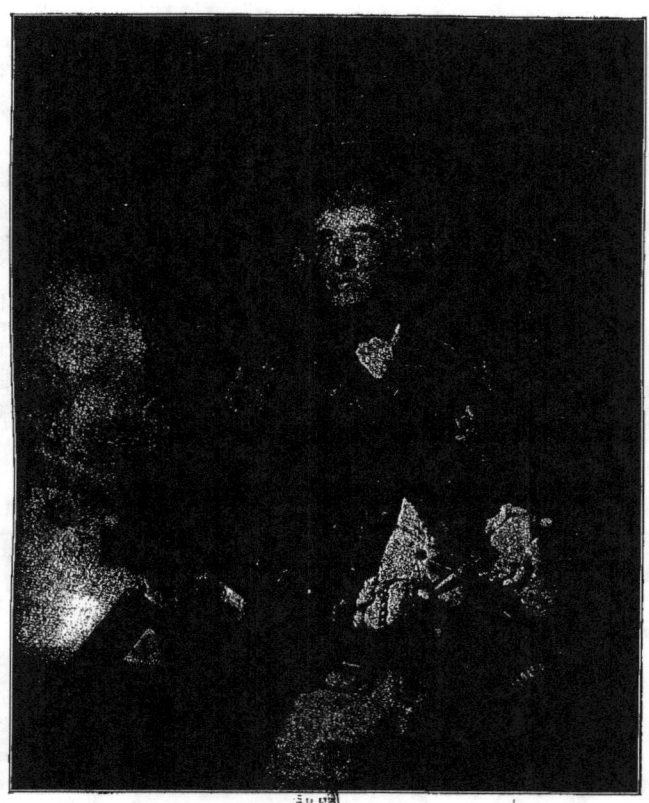

LORD HEATHFIELD, GOUVERNEUR DE GIBRALTAR
PAR JOSHUA REYNOLDS
(National Gallery.)

Spencer, de Lavinia Bingham, de Lady Mary Douglas, de la comtesse d'Harcourt, de Lady Delme, son chef-d'œuvre peut-être, etc., que le nom de Reynolds rayonne si doucement dans le ciel de l'art. Tout son génie réside dans l'expression de ces sujets charmants. Ses toiles mythologiques et religieuses n'indiquent que des efforts impersonnels et péniblement laborieux, et dans ses portraits d'hommes, sauf ceux de son vieil ami le commodore Keppel, de Thomas Fox, de sir William Chambers tout en rouge, de Lord Heathfield, une de ses œuvres les meilleures, de l'acteur Garrick, de Lord Ligonier, de Georges John, vicomte Althorp, œuvre célèbre, bien que pastichée de Van Dyck, de sir John Thomas, évêque de Rochester, de H. B. Cunningham..., etc., et de quelques autres encore, l'effet extérieur, trop visiblement recherché, est impuissant à dissimuler la faiblesse de l'observation et l'indigence d'analyse morale.

Un portrait de jolie femme, un portrait de bel enfant, sont d'ailleurs peut-être suffisamment définis, lorsque la grâce et le charme extérieurs des modèles ont été rendus avec la délicatesse qui convient au peintre expert dans l'art de réaliser un chef-d'œuvre d'après la représentation d'une fleur.

Ici la psychologie perd ses droits et Reynolds triomphe.

*
* *

Reynolds ne fut pas seulement un superbe peintre, mais aussi un remarquable esthéticien, et en relisant ses harangues académiques on se demande lequel des deux fut le plus grand, de l'artiste ou du critique, encore que les doctrines du maître soient bien souvent en flagrante contradiction avec sa technique et que rien ne ressemble moins à ses théories que ses œuvres. Qu'on nous permette, après avoir esquissé la physionomie du peintre, de montrer l'orateur d'art, en reproduisant l'analyse faite par M. Charles Blanc, dans son *Histoire des Peintres*, d'un des quinze discours prononcés à la Royale Académie.

Ils seraient à citer tous, dans leur substantielle intégralité. Bornons-nous, faute de place, à fixer ici l'esprit de la seconde harangue et de la troisième, les plus caractéristiques peut-être de la série et prononcées, l'une en 1769, l'autre en 1770. « L'étude de la peinture se divise en trois périodes. La première se rapporte aux principes élémentaires; c'est, pour ainsi parler, la grammaire de l'art. La seconde est celle où l'artiste, sachant exprimer, cherche des sujets propres à l'expression, se forme des idées et les combine. Prenant pour guide, non plus un professeur, mais l'art lui-même, il sort des limites d'une admiration outrée pour un seul maître; il consulte les différentes beautés, choisit celles qui conviennent à son génie et sait encore discerner dans ces beautés ce qu'elles peuvent avoir de faible en certaines parties, ou d'incohérent. Enfin, lorsque le jugement est ainsi affermi, il s'élève au rang des maîtres, il examine les règles et les juge. Il passe de la comparaison des chefs-d'œuvre à l'étude de la nature et cherche à découvrir si ceux qui l'ont interprétée avant lui, n'ont commis aucune erreur. Une fois parvenu à ce point, il peut s'abandonner à l'enthousiasme et avoir conscience de sa dignité. — Ici Reynolds émet quelques idées qui semblent paradoxales et ne sont que vraies. — Rien ne produit rien, dit-il, et l'invention

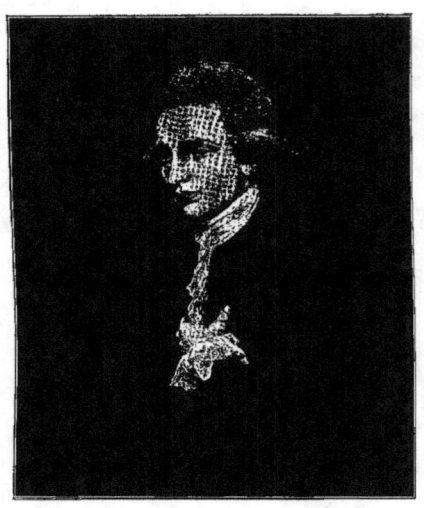

PORTRAIT DE M. PAMLER
BEAU-FRÈRE DE L'ARTISTE, PAR JOSHUA REYNOLDS
(Collection Trooty.)

n'est à bien dire qu'une combinaison nouvelle des images qu'on a rassemblées dans sa mémoire. Le jeune peintre, qui ignore les travaux des maîtres anciens, croit à chaque instant découvrir des choses inconnues et prend pour du nouveau ce qui est déjà consacré par l'approbation des siècles. Il en conçoit une idée fausse de son mérite et il arrive qu'à part quelques saillies irrégulières et quelques succès qui sont le bénéfice du hasard, ses conceptions présentent beaucoup moins d'originalité qu'on ne s'y attendrait.

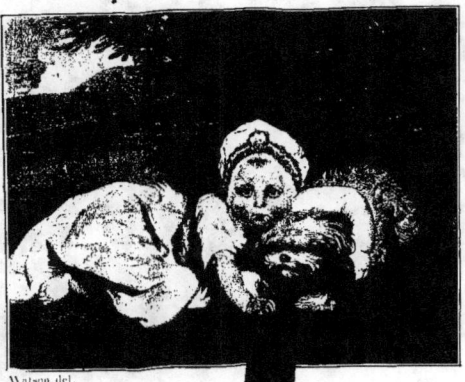
SOPHIA-MATILDA D... ...CESTER
PAR JOSHUA R...NOLDS

« Étudier les maîtres est donc une méthode sûre et sans dangers, mais comment les étudier? C'est là l'important. La plupart les copient et donnent toute leur attention à les reproduire exactement, sans se douter que dans ces chefs-d'œuvre même il y a quantité de lieux communs qu'il faudrait discerner pour n'y pas perdre temps, et sans s'apercevoir que, par ce travail de patience, on ...ourdit les facultés de l'invention que l'on devrait tenir en haleine et faire agir. Le seul fruit qu'on puisse tirer de ces copies, c'est d'apprendre à disposer les couleurs, à les glacer, à les empâter, à employer enfin les procédés qu'ont mis en œuvre les bons coloristes. Encore faut-il savoir que les vieilles peintures sont tellement altérées aujourd'hui, qu'on est obligé d'apercevoir la beauté de leurs tons à travers le nuage dont le temps les a obscurcies. Il convient donc de faire choix des parties les plus sail-

SIR JOSHUA REYNOLDS — Mrs ELISABETH SEYMOUR-CONWAY

Collection Wallace

lantes dans l'ouvrage que l'on prend pour modèle. Que si l'artiste ose entrer en lice avec les grands maîtres et braver l'humiliation de sentir son infériorité, qu'il essaie de faire le pendant d'un de leurs tableaux et qu'il le place courageusement à côté de son modèle. Une telle comparaison lui fera mieux saisir leurs qualités et leurs défauts, il aura fait un grand pas... Ajoutez que les talents distingués ne s'obtiennent que par un travail opiniâtre. Ayez toujours le crayon à la main ou plutôt le pinceau, car il vaut mieux peindre ses études que les dessiner simplement, et à force de labeur vous avancez comme avance l'aiguille d'une pendule qui marche d'un mouvement imperceptible mais pourtant rapide... »

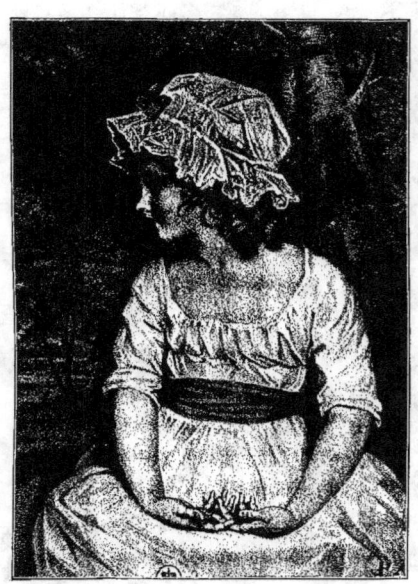

PORTRAIT D'ENFANT, PAR JOSHUA REYNOLDS

Troisième discours, 1770 : « La perfection de l'art ne consiste pas dans la simple imitation de la nature ; ainsi l'ont pensé les poètes et les artistes de l'antiquité. L'homme porte en lui un principe supérieur à la nature : c'est ce qu'on appelle *le beau idéal* en France, le *gusto grande* en Italie, le *genius* ou le *great style* en Angleterre. Phidias ne trouve point dans la nature le modèle de son Jupiter ; il le trouve dans son imagination échauffée par la lecture d'Homère. Mais que doit-on entendre par le *beau idéal?*... le voici. Quand nous étudions la nature nous découvrons dans ses formes, même les plus belles, des parties faibles, mesquines, défectueuses. En faisant abstraction de ces défauts accidentels, en nous élevant, de la vue des imperfections particulières à l'intention d'une beauté générale, nous arrivons à l'idée des formes plus parfaites, choisies peut-être dans divers modèles existants, mais réunies dans un modèle imaginaire. Cette faculté de concevoir une nature supérieure, faculté justement appelée divine, est ce qui engendre le beau idéal. La statuaire antique nous a laissé des types immortels... »

Nous regrettons de ne pouvoir reproduire ici toutes les analyses de ces curieuses harangues, prononcées par le Président de l'Académie royale de Londres, car les principes les plus élevés de l'art y sont professés avec une rare éloquence. Les artistes les liront avec profit, lors même qu'ils y chercheront vainement de fidèles commentaires de l'œuvre du maître. Et c'est peut-être à ce presque constant désaccord entre la vision de l'esthéticien et celle du peintre, entre les élans passionnés de l'adorateur de Phidias et de Michel-Ange, et le disciple fervent des Vénitiens et de Rembrandt, que ces superbes sermons artistiques, que ces hymnes à la Beauté, empruntent leur accent de sincérité si noble et si impressionnant.

* * *

Un récit rapide des années de jeunesse de Gainsborough est, nous semble-t-il, le moyen le plus sûr de révéler au lecteur les secrets de l'âme et de l'art du prestigieux artiste, âme largement ouverte aux splendeurs de la nature et à tous les frissons de la vie, art tout de géniale impulsion et d'instinctive allure.

Il naquit en 1727, à Sudbury, dans le comté de Suffolk. Plus contemplatif que laborieux, très enclin à l'école buissonnière, il dépensa les premières années de sa jeunesse dans les bois, au bord des étangs qui entouraient la demeure paternelle, s'emplissant les yeux,

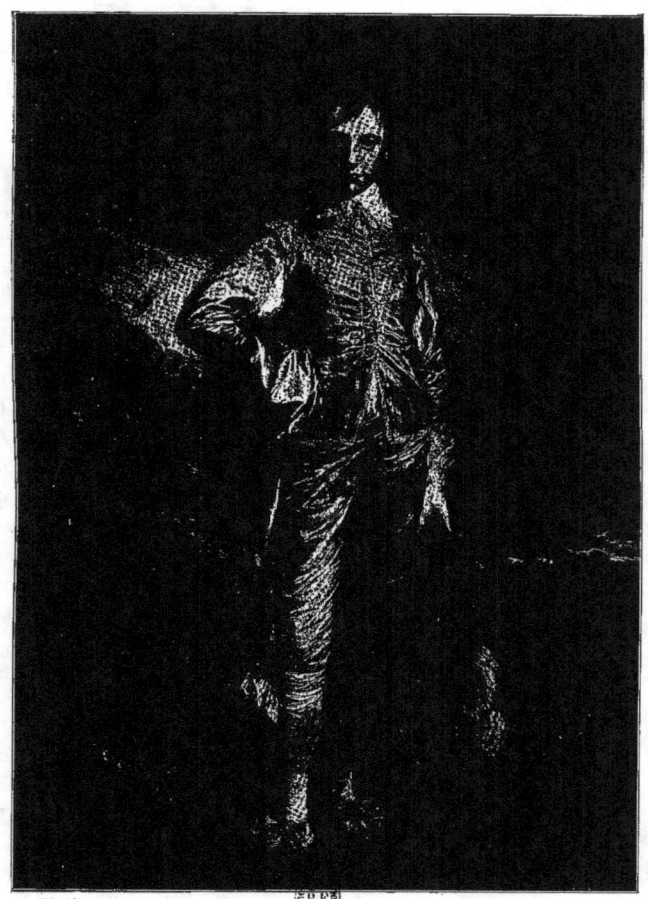

Cliché Rischgitz.
L'ENFANT BLEU, PAR THOMAS GAINSBOROUGH
(Collection du duc de Westminster.)

dans un émerveillement continuel, de la beauté des choses, et parfois même, fixant sur des feuilles volantes, et d'un trait de crayon déjà sûr et ferme, la vision fugitive d'une ondulation de branche, d'un nuage déchiré par l'orage, d'un reflet de soleil sur la moire des eaux. Son père, honnête drapier, d'une compréhension artistique fort limitée, devina cependant l'irrésistible vocation de son enfant indiscipliné et vagabond qui, sachant à peine lire et écrire, dessinait d'instinct avec une netteté si précise et, convaincu que des dispositions si évidentes bénéficieraient rapidement de leçons sérieuses, il se décida à l'envoyer à Londres[1].

Gainsborough avait quatorze ans à peine lorsqu'il quitta son pays natal, triste à la pensée de laisser derrière lui les beaux lacs clairs, les vastes campagnes baignées de lumière, les bois profonds, et ses chers petits amis, les ramasseurs de bois mort et les mendiants des grandes routes, mais soutenu par l'espoir de revenir bientôt à Sudbury riche d'une science acquise auprès des maîtres, et apte à son tour à fixer à jamais sur la toile toutes les manifestations de cette grande vie de la nature qu'il aimait tant.

Il demeura quatre ans à Londres. Mais ses impressions premières résistèrent à toutes les habitudes de la grande ville et aux enseignements qui lui furent donnés. Et quand il revint au cher pays natal, ce fut avec la même fraîcheur de sentiment, la même sincérité d'émotion qu'il s'assit, rêveur, devant la majesté des grands modèles qui lui inspiraient ses premiers croquis d'enfant et dont il allait éterniser dans d'immortels chefs-d'œuvre les aspects si divers.

Mais quel fut son maître, quels furent ses maîtres pendant son premier séjour à Londres, c'est-à-dire de 1741 à 1745? Quelle fut l'influence directrice?

Ici les opinions des biographes de Gainsborough sont assez hésitantes. Il est hors de doute qu'il étudia à l'atelier de Francis Hayman,

---

[1]. Dans le discours qu'il prononça à l'Académie de peinture de Londres, le 10 décembre 1788, Reynolds reconnut l'extraordinaire précocité du génie de Gainsborough. Voir : *Discourses delivered at the Royal Academy* (1825). Tome II, page 117.

célèbre surtout comme ami intime d'Hogarth et... comme buveur. Ce qui n'empêcha pas ce dernier d'être bibliothécaire de l'Académie de peinture. Mais il est indiscutable que les conseils d'Hayman n'ont laissé aucune trace dans l'art de Gainsborough.

En fut-il de même de ceux de Gravelot qui vivait alors à Londres et qui, tout en initiant les artistes anglais aux procédés matériels de la peinture, d'après la technique de Restout, dont il fut lui-même l'élève, illustrait de sa pointe si fine et si spirituelle les belles éditions de Pope et de Shakespeare?

On ne peut nier que très souvent l'esprit de Watteau, transmis par Gravelot, transparaît dans l'art de Gainsborough, surtout dans ses admirables croquis préparatoires

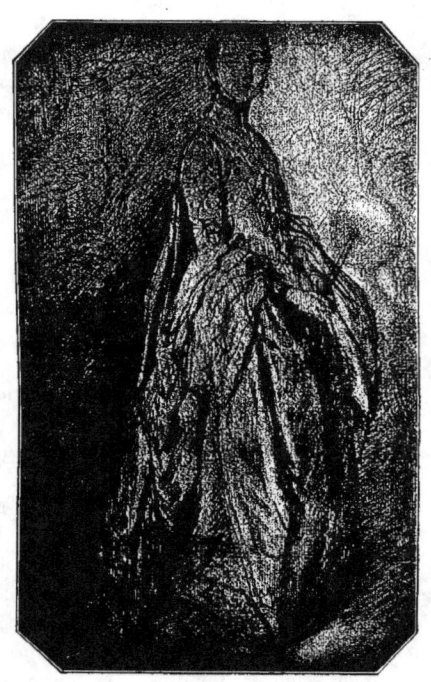

ÉTUDE POUR UN PORTRAIT DE FEMME
PAR THOMAS GAINSBOROUGH
(British Museum.)

au crayon, pour portraits de femmes (voir ceux de Mary Robinson, du château de Windsor, de la duchesse de Devonshire, du British Museum, etc.). On le retrouve aussi dans la large et lumineuse caresse de son pinceau lorsqu'il agite doucement le panache des grands arbres dans les fonds des paysages artificiels peuplés de marbres, où posent ses gracieux et aristocratiques modèles : Mrs Graham, la duchesse de Cumberland, Mrs Moodey, Mrs Sheridan et Mrs Tickell, et la divine Musidora, et la mélancolique Perdita... et tant d'autres....

Mais lorsque, libéré de toute convention, il échappa à l'obligation de peindre tel modèle dans telle pose préférée et dans tel décor désigné, l'influence française disparaît et l'élève de Gravelot se souvient des grandes leçons muettes de Huysmans, de Malines, et aussi de Rembrandt[1].

Et dans ces paysages de nature aux larges horizons fuyants, où les chevelures flottantes des arbres s'emmêlent, où les broussailles s'enchevêtrent, où les troncs se détachent avec un relief extraordinaire dans la chaude lumière du soleil d'automne, le

Phot. Giraudon.
PORTRAIT DE JEUNE HOMME, PAR GAINSBOROUGH
(National Gallery.)

---

1. Gainsborough ne quitta jamais son île; il professait pour Rembrandt la plus vive admiration, et pour se former comme praticien, il fit même du grand maître hollandais plusieurs copies d'une rare perfection. Il put d'ailleurs, sans franchir le détroit, étudier à loisir Rubens, Rembrandt et Van Dyck, les trois sources profondes et jaillissantes d'où découle l'école de peinture anglaise du xviiie siècle. Il fit aussi plusieurs copies d'après Van Dyck, entre autres celle de la fameuse toile représentant la famille Pembroke. Cette copie figure aujourd'hui dans la collection von André à Paris.

Phot. Giraudon.
PORTRAIT DE MRS SIDDONS, PAR THOMAS GAINSBOROUGH
(National Gallery.)

caractère des personnages, d'une rusticité absolue, est en parfaite harmonie avec la vérité du cadre, et l'évocateur délicat des élégances mondaines, s'épanouissant dans une gloire factice, fait place à un peintre d'un vigoureux métier, nourri de la moelle des grands maîtres réalistes des Flandres et de la Hollande.

On peut dire que la double orientation du génie de Gainsborough, tour à tour sollicité par la grâce un peu factice des milieux mondains et l'âpreté des tableaux les plus réalistes de la vie champêtre, obéit instinctivement et alternativement aux influences hollando-flamandes et françaises, suivant le choix du sujet, et que si le souvenir de Watteau flotte et voltige dans les voiles légers de Mrs Moodey et dans les larges rameaux qui abritent la grâce hautaine de la duchesse de Cumberland, celui de Rembrandt plane lumineux sur le combat de chiens de la collection de Lord Iveagh, sur le vieux cheval de la National Gallery et sur divers paysages ravinés du Suffolk où errent dans une atmosphère ambrée des charretiers et des mendiants loqueteux.

En définitive, Gainsborough comme Reynolds et plus encore que ce dernier, qui, lui, but avec la même avidité aux sources de l'art flamand, hollandais et vénitien, eurent pour grand ancêtre inspirateur Van Dyck, lorsqu'ils peignirent la figure humaine. Sans doute la lumière généreuse de Rubens ou le frisson étincelant de Watteau baigne et agite souvent la splendeur de leur œuvre iconographique, mais l'un et l'autre (et il en est de même de Romney, d'Hoppner, de Lawrence et de Raeburn lui-même), subissent, plus cependant dans la conception et la composition du sujet que dans la technique du métier, la tyrannique influence de Van Dyck. Marie-Louise de Taxis et la marquise Spinola sont bien les ancêtres artistiques de la duchesse de Rutland, de Mrs Sheridan et de Lady Dower.

D'ailleurs l'anecdote suivante, mieux que toute étude comparative, nous fait connaître le rêve et les aspirations du grand peintre.

On raconte qu'au printemps de 1788, se sentant très souffrant, il désira revoir Reynolds dont il était depuis longtemps séparé par des rivalités de métier, rivalités dont souffraient l'un et l'autre.

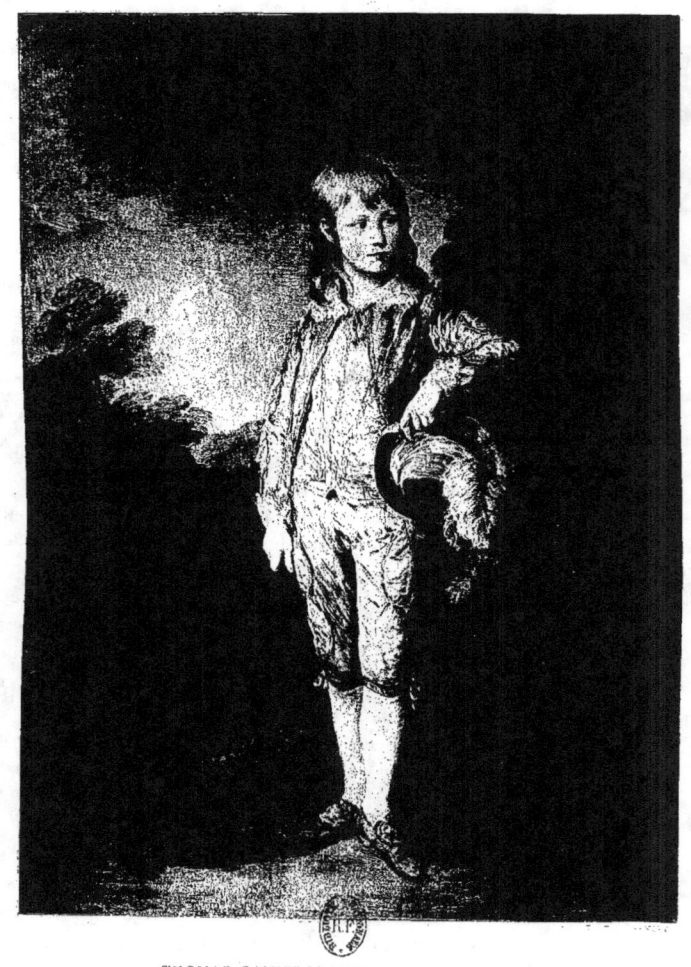

THOMAS GAINSBOROUGH — L'ENFANT ROSE

Coll. B^{on} Ed. de Rothschild

Reynolds accourut à l'appel du malade et, peu après cette touchante entrevue, le vieux président de l'Académie recueillait le dernier soupir de celui qui fut son glorieux rival. Les derniers mots de Gainsborough furent : « Nous allons tous au ciel, et Van Dyck est de la partie. »

Mais il n'en est pas moins vrai que, malgré les inévitables influences qui présidèrent au développement du génie de Gainsborough, ce merveilleux artiste demeure, grâce à ses prodigieux dons de charme et à l'instinctive spontanéité de son art, comme un des peintres les plus personnels, les plus originaux, qui aient jamais existé. Il est de ceux dont l'authenticité géniale de l'œuvre, fût-elle représentée par un croqueton rapide ou par une touche à la sépia, s'affirme avec une indiscutable évidence.

Pourrait-on en dire autant de Reynolds?

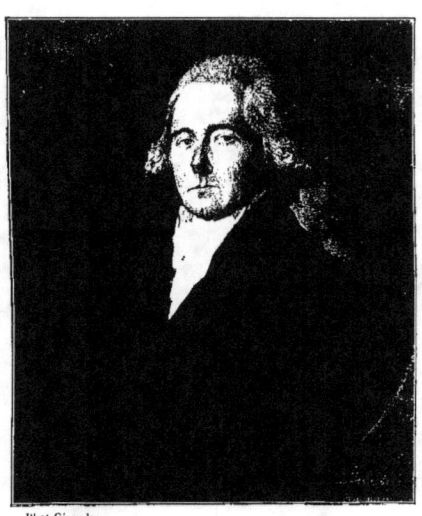

Phot. Giraudon.
PORTRAIT DU RÉV. SIR HENRY BATE DUDLEY BARONNET, PAR THOMAS GAINSBOROUGH
(National Gallery.)

Le premier séjour de Gainsborough à Londres fut de quatre ans à peine. A dix-huit ans, il retournait dans son cher comté de Suffolk, rappelé peut-être au pays natal par l'invincible puissance d'un sentiment nostalgique, mais effrayé peut-être aussi par la tyrannie des chefs-d'œuvre de Van Dyck, de Rubens et de Rembrandt, admirés et copiés dans les musées, et soucieux de sauver la fleur de son originalité native, en se replongeant tout entier dans le rêve de la grande et maternelle nature, l'éternelle inspiratrice du vrai génie, mais puissamment armé cette fois pour réaliser son rêve.

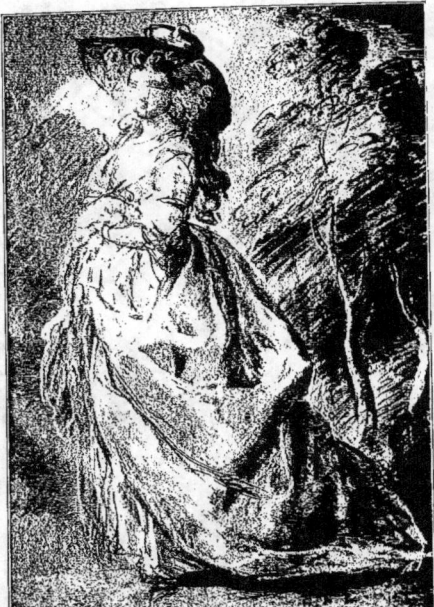

ÉTUDE AUX DEUX CRAYONS POUR LE PORTRAIT
DE LA DUCHESSE DE DEVONSHIRE
PAR THOMAS GAINSBOROUGH
(British Museum.)

Le voici donc assis de nouveau devant son chevalet, au bord des lacs et sous les larges ombrages de Sudbury, loin des bruyantes et creuses dissertations esthétiques d'Hayman et des mystérieuses et périlleuses suggestions des grands Immortels.

La poétique anecdote que nous empruntons à M. Paul Mantz, prouve qu'il avait doublement raison de revenir à sa première institution. Un jour qu'il s'était égaré dans les bois et qu'il dessinait avec une attention passionnée un groupe d'arbres pittoresques, au pied desquels paissaient quelques animaux, une femme, visiteuse inattendue, sortit tout à coup d'un massif et se trouva placée, comme par enchantement, au premier plan du paysage que dessinait le jeune peintre. Gainsborough était trop exact à reproduire la réalité pour omettre, dans son étude, cette figure qui semblait tombée du ciel pour

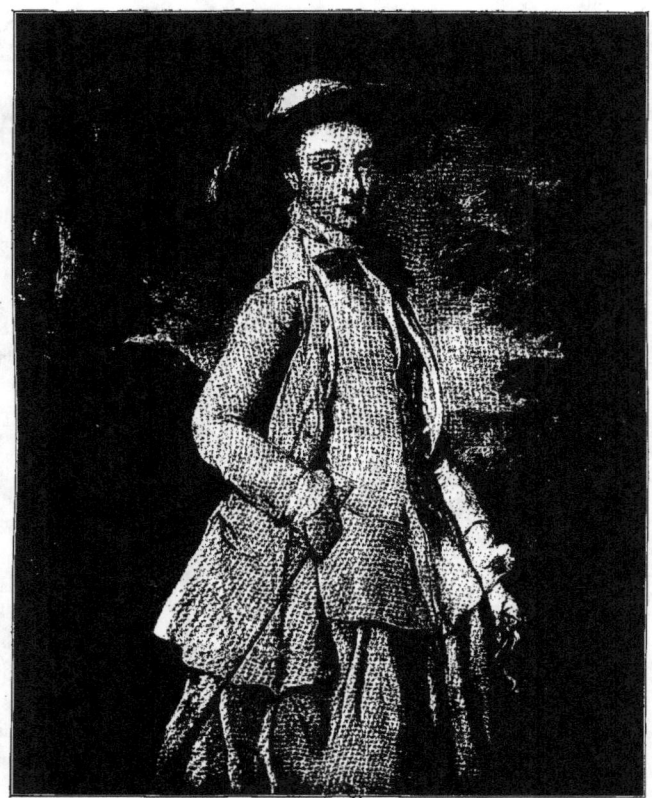
JEUNE FILLE EN COSTUME DE CHASSE, PAR THOMAS GAINSBOROUGH
(Collection Stillman.)

animer son paysage. Allan Cunningham, qui ne déteste pas les concetti, dit que l'image radieuse resta à la fois gravée sur le papier de Gainsborough et dans son cœur. Pouvait-il en être autrement? Marguerite Burr, la jeune fée des bois de Sudbury, avait seize ans, des yeux sincères et doux, la parole intelligente, le cœur fidèle. De plus,

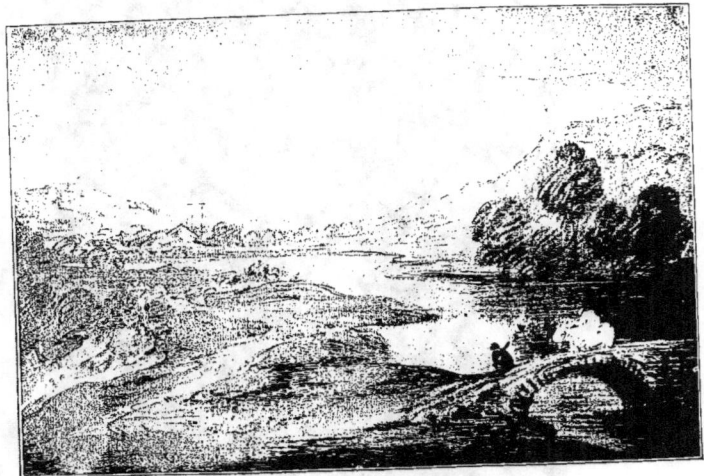

PAYSAGE, DESSIN AU CRAYON PAR THOMAS GAINSBOROUGH

— je n'invente pas, je traduis, — elle était riche. Gainsborough accourut le lendemain dessiner au même endroit; Marguerite y revint aussi, et sous le charme de ces beaux paysages pleins d'enivrements irrésistibles, Thomas et Marguerite s'aimèrent. Cette liaison commença comme un roman, se termina comme une honnête comédie — par un mariage (1746)[1].

Le jeune couple alla se fixer à Ipswich. Ce fut là que l'artiste rencontra, en la personne de Philippe Thicknesse, alors gouverneur

1. PAUL MANTZ. *Histoire des peintres*. (Renouard, éditeur.)

de Landguard-Fort, l'amateur d'art, le Mécène qui devait le faire connaître, le lancer, dirions-nous aujourd'hui.

Mais obsédé par la tutelle tyrannique de son protecteur, Gains-

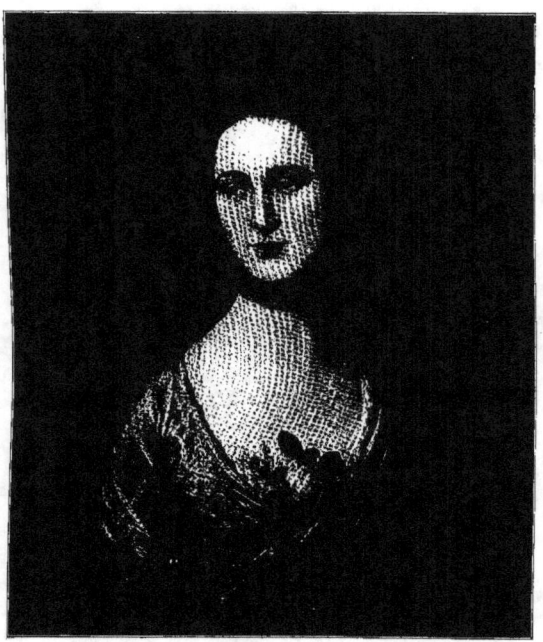

MRS HALLAM, PAR THOMAS GAINSBOROUGH
(Avec la permission de MM. Agnew.)

borough quittait bientôt Ipswich pour s'établir à Bath, dans le duché de Somerset (1758).

C'est en réalité à partir de cette époque que s'affirme et s'étend sa réputation, jusqu'alors circonscrite dans un cercle assez étroit d'admirateurs.

Son modeste atelier de Bath, ville d'eaux très fréquentée, devint

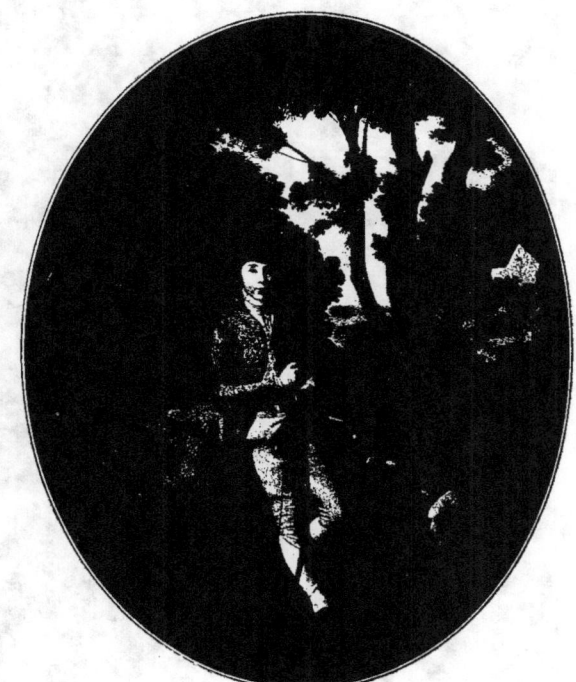

LE COMTE DE CARLISLE, PAR THOMAS GAINSBOROUGH
(Avec la permission de MM. Agnew.)

bientôt le lieu de rendez-vous d'un public élégant que séduisait l'élégance de son art et la rapide dextérité de sa manière, et, lorsqu'en 1774, il vint s'installer définitivement à Londres, il avait déjà réalisé la plus grande partie de son œuvre. Les seize années de Bath furent

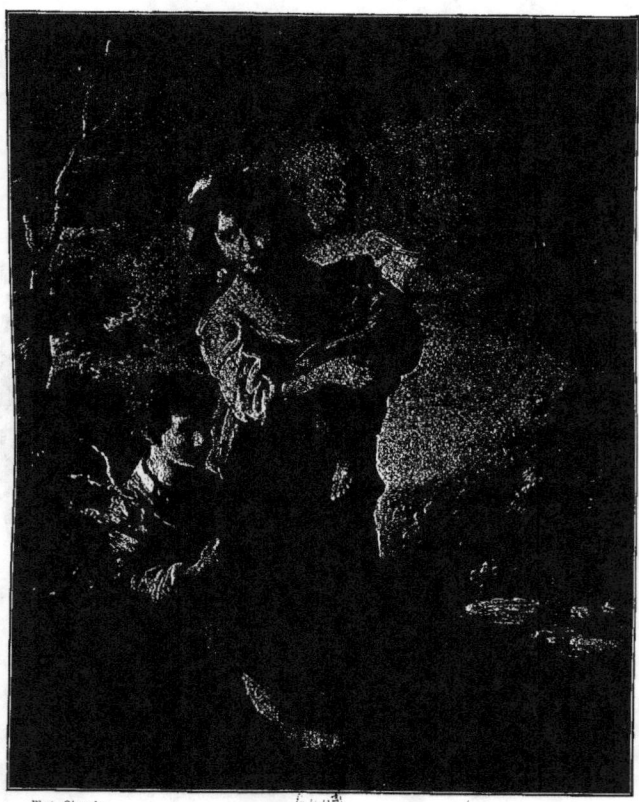

Phot. Giraudon.
PETITS PAYSANS DU SUFFOLK, PAR THOMAS GAINSBOROUGH
(National Gallery.)

certainement la période la plus féconde de sa vie. Et de combien d'œuvres charmantes et de merveilleux chefs-d'œuvre peut-être, la liste de ses travaux ne se fût-elle pas augmentée, grâce à la facilité instinctive de son art, si son étrange musicomanie ne l'avait pas entraîné trop souvent à délaisser sa palette pour la flûte et le violon, ses deux instruments favoris. « Il avait, nous dit son ami Jackson, autant de plaisir à regarder un violon qu'à l'entendre. Je l'ai vu pendant de longues minutes examiner en silence les perfections d'un instrument, d'après ses justes proportions et la beauté du travail manuel. »

D'ailleurs, ce véritable culte instrumental se manifeste à de très fréquentes reprises dans la correspondance intime de Gainsborough. Voici un fragment d'une lettre très amusante adressée à Jackson : « Je crois que je commence à voir maintenant ce que c'est que la modulation et l'introduction des bémols et des dièses ; et lorsque nous nous reverrons, vous m'entendrez jouer en improvisant... *Je suis dégoûté des portraits et je voudrais bien prendre ma viola di Gamba et m'en aller dans quelques plaisants villages, où je pourrais peindre des paysages et jouir du beau final de la vie, dans la tranquillité et le bien-être. Mais ces belles dames avec leurs tasses de thé, leurs bals, leurs chasses aux maris, etc., m'escroqueront mes dix dernières années*[1]... »

Tout en regrettant que la passion de Gainsborough pour sa *viola di Gamba*, et les longs instants passés dans la contemplation et le maniement des flûtes et des violons, aient interrompu le mouvement fécond du pinceau du grand artiste, on est obligé de reconnaître, cependant, que dans cette âme d'une si géniale sensibilité, l'amour de la musique se marie harmonieusement à celui de la peinture. Une sorte de mélodie caressante, d'une douceur exquise, et parfois aussi d'une mélancolie profonde, semble s'exhaler de toute l'œuvre de Gainsborough. Le pinceau du maître est un archet, sa palette un théorbe, et les cares-

---

1. William Jackson, ami du peintre, a minutieusement analysé le caractère, parfois si bizarre, de son illustre ami, et c'est cet ouvrage qu'il faut consulter si l'on veut connaître le Gainsborough intime. M. Walter Armstrong s'est chargé de la noble tâche d'étudier, dans un livre magistral, l'artiste et son œuvre.

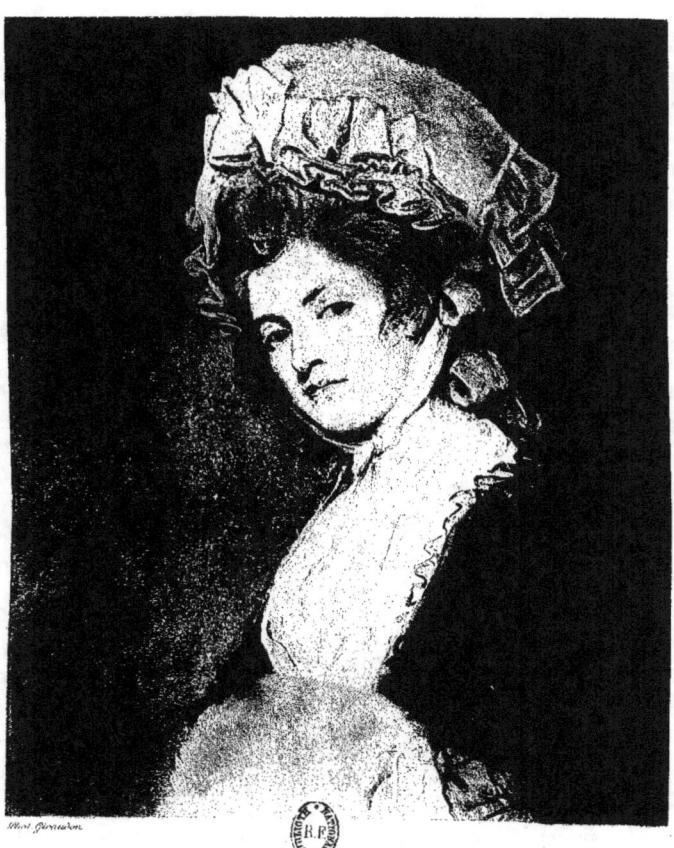

GEORGE ROMNEY. — MARY ROBINSON

Collection Wallace

santes harmonies qu'il en retirait, devaient contribuer un peu à le consoler de n'avoir « jamais eu assez d'application pour apprendre ses notes ».

Un murmure d'amour s'élève sous les pas de Mrs Hallet, et voltige autour du torse nu de Musidora.

Jackson, qui fut le plus ancien ami du peintre dont il a si minutieusement analysé le caractère, parfois si bizarre, dans ses *Essais sur différents sujets*, n'hésite pas à déclarer que, comme musicien, Thomas Gainsborough avait plus que du goût, presque du génie, mais qu'il n'eut jamais assez d'application pour apprendre ses notes, et qu'il gaspilla facilement ses talents musicaux. « La profession de Gainsborough, dit-il, était la peinture, et la musique son amusement; cependant, il y eut des moments où la musique semblait son occupation principale, et la peinture sa distraction. »

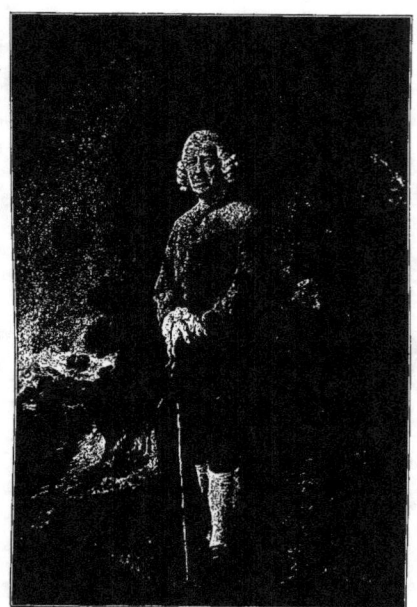

Phot. Giraudon.
PORTRAIT DE RALPH SCHOMBERG ESQ. M. D.
PAR THOMAS GAINSBOROUGH
(National Gallery.)

De ces curieux renseignements biographiques, nous nous permettons de déduire, avec une joie sans mélange, que l'ignorance musicale de Gainsborough fut providentielle, car étant donnée l'exaltation de sa musicomanie, il est fort à craindre que d'immortels et incomparables chefs-d'œuvre, tels que le portrait de Sarah Siddons, de Mrs Sheridan, de Mary Robinson, et tant d'autres chefs-d'œuvre, n'eussent jamais brillé (et de quel éclat!) dans le ciel de l'art, si l'instinct du musicien avait été soutenu par une technique aussi savante que celle du peintre.

Des quatre chefs-d'œuvre que nous venons de mentionner, le portrait de Sarah Siddons est le plus connu. C'est d'ailleurs en lui que se trouvent résumées avec le plus de charme et de précision les qualités maîtresses du grand artiste. Ici, en présence du divin modèle, devant ce beau visage empreint d'une si douce mélancolie, une profonde émotion paraît avoir gagné le peintre. Le large et rapide jeu décoratif de son pinceau s'est subitement apaisé et, avec une minutie presque religieuse, il a décrit la divine pureté des traits, fait voltiger discrètement sur les lèvres « le doux parfum de l'âme ».

Cette fois, comme d'ailleurs dans plusieurs de ses portraits, Gainsborough n'est pas seulement le prestigieux virtuose du pinceau, mais aussi un psychologue pénétrant et attendri. Cette belle image de la célèbre tragédienne qui trouva tant d'interprètes parmi les

MRS JORDAN, PAR THOMAS GAINSBOROUGH
(Collection du baron Ed. de Rothschild.)

peintres, les graveurs et les poètes de son temps, a inspiré à Thoré les lignes suivantes qui méritent d'être citées : « La Mrs Siddons, de Gainsborough, n'est vue que jusqu'aux genoux, sur une toile haute d'environ cinq pieds, large de quatre. Elle est assise dans un fauteuil à dossier rouge, presque de profil à gauche, une main simplement abandonnée contre la taille, le bras droit étendu sur son manchon. Grand chapeau de forme ronde, noir, à longues plumes noires, nœud de ruban noir sur le côté; cheveux poudrés et crêpés à la mode du temps, et par dessous ces enroulements capricieux, de longues boucles qui s'étalent sur les épaules. Corsage collant, ouvert en cœur, manches justes, d'une étoffe de soie blanche à raies bleues; le jupon de même couleur. Sur le sein, un fichu de gaze et un fichu de soie bleue, qui se croisent et se nouent

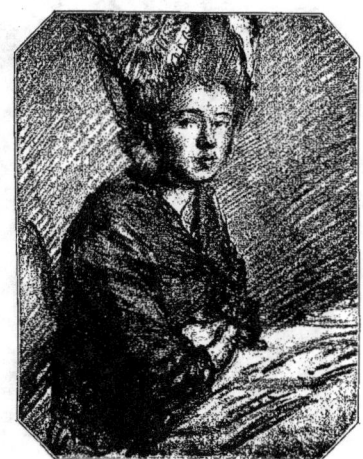

ÉTUDE AU CRAYON POUR UN PORTRAIT
PAR THOMAS GAINSBOROUGH.
(British Museum.)

à la taille, d'où tombe un nœud de ruban bleu. Au bras gauche est entortillée une sorte d'écharpe safran, bordée de fourrures pareilles à son manchon. Pour fond, un rideau cramoisi sombre, comme dans quelques portraits de Rubens et de Van Dyck. Le profil, dessiné avec la plus nette assurance, a quelque chose de sybillin, de fatalement passionné.

« La grande tragédienne qui traduisait les passions avec tant d'énergie et de sensibilité, et qui les éprouvait si vivement pour son compte, est mieux rendue dans ce simple portrait, à mi-corps et en négligé, que dans ses portraits allégoriques, en Muse tragique ou sous les déguisements de ses rôles d'actrice[1]. »

Et Thoré conclut en déclarant que pour lui l'image de Mrs Siddons, qui ne réveille aucune comparaison avec aucune école, demeure le titre fondamental de Gainsborough à l'immortalité, tandis que, malgré l'ampleur du dessin et de l'exécution, malgré le naturel des lignes, les autres portraits de l'artiste tournent un peu à la manière, au style Pompadour. Affirmation très hasardée, à notre avis, et qui s'évanouit en présence des admirables effigies du Buckingham palace, du South Kensington, de celles des collections de Lord Iveagh, Ferdinand de Rothschild, des inoubliables images de mistress Graham, de Mary Robinson, de celles de l'Enfant bleu, du duc de Westminster, de l'Enfant rose, du baron Edmond de Rothschild et de tant d'autres chefs-d'œuvre, où la spontanéité d'impressions de Gainsborough apparaît tout entière, même sous la prodigieuse virtuosité des recherches techniques, comme dans l'Enfant bleu, malgré les lointaines leçons de Van Dyck, de Velasquez et de Watteau[2].

1. Mistress Siddons, l'une des plus remarquables tragédiennes de l'Angleterre, naquit à Brecknok dans le pays de Galles, en 1755, et mourut à Londres le 8 juin 1831. Elle était fille de l'acteur Roger Kemble. Elle reçut une brillante éducation et se maria fort jeune, par inclination, à Siddons, acteur, qui faisait partie de la troupe dont Roger Kemble était directeur. Bientôt après cette union, elle suivit la carrière dramatique, dans laquelle elle devait trouver une si grande gloire. Un de ses plus beaux rôles fut celui de Lady Macbeth. La vie de mistress Siddons fut toujours à l'abri de tout reproche. Elle quitta le théâtre en 1812. Elle avait débuté à Drury-Lane, en 1775. Elle fut avec Mary Robinson, sa rivale en beauté, mais non en talent, et dont l'image ensorceleuse fait la gloire de la collection Wallace, un des modèles préférés de Gainsborough. Lawrence fit d'elle aussi un superbe portrait, qui figure dans ce livre, et Reynolds, dans une de ses plus célèbres peintures, l'a représentée en muse tragique, dans l'encadrement de personnages shakespeariens. Hoppner lui-même osa l'interprétation de cet idéal modèle. Mais il faut bien reconnaître que c'est à Gainsborough que revient la palme dans le triomphant concours des trois grands portraitistes anglais pour la représentation du plus idéal des modèles. Car jamais femme ne produisit plus d'effet, tant par la beauté des traits, l'expression des yeux, la grâce et le charme de la personne, que par l'élévation du talent. D'elle aussi on pouvait dire, comme de Jeanne d'Aragon, dont elle eut la beauté durable : « C'était un astre descendu du firmament pour jeter la lumière parmi nous. »

2. Le fameux portrait de master Butall, dit l'Enfant bleu, « blue boy », appartient à la

Gainsborough n'est pas moins grand comme paysagiste que comme peintre de figures, et malgré ses rapports avec certains maîtres, avec Rembrandt, entre autres, il garde toute sa vivante originalité dans le style général de ses larges peintures des bois, des ciels et des champs. Nous aurons bientôt l'occasion d'étudier l'admirable artiste en tant que peintre de paysages à côté des Wilson, des Crome, des Constable, des Turner, etc..

※ ※

Désireux de prouver la grande sincérité de Gainsborough et de nous édifier sur la conscience de son art, M. Paul Mantz, dans l'excellente étude qu'il a consacrée au maître anglais dans l'histoire des Maîtres de toutes les écoles, raconte la curieuse anecdote suivante : « La duchesse de Devonshire lui demande un jour son portrait : elle était alors dans la fleur de sa beauté et de sa jeunesse, et nul n'ignore que c'était une des plus séduisantes femmes de la cour de Georges III. Ses yeux, nous apprend M. Paul Mantz, brillaient de cette langueur humide qui fait aimer, ses carnations avaient cet éclat éblouissant que possède seule (affirmation un peu absolue) la race aristocratique de l'Angleterre. Devant cette radieuse apparition, Gainsborough sentit trembler sa main ; sa touche fut moins hardie, moins délicate, moins savante. Douloureuse impuissance de l'art! Le portrait qu'il était sur le point d'achever lui parut si peu digne du charmant modèle, qu'il refusa de l'envoyer à la duchesse. Désespéré, il passa brutalement sur la toile humide

galerie du marquis de Westminster. C'est une des perles les plus précieuses de cette riche collection. Le gentil modèle est représenté debout, de face, la main gauche contre la hanche, le bras droit pendant le long de la jambe, et tenant un chapeau à plumes. Il est vêtu de soie bleue, et les rubans et les menus enjolivements de costume sont de couleur pareille. Ici Gainsborough a gagné triomphalement sa gageure contre Reynolds, qui dans une de ses harangues académiques avait prétendu que le bleu ne pouvait entrer dans un tableau à titre de couleur dominante. Reynolds avait compté sans la prodigieuse habileté, sans la subtilité de touche de son glorieux rival, qui sut éteindre les couleurs trop agressives du motif principal, par l'harmonieuse magie d'une atmosphère apaisante, et par le doux rayonnement d'un fond de paysage et de nuages.

son pinceau chargé de couleur; il effaça ces yeux dont il n'avait pu rendre la douce fierté, cette bouche amoureuse que son talent n'avait pas su faire sourire, et, s'avouant vaincu, il détruisit à jamais son œuvre...

« Si cette histoire est vraie, ajoute M. Mantz, si elle n'a pas été inventée par quelque poète aux gages de la duchesse, on doit croire que Gainsborough était tourmenté par un idéal qu'il ne lui a pas toujours été possible d'atteindre. Son pinceau rugueux et trop empâté était loin de convenir pour rendre le teint uni, la peau satinée des ladies anglaises. »

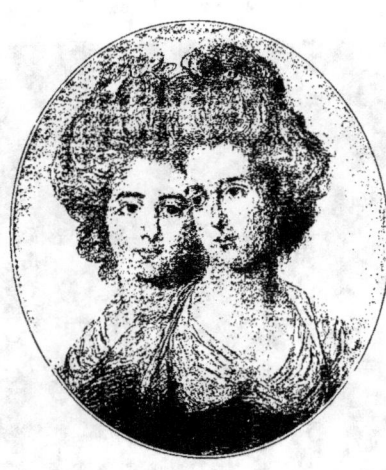

PORTRAIT
AU CRAYON DES SŒURS FORTESCUE
PAR WILLIAM PETERS
(British Museum).

J'avoue que cette critique très inattendue du plus fluide, du plus léger, du plus caressant des pinceaux, par le célèbre critique, me surprend au plus haut point, et ma surprise, j'en suis persuadé, n'aurait d'égale que celle de M. Paul Mantz, s'il lui était encore permis d'admirer aujourd'hui un des plus radieux chefs-d'œuvre de Gainsborough, le célèbre portrait de la duchesse de Devonshire, elle-même, trônant au milieu des merveilles de la collection Pierpont Morgan, superbe sous son légendaire chapeau largement emplumé, « dans la fleur de sa beauté et de sa jeunesse », les yeux brillants « de cette langueur humide qui fait aimer ».

Reynolds et Gainsborough dominent de toute la hauteur de leur génie l'ancienne école du portrait. Mais à côté d'eux, à quelques degrés plus bas, se dressent deux autres maîtres en ce genre, où la peinture anglaise excelle. Nous voulons parler de Romney et de Raeburn, dont la réputation, longtemps confinée dans les milieux anglais et écossais, n'a guère franchi le détroit que depuis quelques années, et s'affirme chaque jour avec plus d'éclat, à mesure que leur œuvres se produisent dans la lumière des grandes ventes et des expositions. Et cependant le premier de ces deux peintres est un des artistes anglais auxquels ses compatriotes et ses amis ont consacré le plus de notices et les plus détaillées. La biographie de Romney par Allan Cunningham est de cent pages, la mesure de celle de Reynolds; cela indique assez quelle était la faveur dont jouissait Romney, de son vivant, près de ses compatriotes. Mais cette faveur fut alors presque exclusivement nationale. Il n'en est plus de même aujourd'hui.

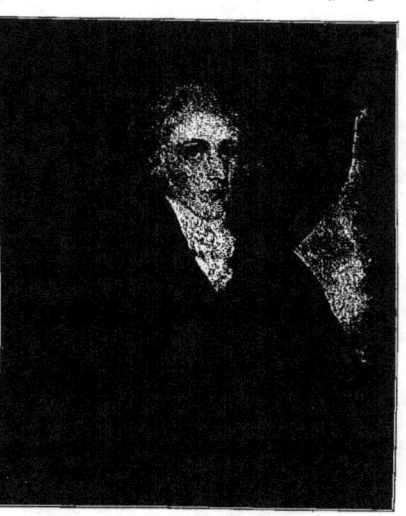

PORTRAIT D'HOMME, PAR GEORGE ROMNEY
(Collection de Mme L. Stern.)

George Romney naquit le 15 décembre 1734 à Beckside près de Dalton dans le Lancashire. Son père était à la fois charpentier, menuisier et ébéniste. A onze ans, Romney quittait l'école primaire de Beckside pour travailler à l'atelier de son père. Il fut, affirment ses biographes, un excellent ouvrier, et pas un n'égalait le futur peintre d'Emma Hamilton pour tourner un pied de table et sculpter les ornements d'un meuble. Mais sa vocation de peintre devenait bientôt si impérieuse que son père l'autorisa à quitter le rabot pour le pinceau. A dix-sept ans il entra à l'atelier d'un nommé Steele, peintre aventurier sans valeur, qu'il quitta bientôt pour tenter fortune à Londres, abandonnant sa femme et ses deux enfants. Acte odieux qui devait peser toujours sur sa mémoire.

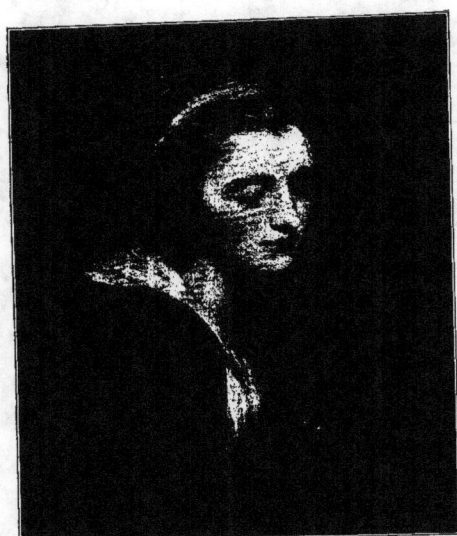

LADY AUSTEN, PAR GEORGE ROMNEY
(Collection F.-B. Wildman.)

Quand il débarqua à Londres, son instruction artistique était des plus modestes. Elle se bornait aux maigres profits recueillis des leçons du peintre Steele, et en fait de tableaux de maîtres, il n'avait encore vu, nous apprend Cunningham, que quelques portraits de Rigaud et de Lebrun.

Mais dès son arrivée dans la grande ville, il se mit à étudier avec avidité les collections publiques, et bientôt il exposait coup sur coup

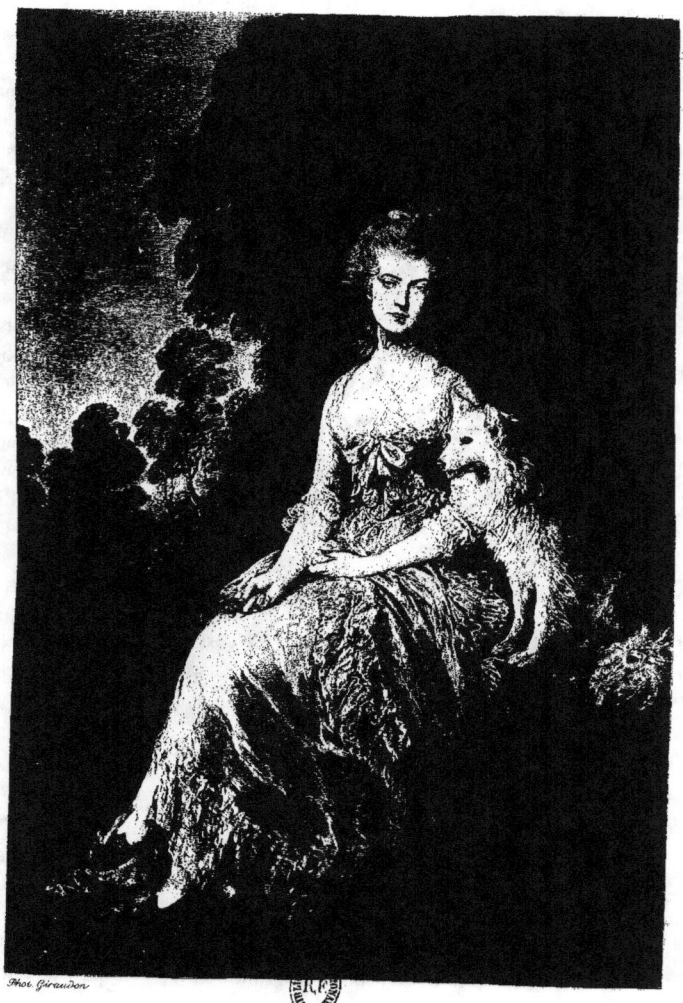

THOMAS GAINSBOROUGH — PERDITA (Mrs ROBINSON)

Collection Wallace

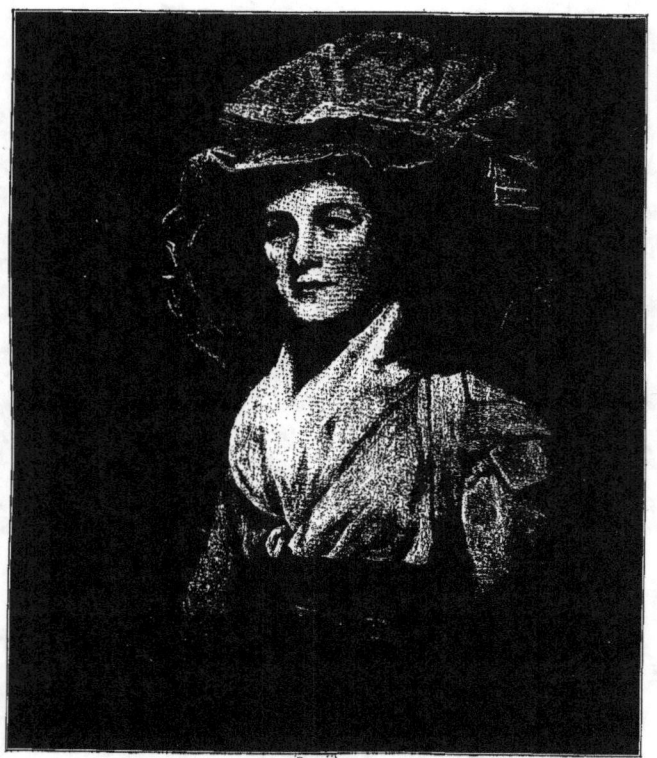

MRS WRAY, PAR GEORGE ROMNEY
(Avec la permission de MM. Agnew.)

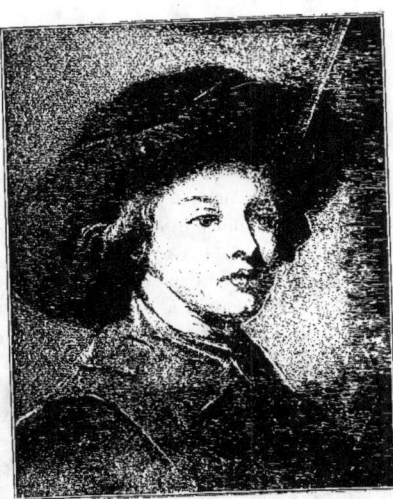

PORTRAIT DE JEUNE HOMME
PAR GEORGE ROMNEY
(Musée de Pau.)

l'*Assassinat de David Rizzio*, son premier tableau, la *Mort du général Wolf*, qui fut assez remarquée, et diverses autres toiles inspirées par le théâtre de Shakespeare.

À la suite de ce premier effort, il partit pour l'Italie. Il en revenait bientôt, les yeux émerveillés, riche d'une habile technique, et résolu à prendre une place d'honneur parmi les peintres de son pays, à côté de Reynolds et de Gainsborough, les dieux du jour.

Les premières toiles qu'il exposa eurent un grand succès, surtout le portrait de la charmante Mrs Yates, en muse tragique. La réputation de Romney, comme peintre de portraits, fut bientôt presque aussi grande que celle de Reynolds et de Gainsborough, et les modèles les plus aristocratiques frappaient à la porte de l'atelier de Great-Newport street. C'était le succès.

Cependant, avant de se fixer définitivement dans son pays d'origine, il voulut faire encore un voyage en Italie, espérant atteindre cette fois à la majesté du grand style, après une nouvelle et dernière station devant les chefs-d'œuvre de Raphaël, du Titien et du Corrège. Son absence dura deux années, et en 1775 il prenait possession de son atelier de Cavendish square, celui de Great-Newport street étant devenu trop petit.

Sa vogue comme portraitiste devint extraordinaire, grâce à la rapidité de son exécution et à l'art avec lequel il savait atténuer les méfaits de la nature dans l'expression des traits de ses modèles les moins favorisés. L'explication que donne Casanova de l'excessif engouement des femmes pour Nattier pourrait presque s'appliquer à Romney : « Nattier faisait le portrait d'une femme laide ; il le peignait avec une ressemblance parfaite, et malgré cela, ceux qui ne voyaient que son portrait la trouvaient belle, alors que l'examen le plus minutieux ne faisait découvrir dans le portrait aucune infidélité ; mais quelque chose d'imperceptible donnait à l'ensemble une beauté réelle indéfinissable. » Ajoutons cependant que, bien mieux que Nattier, Romney, tout en s'abandonnant parfois avec trop de désinvolture à son extraordinaire facilité, sut respecter la physionomie individuelle, tout en l'idéalisant

et sans rien sacrifier à l'invention du décor ; on peut même dire qu'il eut cette qualité, assez rare chez les portraitistes anglais du xviiie siècle, de ne pas se borner à être un peintre habile des épidermes et des attitudes, et parfois même on découvre dans le mouvement de son pinceau de louables intentions psychologiques, sans que toutefois la plupart des innombrables portraits qu'il exécuta puissent être consi-

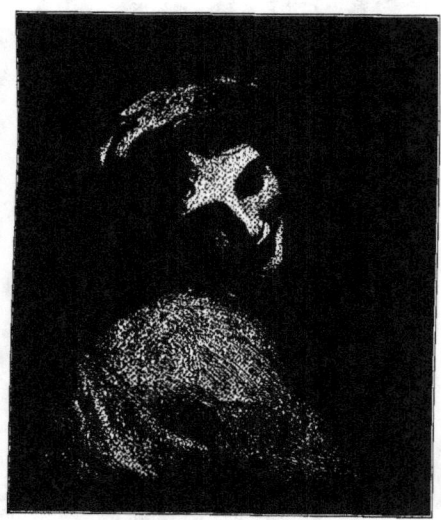

LADY HAMILTON EN BACCHANTE
PAR GEORGE ROMNEY
(National Gallery.)

dérés comme de bien clairs et de bien profonds miroirs de sentiments particuliers.

Malgré ses intermittentes velléités d'analyste, il lui eût été bien difficile de s'approprier cette hautaine déclaration de notre grand La Tour parlant de ses *modèles* : « Ils croient que je ne saisis que les traits de leurs visages; mais je descends au fond d'eux-mêmes, à leur insu, et les emporte tout entiers. »

Romney visita deux fois l'Italie où il copia souvent Raphaël pour lequel son admiration était sans bornes, sans pouvoir obtenir cependant du maître le secret de son impeccable dessin. Le Corrège fut aussi de ses maîtres préférés, et tout son art est d'ailleurs comme baigné par un reflet du génie du maître parmesien.

LADY DIANA BEAUCLERK, PAR GEORGE ROMNEY
(Collection de Mme L. Stern.)

Romney, comme Reynolds, comme Gainsborough, comme Hoppner, comme Lawrence, comme tous les grands et petits portraitistes anglais du XVIIIe siècle, eut le culte de la femme. Il chercha dans les figures féminines l'incarnation de la Beauté, et il sut la trouver sous la forme de la merveilleuse Emma Lyons qui devint son modèle préféré et dont il a éternisé les charmes vainqueurs dans des interprétations aussi multiples que variées.

Tantôt il nous la montre dans un de ses rôles de théâtre, tantôt il fait de l'irrésistible comédienne une nymphe, une bacchante, une

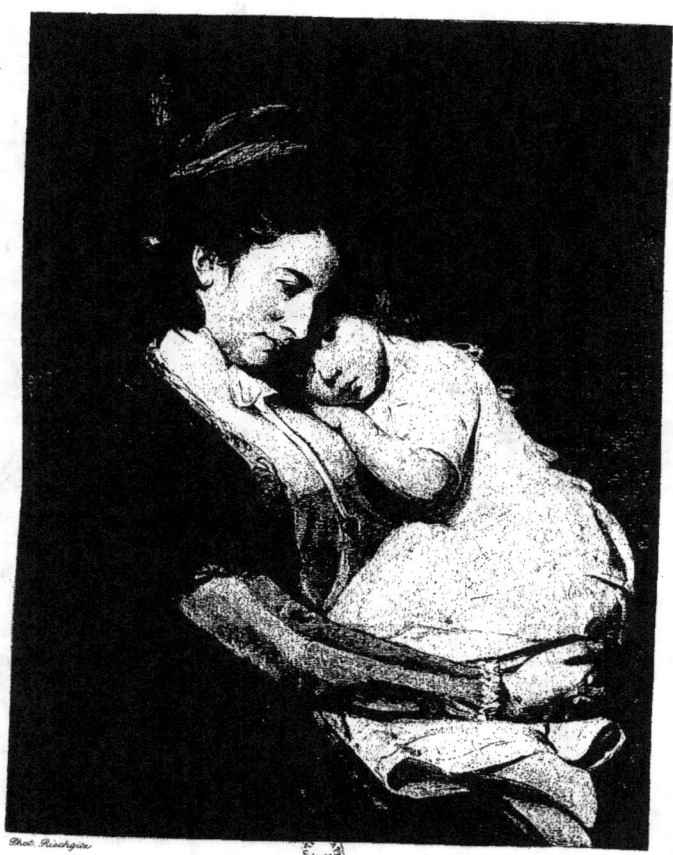

GEORGE ROMNEY — FEMME ET ENFANT

National Gallery

Circé, une Miranda, une Madeleine repentante, voire même une Jeanne d'Arc extasiée. La mobile physionomie fascinatrice de cette superbe créature exerçait un empire prodigieux sur Romney qui se plaisait à étudier en elle tous les sentiments de la nature, toutes les gradations de chaque passion [1].

« Les traits de la belle Emma, dit le poète Hayley, dans l'étude biographique qu'il a consacrée à son ami Romney, exprimaient, comme le style de Shakespeare, tous les sentiments de la nature et toutes les gradations de chaque passion, avec la vérité la plus fascinatrice. Elle exerçait par sa physionomie éloquente un empire prodigieux, que Romney avait du bonheur à observer, et au travers des vicissitudes étonnantes de sa destinée, elle fut toujours fière de lui servir de modèle. »

La vogue de Romney fut aussi grande et aussi justifiée que celle de Reynolds et de Gainsborough, et comme ces deux rivaux illustres, il eut pour modèles les personnages les plus célèbres de son temps. Les Stafford, les Gordon, les Albemarle, les Elcho, les Cavendish, les Derby, les Craven, les Stanley..., etc., posèrent devant lui, et, comme de douces et brillantes étoiles, ses images de Mary Robinson [2],

---

[1]. Emma Lyons, qui devait devenir la fameuse Lady Hamilton, et dont les traits furent éternisés par les Romney, les Reynolds, les Cosway, les Vigée-Lebrun..., était fille d'une pauvre servante du comté de Chester. Elle fut tour à tour servante de taverne à Londres et actrice dans divers petits théâtres. Elle posa même pour la déesse de la Santé aux séances publiques données par le docteur Graham. C'est à une de ces séances qu'elle fut remarquée par Sir William Hamilton, ambassadeur d'Angleterre à Naples. Bientôt Sir William l'épousait et l'emmenait avec lui en Italie, où elle devint la maîtresse de Nelson et l'intime amie de la reine Caroline. Tel est le récit très abrégé de l'existence agitée de cette célèbre aventurière, qui, après avoir illuminé le brouillard de Londres et l'azur de Naples de tout l'éclat de sa rayonnante beauté, après avoir inspiré des chefs-d'œuvre aux plus grands artistes de son temps, après avoir été aimée des rois et des héros, devait s'éteindre abandonnée, vieille et déchue, dans une misérable ferme des environs de Calais par une froide nuit de janvier (1815).

[2]. L'actrice Mary Robinson, d'une beauté si ensorceleuse, avec ses yeux longs et minces, d'où filtre une lueur caressante, paraît avoir été le modèle préféré de Gainsborough, qui en a fait plusieurs portraits. Nous reproduisons dans ce livre le plus célèbre de tous, celui de la collection Wallace, où le grand artiste a représenté son charmant modèle en pied et assise. Elle est vêtue d'une robe blanche et bleue décolletée et largement traitée. Près d'elle

de Miss Benweld, de Mrs Mark-Curie, de Lady Hamilton, de Mrs Grove, de Lady Cairthneiss... et celle aussi de son exquise *Liseuse*, son chef-d'œuvre peut-être, brillent dans le ciel de l'art, à côté de Nelly O'Brien et de Mrs Sheridan.

En réalité c'est à la peinture du portrait que Romney doit le plus pur de sa gloire. Il n'a ni la science profonde, malgré ses études italiennes, ni la somptuosité de touche de Reynolds; la distinction acquise de son art ne s'élève pas à l'aristocratique instinctivité des Gainsborough, mais, malgré cela, il vient, en troisième rang, à côté de ces deux grands maîtres, et si la sécheresse de son dessin, parfois un peu hésitant, impressionne péniblement le regard, l'œil se réjouit au spectacle des colorations délicates et chaudes qui, comme un doux reflet corrégien, baignent ses gracieuses figures de femmes. Bien peu de choses à dire de ses grandes machines mythologiques, shakespeariennes et historiques, qu'il exécuta surtout au début de sa brillante carrière. Il suffit de les mentionner à titre purement documentaire, et il est permis d'affirmer que le peintre d'Emma Hamilton ne tiendrait pas dans l'histoire de l'art la place brillante qu'il occupe s'il s'était borné à rivaliser avec Benjamin West, Fuseli et John Opie, dans l'interprétation de sujets empruntés à la guerre de l'Indépendance américaine, et aux comédies et aux drames de Shakespeare[1].

se tient un loulou blanc de Poméranie dans l'exécution duquel Gainsborough se révèle comme un animalier de premier ordre. Le personnage se détache sur un fond de paysage, traité d'une manière décorative. Le palais de Windsor renferme une merveilleuse petite esquisse de cette toile célèbre.

Mary Robinson, pendant le séjour d'Emma Lyons à Naples sans doute, posa aussi dans l'atelier de Romney qui a fait d'elle un très gracieux portrait, plein de charme et de vie. Il nous la montre dans un rôle de théâtre, les mains enfoncées dans un vaste manchon blanc, les cheveux poudrés, et coiffée d'un large bonnet de dentelles blanches, qui encadre délicieusement son charmant visage. C'est un des jolis portraits de Romney.

1. Les principales grandes toiles de Romney sont : *La mort de David Rizzio* et la *Mort du général Wolf*, sujets également traités, et avec plus de succès, par Benjamin West et par John Opie, *Shakespeare enfant servi par les passions*...

MRS W.-H. LAZARUS, PAR HENRY RAEBURN
(National Gallery.)

※ ※

C'est en Écosse même qu'il faut se rendre si l'on veut étudier à fond l'œuvre de Henry Raeburn, et nous avouons en toute sincérité que le génie réel de ce grand peintre ne s'est révélé à nos yeux qu'après de longues stations admiratives dans les galeries particulières nationales et municipales de son pays natal, qu'il ne quitta que pour un court voyage à Londres (1779), d'où il gagna l'Italie sur les conseils de Reynolds. Il y demeura trois ans, puis revint en Écosse. Il y demeura toute sa vie préférant être le premier dans son pays que le second à Londres. Sa fortune et sa renommée grandirent vite, et bientôt la Société Royale d'Édimbourg lui ouvrait ses portes et ne tardait pas à l'appeler à la Présidence.

Raeburn fut vraiment le peintre national de l'Écosse, et devant lui posèrent tous les hauts personnages de son pays : les Bruce, les Campbel, les Mac-Donald, les Hay, les Scott, les Duft, les Gordon, les Douglas...

C'est dans l'expression de ces fortes et lumineuses effigies, d'une touche si large et si libre, et où assurément, malgré les pèlerinages italiens, l'influence des Vénitiens se fait moins sentir que dans le métier de Reynolds, que réside, dans toute sa force et son originalité nationale, le robuste génie de Raeburn. Qu'on se garde surtout de chercher à le connaître d'après ses deux toiles du Louvre, dont l'une Mrs Machonichie, est une de ses peintures les plus faibles, et dont l'autre, *Invalide de la Marine à Greenwich*, œuvre très remarquable d'ailleurs, ne fut jamais de lui.

Ce qui caractérise surtout l'art d'Henry Raeburn, que nous n'hésitons pas à placer dans le groupe des plus grands portraitistes anglais, à côté de Reynolds, de Gainsborough, de Romney, et au-dessus de Lawrence, c'est la fougueuse liberté du pinceau, la somptueuse générosité du métier, la richesse du coloris et le respect de la vérité.

Raeburn fut surtout et presque exclusivement, pourrait-on dire,

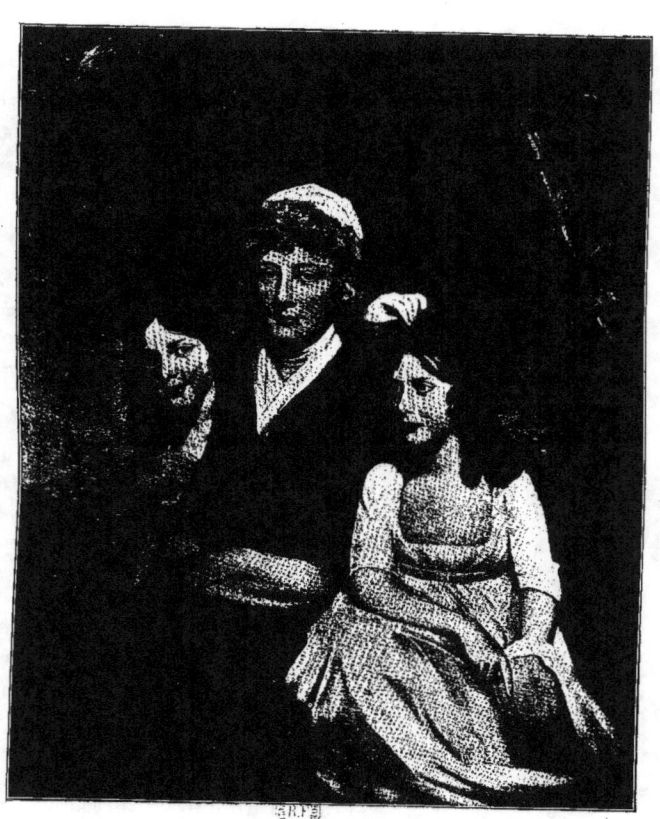

MRS PEAT ET SES ENFANTS, PAR HENRY RAEBURN
(Avec la permission de MM. Agnew.)

un peintre de portraits. Il ne se laissa pas tenter par le grand sujet historique. L'étude du visage de ses contemporains suffisait à l'activité de son génie, et, dans la sincérité de son art, il préféra à la représentation des masques d'Ugolin et des rois Lear, ceux de ses grands compatriotes, Walter Scott, Dugald Stewart, Jeffrey, Henri Mackenzie, Chantrey, le sculpteur John Rennie... Mais le soin, presque pieux, qu'il met à fixer les traits des hommes illustres de son pays et les figures énergiques des chefs de clans aux éclatants costumes de guerre, ne l'empêcha pas de consacrer bien des heures de sa laborieuse carrière à la peinture du visage féminin.

Ses portraits de Mrs Scott Moncrieff, de Mrs H. W. Lazarus, de Mrs Peat, sont de pures merveilles de grâce. Ici, sur le velouté des épidermes, dans la blanche diaphanéité des draperies, son pinceau s'est promené avec la légèreté de celui de Gainsborough. Parfois aussi il s'est plu à analyser, comme Rembrandt, les figures ravinées et si douloureusement mélancoliques de belles d'antan, et là encore il se révèle comme un peintre de premier ordre et comme un psychologue attendri.

*
* *

L'École des portraitistes anglais du xviiie siècle brille d'un très pur éclat parmi toutes les écoles de peinture. Mais il faut reconnaître qu'à lui seul, le glorieux quatuor constitué par Reynolds, Gainsborough, Romney et Henry Raeburn, suffirait à maintenir cet éclat à travers les siècles, alors que s'éteindraient toutes les petites lumières allumées par les Ramsay, les Beechey, les Copley, les Opie, les William Owen, les Thomas Philips, les Jackson, les George Dawe...

Allan Ramsay (1712-1774) fut le peintre attitré de George III, dont il ne cessa de fabriquer de médiocres effigies que ce généreux et fantaisiste monarque offrait à tout venant et dont il peuplait les édifices publics. Cunningham, Walpole et Northcote ont été d'accord pour vanter les qualités imaginatives de Ramsay, mais aussi pour critiquer sa technique. C'eût été un véritable artiste, dit Northcote, si son exécution eût égalé ses conceptions : « *If his hand had been equal to his conceptions.* »

La peinture de William Beechey (1753-1839), si vantée par ses contemporains, est tombée aujourd'hui, très justement, dans le plus grand discrédit. Et cependant son labeur fut immense. Il mourut à quatre-vingt-six ans, travailla sans relâche, pendant soixante-quatre ans et n'exposa pas moins de 362 portraits à l'Académie royale. La National Gallery possède de lui une assez bonne toile, le portrait du sculpteur Joseph Nollekens. La toile où il a représenté deux jeunes enfants et un chien dans un parc sous ce titre *Frère et sœur* est considérée comme son chef-d'œuvre.

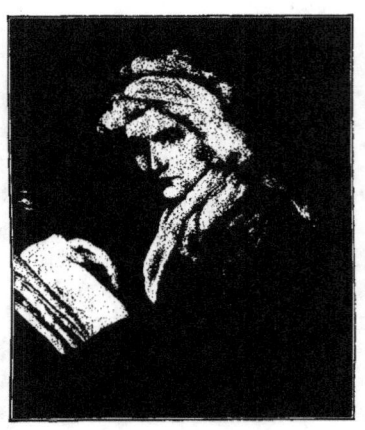

MARY WOLLSTONECRAFT (MRS GODWIN)
PAR JOHN OPIE
(National Gallery.)

John Singleton Copley (1737-1815) naquit à Boston en Amérique d'un père d'origine anglaise. Il s'adonna surtout à la peinture d'histoire. Cependant ses portraits, dont quelques-uns excellents, furent très nombreux, et à ce titre il mérite que son nom figure dans ce chapitre.

John Opie, comme Copley, doit principalement sa réputation à la peinture d'histoire. Il exécuta cependant quelques bons portraits, entre autres ceux de Charles Pot et de Mary Wollstonecraft (National Gallery), qui n'ont pas peu contribué à assurer sa réputation.

C'est uniquement comme portraitiste que William Owen (1769-1819) mérite une mention. Ses grandes toiles, assez habilement composées, sont d'un coloris triste et lourd. Comme portraitiste il est loin de valoir Hoppner et Lawrence, voire même Jackson ; cependant les innombrables effigies qu'il a peintes des célébrités de son temps, et qui sont disséminées dans toutes les galeries d'Angleterre, ont un aspect de vie qui intéresse. Ses principaux portraits sont ceux de Pitt, de Lord Granville, de Lord Spencer, du duc de Montrose, de la duchesse de Bricelench, de Lady Leicester, de Lady Beaumont, du marquis de Graham.... etc.

Thomas Phillips (1770-1845) débuta, à sa sortie de l'Académie royale, par des paysages et des tableaux d'histoire, tels qu'une *Vue du château de Windsor*, la *Mort de Talbot*, *Ruth et Booz*, bien oubliés aujourd'hui ; mais bientôt il s'adonnait aux portraits, et grâce à son métier libre et facile et aussi à la qualité de ses modèles, il ne tarda pas à se faire un nom, même à côté d'Hoppner et de Lawrence. Il fut, en effet, le peintre de Blake, de Lord Byron, de Chantrey, de David Wilkie, de Hallam, de Mistress Somerville, de Southey, de Campbell, de Coleridge, du prince de Galles, du duc d'York, du comte Grey, du duc de Sussex, etc. Thomas Phillips fournit un contingent documentaire des plus importants à l'intéressant musée iconographique de la National Gallery. Il fut élu académicien en 1808.

Les trois portraits par John Jackson (1778-1831), qui figurent à la National Gallery, sir John Soane, le Révérend William Halwell Carr, et celui de l'actrice Miss Stephens, nous permettent de reconnaître à cet artiste, dont la réputation fut grande, une fort remarquable habileté de métier, une rare dextérité de pinceau, mais peu d'accent personnel. Et l'examen auquel on peut se livrer de son portrait et de celui de Lord Grey au Musée de Kensington, ne modifie en rien cette impression.

Le chef-d'œuvre de Jackson serait, dit-on, le portrait du sculpteur Flaxman.

« Avoir fait cinq cents portraits — autant que Rembrandt ! —

s'écrie cruellement un des biographes de George Dance, et être condamné à l'oubli ! » Et cependant, Dance vit poser devant lui des modèles inspirateurs, Gœthe entre autres... Mais, hélas! et malheureusement pour la postérité, George Dance ne fut qu'un peintre médiocre, et bien qu'il fût membre de la plupart des Académies d'Europe, et que ses restes reposent dans la crypte de Saint-Paul, son nom est aujourd'hui presque oublié, et ses compatriotes ne semblent pas déplorer l'éloignement de la plus grande partie de son œuvre qui figure presque en entier en Russie, où il avait trouvé un protecteur aussi généreux qu'aveugle, dans la personne de l'empereur Alexandre. George Dance a peint aussi plusieurs grandes toiles inspirées par des récits mythologiques. Ce fut un érudit très distingué, comme beaucoup de peintres anglais, et il a laissé une *Vie de Morland*, qui fut l'ami de sa jeunesse.

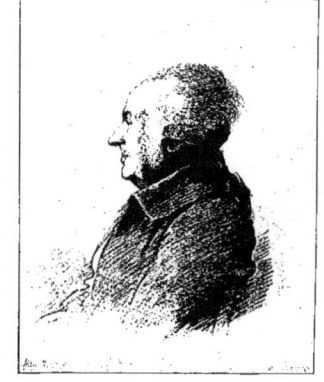

DOCTEUR RICHARD BROCKLESBY
PAR GEORGE DANCE [1]
(British Museum.)

* *

Richard Cosway (1740-1820), mérite une place à part parmi les grands portraitistes de l'école anglaise, bien qu'il s'adonnât principalement à la miniature. Mais il faut reconnaître qu'en ce genre il fut

---

1. George Dance (1740-1825). Architecte et dessinateur très habile. Il était membre et fondateur de la Royal Academy. La suite de ses portraits au crayon lui ont assigné une place très honorable parmi les portraitistes de son temps. Comme notre peintre Heim, il se plaisait à représenter ses confrères de l'Académie, dans des dessins rapides, mais cependant très pénétrants, et d'une ressemblance parfaite. Il a laissé, entre autres, d'excellentes effigies, d'après Bartolozzi, Opie, Hoppner, Turner, Flaxman, Benjamin West... Ce sont là de très précieux documents iconographiques,

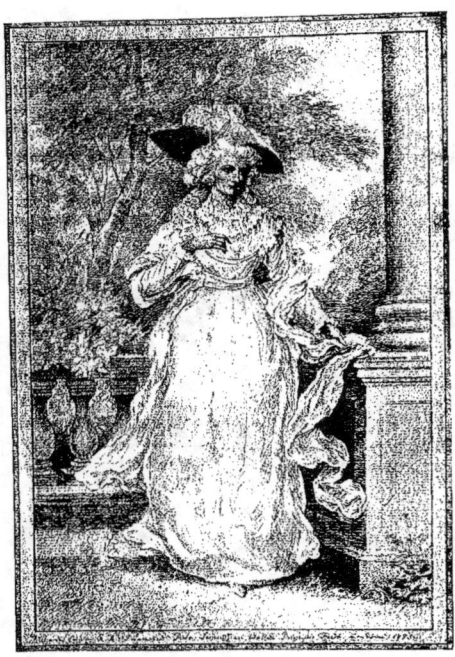

PORTRAIT DE FEMME, PAR RICHARD COSWAY
(DESSIN REHAUSSÉ DE GOUACHE)
(British Museum.)

un des premiers. Pendant que Reynolds, que Gainsborough, que Romney, que Lawrence, éternisaient sur de vastes toiles la grâce suprême des plus jolies femmes de l'aristocratie anglaise, lui, d'un pinceau léger, mais sans aucun maniérisme, fixait dans des cadres minuscules les traits de ses plus belles et de ses plus célèbres compatriotes, et aussi de quelques grandes dames françaises, telles que la duchesse d'Orléans et la duchesse de Polignac. Les miniatures de Cosway, et ses jolis crayons si fins, légèrement aquarellés, sont de plus en plus recherchés.

Échappant parfois à la douce tyrannie des commandes les plus séduisantes et les plus fructueuses, il se plaisait à laisser courir librement son pinceau dans d'assez vastes compositions conçues dans un sentiment poétique qui lui était très particulier, et où l'on voyait la grâce et la beauté de ses plus charmantes contemporaines s'épanouir sous les traits et les formes de Vénus, de Psyché et d'Armide.

Cosway fut un homme heureux. Son art lui valut vite les honneurs et la fortune. A trente ans il était riche, académicien, et l'époux d'une charmante femme, qui elle-même eut un vrai talent comme portraitiste.

A la même époque, vivait un artiste dont le talent fraternisait beaucoup avec celui de Cosway, mais dont la célébrité, qui s'affirme d'ailleurs chaque jour, avec le recul du temps, semble avoir souffert de la rivalité universellement triomphante du grand miniaturiste. Nous voulons parler de John Downman, dont M. G.-C. Williamson a mis tout dernièrement l'œuvre, aussi gracieuse que considérable, en lumière, dans une étude très documentée consacrée à l'habile et précieux artiste.

Comme Cosway, Downman, fut le peintre fashionable de son époque, et il a laissé un nombre considérable d'effigies de ses contemporains et de ses contemporaines de marque, fines et fraîches aquarelles, mines de plomb, lavis, encres de Chine, qui sont de petites merveilles de grâce florale et de précision graphique.

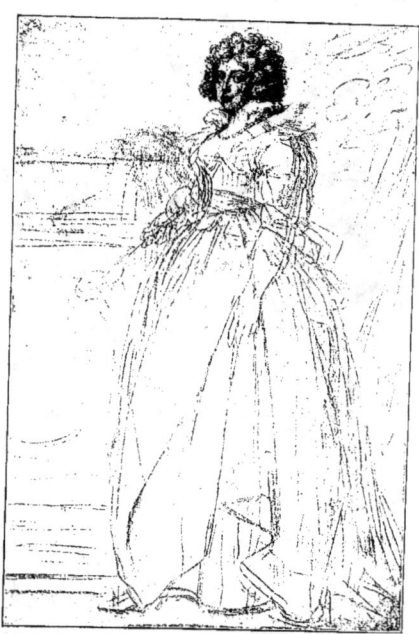

PORTRAIT DE MRS PLOWDEN, PAR RICHARD COSWAY
(DESSIN REHAUSSÉ DE GOUACHE)
(British Museum.)

Lawrence, a-t-on dit, est un Reynolds aminci. La même définition pourrait s'appliquer à Hoppner, bien qu'à l'encontre de Lawrence il chercha, tout en procédant de la manière de Reynolds, à exagérer les tendances excessives de ce dernier dans ses recherches de clair-obscur et de vives oppositions. Parfois, cependant, il réussit à demeurer lui-même, et alors, libre de toute obsession, il peint avec calme, dans une gamme fine et claire, quelques portraits de femmes d'une rare élégance et d'une belle qualité de couleur, comme Mrs Stanton, Lady Langham, Miss Beresford, et la comtesse d'Oxford, un des plus charmants portraits de l'École anglaise. Mais ce sont là des notes exceptionnelles dans l'œuvre considérable de Hoppner, œuvre hâtive, presque toute de réminiscences, et où rarement la personnalité de l'artiste se manifeste derrière le jeu trop facile et trop superficiel du pinceau.

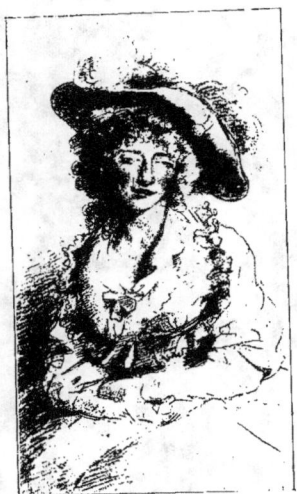

PORTRAIT DE MRS ELLIOTT
PAR JOHN HOPPNER (DESSIN)
(British Museum.)

Un mystère plane sur la naissance d'Hoppner. Certains de ses biographes prétendent qu'il était fils naturel de George III, monté sur le trône à vingt-deux ans (1760). On peut néanmoins affirmer qu'il est né à Londres d'une mère allemande, employée au palais des rois de la maison de Hanovre. Outre ses portraits, portraits de cour, portraits d'artistes... (il peignit aussi Sarah Siddons), qui sont très nombreux, il a laissé quelques compositions mythologiques et historiques de très inégale valeur, une *Vénus*

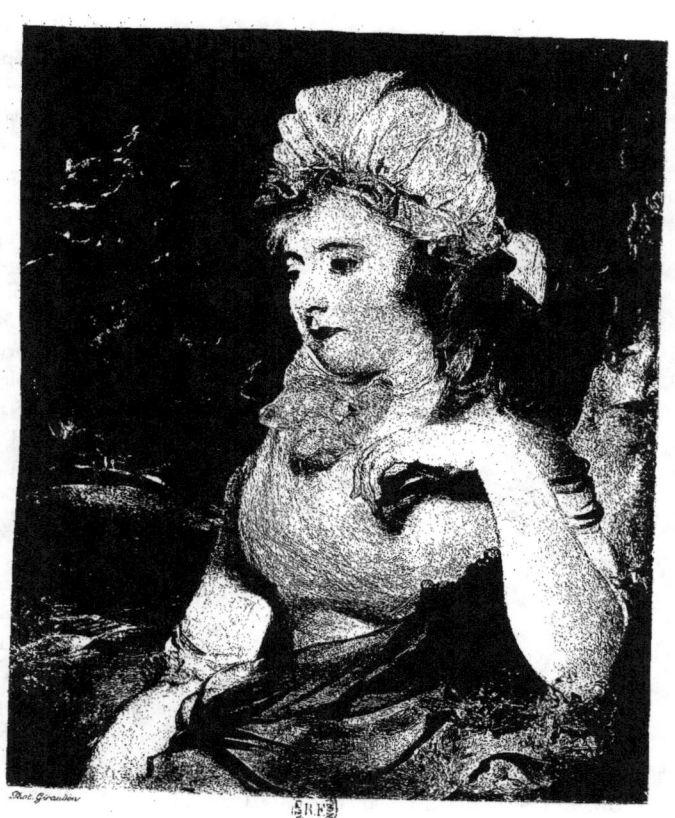

JOHN HOPPNER — PORTRAIT DE FEMME

Collection Wallace

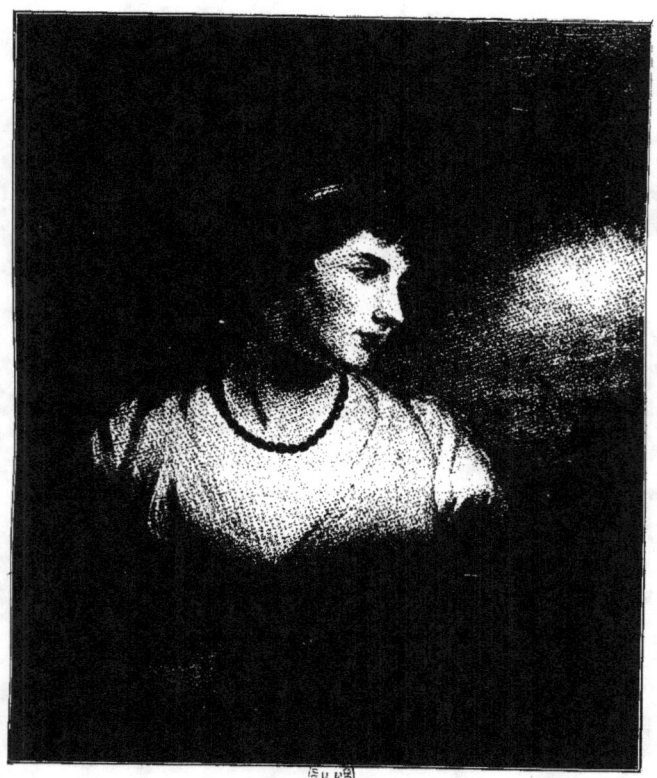

LA COMTESSE D'OXFORD, PAR JOHN HOPPNER
(National Gallery.)

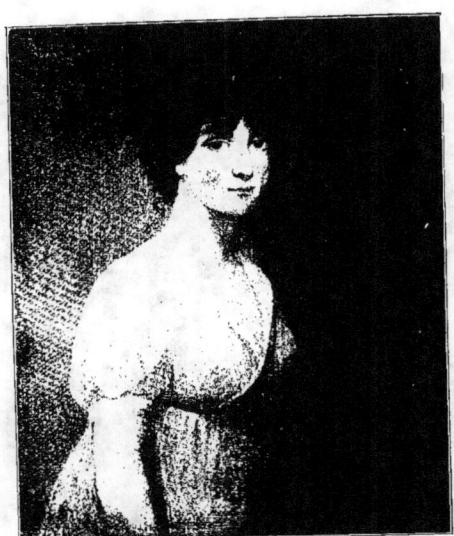

PORTRAIT DE MISS BERESFORD
PAR JOHN HOPPNER
(Coll. A. von André.)

endormie, un *Bélisaire*, etc. Comme la plupart des peintres anglais de cette époque, il s'exerça aussi à ses débuts, dans la peinture shakespearienne, et on lui doit, entre autres, une toile inspirée par le *roi Lear* et qui lui valut, en 1775, une médaille d'or de l'Académie royale, dont il devait faire partie en 1795.

*
* *

Oui, en vérité, Lawrence, continue Reynolds en amincissant sa manière ; et cependant de son œuvre si inégale faite d'étincelantes apparences mais presque toujours dépourvue de toute sincérité, se détachent des peintures d'une beauté réelle, comme le superbe *Pie VII* du palais de Windsor, et l'officier de Highlanders de la collection du marquis de Ganay, œuvre splendide. Toiles d'une rare puissance d'exécution, bien supérieures aux portraits de Charles X et de George IV, trop vantés. Ici, le dessin, presque toujours d'un brillant artificiel et glacé, s'épanouit dans des harmonies riches et chaudes.

Et cependant c'est bien plutôt aux molles effigies de la comtesse Wilton, de Lady Leicester, de Lady Grey, de Miss Farren, de Lady Dower, de Miss Croker... et de tant d'autres belles du temps, et surtout à celle du jeune Master Lambton, *l'Enfant rouge*, si inférieur à

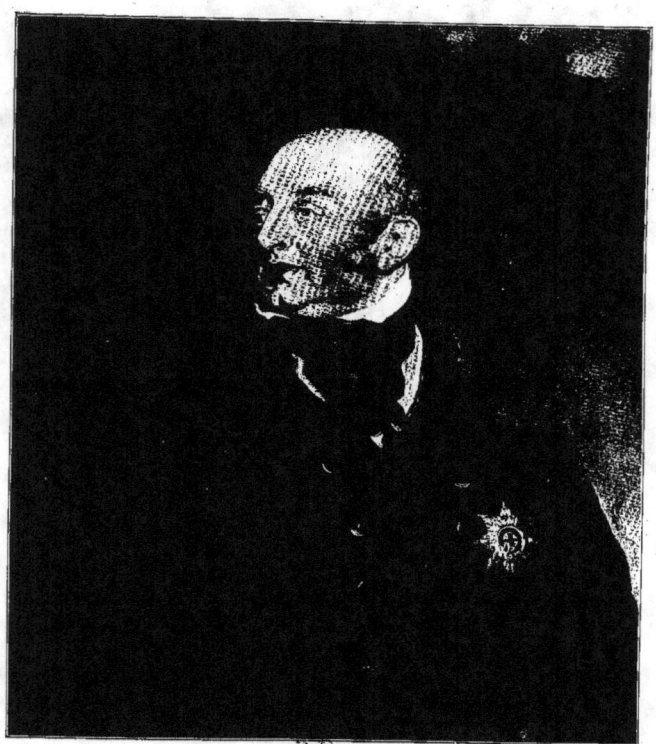

PORTRAIT DU DUC D'YORK, PAR THOMAS LAWRENCE
(Collection Ernest May.)

l'*Enfant bleu* et même à l'*Enfant rose* de Gainsborough, que sir Thomas Lawrence doit son universelle réputation.

Réputation cosmopolite due à l'exotisme de ses modèles qui, de tous les points du monde, venaient poser devant lui, et à ses courses errantes, sa palette à la main, à travers les cours et les milieux mondains d'Europe.

Mais réputation artificielle et snobique, plus faite pour plaire à la *nobility* d'Angleterre ou d'ailleurs, qu'aux vrais artistes.

Le poète Samuel Rogers disait de Lawrence, qui fut un de ses amis intimes, et qui fit de lui un joli crayon que nous reproduisons dans cet ouvrage : « Je choisirais Phillips pour peindre ma femme, et Lawrence pour peindre ma maîtresse. » Il fut, en effet, le peintre des femmes aimées, et celles-là, comme le fait remarquer assez judicieusement M. Charles Blanc, sont généralement plus belles que les autres et les avoir de son côté c'est avoir pour soi tout le monde, tout le monde se composant des femmes, de ceux qui les possèdent et de ceux qui les aiment...

Mais lorsque Lawrence est bon, il est excellent, et parmi les innombrables peintures

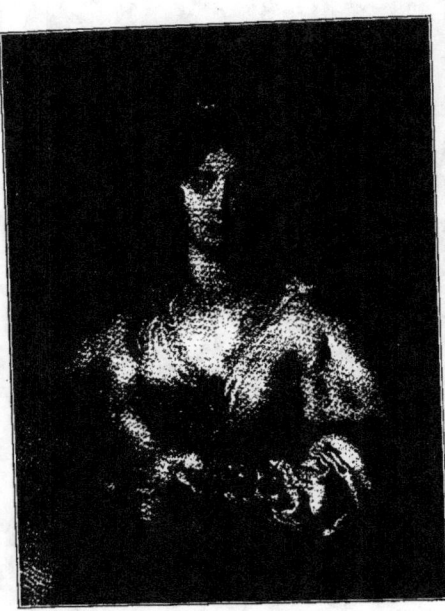

PORTRAIT DE FEMME, PAR THOMAS LAWRENCE
(Collection S. Bardac.)

qu'il exécuta de 1787 à 1830 (cinq cent onze portraits) il en est quelques-uns en tous points très remarquables, comme les portraits de Pie VII, de Mrs Cuthbert, de Lady Cowper, de Blücher, du duc

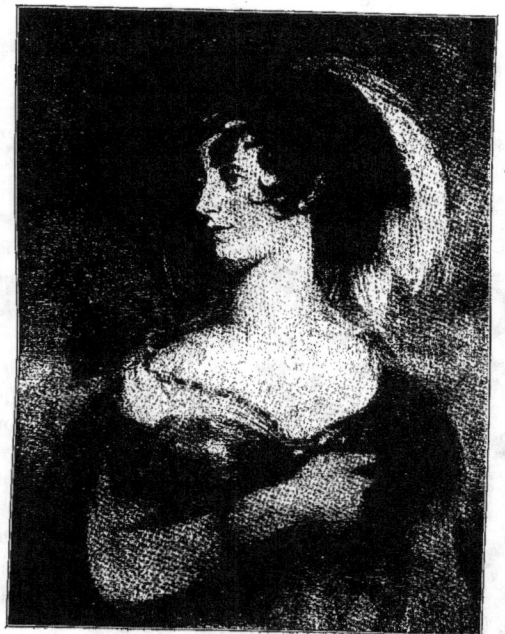

PORTRAIT DE FEMME, PAR THOMAS LAWRENCE
(Collection Chéramy.)

d'York, du cardinal Consalvi... dont l'ensemble suffirait à la gloire d'un artiste.

On pourrait presque affirmer qu'il n'est pas un grand personnage et une seule jolie femme de la haute aristocratie du monde entier dont le pinceau hâtif de Lawrence n'ait tenté de fixer les traits. Ce n'est cependant ni dans le portrait d'apparat de la cour de Charles III, ni dans les figures diplomatiques brossées au Congrès d'Aix-la-Chapelle, documents historiques médiocres, ni dans les molles effigies des *professional beauties* de son temps, qu'il faut chercher la fleur originale de son talent, mais dans quelques rares peintures, où, très inopinément, il se révèle comme un des peintres les plus francs de l'École anglaise, comme un véritable artiste tourmenté de la nature et des moyens de l'exprimer sincèrement, peintures trop rares dans l'amas de ses productions d'un si faux éclat, mais qui disent assez quelle eût été la tenue générale de son œuvre s'il avait su résister à la passion de l'opulence et aux moyens factices de la conquérir rapidement[1].

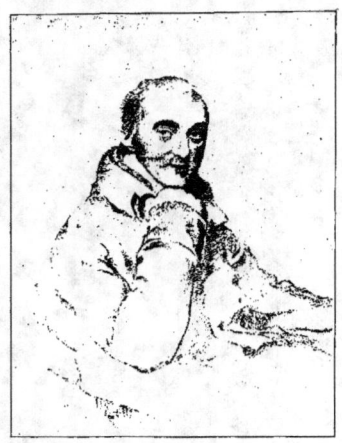

PORTRAIT DU POÈTE SAMUEL ROGERS
D'APRÈS UN DESSIN AU CRAYON
DE THOMAS LAWRENCE
(British Museum).

1. Sir Thomas Lawrence naquit à Bristol. Il eut pour père un clergyman qui s'était fait aubergiste. Son premier maître fut un peintre d'histoire nommé William Hoake, membre de l'Académie royale. En 1787, il venait habiter Londres avec sa famille et était admis parmi les élèves de l'Académie. En 1792, il succédait à Reynolds comme premier peintre du roi. En 1794, il était élu de l'Académie. A cette date sa vogue était considérable. En 1814, il faisait un court séjour à Paris. En 1818, il visitait Aix-la-Chapelle, Vienne, Rome, et il rentrait en Angleterre après avoir exécuté de très nombreux portraits, entre autres deux portraits du roi de Rome, dont l'un se trouve dans la collection du duc de Bassano à Paris, l'autre dans celle de la marquise de la Valette... à Londres. Bientôt il succédait à Benjamin West, comme président de l'Académie des Beaux-Arts. Ce fut en 1825, lors d'un troisième voyage à Paris, qu'il fit les portraits de Charles X et du Dauphin, de la duchesse de Berry. Lawrence a aussi peint quelques grandes toiles académiques d'une solennelle médiocrité.

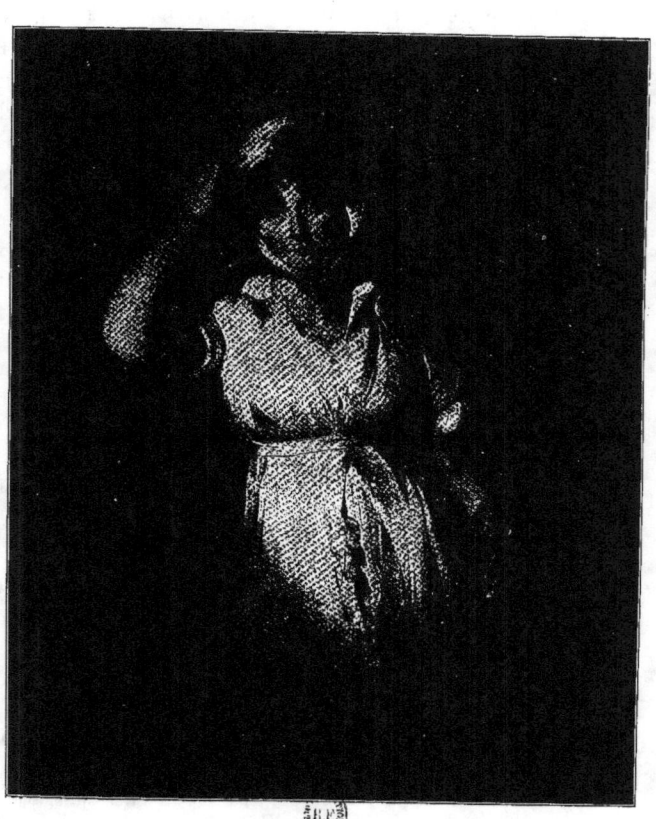

PORTRAIT DE CAROLINE DE BRUNSWICK, ÉPOUSE DE GEORGE IV
PAR THOMAS LAWRENCE
(Royal Victoria and Albert Museum.)

Les notes complémentaires suivantes sont assez curieuses et de nature à ajouter quelques traits caractéristiques à la physionomie trop rapidement esquissée de sir Thomas Lawrence :

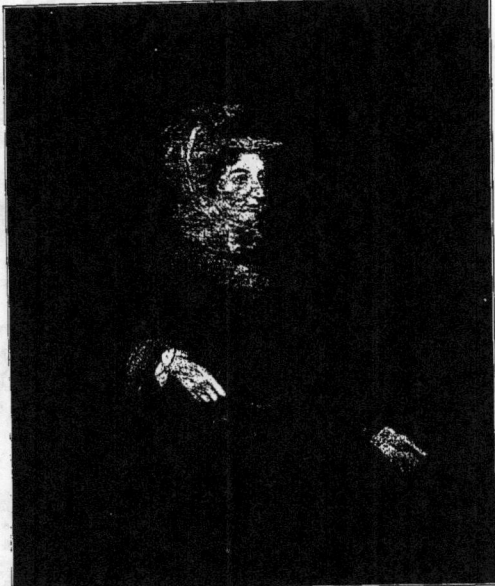
PORTRAIT DE FEMME, PAR THOMAS LAWRENCE.
(Collection Ernest May.)

Ce qui ne surprendra personne, le peintre avait fait suivre aux prix de ses portraits la progression de sa renommée.

En 1802, il fait payer une tête 30 guinées, le mi-corps 60, le portrait en pied 120. En 1810, après la mort d'Hoppner, son rival redoutable, la tête fut portée à 100 guinées et le portrait en pied à 1400. Vers 1820, la tête fut de 200 guinées, le portrait à mi-corps de 400, à mi-jambe de 500, en pied de 700 guinées.

Une des clauses les plus originales de son testament est celle relative à la vente de sa célèbre collection de tableaux anciens : « La galerie des tableaux que je possède vaut, dit-il, 20,000 livres. Je

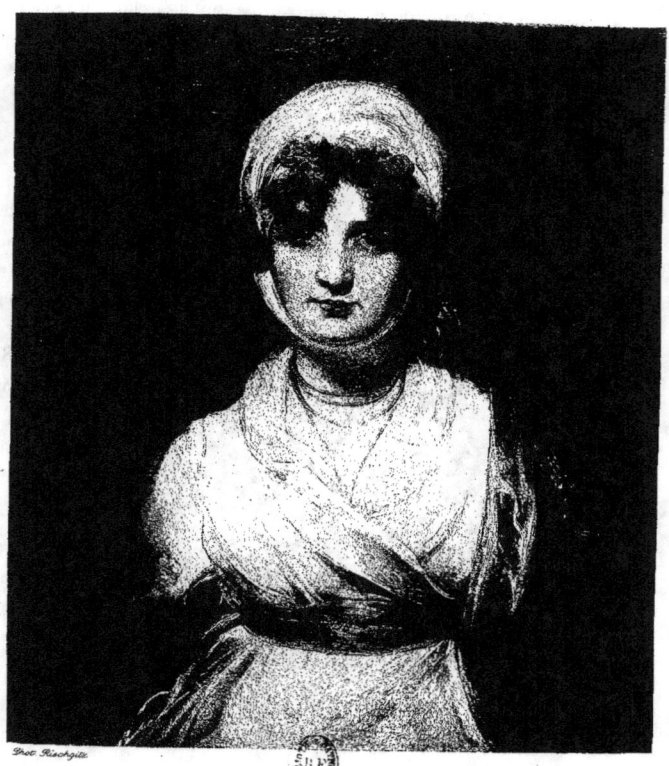

SIR THOMAS LAWRENCE — Mrs SIDDONS

National Gallery

désire qu'elle soit d'abord offerte à Sa Très Gracieuse Majesté George IV pour la somme de 18 000 livres; si elle ne convenait pas à Sa Majesté elle serait offerte au même prix au commissaire du musée anglais, ensuite, au très honorable Robert Peel et au très honorable comte de Dudley, et si aucun ne l'accepte, je désire qu'elle soit annoncée dans les principales capitales de l'Europe, et s'il s'écoule deux ans sans qu'il se présente un acquéreur pour 20 000 livres elle sera livrée aux enchères publiques. »

Elle ne fut acquise, ni par le roi George, ni par Robert Peel, ni par le comte de Dudley, et le délai fixé par le grand artiste après l'annonce dans les principales capitales de l'Europe étant expiré, elle fut mise aux enchères à Londres et vendue au prix exact de 15 445 liv. 17 sh. 6 p., environ 400 000 francs.

On évalue à 600 le chiffre des portraits exécutés par Lawrence. Au début de sa carrière, vers 1797, il s'engagea dans « la grande peinture » et demanda à Milton et à Shakespeare de vastes sujets d'inspiration. Mais, en ce genre, son échec fut assez complet pour lui faire comprendre qu'il faisait fausse route et que ce n'était ni dans la peinture de Satan, ni dans celle de Coriolan, même sous les traits de John Kemble, qu'il trouverait la fortune et la gloire, mais dans celle de l'épiderme satiné de Lady Dower et dans celle du col en dentelle, du veston de velours et des jolis petits souliers vernis de Master Lambton.

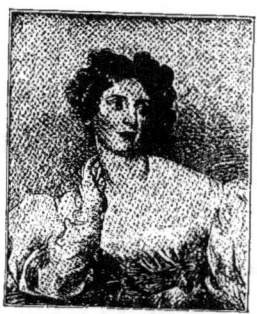

Cl. Neurdein.

PORTRAIT DE FEMME
(AUX DEUX CRAYONS)
PAR THOMAS LAWRENCE
(Musée du Louvre.)

**

Pour clore ce chapitre, voici quelques renseignements précis sur la manière de travailler du maître anglais, renseignements empruntés à M. Feuillet de Conches qui fut un de ses meilleurs amis : « En moins de sept à huit minutes sa main avait esquissé le crayon frappant de ressemblance, d'un dessin qui n'était dépourvu ni de liberté, ni d'élégance, ni de grâce, suivant les personnages. Plus tard, il se ressentit toujours de cette pratique de sa jeunesse, et, à l'époque de sa grande carrière, il se plaisait à faire, à la pierre d'Italie rehaussée de blanc, de ces légères esquisses où il se livrait à toute la verve d'un premier sentiment. Cette habitude des deux crayons était même si forte, qu'il l'étendit à ses tableaux à l'huile, et qu'il exécutait de la sorte, sur le canevas, son dessin, presque terminé, avant de l'empâter de couleurs. C'est toujours ainsi qu'il procéda, jusqu'à la fin de sa vie, couvrant la toile de deux portraits, dont l'un devait se perdre sous l'autre ; mais trop souvent, il faut le dire, le second fit regretter l'expression plus vraie et plus saisissante du premier jet. »

La gracieuse image que nous reproduisons à la page précédente est la confirmation indiscutable de l'opinion de M. Feuillet de Conches.

CHAPITRE II

PEINTRES D'HISTOIRE ET PEINTRES DE GENRE

Dans cette première partie du livre, nous avons étudié, avec autant de détails que nous le permettaient les dimensions de notre cadre, l'éclosion de l'école de peinture anglaise, éclosion qui se manifesta surtout sous la forme du portrait, où William Hogarth lui-même excella. Le portrait doit d'ailleurs être considéré comme l'expression la plus triomphante, avec le paysage, de l'école de peinture anglaise. Et la crise préraphaélitique passée, c'est encore le grand art du portrait qui, en Angleterre, reprend ses droits avec les Millais, les Watts, les Herkomer, les Orchardson, les Guthrie, les Lavery, les Lorimer, les George Henry... J'allais ajouter les Whistler et les Sargent.

Faut-il conclure qu'en dehors des portraits et des paysages l'école de peinture anglaise n'ait eu que des représentants indignes? Assurément non, et, s'il faut reconnaître, que, dans la peinture dite de grand style (compositions historiques, allégoriques, mythologiques, shakespeariennes et miltonesques), les Anglais ont rarement, ou plutôt n'ont jamais excellé, leurs peintres de genre, leurs peintres de scènes de mœurs locales, ont laissé une collection d'œuvres charmantes, d'un caractère très particulier, et où se trouve écrite, presque toujours avec esprit, souvent avec art, l'histoire physionomique et anecdotique de leur pays. Assurément la grande figure de l'auteur du *Mariage à la mode* et de la *Vie d'une fille publique* domine de toute sa hauteur celles des Leslie, des Mulready, des Smirke, des Newton, des Wilkie, des Frith, des Webster..., mais cependant la joyeuse variété des scènes de mœurs décrites d'un trait léger par ces charmants petits maîtres repose agréablement du spectacle monotone des grandes machines impersonnelles et froides où se sont officiellement exercés les pinceaux de Benjamin West, de Fuseli, de James Barry, de Copley, de James Northcote, d'Alexander Runciman, de Joseph Wrigh, de John Hamilton Mortimer... et de quelques autres.

**

De tous ces peintres de *grand style*, qui presque toujours moururent avec tous les honneurs et dans le rayonnement d'une gloire éphémère, Benjamin West[1] fut le plus coupable, car il vécut quatre-vingt-deux ans, et pendant soixante ans il ne cessa de produire.

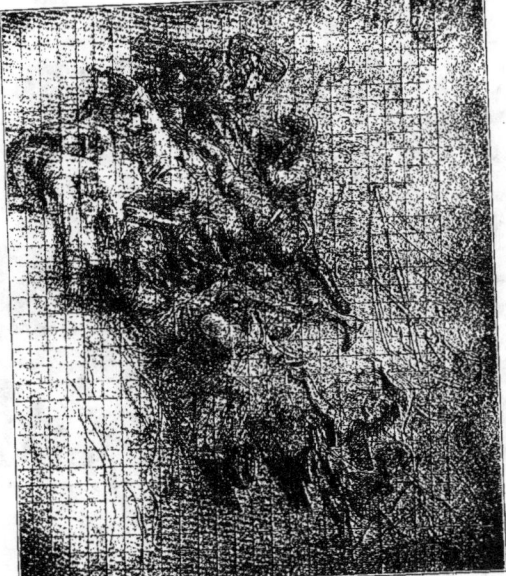

L'ABORDAGE (CARTON POUR LE COMBAT DE TRAFALGAR)
PAR JOHN COPLEY
(Royal Victoria and Albert Museum.)

1. Comme John Singleton Copley qui, lui aussi, s'adonna à la peinture d'histoire et peignit *la Mort du major Person*, supérieure assurément à celle du général Wolf, Benjamin West naquit en Amérique (à Springfield), comté de Chester, Pensylvanie. Il vint en France à 22 ans et étudia successivement à Rome, à Bologne et à Florence. Il débarquait à Londres en 1769. Il y demeura jusqu'à la fin de sa vie. A la vente Vestray en 1840, une de ses toiles les plus célèbres, *L'Annonciation*, qui lui avait été payée 80 000 francs, fut adjugée en vente publique au prix de 250 francs.

Il n'a pas laissé moins de cinquante tableaux à l'huile de grande dimension.

Le paganisme et la mythologie, l'histoire grecque et l'histoire romaine, l'antiquité tout entière figurent dans cet œuvre énorme.

Comme tout peintre anglais qui se respecte, il exécuta aussi de

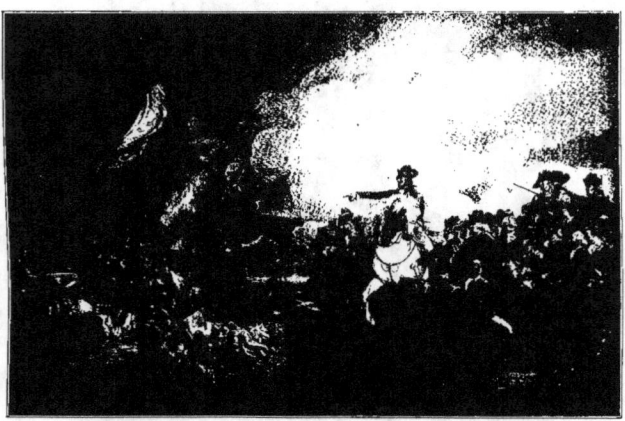

LE SIÈGE DE GIBRALTAR, PAR JOHN COPLEY
(National Gallery.)

vastes compositions empruntées aux tragédies de Shakespeare, et, au milieu de ses Procris, de ses Pylade, de ses Stratonice, de ses Pœtus et de ses Marc-Antoine, et aussi de ses Moïse, de ses Jacob et de ses sainte Cécile (car il s'attaque également à la peinture biblique et religieuse) on voit soudain apparaître des Roméos entreprenants, des Hamlets mélancoliques, des rois Lear accablés sous le poids du malheur.

Et tout cela est d'une navrante médiocrité.

On s'accorde généralement pour classer, parmi les œuvres les meilleures (est-ce le terme juste ?) de West, son *Cromwell devant le*

Parlement et sa *Mort du général Wolf*, immense toile mélodramatique et dont la couleur criarde hurle à la National Gallery au milieu des doux accords des Reynolds, des Gainsborough et des Romney.

West ne se borne pas à être de son vivant un personnage encombrant et indiscret. Aujourd'hui encore les cendres de l'illustre président de l'Académie royale reposent à Saint-Paul, tout à côté de celles de Van Dyck et de Reynolds.

* *

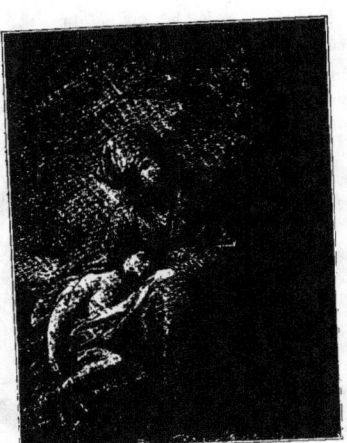

AGAR ET ISMAEL (CRAYON)
PAR BENJAMIN WEST
(Royal Victoria and Albert Museum).

Pas plus que Copley, pas plus que West, Fuseli n'était né en Angleterre. Ce qui semblerait indiquer que l'Anglais véritable, que l'autochtone, est réellement réfractaire au genre historique.

West, Copley et Fuseli furent en effet les artistes les plus admirés de leur temps; tous les honneurs académiques leur furent généreusement accordés et jamais gloire plus éphémère que celle de ces déracinés ne fut plus universellement exaltée par les biographes, les panégyristes, les explicateurs les plus fanatiques, depuis Cunningham et Burke, jusqu'à E.-L. Bulwer.

Reconnaissons toutefois que si Fuseli fut moins peintre que Copley, il ne fut guère inférieur à West comme technicien, et à tous deux il fut infiniment supérieur dans l'invention et dans la fantaisie. Shakespeare trouve en lui un interprète presque génial, et souvent dans ses recherches un peu maladives de la représentation de l'impossible, il réussit à provoquer une troublante sensation d'art. En réalité Henry Fuseli fut un véritable poète à l'imagination fertile et un peu extravagante, mais dont le métier de peintre fut impuissant à exprimer la vision et le rêve, ou plutôt le cauchemar[1].

※ ※

James Barry naquit en Irlande, à Cork, le 11 octobre 1741. Son père, capitaine dans la marine de commerce, voulut faire de lui un marin, « mais l'enfant, nous dit un de ses biographes, au lieu de manier les agrès, s'esquivait pour dessiner et pour lire. Force fut de le rendre à la terre ferme et à la bonne mère qui acceptait ses fantaisies. »

Il paraîtrait qu'à dix ans il faisait déjà des dessins pour des éditeurs. Il avait dix-huit ans à peine lorsqu'il exposa à Dublin, à l'exhibition de la Société pour l'Encouragement des arts, sa première peinture à l'huile : *La légende de saint Patrick*. Cette œuvre fut remarquée et valut à Barry la sympathie d'Edward Burke qui demeura toujours son ami lors même que les divagations esthéticiennes du peintre l'obligeaient à tenter de le ramener au bon sens

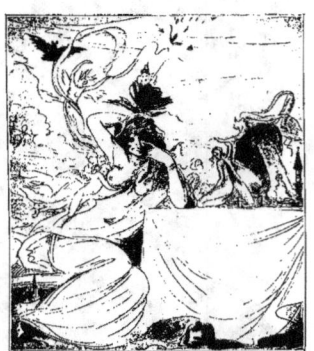

LA TOILETTE DE BÉLINDA (CRAYON)
PAR BENJAMIN WEST
(British Museum.)

[1]. Henry Fuseli naquit à Zurich. Il vint en Angleterre aussitôt après ses premières études dans sa ville natale. Ce fut sur les conseils de Reynolds, séduit par sa brillante imagination, qu'il se consacra à la peinture. Ce fut aussi sur les conseils du grand maître anglais qu'il visita l'Italie avant de s'établir définitivement en Angleterre. Il exécuta de nombreuses toiles historiques entre autres : *le Couronnement de Jane Grey*, *la Mort de Lord Chatham*, *la Mort du major Person*, *Caius Gracchus*,... Mais la meilleure partie de son œuvre est comprise dans 300 compositions imaginatives et surtout dans ses interprétations des tragédies et des comédies de Shakespeare. On considère volontiers son *Titania and Bottum* et son *Spectre d'Hamlet*, comme ses deux œuvres capitales.

par des conseils d'une sagesse toute paternelle[1]. Grâce à la générosité de Burke, il put partir pour l'Italie où il demeura plusieurs années. Durant cette époque (ses lettres à Burke l'attestent d'ailleurs suffisamment), il fut bien plus préoccupé par le souci d'exprimer ses rêves grandioses, ses combinaisons métaphysiques sur d'immenses toiles, que par la nécessité d'apprendre son métier dans la contemplation méditative des chefs-d'œuvre de la peinture. Barry fut d'ailleurs peut-être la personnification la plus caractérisée de la tendance marquée, mais toujours impuissante, de l'école anglaise, à vouloir ennoblir l'histoire, à vouloir diviniser, à vouloir idéaliser le rêve. Il fut en peinture ce que fut Flaxman en sculpture, mais avec encore plus de sécheresse. Il semblait prendre plaisir à mépriser les procédés de son art, et Constable a pu très justement écrire de lui : « Barry pense que pour être grand il doit rejeter les qualités propres de la peinture : de là son dessin cerclé de fer (iron bound) et ses lumières cuivrées (brazers lights), etc.

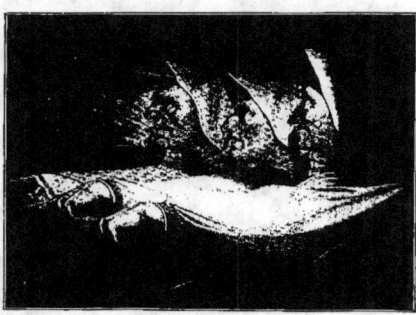

LES SORCIÈRES, PAR FUSELI
(*Macbeth*, acte I.)

La plupart, on pourrait presque dire la totalité des peintures de

---

[1]. James Barry ne fut pas seulement un peintre médiocre, mais aussi un esthéticien insupportable, pour lequel toute inspiration artistique devait prendre sa source absolue dans la statuaire antique. Son enthousiasme pour les Grecs allait jusqu'au délire, et en dehors des Antinoüs, des Vénus, des Apollon, il ne rencontrait dans aucune expression artistique la pureté des formes et les proportions parfaites. Raphaël et Michel-Ange ne trouvent même pas grâce devant lui (voir ses *lettres d'Italie* à Burke) et en sortant de la galerie de Turin il écrit à son ami : « Rubens, Van Dyck, Téniers, Rembrandt etc., sont hors de mon église. »

Barry, ont été inspirées par l'antiquité. Il exécuta cependant quelques portraits de qualité inférieure, entre autres celui de son ami Burke, qui méritait d'être mieux traité, et une *Mort du général Wolf*, où les soldats anglais figurent tout nus comme de vulgaires Mohicans, ou plutôt comme les défenseurs des Thermopyles. Mais pour qui veut

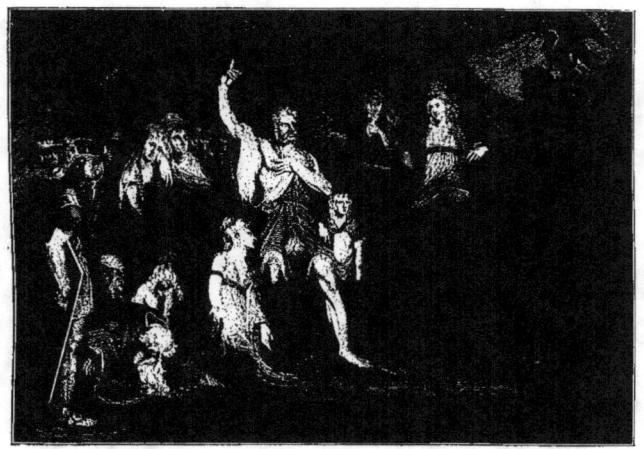

CARACTACUS AU TRIBUNAL DE CLAUDE, A ROME, PAR FUSELI

juger l'homme et l'œuvre, une visite aux *Adelphi* est indispensable. C'est ici où se révèle, où s'étale, en six tableaux longs de 42 pieds chacun, trois empruntés à la poésie, trois à l'histoire, le génie spéculatif et quintessencié du peintre. Cela s'appelle *Le Progrès de l'humanité* « en commençant par l'homme à l'état sauvage dans son imperfection et ses misères, et en le conduisant à travers une civilisation successive jusqu'à la récompense ou au châtiment ». Le sujet parut si obscur aux visiteurs que l'auteur fut obligé de fournir dans une brochure des commentaires explicatifs à ses conceptions philosophico-picturales, d'où semblent être nées celles d'Overbeck et de Chenavard. D'ailleurs, comme beaucoup de grands peintres anglais, James Barry avait la manie d'écrire. Et cela pour faire l'éloge de sa peinture qui sans doute ne se défendait pas par elle-même. Ne nous en plaignons pas trop. Le temps qu'il passa à composer sa *Dissertation sur les causes réelles et imaginaires qui s'opposent au progrès des arts en Angleterre* eût pu être employé à plus mal faire.

* *

Northcote (1746-1831), lui aussi, quitta souvent le pinceau pour la plume mais, d'une solennité moins classique, d'un académisme moins olympien que Barry, il se borna à des critiques légères, à quelques consciencieuses biographies, et à des fables assez spirituellement rimées et auxquelles il attachait peut-être une trop grande importance. Il passa cinq années à l'atelier de Reynolds, travaillant avec une assiduité exemplaire, et réussissant à force de persévérance, plutôt que de perspicacité, à emprunter à son maître quelques-unes de ses savoureuses qualités de métier qu'on retrouve parfois dans certains de ses portraits, sinon dans ses compositions historiques et dans ses peintures morales et philosophiques, véritables sermons « en couleurs ».

Northcote toucha un peu à tous les genres en peinture comme en littérature. Mais nous le répétons, c'est dans quelques-uns de ses portraits, malgré les recherches presque toujours trop théâtrales de leur arrangement, que réside le plus pur résultat des leçons apprises, et ses grandes toiles bibliques et historiques, ses études d'animaux qu'il appréciait à l'égal de ses rimes, ne méritent qu'une note documentaire. Il naquit à Plymouth le 22 octobre 1746 ; son père était un petit horloger. En 1771 il entra dans l'atelier de Reynolds, dont il devint l'élève le plus fidèle et le plus studieux. Puis il fit un voyage de quelques années en Italie, d'où il revint émerveillé des chefs-d'œuvre des maîtres de la Renaissance. A citer parmi ses œuvres principales, dont quelques-unes ont prolongé la réputation du peintre, grâce à l'habileté des graveurs : *Le Naufrage du vaisseau le « Centaure »*; les *Enfants d'Édouard*; la *Mort de Wat Tyler*; le *Débarquement du prince d'Orange à Torbey*; le *duc d'Argyll endormi dans sa prison*; la *Mort du duc d'Argyll*; *Mortimer et Richard Plantagenet*; *Joseph et ses frères*; *Jacob bénissant les fils de Joseph*; puis une *Chasse au tigre*, une *Chasse au chevreuil*, un *Vautour avec un serpent*, et des tableaux de fantaisie, la *Charité*, la *Jeune fille aux fruits*, la *Visite à la grand'mère*, qu'il exécuta avant d'entreprendre la peinture historique et qui font regretter vivement qu'il n'ait pas persévéré dans un genre où il aurait pu acquérir une honorable célébrité.

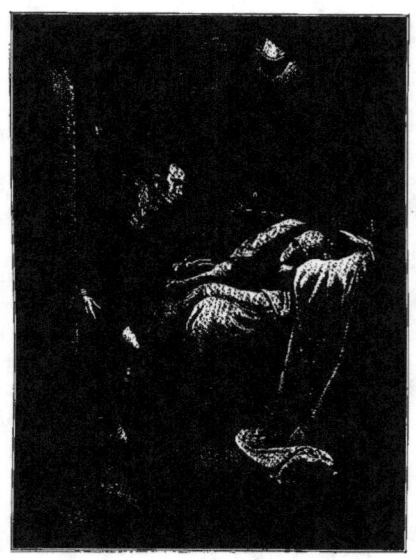

MORTIMER ET RICHARD PLANTAGENET DANS LA TOUR
PAR J. NORTHCOTE
(Shakespeare, *Henri IV*.)

Parmi les nombreux portraits qu'il exécuta, un des meilleurs est celui de Walter Scott au sujet duquel on raconte l'amusante anecdote suivante : « On a souvent fait votre portrait ? » demanda Northcote au célèbre romancier. — « Oui, répondit Walter Scott, ma chienne Maïda et moi nous avons posé bien souvent... si souvent que Maïda, qui est peu philosophe, ne peut plus sentir un peintre. Dès qu'elle voit un homme saisir un pinceau et la regarder, elle pousse un hurlement et se sauve à Eildon-Hill. Je ne puis malheureusement courir après elle, mes jambes s'y refusent, et c'est en vain que je l'appelle... Oh! oui, j'ai posé souvent pour mon portrait... » Il est bon d'ajouter que le portrait de Walter Scott avait été commandé à Northcote par sir William Knighton.

* * *

Etty avait de hautes prétentions à la peinture historique. Une idée philosophique préside souvent à la création de ses œuvres, ce qui d'ailleurs n'ajoute rien à leur très discutable valeur d'art, et si le nom de William Etty, qui jouit encore de quelque faveur en Angleterre, est parvenu jusqu'à nous, c'est bien moins grâce à ses grandes machines symbolico-historiques, comme le *Combat*, *Judith et Holopherne*, *Jeanne d'Arc*, *Ulysse et les sirènes*.... qu'à ses petites toiles de genre telles que le *Joueur de luth*, *Peine et plaisir*, le *Duo*, la *Toilette*, le *Bivouac d'amour*, où se révèlent de réelles qualités de coloriste, absolument absentes de ses vastes compositions moralisatrices. « En toutes mes grandes œuvres, a-t-il écrit lui-même, j'ai voulu exercer une action morale sur le cœur du public[1]. » C'est ainsi que dans *Ulysse et les sirènes*, que nous repro-

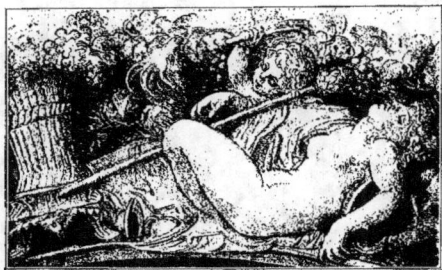

PROJET DE COMPOSITION DÉCORATIVE (CRAYON)
PAR THOMAS STOTHARD
(British Museum.)

[1]. William Etty naquit à York le 10 mars 1787. Malgré ses aptitudes pour le dessin, son père, qui était meunier, le mit en apprentissage chez un imprimeur de Hull; mais grâce à la générosité d'un de ses oncles, il put se rendre à Londres où il étudia successivement dans les ateliers de Fuseli, puis de Lawrence. En 1822 il visitait l'Italie. Il rentrait

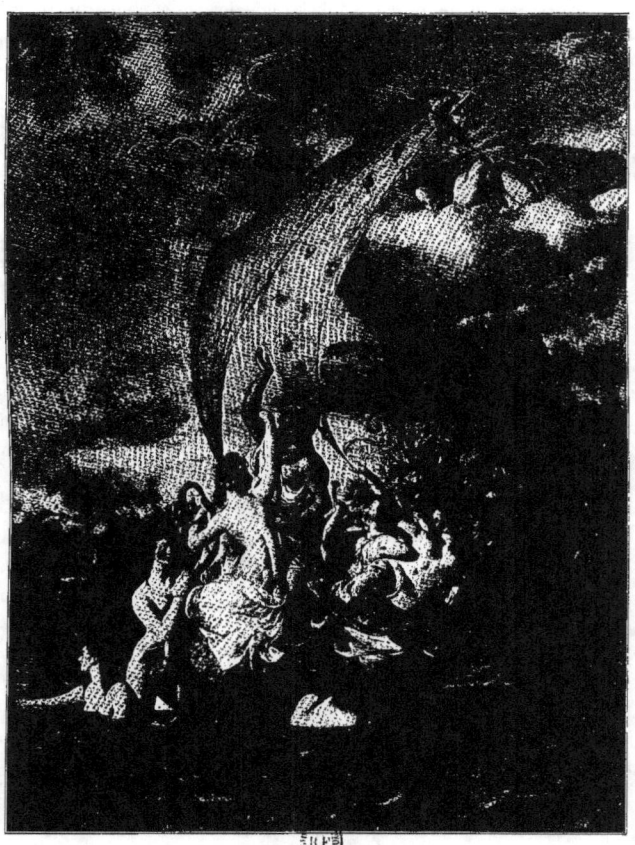
ULYSSE ET LES SIRÈNES, PAR WILLIAM ETTY
(National Gallery.)

duisons dans ce livre, il s'est efforcé de peindre la résistance aux passions.

Mais, nous le répétons, c'est dans ses tableautins de genre, qu'il faut chercher les réelles qualités de son art. Ici il a peint très librement avec une sorte de joie juvénile, qui illumine l'œuvre tout entière. La *Toilette* est éblouissante de fraîcheur. Etty se révèle en cette toile et même en quelques autres, comme un coloriste de race, comme un élève de ces Vénitiens dont il a vanté en termes délicats le prestige du

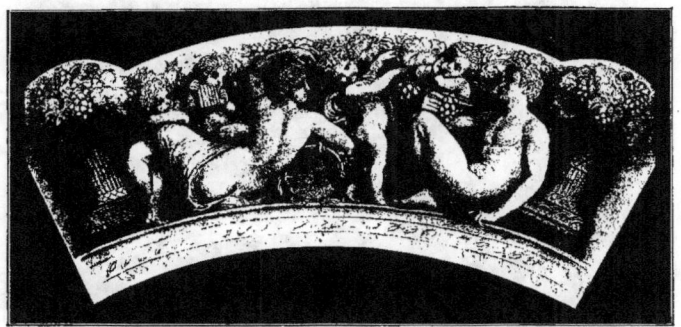

PROJET DE COMPOSITION DÉCORATIVE, (CRAYON) PAR THOMAS STOTHARD
(British Museum.)

pinceau dans sa si curieuse autobiographie. On peut affirmer que cet artiste eût laissé de véritables chefs-d'œuvre, si les imperfections de dessin les plus intolérables ne déparaient ses tableaux les plus éclatants.

Enfin William Etty, lui au moins, sut parfois échapper à l'obsession de la peinture philosophique, maladie essentiellement anglaise, et ouvrir les yeux à la vision de la vie, en ce qu'elle a de plus jeune et de plus riant. A cause de cela il lui sera beaucoup pardonné. La *Toilette* et le *Duo* feront oublier *Benaiah lieutenant de David*, et *Pandore couronnée par les Saisons*.

à Londres en 1823. En 1828 il était nommé membre de l'Académie. Il mourut à York le 13 novembre 1847.

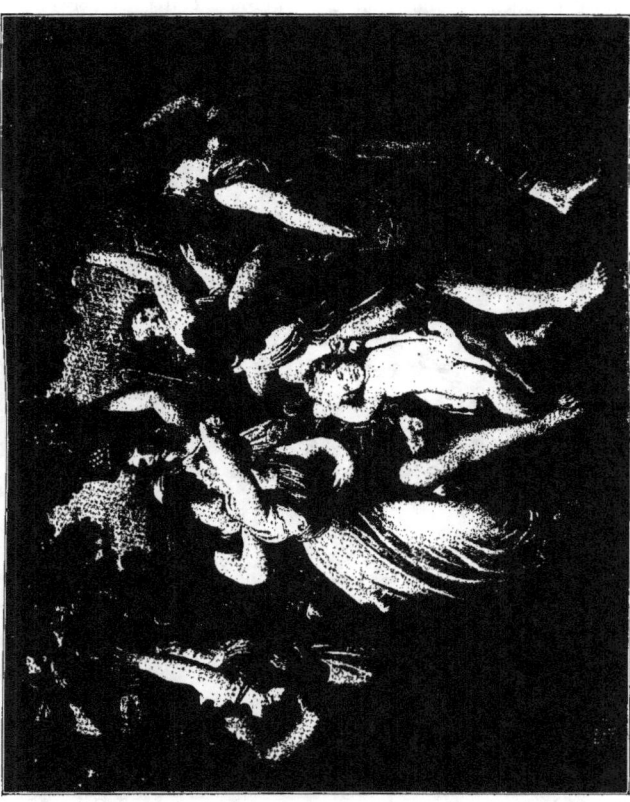

Phot. Giraudon. VENDANGES GRECQUES, PAR THOMAS STOTHARD

A qui désirerait connaître dans ses infinis détails la longue vie de Thomas Stothard (1755-1834), vie d'un incessant labeur, puisqu'il peignit plusieurs centaines de toiles et d'aquarelles et qu'il laissa des milliers de dessins, nous ne saurions trop conseiller l'étude que fit de cet artiste son enthousiaste historien Mrs Bray : *Life of Thomas Stothard*.

Après un examen de l'œuvre picturale de cet artiste, dont la grâce et la libre fécondité furent les traits les plus caractéristiques, il nous paraît que les rares écrivains français qui le jugèrent ont péché par excès de sévérité. Il est en effet de tradition, chez nous, d'affirmer que Stothard ne doit le meilleur de sa réputation qu'à son fameux *Pèlerinage de Canterbury* sorti de la collection Togwood pour entrer à la National Gallery, où il figure avec éclat. Et pour affirmer encore la sévérité de leur opinion, ils ajoutent, les uns après les autres, comme pour obéir à un mot d'ordre infaillible, que la célébrité de Stothard est encore moins due aux qualités de l'original qu'à l'habileté de l'interprétation qu'en fit le graveur Woollet. Ce jugement est injuste. Thomas Stothard fut un peintre d'une réelle valeur et d'une incontestable originalité, bien que son art spirituel et vivant s'apparente parfois à celui de certains de nos peintres du xviii° siècle, tels que Pater et

ILLUSTRATION DE JOB, PAR WILLIAM BLAKE

Lancret et que dans ses recherches d'ornemaniste il soit visiblement hanté par le souvenir de Watteau et de Boucher dont il n'a, il faut bien le reconnaître, ni la légèreté ni la précision de pinceau. Mais parfois sa palette se revêt des plus somptueuses couleurs, et on aime à suivre le jeu de sa fantaisie à travers la suite innombrable de ses dessins d'illustration et de ses projets décoratifs.

* *

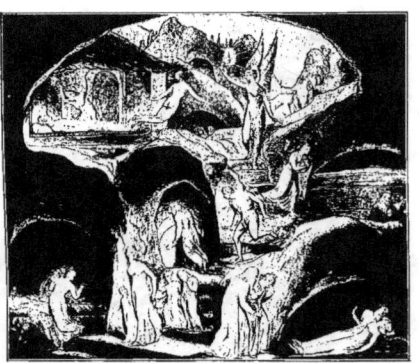

LA VALLÉE DE LA MORT (CRAYON)
PAR WILLIAM BLAKE
(British Museum.)

Voici assurément une des figures les plus excentriques de l'École anglaise qui, cependant, comme le constate avec raison Charles Blanc, compte beaucoup d'originaux, tels que Fuseli, Barry, Runciman, Morland, Stothard, Turner, sans oublier Gainsborough, le musicomane...

William Blake (1758-1828) fut à la fois poète, peintre, graveur et musicien.

De la complexité troublante de ce génie bizarre naquit une formule picturale ultra classique où vaguement se manifestent des impressions de cauchemar et des aspirations hallucinées qui apparentent Blake à Fuseli, un détraqué comme lui. William Blake mettait lui-même ses compositions en musique, et ses soixante-six scènes intitulées Chants d'innocence et d'expérience, sont accompagnées de strophes musicales dont le commentaire n'ajoute d'ailleurs aucune clarté à l'expression graphique. Malgré cela la figure de Blake demeure incontestablement comme une des figures les plus puissamment originales de l'École anglaise. Ses estampes, vivement coloriées, sont parfois d'une réelle beauté et rien n'est plus curieux que l'effort constant de ce curieux artiste, d'une érudition rare, pour emprisonner dans la plus précise des formes académiques ses impressions de somnambule, et les conceptions philosophiques les plus abstraites[1].

Cette rapide revue des représentants de la peinture allégorique et historique en Angleterre serait trop incomplète si nous n'ajoutions à la liste des noms célèbres cités plus haut ceux moins connus, quoique très académiques d'*Henry-Robert Morland*, d'*Alexander Runciman*, de *Sawrey Gilpin*, de *Joseph Wright*, de *John Hamilton Mortimer*, de *Richard Westall*, de *Martin Archer Shee*, d'*Edward Bird*, d'*Henry Thomson*, de *John Jackson*, de *Washington Allston*, d'*Alfred Édouard Chalon*, de *William Allan*, de *Benjamin Robert Haydon*, de *William Hilton*, de *Henry Perronet Briggs*, de *Francis Danby*, de *Thomas Duncan*, de *Frederic Yates Hurlstone*, de *George Henry Harlow*.

RETOUR DU CALVAIRE (CRAYON), PAR WILLIAM BLAKE
(British Museum.)

---

1. William Blake mourut à soixante et onze ans. On l'appelle avec raison *le Visionnaire*. Il laissa en manuscrits une centaine de volumes de vers, et le nombre de ses dessins s'éleva à plusieurs milliers. Blake exécuta aussi en seize dessins un *Pèlerinage de Canterbury*, emprunté comme celui de Stothard au poème de Chaucer. Ses œuvres principales sont : *Les Chants d'Innocence, Les Portes du Paradis, Urizen, Le Livre de Job*.

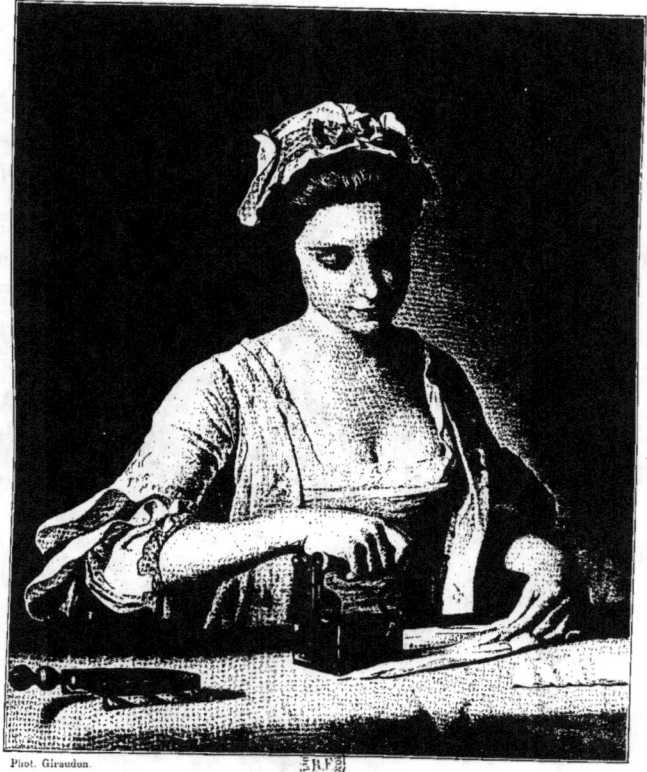

Phot. Giraudon. LA REPASSEUSE, PAR HENRY-ROBERT MORLAND
(National Gallery.)

1° Bien qu'*Henry-Robert Morland* (1730-1797) ne peignît guère que des figures, il est difficile de le classer d'une façon absolue parmi les peintres de portraits, car presque toujours ses compositions iconographiques affectent une allure de scène familière. Il a laissé cependant de bons portraits de George III (cette œuvre a été gravée par Hourzon) et de l'acteur Garrick (cette peinture est encore la propriété du Garrick-Club). Deux de ses meilleurs tableaux figurent à la National Gallery. Nous en reproduisons un dans ce livre : *La Repasseuse*, gracieuse image qui serait, dit-on, le fidèle portrait d'une grande dame de l'époque. La peinture de H.-R. Morland, qui fut aussi un restaurateur de tableaux très apprécié, est savante, mais froide et d'un coloris pauvre et glacé. Le dessin a une certaine précision élégante. Henry-Robert Morland était le père de George Morland.

2° *Alexander Runciman*, né à Édimbourg en 1736, mort en 1785. Ses œuvres principales sont des décorations murales d'après le poème d'Ossian. On a aussi de lui beaucoup de tableaux religieux, historiques ou poétiques, imprégnés d'un italianisme de décadence : *Agrippine débarquant avec les cendres de Germanicus, Nausicaa surprise par Ulysse, Andromède...* etc.

3° Né à Conhil en 1733, mort à Brompton en 1807, *Sawrey Gilpin* peignit surtout avec un certain succès des animaux sauvages, puis s'aventura malheureusement dans le genre historique.

4° *Joseph Wright*, né à Derby en 1734, mort à Bath en 1797. L'œuvre la meilleure de ce peintre d'histoire, dont les grandes compositions sont aujourd'hui dédaignées, est un simple paysage d'un profond sentiment poétique et d'un coloris charmant : *Une vue du lac d'Ullesvalter*.

5° *John Hamilton Mortimer* naquit en 1741 à Eastbourne et mourut à Londres en 1779. Il convient de citer parmi les œuvres principales de Mortimer, qui, lui du moins, échappa à toute influence italienne : *le Roi Jean signant la grande charte, le Sortilège, Saint Paul convertissant les Bretons, Sextus consultant Erichto*. Mortimer fut un homme de goût et d'imagination plutôt qu'un peintre. Il excelle dans l'arrangement de ses sujets, mais son coloris est sec et froid.

6° *Richard Westall* naquit à Hertford en 1765 et mourut en 1830. Il fut surtout un illustrateur et un habile aquarelliste. Ses peintures à l'huile inspirées par des sujets historiques sont d'une médiocrité navrante.

7° *Martin Archer Shee* né à Dublin en 1769, mort à Londres en 1850. Esprit très distingué et très cultivé. Écrivit beaucoup, peignit peu et de façon assez médiocre, mais comme critique et esthéticien, rendit de grands services à la cause de l'art. La National Gallery possède de lui un portrait d'homme et un *Bacchus enfant*.

8° *Edward Bird*, né en 1772 à Wolverhampton, mort en 1819. Commença par peindre sur faïence des services de table et finit par représenter sur une grande toile le *Départ de Louis XVIII de son exil en Angleterre*. — La moins mauvaise de ses toiles historiques est le *Champ de bataille de Chevy Chase*. Il a laissé quelques peintures familières assez intéressantes.

9° *Henry Thomson*, né à Portsea en 1793, mort en 1843, a peint quelques grandes compositions mythologiques et allégoriques dépourvues de tout intérêt d'art.

10° *John Jackson*, né à Lastingham en 1778, mort à Londres en 1831. Fut en réalité, comme Phillips, plutôt un portraitiste qu'un peintre d'histoire. Ses portraits de Flaxman, de Northcote et de Lord Grey, sont vraiment remarquables, et Lawrence put dire, presque sans exagération, que le premier de ces portraits est digne de Van Dyck.

11° *Washington Allston*, né en Amérique en 1780, mort à Cambridgeport (Massachusetts) en 1843. Habita tour à tour Londres et Paris. Très coloriste. La plupart de ses œuvres sont en Amérique. Allston, fut aussi un écrivain, comme un grand nombre des artistes de cette époque, et il a même laissé un volume de vers intitulé *Monalde*.

12° *Alfred Édouard Chalon*, né à Genève en 1780, mort à Londres en 1860. D'origine française, fit surtout d'intéressants portraits. Échoua complètement dans la grande peinture et dans la peinture de mœurs. Aquarelliste très habile. Le portrait à l'aquarelle qu'il fit de la reine Victoria, le lendemain de son accession au Trône, est célèbre.

13° *William Allan* né à Édimbourg en 1782, mort en 1850. Peignit comme George Dance de nombreux sujets historiques, entre autres les Batailles de Bannockburn et de Waterloo, et aussi des portraits, parmi lesquels celui de son ami Walter Scott, mais ne laisse malgré cela que la réputation d'un peintre médiocre.

14° *Benjamin Robert Haydon* naquit à Plymouth en 1786, mourut en 1847. Sa fin fut tragique. Réduit à l'extrême misère, il s'ouvrit la gorge avec un rasoir, puis se fit sauter la cervelle. Aucune de ses toiles historiques n'a été sauvée de l'oubli, bien que, comme le dit avec tant de raison W. Burger, à qui nous empruntons une partie de ces renseignements (Histoire des peintres, école anglaise), « les Anglais conservent avec une piété patriotique le souvenir des artistes qui peuvent servir à la gloire du pays ».

15° *William Hilton* né à Lincoln en 1786, mort à Londres en 1839. Artiste consciencieux et savant, mais son art académique et glacé n'a laissé aucune trace, et malgré son immense labeur, William Hilton est aujourd'hui oublié, même de ses compatriotes. Sa toile la plus justement célèbre est le *Cadavre de Harold trouvé sur le champ de bataille d'Hastings*.

16° *Henry Perronet Briggs*, né à Norfolk en 1792, mort à Londres en 1844. A laissé de nombreuses toiles historiques dont on ne parle plus et quelques portraits dont on parle peu, entre autres ceux d'Opie, de Wellington, de Charles Kemble, de Mistress Siddons.

17° *Francis Danby*, né en 1793 à Wexford (Irlande), mort à Exmouth en 1861. Imaginatif exaspéré, comme *John Martin* (1789-1854), mais à l'un comme à l'autre, l'art du peintre faisait défaut pour exprimer des sujets apocalyptiques ou des catastrophes babyloniennes, Danby et Martin ont voulu atteindre à des hauteurs de rêve dont Rembrandt, Delacroix, et Turner lui-même, n'auraient pas tenté la périlleuse escalade.

18° *Thomas Duncan*, né en 1807 à Kinclaven (comté de Perth), mort à Londres en 1845. Ses peintures sont assez rares car il mourut à 38 ans. Ce que nous avons pu voir de ses œuvres, l'*Entrée de Charles-Édouard à Édimbourg* (entre autres) nous permet de supposer néanmoins que sa fin prématurée ne détruisit pas de grandes espérances.

19° *Frederic Yeates Hurlstone*. On hésite à le classer parmi les peintres d'histoire, malgré ses Moïse, ses Boabdil, ses Mazeppa, ses Christophe Colomb... En réalité son art médiocre flotte mollement entre l'académicisme théâtral et le genre niais.

20° *George Henry Harlow* (1787-1819). Peintre habile mais superficiel; son œuvre principale est le *Démêlé de la reine Catherine et du comte d'Essex devant Henry VIII*. Il imitait parfois, à s'y méprendre, sir Thomas Lawrence. Harlow fit aussi un portrait de Sarah Siddons. Il nous la montre sous les traits de la reine Catherine dans le tableau ci-dessus mentionné. D'ailleurs le peintre a fait figurer tous les membres de la famille Kemble dans cette toile, qui d'ailleurs est souvent désignée sous ce titre : *La famille Kemble*.

Presque tous ces artistes furent très célèbres de leur vivant. Que reste-t-il aujourd'hui de leurs œuvres impersonnelles et sans émotion?

De ce qui précède il est facile de voir que, parmi les écoles de peinture, l'École anglaise occuperait une médiocre place si elle n'était représentée que par ses peintres d'histoire, eussent-ils nom : Benjamin West ou James Barry. En ce genre l'Angleterre n'eut jamais que des artistes très secondaires, de vulgaires pasticheurs sans originalité de métier et sans émotion. Nous ne recherchons pas ici les causes de cette infériorité manifeste; nous nous bornerons à les constater, aussi bien d'ailleurs dans le passé que dans le présent.

Dans la peinture des mœurs au contraire, dans la représentation des scènes de genre, dans la description des intimités, la peinture anglaise reprend ses droits, et les Robert Smirke, les David Wilkie, les William Collins, les Leslie, les Newton, les Mulready..., constituent une phalange d'artistes charmants, de spirituels observateurs, dont les œuvres, sans atteindre à la hauteur de celles de Hogarth, séduisent par leurs qualités très particulières, par l'espèce de parfum national qui s'en dégage. Elles sont très anglaises, comme sont très flamandes celles des Téniers, des Brauwer, des Steen, des Ostade, dont elles dérivent, mais avec infiniment moins de chaleur de coloris et de puissance technique.

* *

A vrai dire, Robert Smirke (1742-1845) fut surtout un illustrateur. Ses grandes sources d'inspiration furent *Shakespeare* et *Cervantès* et les *Contes des Mille et une Nuits*. La plupart de ses dessins d'illustration ont été remarquablement gravés par Daniell. L'historien de Smirke, Bryan, vante l'esprit d'arrangement de l'artiste, en tant qu'illustrateur, mais ajoute qu'il ne va jamais au fond des caractères; s'il fait sourire « parfois », il ne fait guère « penser ». Bien que très absorbé par ses travaux d'illustration, Smirke a peint quelques toiles. Sa suite des *Sept âges* de Shakespeare est une des meilleures parties de son œuvre, et il a laissé aussi quelques peintures humoristiques telles que *le Portrait flatté*, qui l'apparentent à Hogarth... mais d'assez loin.

PEINTRES D'HISTOIRE ET PEINTRES DE GENRE. 103

David Wilkie voyagea beaucoup[1]. Il visita tour à tour la France, l'Europe, l'Italie, l'Autriche, l'Allemagne, l'Orient, peignit le portrait

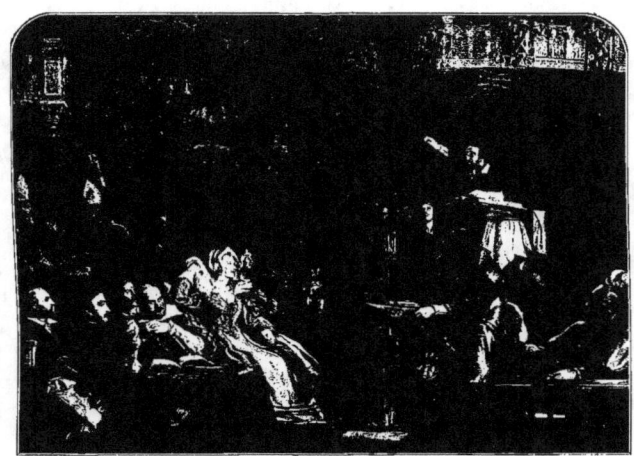

DISCOURS DE KNOX
DEVANT LES LORDS DE LA CONGRÉGATION (10 JUIN 1559) PAR DAVID WILKIE
(National Gallery.)

du Sultan à Constantinople, vit Beyrouth et Jérusalem, contempla les Pyramides, rêva à l'ombre des jardins de Damas et d'Alexandrie,

1. Sir David Wilkie, peintre de genre, naquit le 18 novembre 1781 dans le Fifeshire, à Cults, dont son père était le ministre. Après la mort de Sir Thomas Lawrence, en 1830, Wilkie fut nommé peintre ordinaire du roi, qui le fit chevalier en 1836. En 1840, il fit un voyage en Orient, traversa l'Allemagne, Vienne, descendit le Danube, séjourna un mois à Constantinople, où il fit le portrait du Sultan, puis, se rendit à Jérusalem, en passant par Smyrne et Beyrouth. Il s'embarqua en mai 1841 à Alexandrie, et mourut à bord, presque subitement, en vue de Gibraltar, le 1er juin 1841. Son corps fut jeté à la mer.... Turner a fixé cet évènement dans une de ses plus belles toiles.

mourut en mer, loin du rivage natal, et malgré cela, et bien qu'Écossais d'origine, ainsi que Jamesone, Ramsay, Raeburn, Runciman..., il demeure comme le plus anglais des peintres anglais. Il posséda à un degré supérieur l'art si particulier aux artistes, comme d'ailleurs aux littérateurs anglais, de traduire avec une spirituelle ingénuité les scènes intimes du « chez soi », *the home*. Tout le charme mystérieux de la vie familière anglaise se reflète dans les vivantes compositions de Wilkie, et si, très souvent, il se souvient des leçons de Van Ostade, pour décrire ses plus joyeux thèmes, sa formule n'en demeure pas moins très anglaise, et bien différente, dans sa joliesse rosée et un peu molle, dans sa grâce un peu artificielle de keepsake, de celle plus austère et assurément plus forte du maître hollandais.

A travers toutes les influences rencontrées dans ses nombreux pèlerinages artistiques, on ne découvre guère que celle d'Ostade. Ne l'a-t-on pas d'ailleurs assez spirituellement appelé une sorte d'Ostade enluminé?

Plus heureux que beaucoup de ses compatriotes, il sut éviter les dangers de l'italianisme décadent, et, en vérité, on peut affirmer que ses deux grands ancêtres artistiques furent Ostade et Hogarth. Il prit au premier un peu de sa finesse mouvementée et bruyante et de son énergique rusticité, mais avec plus de grâce morale, et au second son acuité d'observation et aussi parfois quelques-unes de ces touches franches et vives qui illuminent son œuvre.

Mais si David Wilkie a, comme son glorieux maître William Hogarth, les yeux grands ouverts sur les tableaux de la vie qui l'entoure et dans la contemplation desquels il goûte une joie si évidente, sa vision est bien différente de celle de l'âpre peintre de *l'Opéra des gueux* et de la *Carrière d'une femme perdue*. L'art de Wilkie nous fait sourire au lieu de nous faire penser. Je parle, bien entendu, de l'art du peintre des scènes domestiques où il est passé maître, et non de ces portraits rigides et secs où son talent paraît s'être absorbé tout entier dans la peinture des accessoires, ni de ces grandes compositions historiques, comme *la Prédication de John Knox* (1832), toile pleine cependant de grandes qualités de mouvement et de couleur, *Napoléon et Pie VII*, l'*Entrée solennelle de George IV dans le palais d'Holyhood*, le *Premier Conseil d'État de la reine Victoria*, et quelques autres peintures historiques, heureusement fort rares dans l'œuvre de Wilkie. Là où se manifeste avec éclat le génie tendre et souriant de Wilkie, c'est dans toutes ces petites toiles d'une amusante rusticité, comme la *Foire de Pitlessie*, peinte en 1804, et où l'esprit très particulier de l'artiste apparaît déjà à travers les puériles hésitations du métier, les *Politiques du village*, œuvre charmante qui du même coup mit son nom en pleine lumière, les *Joueurs de cartes*, le *Jour du loyer*, la *Guimbarde* (Jew's Harp), la *Garde-robe mise au pillage*, la *Fête au village*. Puis de 1811 à 1830, date d'une évolution très profonde dans sa manière, il peint coup sur coup ces œuvres charmantes à l'en-

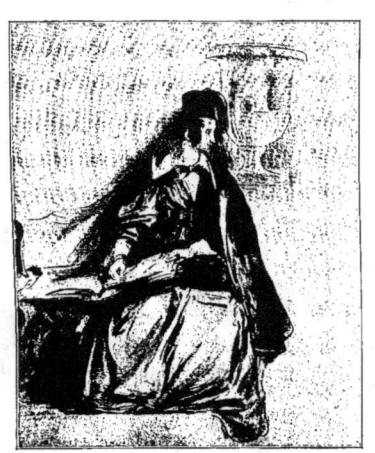

PORTRAIT DE MISS GORDON
PAR DAVID WILKIE
(National Gallery.)

semble desquelles il doit le plus pur de sa réputation et qui toutes ont été popularisées par les belles gravures des Burnet, des Raimbach et des Robinson : le *Colin-Maillard* d'abord (Blindman's Buff), le chef-d'œuvre peut-être de Wilkie, et où les qualités de grâce, d'esprit et de métier s'équilibrent très harmonieusement, *Duncan Gray*, œuvre forte et passionnée et qui se détache avec un relief particulier dans l'œuvre du maître, la *Lettre d'introduction*, la *Saisie pour le loyer*, les *Noces chez les pauvres gens* (Penny Wedding), la *Lecture du testament*, le *Whisky*, *Jeunes garçons et terriers*, *Devine mon nom* (Guess my name), le *Garde-chasse*[1].

David Wilkie jouit encore en Angleterre d'une grande réputation. Jadis sa gloire fut des plus brillantes. Quand Lawrence mourut, il le remplaça comme peintre de la cour. Ce titre il le garda sous Guillaume IV et aussi sous la reine Victoria qui professait pour son peintre la plus grande admiration. Wilkie mourut à cinquante-neuf ans, à bord de l'*Oriental*, en rentrant d'Égypte; son corps fut immergé dans la Méditerranée.

* *

Nous avons hésité un moment avant d'inscrire le nom de Leslie parmi ceux des peintres de genre[2], nous rappelant qu'il dut surtout son entrée à l'Académie (1826) à l'éclatant succès que lui valurent son *Sir Roger Coverley allant à l'église* et la *Fête de mai sous le règne d'Élisabeth*, et qu'il est aussi l'auteur de *Jane Grey acceptant la couronne*, du *Couronnement de la reine* (1838), du *Baptême de la princesse royale* (1841), etc. Il fut de plus le très spirituel historien de *Sancho Pança*, des *Joyeuses commères de Windsor*, et de *Don Quichotte* lui-même... Mais en vérité une telle interprétation des faits historiques ne

---

1. Ce fut vers 1830 que Wilkie conseillé peut-être par son ami Robert Peel, s'adonna à la peinture historique et peignit la *Prédication de John Knox*, *Christophe Colomb*, les *Quatre épisodes de la guerre d'Espagne*, l'*Insurgé Irlandais*, le *Premier Conseil d'État de la reine Victoria*, etc. Assurément dans cette seconde manière on retrouve parfois des qualités de force inconnues aux œuvres de la première époque. La touche est souvent plus grasse, le pinceau plus libre, et plus généreux. Mais malgré les incontestables vertus du métier, l'originalité du peintre ne s'y devine qu'à grand' peine, et ce sera toujours dans le *Colin-Maillard* et dans la *Fête du village* que vivra, en son originale fraîcheur, l'art joyeux et léger de David Wilkie.

2. *Charles-Robert Leslie*, né de parents américains, débute comme élève en 1815 à l'Académie Royale à Londres. Il eut comme premier maître Washington Allston et Benjamin West. Leslie ne se borna pas à être une peintre inventif. Il maniait la plume avec autant d'esprit que le pinceau. Il a laissé des livres et des notes d'art très appréciés, entre autres les *Mémoires de John Constable* qu'il publia en 1845, et le *Manuel du jeune peintre* qu'il écrivit peu de temps avant sa mort.

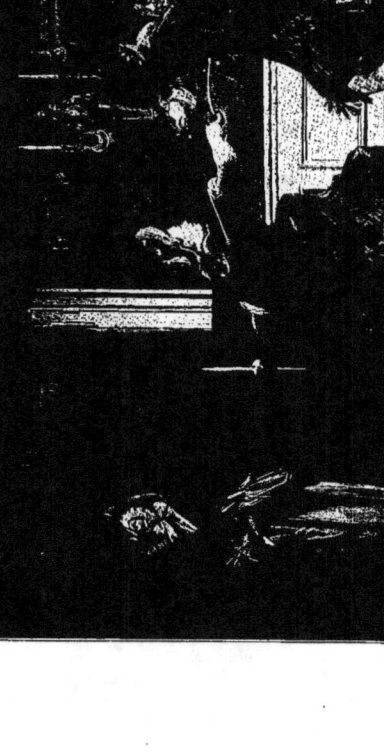

LE BOURGEOIS-GENTILHOMME, PAR C.-R. LESLIE

confine-t-elle pas à la peinture de genre, et peut-on dire que le peintre de *l'Oncle Toby et la veuve Wadman*, ce délicieux petit chef-d'œuvre de fine observation et d'humour, mérite le triste sort de voir son nom catalogué dans l'histoire de la peinture anglaise près de ceux de West ou de Harlow? Sans doute la plupart des personnages de Robert Leslie appartiennent à l'histoire, du moins à l'histoire de la littérature anglaise, mais dans son interprétation anecdotique des événements réels ou imaginés, il sut toujours donner à ses créations un aspect de vie si naturel que sous son spirituel pinceau le genre historique se dépouille de toute solennité officielle et devient la peinture de mœurs dans sa plus gracieuse familiarité. La figure penaude de Sancho, accroupi sur un tabouret et se grattant le nez, devant la gravité forcée mais douloureuse de la Duchesse, et devant la rigidité revêche de la duègne qui l'escorte, domine toute l'œuvre humoristique de Leslie, peintre médiocre, mais illustrateur ingénieux, et toujours peintre de genre, jusque dans ses compositions les plus... historiques.

**
* **

Comme Leslie, Newton est d'origine américaine (il naquit à Halifax dans la Nouvelle-Écosse), et comme lui, après s'être essayé sans succès notable dans le portrait, il s'adonna à la peinture d'histoire d'après des sujets empruntés à des textes contemporains, choisis de préférence parmi les humoristes. Il se plut, avec un humour au moins égal au peintre de *Falstaff* et de *Sancho*, et des *Commères de Windsor*, à interpréter en de brillantes petites toiles, d'un coloris moins criard, plus apaisé et plus chaud que celui de ce dernier, les scènes les plus spirituelles et les plus amusantes et parfois les plus touchantes de *Don Quichotte*, du *Vicaire de Wakefield*, et de *Monsieur de Pourceaugnac*. Leslie et Newton n'auraient-ils peint que les deux charmantes petites toiles intitulées *l'Oncle Toby et la veuve Wadman* et *Yorick et la grisette*, que leurs noms vivraient.

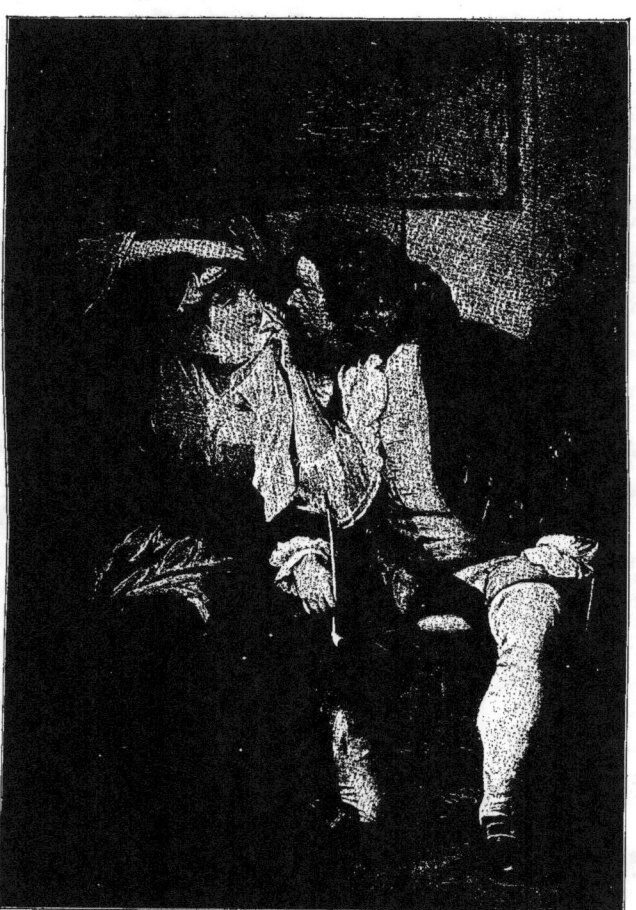
MON ONCLE TOBY ET LA VEUVE WADMAN, PAR C.-R. LESLIE
(South Kensington.)

Nos préférences vont à la petite toile de Newton qui est l'œuvre d'un peintre plus savant dans son art, plus maître de son métier, d'un métier appris à la grande école de Watteau et de Chardin. On y retrouve la sensibilité nerveuse du premier et la force du second [1].

* *

Dans la plupart de ses tableaux, David Wilkie ne se borne pas à l'analyse des physionomies de ses personnages, à la recherche de

YORICK ET LA GRISETTE, PAR G. STUART NEWTON
(National Gallery.)

[1]. Le sujet de l'*Oncle Toby et la veuve Wadman* a été emprunté par Leslie à une scène de Tristam Shandy. C'est la fine interprétation de ce passage de l'œuvre : « Je vous affirme, madame, dit mon oncle Tobie, que je ne vois rien dans votre œil. — N'est-ce point dans le blanc? dit mistress Wadman. — Mon oncle Tobie regarda de toutes ses forces dans la pupille. » Cette dernière phrase pourrait servir de légende au tableau.

Dans *Yorick et la grisette* Newton s'est inspiré de cette scène du roman de Sterne où Yorick essaye les gants dans la boutique de la jeune marchande : *They were all too large; the beautiful grisette measured them one by one across my hand...* etc. « Ils étaient beaucoup trop larges; la belle *grisette* les mesurait l'un après l'autre, autour de ma main... etc. »

leurs attitudes, à la composition de leurs groupements, il s'efforce aussi, en consciencieux élève des petits maîtres hollandais et flamands, de rendre avec une scrupuleuse minutie la vie des choses. Presque toujours il donne pour cadre à ses scènes familières l'humble poésie des intérieurs rustiques, et sauf de très rares exceptions, comme dans

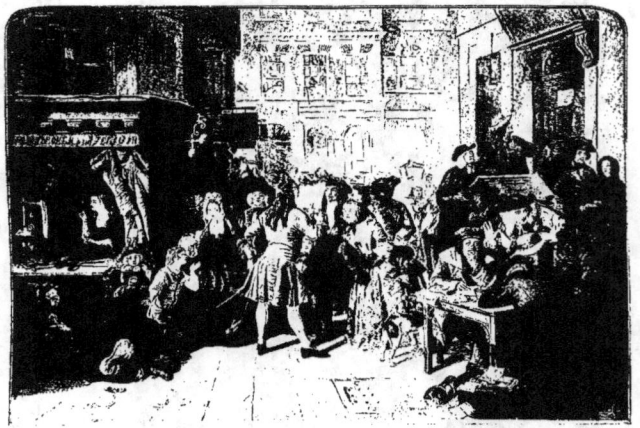
LES ACTIONS DE LA MER DU SUD, PAR E.-M. WARD
(National Gallery.)

la célèbre *Fête du village*, les êtres et les choses n'apparaissent jamais éclairés par la grande clarté du jour. A l'irruption brusque du soleil au milieu des nuages déchirés, dans la lumière diffuse du plein air, il préfère l'entrée discrète des rayons à travers les tissus des rideaux ou les lames des persiennes.

Eugène Delacroix, qui avait connu Wilkie à Londres, en 1825, écrivait à cette date à son ami Soulier : « J'ai été chez Wilkie, et je ne l'apprécie que depuis ce moment ; ses tableaux achevés m'avaient déplu, et dans le fait, ses ébauches et ses esquisses sont au-dessus de tous les éloges — comme tous les peintres de tous les âges et de tous les pays, il gâte régulièrement ce qu'il fait de beau — mais il y a à se contenter dans cette contre-épreuve de ses belles choses. »

Dans une autre lettre datée de 1858, et adressée à Théophile

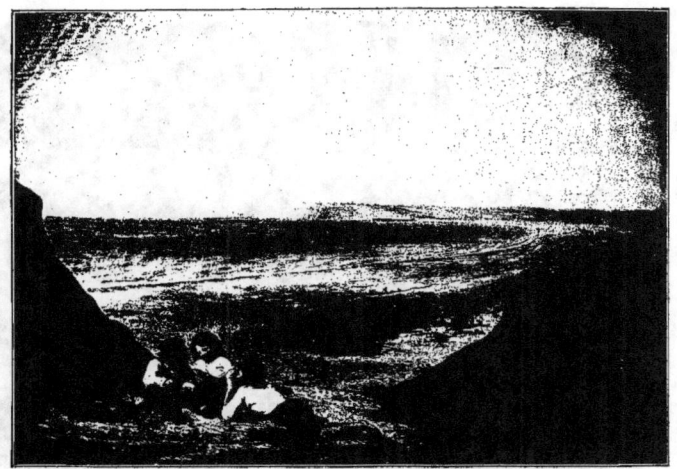

SEAFORD, CÔTE DE SUSSEX, PAR WILLIAM COLLINS
(Royal Victoria and Albert Museum.)

Silvestre, Delacroix parle encore longuement de David Wilkie pour lequel son admiration était grande ; mais il constate qu'à cette époque, son talent original a profondément souffert d'un récent voyage en Espagne, et de peintures vues dans ce pays et qui ont influencé d'une façon déplorable son art jusque-là si personnel.

Mais cette douloureuse constatation avait lieu à la veille même de la décrépitude morale et de la mort du grand artiste. Son œuvre était terminée et elle est de celles qui honorent une école.

PEINTRES D'HISTOIRE ET PEINTRES DE GENRE.

David Wilkie est un peintre d'intérieur, dans toute l'acception du mot. C'est en cela surtout qu'il diffère de William Collins qui, comme le peintre des *Politiques du village* et du *Colin-Maillard*, se plut aussi à décrire avec un esprit familier les mœurs de son temps sous la forme de joyeuses petites toiles de genre, mais sous la grande

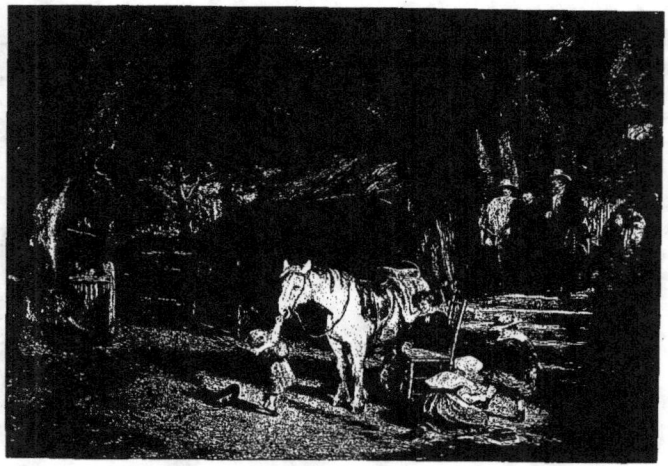

LE MATIN DU DIMANCHE, PAR WILLIAM COLLINS
(National Gallery.)

clarté du ciel, dans la paix lumineuse des champs, à la lisière ombreuse des grands bois, sur les rivages de la mer. Et dans l'œuvre de Collins le décor de nature est traité avec la même scrupuleuse conscience que le décor d'intérieur dans celle de Wilkie. Si quelques souffles de la brise, qui fait onduler les hautes cimes de Gainsborough et frissonner les buissons de Constable, passaient à travers les campagnes et les maisons un peu ensommeillées de William Collins, ce dernier pourrait prendre une place d'honneur parmi les meilleurs paysagistes de son pays, car la composition de ses décors de nature est d'une rare habileté.

Son œuvre, comme la plupart des œuvres des artistes anglais, se divise en deux parties. Disons, si vous le voulez bien, l'œuvre anglaise, c'est-à-dire de pure inspiration locale, de source ethnique, et celle, infiniment inférieure, que nous qualifierons d'œuvre italienne, qui date de la dernière partie de sa vie et qui est tristement représentée par un *Jésus dans le Temple au milieu des docteurs*, les *Pèlerins d'Emmaüs*, un *Ave Maria*, des *Madones*, un *Patriarche*..., etc.

Les véritables chefs-d'œuvre de William Collins furent les petites toiles claires et joyeuses qu'il exécuta de 1813 à 1836, avant son fatal voyage en Italie : *Le dénicheur d'oiseaux*, la *Diligence de Rouen*, les *Joueurs de boules*, *Heureux comme un roi*, les *Pêcheurs de crevettes*..., etc., œuvres agréables dont la gravure a popularisé le pittoresque amusant, mais dont l'ensemble ne peut néanmoins arracher au spectateur ce cri d'admiration aussi généreuse qu'hyperbolique de David Wilkie mis en présence des *Petites pêcheuses de crevettes* : « William Collins n'a pas son égal parmi les peintres contemporains[1]. »

*
* *

Comme dans l'œuvre de Collins le paysage tient une place considérable dans l'œuvre de Morland, plus considérable encore peut-être, car chez le premier l'animation bruyante et parfois compliquée de la scène laisse moins de place à l'importance du décor que chez le second où, sauf d'assez rares exceptions, comme dans la *Traite des nègres*, le *Cabaret de la tête de bœuf*..., la vie anecdotique des acteurs

---

1. *William Collins* naquit à Londres le 18 septembre 1788 et mourut dans la même ville le 17 février 1847. Le père de Collins était à la fois homme de lettres et marchand de tableaux. Il a laissé différents ouvrages : la *Vie de George Morland*, un *Poème sur le commerce des esclaves* et le *Journal d'un tableau*. William Collins eut deux fils dont l'un Wilkie Collins a laissé un nom très populaire dans la littérature anglaise. William Collins dont l'esprit était d'ailleurs fort cultivé, comme celui de la plupart des peintres anglais de son temps, a laissé aussi un *Journal* rempli de très judicieuses observations sur l'art.

est en grande partie absorbée par la majesté du cadre. Néanmoins, malgré l'ampleur avec laquelle il traite ses vigoureux paysages roux, et ses ciels d'automne aux profondeurs mélancoliques, Morland se révèle dans presque toutes ces scènes rustiques comme un observateur sincère de la vie du paysan et comme un animalier très habile. Sous les

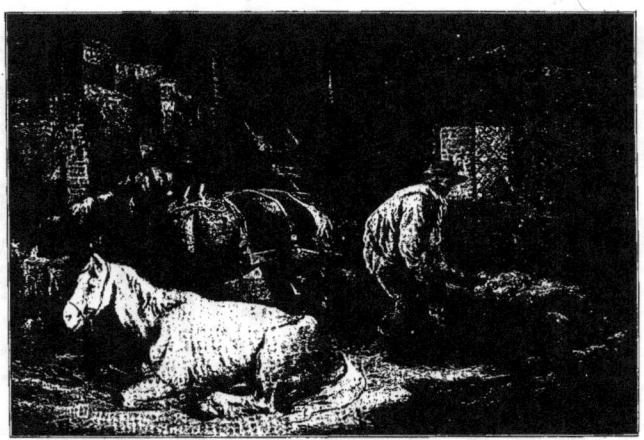

CHEVAUX A L'ÉCURIE, PAR G. MORLAND
(South Kensington.)

touches vigoureuses et hardies de son pinceau les ânes, les porcs, les chiens, les chevaux vivent d'une vie réelle. L'exécution de ces derniers animaux est surtout fort remarquable. Il affectionnait la peinture des lourds chevaux de trait, et il en a exprimé, aussi bien que Géricault, les caractères génériques. Morland demeure, non seulement comme un des plus remarquables paysagistes anglais, mais encore comme un des premiers peintres d'animaux de l'école de peinture anglaise, et on ne peut que déplorer la vie dissolue de ce brillant artiste si naturellement bien doué pour produire, pendant de longues années, de robustes chefs-d'œuvre, et qui mourut âgé de 41 ans à peine, brisé par la débauche [1].

On se rendra facilement compte de la puissance de l'organisation artistique de Morland lorsqu'on saura que malgré sa vie de bamboche en compagnie de son ami Dirty Brookes, il ne peignit pas moins de quatre mille tableaux pendant sa trop courte exis-

LA JEUNESSE AMUSE LA VIEILLESSE, PAR G. MORLAND
(Avec la permission de MM. Thomas Agnew and Sons.)

[1]. *George Morland* naquit à Londres le 6 juin 1763 et mourut en 1804. Ses maîtres préférés furent les Hollandais : « Excellent peintre, terrible débauché ! Mettez estaminet au lieu de taverne, bière au lieu de sherry, femmes au lieu de chevaux, et vous aurez Brauwer... » (W. Burger.) « Paresseux, extravagant, ivrogne, couvert de dettes, dit M. Ernest Chesneau, il épousa en 1786, la sœur de son ami, William Ward, graveur de mérite. Le mariage ne le corrigea point. Mangeant sur le pouce, buvant tout le long du jour, entouré de chiens, de pourceaux, d'oiseaux et d'autres animaux, vivant dans la crainte habituelle de la prison pour dettes, déménageant constamment pour dépister ses créanciers, il finit cependant par être arrêté en novembre 1799.... Il mourut le 29 octobre 1804, dans une étude d'huissier... » Presque toute l'œuvre de Morland a été admirablement gravée. — Sa folle existence a été contée par MM. Hassel, Dawe et Blagdon. Le nom de Morland revient aussi très souvent dans le *Journal* de William Collins.

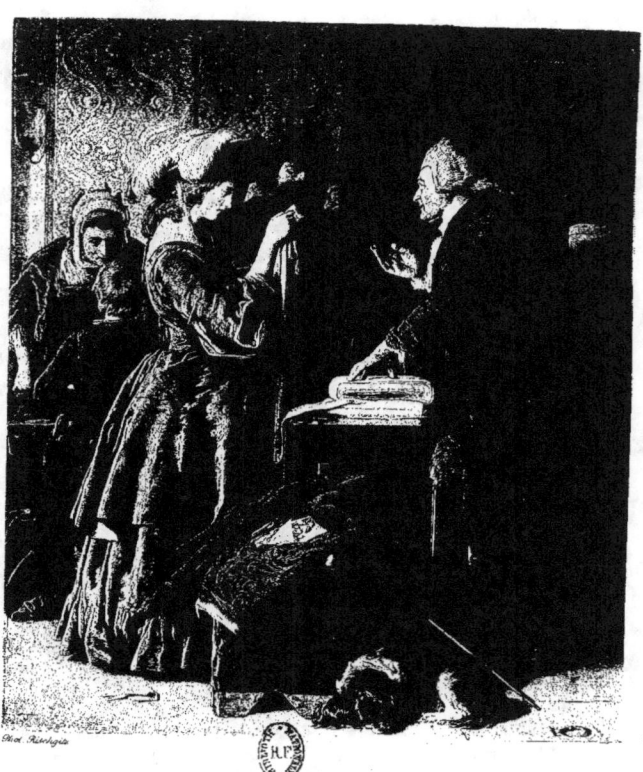

W. MULREADY — LE CHOIX DE LA ROBE DE MARIAGE

South Kensington

PEINTRES D'HISTOIRE ET PEINTRES DE GENRE.

tence. Il est juste de dire, à son excuse, que jamais artiste ne fut plus en butte que Morland aux tentations des trafiquants de Londres auxquels il fit gagner des millions. « Les marchands de tableaux furent les mauvais génies du pauvre Morland. Ce qu'on raconte de leurs *tricks* — *trucs* — *truccages* (le mot est devenu français), — autour

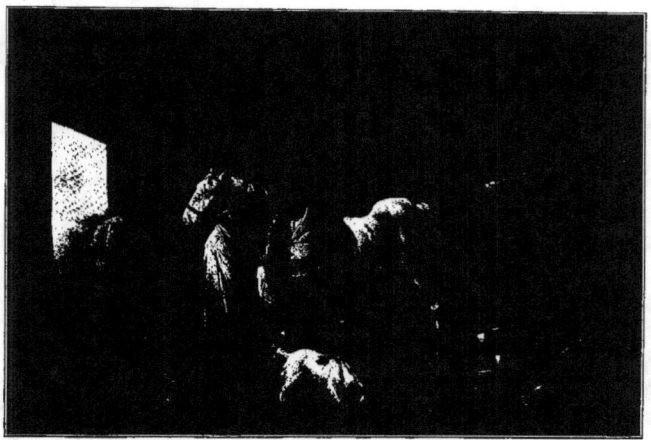

LE COMPTE, PAR G. MORLAND
(Royal Victoria and Albert Museum.)

de cet homme dont les coups de pinceau valaient des guinées, et qu'il transmutait, par une alchimie inverse, en alcool, en *brandy* et en sherry, rappelle à la fois les fantasmagories de Hoffmann et les réalités de Balzac. Ils l'accompagnaient dans ses excursions hors de Londres, ils lui montaient des parties de débauche, ils le comblaient de provisions de vins, ils l'ensorcelaient dans son atelier, « avec une bourse dans une main et une bouteille dans l'autre ». Ils lui faisaient apparaître des chevaux ou des femmes. Ils imaginaient toutes les séductions pour le tenter et s'emparer de son âme, — de son génie. On ne saurait lire les biographies de Morland sans penser aux *Tentations de saint Antoine* peintes par Téniers[1]. »

Écoutez encore ce qu'en dit Deppiny, un de ses nombreux biographes : « On le trouva un jour occupé d'un très beau tableau au

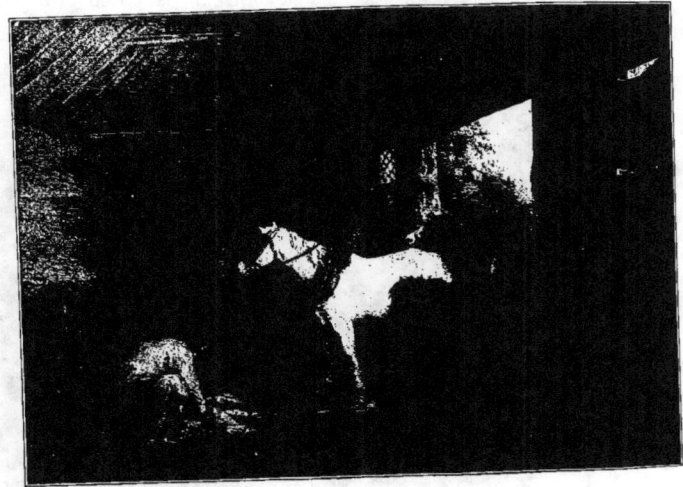

INTÉRIEUR D'ÉTABLE, PAR G. MORLAND
(National Gallery.)

milieu d'une chambre où l'on voyait d'un côté le cercueil de son enfant mort depuis trois semaines et que probablement il n'avait pas eu le moyen de faire enterrer ; de l'autre un âne près de sa crèche ; ailleurs un porc dévorant sa nourriture dans un plat cassé ; enfin le peintre ayant une mauvaise bouteille d'eau-de-vie pendue au chevalet. » Tristes et lamentables peintures de la misère humaine en sa plus

1. *Histoire des Peintres de toutes les écoles*, par W. Burger. Veuve J. Renouard, éditeur.

complète déchéance, mais qui font peut-être encore ressortir davantage l'équilibre gracieux, harmonieux et fort d'un art inspiré par la vision la plus sincère de la nature et la puissante originalité de ce génie dont l'instinctive beauté a pu survivre à la plus folle et à la plus déprimante des existences dont le terme fut la prison et la folie.

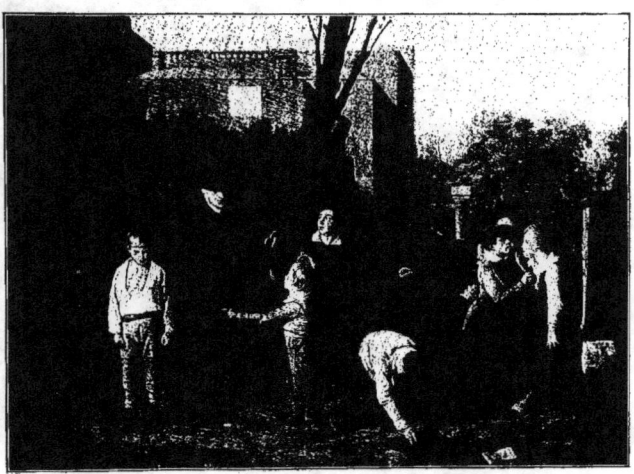

LE COMBAT INTERROMPU, PAR W. MULREADY
(Royal Victoria and Albert Museum.)

De tous les peintres familiers et humoristiques de l'ancienne école, William Mulready est un des plus intéressants, bien que dans certaines de ses œuvres, comme *Les Enfants paresseux*, *Le Partage du goûter*, *Le Combat interrompu*..., il dérive des petits maîtres hollandais qu'il étudia beaucoup à travers l'influence du peintre, alors en toute sa gloire, de la *Fête du village* et du *Colin-Maillard*. Dans l'illustration des livres d'enfant, il est incomparable. Ici il est le maître suprême en une manière où l'école moderne des illustrateurs anglais devait exceller. C'est de sa fertile et ingénieuse invention servie par un dessin très sûr, phénomène assez rare chez les peintres anglais, que naissent ces délicieuses fantaisies enfantines qui s'appellent *La Fête des sauterelles*, *Le Bal des papillons*, *La Mascarade du lion*, *Une Soirée chez Madame Raminagrobis*, *La Réception du roi des eaux*..., etc., modèles du genre, où se trouva déposé le plus pur de la gloire du spirituel et gracieux artiste. Il serait injuste toutefois de ne pas signaler quelques toiles de ce petit maître, qui font très bonne figure dans les meilleures collections anglaises, et même à la National Gallery, comme le *Retour du cabaret*, une de ses premières toiles (il avait vingt-quatre ans quand il l'exécuta), *Le Passage du gué*, œuvre toute de grâce et de lumière, *Le Marchand de joujoux*, *Le Choix de la robe de noce* (*choosing the Wedding-gown*), d'une observation fine et spirituelle. Mais à notre avis, c'est dans ses vives et alertes illustrations d'une invention si originale

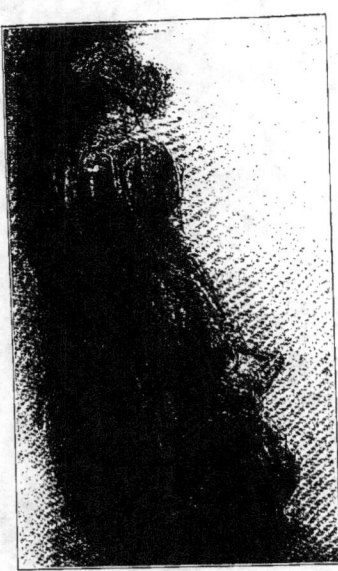

ÉTUDE DE JEUNE FEMME ET D'ENFANT
(CRAYON), PAR W. MULREADY
(Royal Victoria and Albert Museum.)

qu'il excelle, et aussi dans ces beaux dessins au crayon, représentant des types de jeunes femmes aux nuques souples et blondes, et d'enfants, aux airs ingénus et aux mouvements si naturels[1].

1. *William Mulready* naquit à Ennis dans le comté de Clare en 1786. Son éducation artistique fut des plus soignées et dès l'âge de quinze ans il suivait les cours de l'Académie dont il devait être membre en 1815. Il prit aussi des leçons de sculpture à l'atelier de

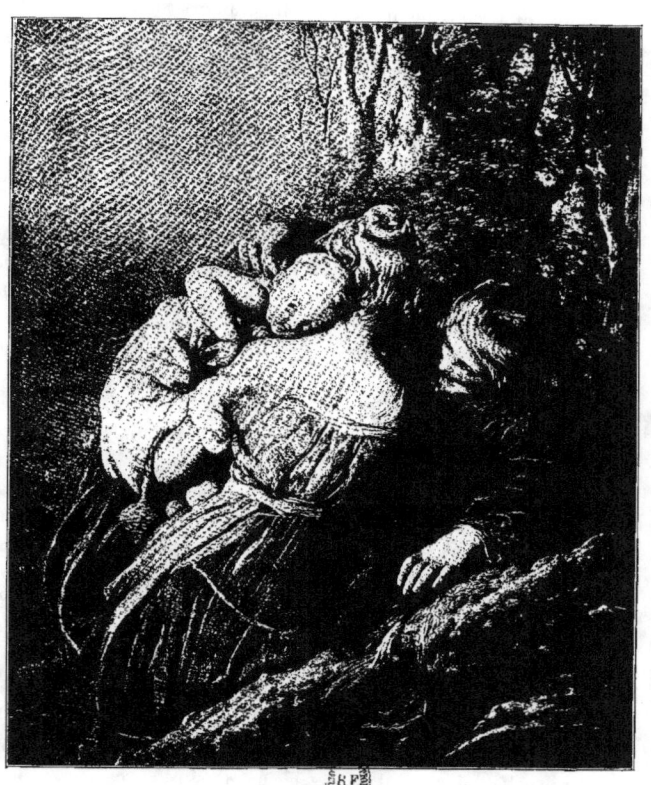

FRÈRE ET SŒUR, PAR W. MULREADY
(South Kensington.)

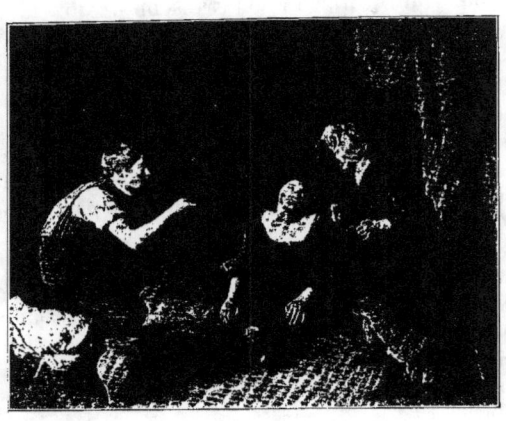

LA CIBLE, PAR W. MULREADY
(South Kensington.)

Si Mulready est encore peu connu sur le continent, ses œuvres sont des plus goûtées en Angleterre, et ses compatriotes les conservent avec un soin jaloux dont il faut les féliciter. Rarement les toiles d'un peintre eurent des destinations mieux choisies. On ne les rencontre guère que dans les galeries nationales et dans les plus précieuses collections particulières.

Mulready, un peu oublié aujourd'hui en France, eut en 1855 son grand succès parisien, dont il lui fut permis de jouir. Ce fut en effet à cette date qu'il exposa au Palais des Champs-Élysées neuf de ses meilleures toiles : *le Loup et l'Agneau*; *le But*; *le Choix de la robe de noce*; *Discussions sur les principes du docteur Whiston*, qui lui valurent, avec les éloges les plus vifs de la critique, la croix de la Légion d'honneur. « Les tableaux de Mulready, dit Théophile Gautier, révèlent de rares qualités de couleur et d'exécution. Chose remarquable, chacune de ses toiles est traitée d'une manière différente, souvent opposée, et une attention prévenue y reconnaît seule la même main. Beaucoup d'artistes, trop facilement con-

---

Banks et essaya du paysage avant de s'adonner à la peinture de genre, qui fit sa réputation. Mulready a laissé un fils qui porta également le nom de William, né en 1805. Le musée de Kensington possède deux tableaux de William Mulready (junior), bien inférieurs à ceux du père.

tentés, se répètent : Mulready cherche, étudie, travaille, essaye et n'appose pas à ses œuvres une touche invariable comme une griffe ou un parafe, ainsi le *Loup et l'Agneau* n'a pas le moindre rapport avec les *Baigneurs*; le *Parc de Blackheat* ne ressemble en rien à la *Discussion sur les principes du Docteur Whiston*; le *Frère et la Sœur* sont conçus dans un autre système que le *But*, le *Canon* diffère du *Choix d'une robe de noce* et de *Mettez un enfant dans la bonne voie*... »

Gautier est dans le vrai lorsqu'il vante la souplesse spirituelle et variée de Mulready, la vivacité de son pinceau et les ressources de son imagination; mais où il nous paraît se tromper, c'est lorsque, dans l'étude critique qu'il consacre à cet intéressant artiste, il affirme qu'il est difficile de le rattacher à aucune école ancienne. William Mulready, Wilkie, Collins, Newton, Leslie, le grand Hogarth lui-même, étudièrent Brauwer, Gérard Dow, Ostade, Téniers, Miéris, Craesbecke, et tous ces charmants maîtres des Flandres et de Hollande, auxquels ils empruntaient leur habileté de composition et leur don de fine et de spirituelle observation, sans pour cela s'absorber dans une servile imitation et en demeurant toujours profondément Anglais. Et c'est peut-être encore dans la peinture de genre, dans le tableau des scènes de la vie populaire ou familiale,

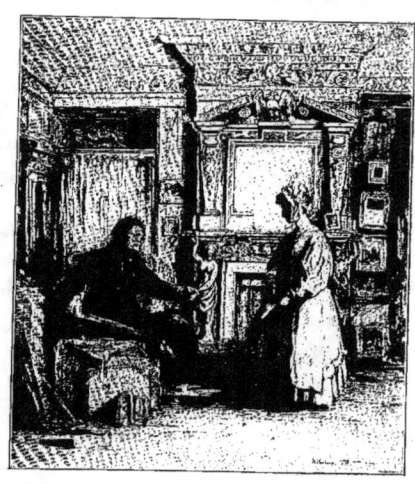

ÉTUDE POUR LE PORTRAIT DE MR SHEEPSHANKS
PAR W. MULREADY
(Royal Victoria and Albert Museum.)

que l'École anglaise conserve son caractère particulier le plus accusé, son parfum national le plus vif, malgré les indiscutables ascendances étrangères, aussi bien dans les scènes d'intérieur de David Wilkie, que dans les compositions rustiques de William Collins, et dans les gracieuses fantaisies enfantines de William Mulready.

CHAPITRE III

PAYSAGISTES, PEINTRES DE MARINES, ANIMALIERS

On a bien souvent répété que l'école des paysagistes français de 1830 dérive tout entière de Constable et que c'est dans l'œuvre du maître anglais qu'elle puisa l'amour de la nature et la passion de la traduction sincère de cet amour. C'est là une affirmation un peu excessive qu'on aurait pu aussi bien appliquer à l'influence de Gainsborough, si toutefois les admirables paysages de ce dernier artiste avaient été connus de nos peintres à l'époque où Constable « enseignait la nature » aux paysagistes français émerveillés.

On sait que cet événement mémorable se produisit au Salon de 1824.

L'art de Constable, jusqu'alors ignoré chez nous, s'y révéla dans la présence de trois toiles, magnifiques d'ailleurs, une *Vue près de Londres*, un *Canal en Angleterre* et la *Charrette à foin* dont l'apparition produisit une très vive sensation sur le public parisien.

Constable qui redoutait le jugement des « gais Parisiens » fut aussi heureux que surpris de ce succès inespéré, et c'est à la suite de cette exposition qu'il écrivait à un de ses amis : « Mes tableaux sont à une place d'honneur, on a reconnu la richesse de la texture..., on a été frappé de la fraîcheur et de l'éclat des teintes, qualités introuvables dans les tableaux français. Sans doute les peintres français étudient beaucoup, mais seulement les maîtres, et, comme dit Northcote, ils ne connaissent pas plus la nature que les chevaux de fiacre ne connaissent leur pâturage. »

On ne peut nier la forme un peu banale de l'expression, et on est obligé de reconnaître que le grand artiste n'avait pas le triomphe modeste.

Il y a assurément du vrai dans le jugement si sévère porté par le peintre anglais sur les fadeurs mensongères des paysagistes français

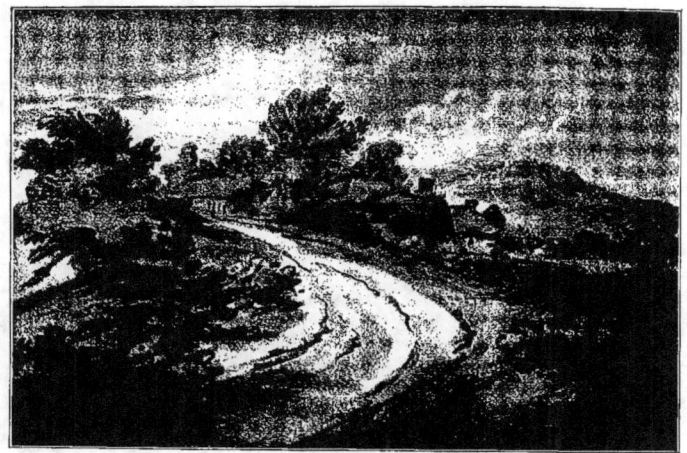
DESSIN AU CRAYON, PAR THOMAS GAINSBOROUGH
(Royal Victoria and Albert Museum.)

du temps. Mais il faut cependant bien reconnaître qu'avant d'avoir été surpris par la providentielle intervention de Constable, les Huet, les Corot, les Rousseau, les Millet, les Dupré, les Troyon... connaissaient déjà certaines toiles de Joseph Vernet, d'Hubert Robert, de Gabriel Moreau, où ces artistes, libérés de toute influence, et abandonnés à leurs inspirations personnelles, apparaissent comme les indiscutables précurseurs de la peinture moderne du paysage français, bien avant le triomphe parisien de Constable, et alors que Gainsborough, sans cesse tourmenté de la nature et des moyens de l'exprimer sincèrement, créait spontanément l'école anglaise du paysage et traçait de son large et lumineux pinceau la route où vont entrer, armés de moyens nouveaux, ses successeurs, Constable en tête. Or, il n'y a pas à en douter, Gainsborough, pur disciple de la nature, fut comme paysagiste un véritable initiateur, bien que par la libre et savante franchise de ses moyens il

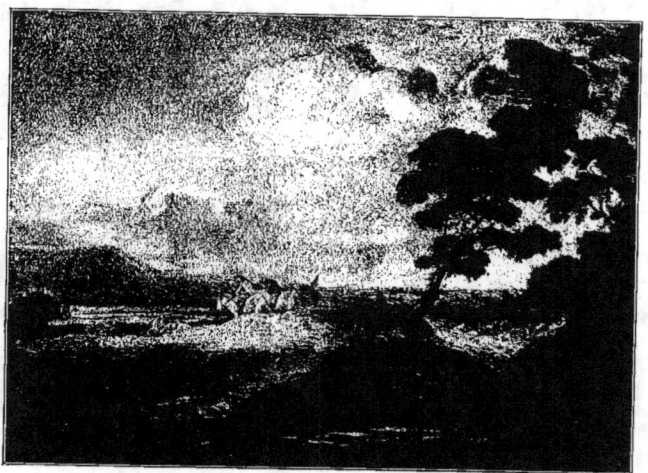

PAYSAGE (CRAYON), PAR THOMAS GAINSBOROUGH

s'apparente à Rubens et à Rembrandt. Et de ce qui précède on est autorisé à conclure que si l'influence de Constable fut grande sur les paysagistes français en 1830, il n'en est pas moins vrai que, bien avant lui, les Joseph Vernet, les Moreau, les Hubert Robert, les Gainsborough avaient existé, et que ce fut du berceau artificiellement fleuri du xviii° siècle que naquirent les grandes écoles paysagistes françaises et anglaises du xix° siècle, caractérisées par l'amour de la vérité.

Après une étude approfondie de l'œuvre de Gainsborough, on se demande lequel, en ce merveilleux artiste, est le plus grand, du portraitiste ou du paysagiste. Faut-il offrir la palme au peintre de Sarah Siddons ou de Mrs Sheridan, ou à celui du *Ruisseau*, de l'*Abreuvoir*, de la *Porte de la chaumière*, du *Chemin du marché*, et de tant d'autres chefs-d'œuvre ?...

Ce qui fait le charme et la beauté particulière des paysages de Gainsborough, c'est que de chacune de ses toiles de nature se dégage la pensée intime du peintre. On peut dire que chacun de ses paysages est vraiment un état d'âme, état d'âme traduit toujours en un style d'une éloquence vibrante, imprévue, qui n'appartient qu'à lui et que Constable retrouvera plus tard, avec une richesse de gamme plus grande, car la tonalité roussâtre des paysages de Gainsborough est parfois un peu monotone, et parfois aussi l'ensemble est peint un peu trop en décoration. Mais n'est-ce pas dans cette large et franche spontanéité de touche, où vibrent toutes les passions du peintre, que réside le plus pur de l'art de Gainsborough, art essentiellement primesautier, tout d'un jet, et où se lit en pleine lumière l'impression propre du maître inimitable, du maître inspiré, dont Constable n'est que le glorieux continuateur, et dont l'émotion devant la beauté des ciels,

LE CHEMIN DU MARCHÉ
PAR THOMAS GAINSBOROUGH
(National Gallery.)

la limpidité des eaux, la splendeur des grands bois, se communique au spectateur? Nous ne connaissons guère de paysages d'une ampleur plus majestueuse que l'*Abreuvoir* et les *Maraîchers*, de la National Gallery.

Ce qui caractérise les paysages de Gainsborough, presque toujours animés par la présence de figures paysannes d'une exécution admi-

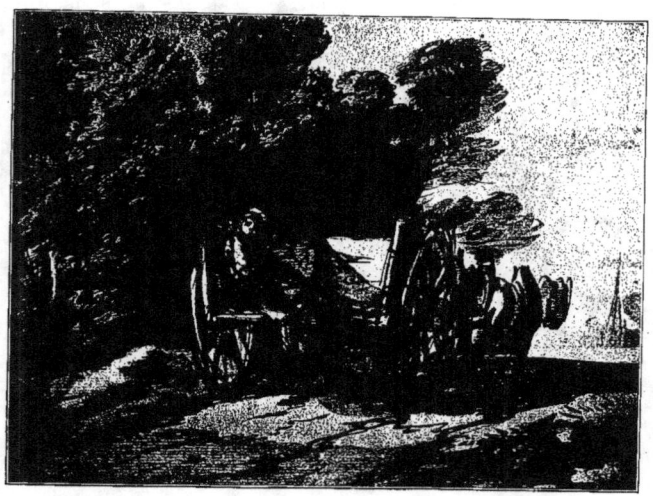

CHEMIN DE TRAVERSE A LA CAMPAGNE (DESSIN AU LAVIS)
PAR THOMAS GAINSBOROUGH
(British Museum.)

rable, c'est le mouvement du dessin, la chaleur du coloris, la science du clair-obscur. « Gainsborough, dit Thoré, avait une méthode parfaite pour assurer l'ensemble de ses compositions. Il ébauchait tout d'un trait son tableau et le poussait harmonieusement du haut en bas, sans isoler son attention sur de petits fragments, sans s'obstiner aux détails; car il cherchait l'effet général, et il le trouvait presque toujours, grâce à cette large vue sur sa toile, qu'il regardait comme on regarde la nature, d'un seul coup d'œil. »

※ ※

Si nous avons inscrit le grand nom de Gainsborough en tête de ce chapitre, c'est qu'il nous apparaît réellement comme le « Messie »

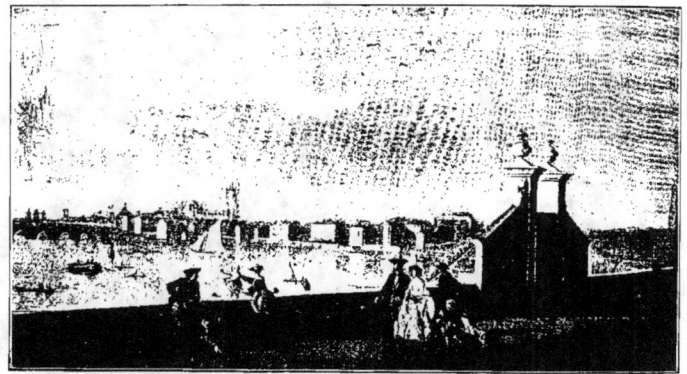

VUE DE LONDRES DE LA TERRASSE DE OLD SOMERSET HOUSE
PAR PAUL SANDBY
(South Kensington).

du paysage anglais moderne, bien qu'en réalité il n'arrive pas le premier en date dans les rangs des paysagistes anglais. Chronologiquement il s'inscrit après Samuel Scott (1710-1772), peintre sec et précis de quelques vues des quais de la Tamise, œuvres d'un coloris assez fin, mais qui dérivent trop visiblement des maîtres hollandais. Quant à Richard Wilson (1714-1782), que ses compatriotes se plaisent encore à considérer aujourd'hui comme le Claude Lorrain et l'Albert Cuyp anglais, il appartient surtout à la tradition italienne. Ses premiers maîtres furent Zucharelli le Vénitien et la cam-

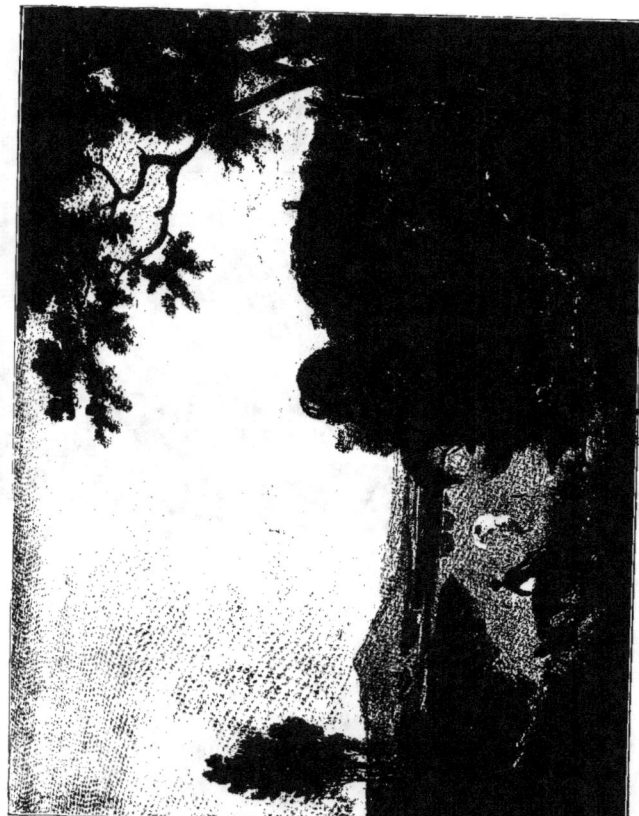

PAYSAGE AVEC PERSONNAGES, PAR RICHARD WILSON
(National Gallery.)

pagne romaine qu'il ne cessa de copier pendant dix années, en écoutant les conseils du Guaspre et du Lorrain. L'originalité si particulière que porte en lui tout Anglais ne put jamais se dégager d'aussi tyranniques influences : jusqu'à la fin de sa vie, bien après son retour dans son pays natal, dans son cher pays de Galles, il ne cessa d'interpréter la majesté des sujets qu'il avait sous les yeux, en songeant aux collines de Tivoli, d'Albano, au lac de Némi......, et en demandant à ses cartons remplis d'innombrables dessins rapportés de Rome, des motifs classiques de composition. Aussi ses vues du pays de Galles diffèrent-elles très peu de ses tableaux d'Italie. C'est toujours la même ordonnance par masses symétriques, les mêmes violents contrastes d'ombre et de lumière, les mêmes rayonnements de soleil par nappes rectilignes, et jusqu'aux mêmes personnages, qui d'ailleurs étaient dus pour la plupart à l'amical pinceau de John Hamilton Mortimer, peintre d'histoire bien oublié aujourd'hui, bien qu'il fût de la Royal Academy, et aussi à ceux de F. Hayman et de ses élèves Joseph Farington et William Hodges.

Richard Wilson fut le prototype du paysagiste classique ; son art habile, mais dépourvu de toute originalité, apparaît comme un cas très spécial dans l'histoire de la peinture paysagiste anglaise ; son inspiration, comme on l'a fort bien dit, n'est pas en lui-même ni dans la nature ; elle est dans une certaine manière traditionnelle qui commande certain arrangement, un style arrêté d'avance, une exécution de *poncif*.

Samuel Scott, imitateur des peintres du Nord, et parfois aussi peut-être des Vénitiens (Guardi et Canaletto) et Richard Wilson, l'élève de Zucharelli, et le peintre de *Phaéton*, de *Niobé*, de la *Villa Mécène*, de la *Vue du Pô*, de *Cicéron dans sa villa*, et même de *Jardins royaux de Kew*, demeurent aussi étrangers à l'école anglaise que le furent les Toto del Nunziata, les Holbein, les Antonio Moro et les Peter Lely.

La National Gallery possède plusieurs tableaux de Richard Wilson, entre autres une des quatre répétitions de sa *Niobé* et le *Lac Averne*, une de ses meilleures toiles, une de ses plus *vivantes* et où l'on retrouve l'influence de Joseph Vernet, qu'il fréquenta beaucoup en Italie. Voici d'ailleurs sur Richard Wilson, dont la carrière artistique fut agitée et douloureuse, quelques détails biographiques que nous empruntons au livre de M. Ernest Chesneau : « Richard Wilson, peintre de paysage, naquit le 1ᵉʳ août 1714 à Pinegan, dans le Comté de Montgomery où son père était clergyman. Sa mère descendait du Lord-Chancelier Cambden. Il reçut une excellente éducation classique et Sir Georges Wyne, ayant eu l'occasion de constater son goût pour le dessin, l'emmena à Londres et le confia à un portraitiste obscur nommé Thomas Wright, auprès duquel il resta près de six ans. Jusqu'en 1749, date de son voyage en Italie, Wilson se fit connaître

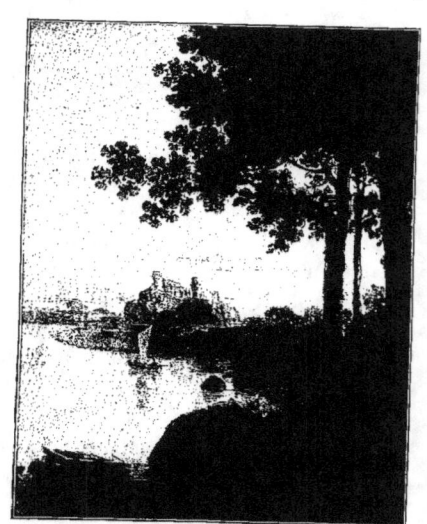

PAYSAGE LE SOIR, PAR RICHARD WILSON
(Royal Victoria and Albert Museum.)

seulement comme portraitiste. Il existe de ses premières œuvres au Garrick Club, et dans quelques collections particulières... Il était de retour à Londres en 1755. Ce n'est guère qu'en 1760, l'année où il exposa le paysage de Niobé, appartenant à la National Gallery, qu'il sortit de l'obscurité. Mais ni les artistes, ni le public ne goûtaient son talent. Il fut cependant l'un des trente-six membres fondateurs de l'Académie royale en 1768, et plus tard, en 1776, il succédait au peintre d'histoire Francis Hayman (1708-1776) dans les fonctions de bibliothécaire de cette Société. Il avait sollicité cet emploi en vue des modestes appointements qui y étaient attachés et, à la lettre, pour ne pas mourir de faim. On raconte qu'ayant peint une vue de Sion-House pour le roi, Lord Bute fit remarquer que le prix demandé par l'artiste (60 guinées, 1500 francs) était beaucoup trop élevé. Wilson répondit avec colère que si le roi ne pouvait payer cette somme en une fois, qu'il eût à la payer au moins par acomptes. Il perdit du coup la faveur royale.

« Son caractère naturellement irascible s'empirait encore à traverser de si cruelles épreuves. Il vivait misérablement dans un taudis de Tottenham-Court Road, manquant de tout, ne trouvant pas d'acheteurs, à ce point que, désespéré, il demanda un jour au peintre d'histoire James Barry (1741-1806) s'il connaissait quelqu'un d'assez fou pour occuper un paysagiste; il le suppliait dans ce cas de le recommander, car il n'avait littéralement rien à faire.

« A la fin de sa vie il hérita d'un frère et se retira dans le village de Wales, dans le Denhighshire, où il mourut au mois de mai 1782.

Les œuvres capitales de Wilson ont été admirablement gravées par Woollet[1]. »

*
* *

La grande et très juste réputation de John Crome est bien postérieure à l'exécution définitive de son œuvre. Comme il vécut presque toujours à Norwich, loin des exhibitions mondaines, ne quittant sa ville natale que pour errer, sa palette aux doigts, le long des plages, à travers les landes, les ravins et les forêts de sa province, son nom était à peine connu à Londres de son vivant. Il ne fut point académicien [2]. Le nom de John Crome tient cependant une place très impor-

1. *La Peinture anglaise*, par ERNEST CHESNEAU. A. Quantin, éditeur.
2. John Crome naquit à Norwich, le 21 décembre 1769. Il mourut dans sa ville natale le 2 avril 1821. Son père était tisserand. Il débuta comme apprenti chez un peintre d'enseignes puis, amicalement conseillé par un peintre nommé Robert Ladbrooke, qu'il conseilla lui-même bientôt, et qui devint son beau-frère, il se mit avec passion et persévé-

PAYSAGISTES, PEINTRES DE MARINES, ANIMALIERS. 135

tante dans l'histoire de la peinture du paysage en Angleterre, à côté de ceux de Gainsborough et de Constable, ces deux grands réalistes, et en dehors du traditionalisme idéaliste de Wilson et de la splendeur rayonnante de Turner.

À défaut d'une riche imagination John Crome était doué d'une sensibilité profonde, et toute l'émotion de sa pensée se devine dans

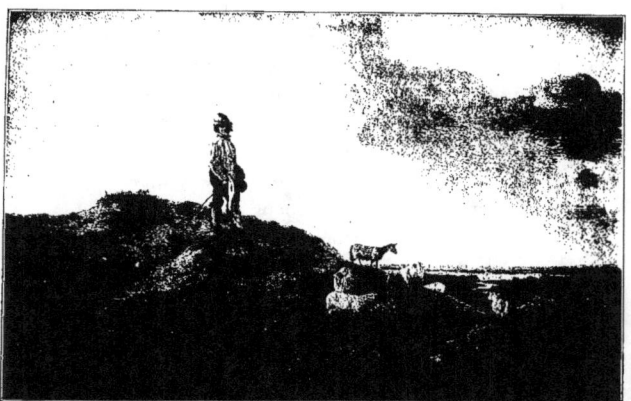

VUE DE MOUSEHOLD HEATH, PRÈS DE NORWICH, PAR JOHN CROME
(Royal Victoria and Albert Museum).

ses robustes paysages du Norfolkshire, qui font parfois songer à ceux de Ruysdaël, de Wynants et de Hobbema, bien que dans les peintures de l'artiste anglais la gamme de tons soit plus variée que dans celles des maîtres hollandais, et que la recherche passionnée des valeurs infinies de la nature soit déjà comme le prélude de l'œuvre en préparation de Constable.

rance à peindre les divers aspects des magnifiques paysages qu'il avait sous les yeux. En réalité la grande nature fut son seul maître. Devant la précoce sincérité de son génie, elle lui révéla les secrets de son éternelle et infinie beauté.

Deux choses caractérisent l'art à la fois puissant et naïf de Crome : c'est d'abord l'accent de vérité qui se dégage de tous les détails de ses paysages, sous la claire lumière des ciels profonds, détails consciencieusement étudiés, sans aucune minutie fatigante; puis la souveraine majesté de ses grands arbres, de ses chênes surtout, d'un dessin solide, puissant, presque anatomique, mais très vivant, et qui contraste

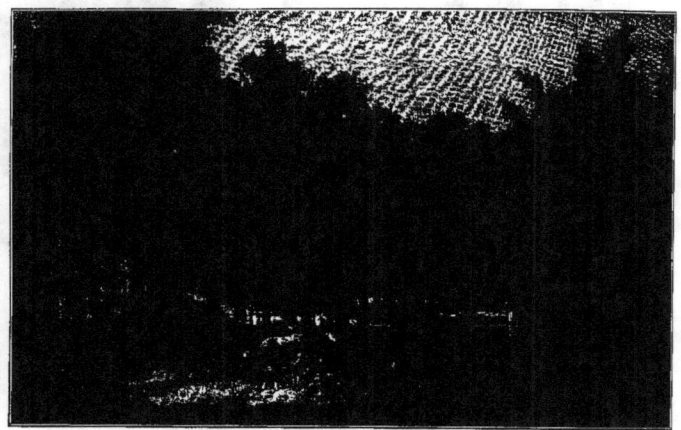
VUE DE CHAPEL FIELDS, NORWICH, PAR JOHN CROME
(National Gallery.)

singulièrement avec l'exécution parfois un peu trop décorative de Gainsborough.

Constable seul a su camper et dessiner un arbre comme John Crome, et je ne sais si ce dernier ne lui est pas encore supérieur dans la peinture du chêne, ce roi des forêts, dont il avait fait d'ailleurs son modèle préféré.

Aujourd'hui que l'œuvre de John Crome est connue, que ses meilleures toiles sont exposées en place d'honneur à la National Gallery, au South Kensington, et dans les plus riches collections privées d'Angleterre, on peut mesurer toute l'étendue de son œuvre, en apprécier la beauté, s'expliquer sans peine la grande autorité qu'il eut sur quelques artistes remarquables de son temps et l'influence qu'il exerça sur l'école paysagiste de son pays [1].

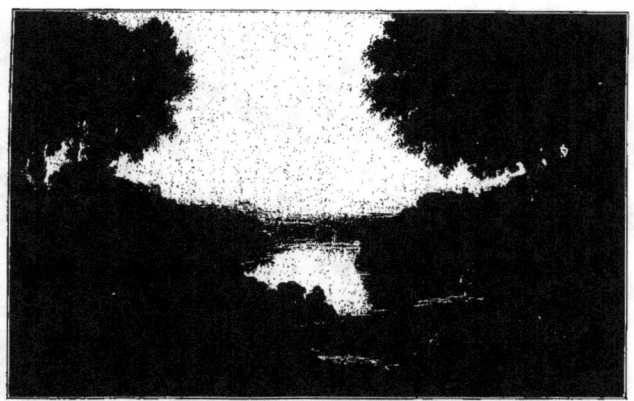

PAYSAGE, COMPOSITION, PAR G. BARRET
(Royal Victoria and Albert Museum.)

George Barret (1728-1784) eut une très grande notoriété pendant sa vie, et sa gloire éphémère éclipsa même à un certain moment celle de Richard Wilson. Son dessin ne manque pas de force et de précision, et il connut l'art de composer un paysage d'après la méthode

1. Ce fut tout au commencement du XIXᵉ siècle que Crome groupa autour de lui les peintres de sa province et fonda la Société des Artistes de Norwich, d'où naquit l'*École de Norwich*, dont les représentants les plus connus furent, après John Crome, son fils John Bernay Crome (1793-1842), le peintre gracieux et sentimental des clairs de lune, Robert Ladbrooke, G. Vincent, Stark, John Seel Cotman, le délicat peintre des ciels et des eaux..., tous paysagistes de talent, très épris, comme leur maître, des spectacles de la vie extérieure, et réfractaires au wilsonisme. Ce furent les vrais précurseurs de l'École anglaise du paysage.

classique. Mais sa peinture crue et violente est d'une indiscutable vulgarité et, en examinant son œuvre, on s'explique difficilement qu'il pût être le rival de Wilson, dont le temps consacre chaque jour davantage l'art noble et distingué.

* *

Ward fut le contemporain de Crome, mais il ne vécut pas comme lui dans le lointain isolement de sa province, et comme lui il n'appli-

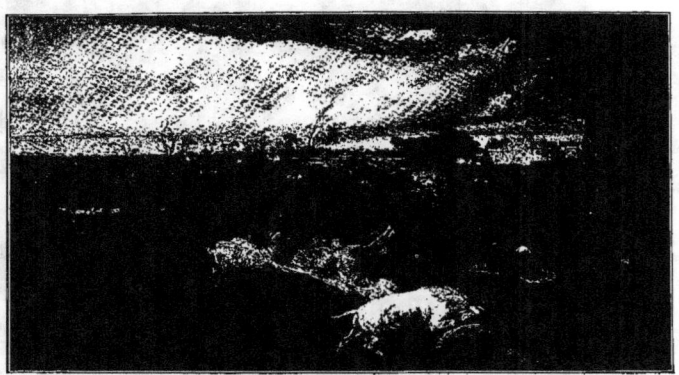

TAUREAUX COMBATTANT DANS UN PAYSAGE
AVEC VUE DE ST. DONATT'S CASTLE (GLAMORGANSHIRE), PAR JAMES WARD
(Royal Victoria and Albert Museum.)

qua pas ses qualités réelles à l'interprétation passionnée d'un unique objet. Dès l'âge de sept ans, après des revers de famille, il errait dans les rues de Londres, employé comme commissionnaire. A quinze ans, il entrait dans l'atelier du graveur J. R. Smith. Il y fit de rapides progrès et bientôt de superbes gravures, comme celles qu'il exécuta d'après la fameuse *Revue* peinte pour George III par Sir William Beechey, et d'après le *Centurion* de Rembrandt, le firent connaître et apprécier du monde des arts.

PAYSAGISTES, PEINTRES DE MARINES, ANIMALIERS. 139

Malheureusement Ward ne sut point se borner à son métier de graveur où il excellait et abandonna presque complètement son burin pour le pinceau. Fatale détermination inspirée sans doute par des ambitions officielles. D'où il résulte que l'œuvre de James Ward, qui fut d'ailleurs nommé académicien en 1811, est représentée par

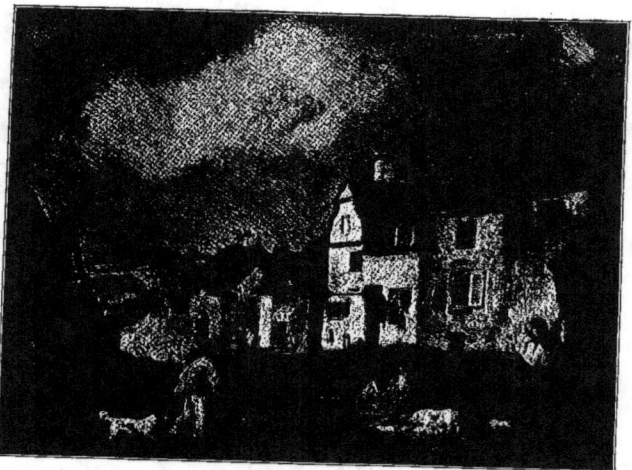

PEGWELL BAY, PAR JAMES WARD
(South Kensington.)

quelques gravures où le talent de l'élève de Smith se manifeste avec le plus grand éclat, et un grand nombre de toiles, parmi lesquelles quelques allégories religieuses, l'*Étoile de Bethléem*, l'*Étang de Béthanie*, mais surtout des paysages tels que le *Combat de Taureaux*, la *Vue du parc de Lord de Tabley*.... où se révèle un peintre d'une louable opiniâtreté, mais d'un métier sec et pénible[1].

[1]. Ward, qui s'exerça aussi dans les peintures historiques, peignit une *immense bataille*

*
* *

Nous allons, présomptueuse entreprise, tenter en quelques pages l'analyse de l'œuvre de Constable, de Turner et de Bonington, trois noms qui suffiraient à la gloire d'une école, et essayer d'évoquer les figures originales de ces trois grands artistes; mais qu'il nous soit permis d'abord de mentionner quelques noms dont l'omission constituerait une lacune regrettable dans cet ouvrage, bien qu'ils ne projettent sur l'histoire de l'art du paysage en Angleterre qu'une lueur bien faible et bien tremblante.

Ce sont ceux de *Sir George Howland Beaumont* (1753-1827), élève de Wilson et paysagiste agréable, mais qui mérite surtout d'être signalé comme amateur d'art éclairé et comme généreux protecteur des artistes; *Patrick Nasmyth* (1758-1840) qui commença par représenter les grands sites d'Écosse, son pays natal, puis se spécialisa, pour ainsi dire, dans la peinture des aspects misérables de la banlieue de Londres; *César Ibbertson* (1759-1817) dont les aquarelles sont, à notre avis, supérieures aux peintures à l'huile. Esprit original et satirique, mais mal équilibré. Il est hors de doute que Ibbertson fût devenu un grand peintre, si ses dons originaux avaient été développés par le travail, mais il fut le compagnon fidèle de George Morland, et c'est tout dire. *Thomas Creswick* (1811-1869), moins bien doué assurément que César Ibbertson, mais travailleur acharné et esprit positif, exécuta des toiles nombreuses d'un métier sage et correct, d'un coloris désagréable. Creswick peignit de préférence les vues du pays de Galles. David Cox (1783-1859), paysagiste habile qui excella dans l'aquarelle.

Sir Augustin Wall Callcott (1779-1844) mérite une mention spéciale. Les glorieuses destinations attribuées à ses toiles disent quel cas ses compatriotes font de son art. On trouve en effet, en une place d'honneur, ses œuvres à la National Gallery, au South Kensington,

de *Waterloo*, de trente-cinq pieds sur vingt-six, représentée allégoriquement. Cette toile fut exposée en 1820. On se demande aujourd'hui ce qu'elle est devenue.

dans les collections Sutherland, Landsdowne, Bedford, Durham, Dillon, Ridley, à Stafford-House,... etc. Les Anglais s'illusionnent un peu, cependant, croyons-nous, sur la valeur d'art des toiles de Callcott, surtout lorsqu'ils l'appellent leur Claude Lorrain. Ici la comparaison touche à l'hyperbole, Sans doute ce peintre très habile, après avoir débuté par d'assez bons portraits, en sortant de

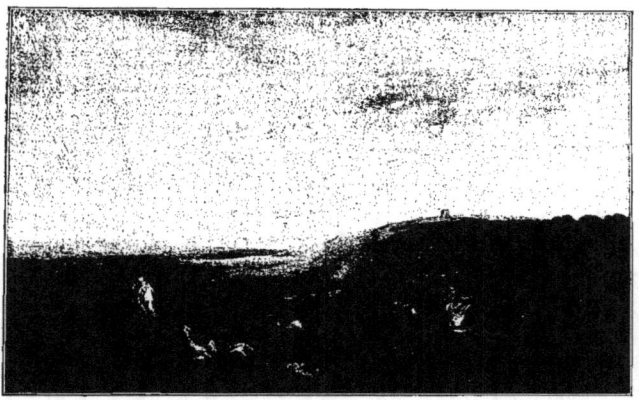

PAYSAGE, SOMERSET DOWNS, PAR THOMAS BARKER[1]
(National Gallery.)

l'atelier d'Hoppner, s'adonna consciencieusement à l'art du paysage, et la suite de ses marines offre un ensemble assez imposant. Mais si la peinture de ces toiles est d'une assez belle correction technique, il faut bien reconnaître qu'aucune émotion, qu'aucune fantaisie ne les animent. Callcott, paysagiste intermittent, exécuta aussi quelques

1. Thomas Barker (1768-1847), bien que n'ayant jamais eu de maîtres, s'apparente aux Hollandais, tout en demeurant très anglais comme Crome, auquel vont toutes ses sympathies. Sa couleur est riche et il excelle dans l'art d'harmoniser les verts profonds sous la vive lumière des ciels largement déployés. Il fit aussi quelques scènes de genre et plusieurs portraits; mais ce fut un paysagiste avant tout.

toiles historiques d'une pauvre qualité : *Raphaël et la Fornarina*, qui lui valut son titre de noblesse, et *Milton dictant des poèmes à ses filles*.

※ ※ ※

« Je sais, écrit Constable, que mes compositions ont un caractère original, mais cela fait leur mérite à mes yeux, et

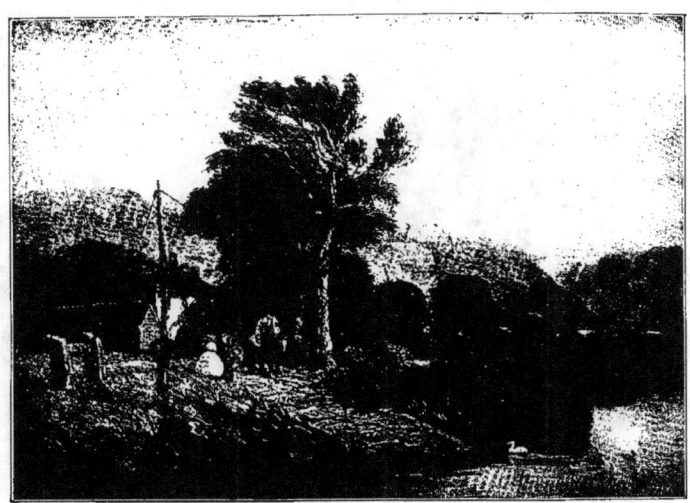

ATTENDANT LE BAC, PAR DAVID COX
(Birmingham Gallery.)

d'ailleurs j'ai toujours aimé ce précepte de Stern : « Ne vous « préoccupez point des doctrines et des systèmes: allez droit devant « vous et suivez votre nature. »

C'est lui qui écrit aussi : « On pensera ce que l'on voudra de mon art; ce que je sais, c'est qu'il est vraiment le mien. Deux routes peuvent conduire à la renommée, la première est l'imitation, la seconde est l'art qui ne relève que de lui-même, l'art original. Les avantages de l'art d'imitation sont que, comme il répète l'œuvre des maîtres que l'œil est depuis longtemps accoutumé à admirer, il est rapidement remarqué et estimé, tandis que l'autre, qui ne veut être le copiste de personne, qui a l'ambition de ne faire que ce qu'il voit et que ce qu'il sent, ne parvient que lentement à l'estime, la plupart de ceux qui regardent les œuvres d'art n'étant point capables d'apprécier

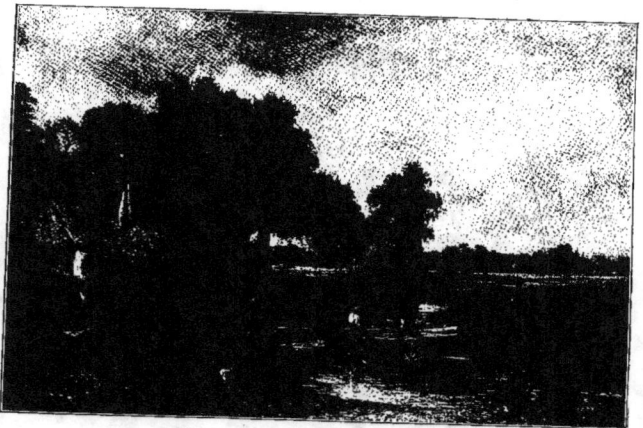

LA CHARRETTE A FOIN, PAR JOHN CONSTABLE.
(National Gallery.)

ce qui sort de la routine. C'est ainsi que l'ignorance du public favorise la paresse des artistes et les pousse à l'imitation. Elle loue volontiers des pastiches faits d'après les grands maîtres, elle s'éloigne de tout ce qui est interprétation nouvelle et hardie de la nature. C'est lettre close pour elle. « Rien de plus triste, dit Bacon, que d'entendre donner le nom de sages aux gens rusés »; or, les maniéristes sont des peintres rusés et le malheur est qu'on confond souvent les œuvres maniérées et les œuvres sincères.

« Lorsque je m'assois, le crayon ou le pinceau à la main, devant une scène de la nature, mon premier soin est d'oublier que j'ai déjà vu de la peinture. Je n'ai jamais rien vu de laid dans la nature[1]... »

Il y a dans ces lignes, qui pourraient être signées par un Claude Monet ou par un Sisley, en même temps qu'un enseignement historique, une indication précise de l'attitude indépendante et de la haute probité artistique de Constable, dont la parenté de vision avec les paysagistes de notre école moderne, y compris les plus fougueux de nos impressionnistes est indiscutable. Si dans certaines de ses grandes toiles : son admirable *Champ de blé*, son *Printemps*, sa *Rivière de la Stour*, il apparaît comme le glorieux précurseur de nos grands paysagistes de 1830, de Troyon, de Rousseau et de Dupré, il rejoint l'art vibrant et spontané des Jongkindt, des Boudin, des Monet, des Sisley et des Pissarro, dans ses prodigieuses esquisses aux touches rapides et rudes et aux lumineux empâtements. Constable est assurément un des grands initiateurs de la pléiade qui a régénéré le paysage en France et en a fait une expression vivante de la nature éternellement changeante, et c'était lui d'ailleurs qui faisait cette déclaration encore si audacieuse à son époque malgré la réelle tentative d'émancipation de l'école de Norwich : « Le monde est infiniment varié, jamais deux jours ne se ressemblent, ni même deux heures.

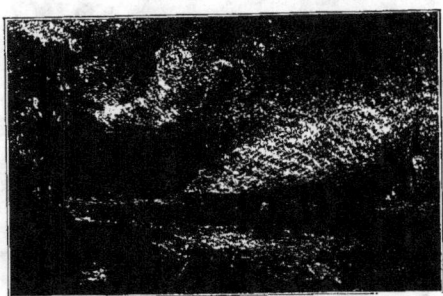

PAYSAGE, ORAGE, PAR JOHN CONSTABLE
(Collection Chéramy.)

---

1. Lettres à l'archidiacre Fisher et à John Dunthorne.

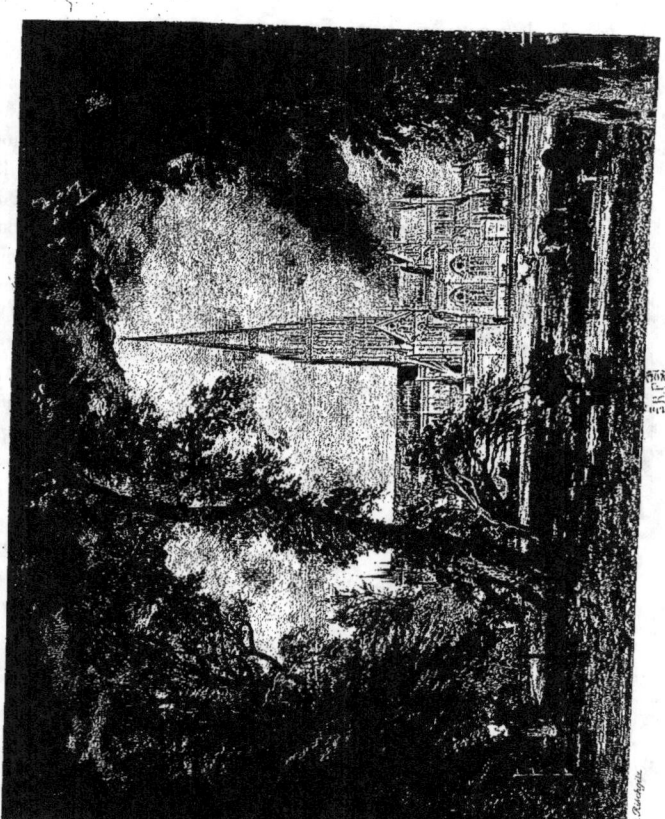

JOHN CONSTABLE — LA CATHÉDRALE DE SALISBURY

R. Victoria & Albert Museum.

PAYSAGISTES, PEINTRES DE MARINES, ANIMALIERS. 145

Il n'y a jamais eu deux feuilles d'arbre pareilles depuis la création. Les vraies productions de l'art, comme celles de la nature, sont toutes distinctes l'une de l'autre. »

Nous avons dit plus haut en parlant de Gainsborough, cet autre grand paysagiste toujours tourmenté de la nature et des moyens

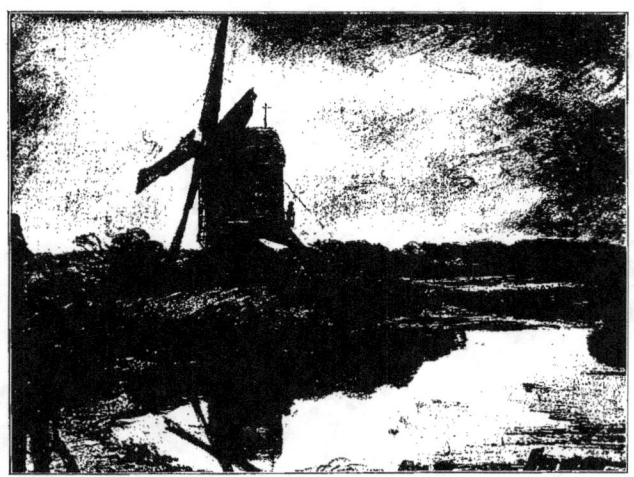

MOULIN A VENT, PAR JOHN CONSTABLE (CRAYON)

d'en exprimer toutes les mystérieuses beautés, que les couleurs franches l'effarouchaient un peu devant le spectacle des cieux, des bois et des eaux, lui, le peintre audacieux de Mrs Siddons et du Blue-boy, et que généralement ses paysages s'enveloppent d'une couleur roussâtre un peu trop uniforme comme celle des maîtres hollandais.

Ce qui caractérise au contraire Constable et ce qui fait son incontestable supériorité, c'est qu'il sut, bravant toutes les opinions conventionnelles de la critique de son temps, apporter dans ses paysages un élément nouveau, la variété de la couleur, et accepta avec une grande audace, qui stupéfia les derniers admirateurs de Wilson et les partisans exclusifs de Turner, toutes les combinaisons de nuances en apparence les plus disparates qu'offre la nature. Et de cette courageuse

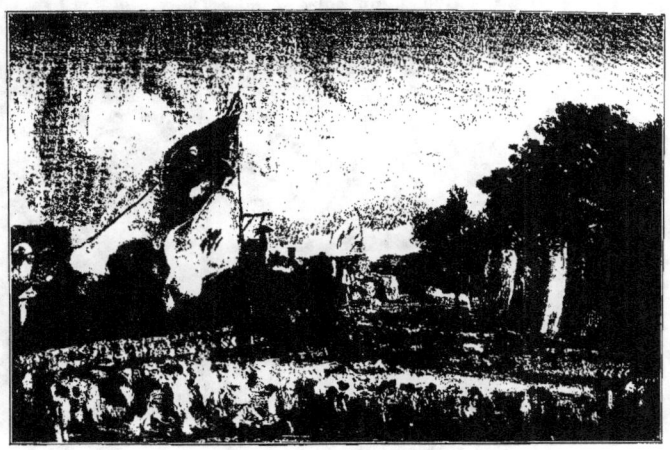

FÊTE DE VILLAGE (ESQUISSE) PAR JOHN CONSTABLE
(Collection Chéramy.)

sincérité, et de cette passion éclairée est née cette œuvre superbe d'une variété inusitée dans son ensemble harmonieux, malgré la fréquente répétition des mêmes motifs. Car ce fut à Flatford et à Delham, où son père Golding Constable exploitait des terres, des moulins à eau et à vent, que John Constable devait choisir presque toujours les motifs de ses compositions agrestes. On appela d'ailleurs dans la suite cette contrée du Suffolk le pays de Constable (Constable's Country).

Dans sa *Vie de Constable*, le peintre Leslie qui fut le fervent admirateur et l'ami fidèle du grand paysagiste a admirablement défini l'art de ce dernier en cette simple phrase que nous détachons de son œuvre biographique et critique : « Il est un genre dans l'art que Turner n'a pas abordé et que ni Wilson, ni Gainsborough, ni Cozens, ni Girtin n'ont aussi complètement rempli que John Constable. Il fut le peintre le plus naturel de la nature cultivée en Angleterre. »

Dans ses souvenirs, un autre peintre Thomas Tewins rapporte

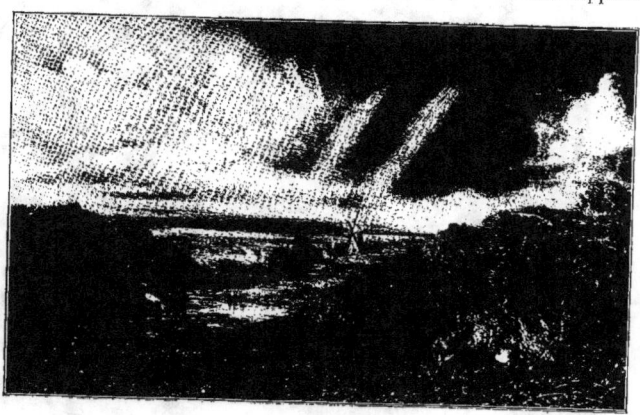

ENVIRONS D'HAMPSTEAD, PAR JOHN CONSTABLE
(National Gallery.)

que Constable répétait volontiers : « J'aime mon village, j'en aime chaque tanière, chaque coin, chaque sentier. Aussi longtemps que je pourrai tenir un pinceau, je ne me lasserai pas de le peindre. » Sublime et touchante confession d'un grand artiste dont l'âme enthousiaste communiait dans le tourment passionné de la nature et dans la recherche des moyens d'en exprimer sincèrement les beautés, dédaigneux du traditionnel et du conventionnel historique, et sachant que la grande inspiratrice portait en elle-même sous ses aspects les plus familiers tous les secrets de sa mystérieuse beauté. Il savait que pour créer le chef-d'œuvre, il suffisait de faire vivre, frissonner et voyager sur une petite toile un arbre, une mare, un petit nuage, éclairés par la grande lumière du ciel et baignés d'émotions créatrices[1].

*
* *

Toute l'âme de Constable, inconsciemment révélatrice d'un sentiment nouveau dans l'art, apparaît clairement dans son œuvre de force et de vie. Comme l'a fort bien dit M. Léon Bazalgette dans son étude sur Constable et les paysagistes de 1830, le paysage de Constable apparaît sensuel, succulent et fort : « Ce qui frappe, lorsqu'on l'aborde, c'est tout d'abord la sensualité de cette peinture, c'est là un art vital et chaud, lourd de réalité, gras, pulpeux, je dirais presque charnel, bien qu'il s'agisse de frondaisons, de ciels et de terrains, un art puissamment animal et vivant. L'homme de cette peinture est un être qui doit avoir vécu parmi les bestiaux aux nourritures abondantes, les herbes drues de la prairie et le vent fort des campagnes, près de l'eau et de la forêt. Elle sent la terre et le plein air. Une joie large et

[1]. John Constable naquit à East-Bergholf (Suffolk) le 11 juin 1776. Il mourut à Londres le 1er avril 1837. « Son père qui était menuisier avait hérité d'une propriété considérable et possédait plusieurs moulins; il destina d'abord son fils à l'église, puis voulut l'associer à son propre travail, mais, après un an de luttes, il lui permit de suivre sa vocation déclarée pour la peinture » (Ernest Chesneau). — Avant de s'adonner complètement à la peinture du paysage, le jeune homme désireux de faire des études sérieuses vint à Londres en 1795, où il travailla à l'atelier de Farrington. Il aurait même commencé par faire de la peinture de genre, car dans sa correspondance, d'un intérêt critique si grand, il parle de deux petits tableaux exécutés par lui, un *Chimiste* et un *Alchimiste*. — D'ailleurs Constable ne se consacra pas exclusivement au paysage. Il peignit aussi quelques portraits assez remarquables, entre autres ceux de l'évêque de Salisbury, de M. Watts (1812), de M. Fisher (1817), du général Rebow et de sa femme... Quels sont les chefs-d'œuvre de Constable? La réponse est difficile, car l'œuvre si considérable est d'une tenue superbe. Néanmoins on classe généralement parmi ses œuvres capitales : la *Cathédrale de Salisbury*, le *Champ de blé*, la *Ferme de la vallée*, le *Passage de l'Écluse*, le *Cheval blanc*, les *Bruyères de Hampstead*... Notre Musée du Louvre, où les grands maîtres anglais sont trop imparfaitement représentés, possède deux toiles de Constable, le *Cottage* d'un coloris si précieux et si puissant, et la fameuse *Baie de Weymouth*, où Constable avec une maîtrise profondément émue a merveilleusement exprimé la mélancolie impressionnante de la mer, sous la menace du ciel, et la fragilité tremblante des hommes et des bêtes en présence de la colère des éléments. Un pur chef-d'œuvre.

ruisselante s'y affirme. L'élément de vie qui circule en ces paysages les imprègne de la réalité la plus complète que l'art ait pu conquérir jusque-là. On sent qu'ils sont allés directement au cœur de l'artiste, sans s'être décolorés et refroidis à travers le cerveau, que sa compréhension est plus sensorielle que cérébrale... Jamais avant lui le peintre de paysage ne fit aussi peu de concession à la formule ou

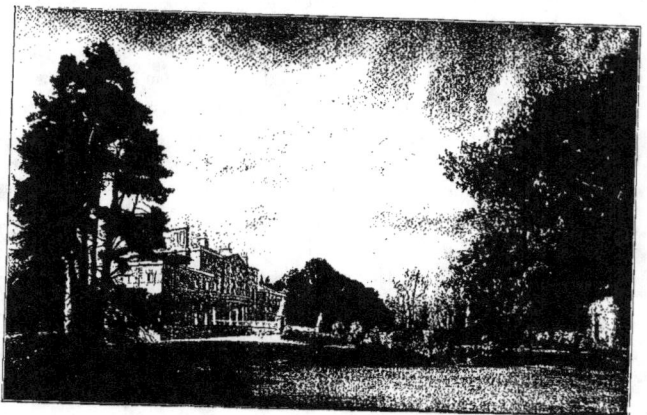

MALVERN-HALL, PAR JOHN CONSTABLE
(Collection Chéramy.)

au goût. Toujours la sensation vraie et directe qu'il éprouve devant la nature l'emporte chez lui sur la préoccupation du tableau. La réalité présente à ses yeux la composition. C'est par ce culte intransigeant du vrai, de l'authentique et du vivant qu'il parvint à se créer un style original — qui est la négation du style traditionnel — et auquel se rattache toute la peinture de paysage depuis 1830[1]. »

[1]. John Constable, d'après les souvenirs recueillis par C. R. Leslie, traduit avec une introduction : *Constable et les paysagistes de 1830*, par Léon Bazalgette ; H. Floury, éditeur, Paris.

Il est difficile de mieux dire, et le trait suivant emprunté à une récente étude de M. C. Y. Holmes sur le peintre de la *Lande de Hampstead*, complète admirablement l'opinion si juste de M. Bazalgette : « Constable fut le premier peintre qui peignit des endroits déterminés, donnant seulement leurs visibles traits fixés, leurs collines, leurs édi-

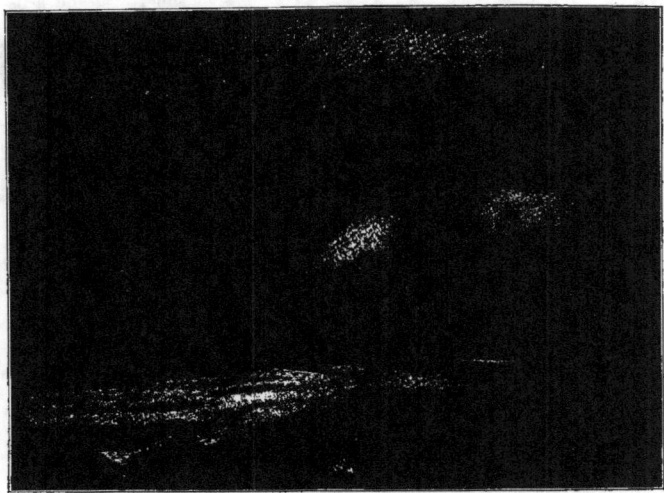

LA BAIE DE WEYMOUTH, PAR JOHN CONSTABLE
(Musée du Louvre.)

fices et leurs arbres, mais baignant le tout dans la vraie atmosphère particulière à l'endroit et qu'on ne trouve nulle part ailleurs. »

* *

La peinture de Constable est, a-t-on dit, le pur et fidèle miroir de son âme saine et simple, instinctivement révolutionnaire et éprise de réalité. Mais pour qui veut connaître la personnalité intégrale de l'artiste, tous les replis de son esprit nerveux et sensitif, la lecture de la correspondance avec son ami Fisher, correspondance encadrée dans les souvenirs recueillis par C. R. Leslie, est indispensable. Ils y apprendront à connaître à la fois, l'homme timide, simple et bon, le révolutionnaire solitaire et doux que fut Constable, le grand artiste avec ses élans passionnés vers la nature, et ses douloureux tourments, ses constantes inquiétudes dans l'accomplissement de son œuvre quand de son pinceau fougueux et étincelant il s'efforçait de fixer pour toujours le frisson du feuillage, la fuyante limpidité des eaux, et les jeux des nuées dans le ciel. Oh! cette peinture du ciel, du vaste ciel, sorte d'océan infini encombré par la flotte des nuages, et dont il avait fait son domaine familier.

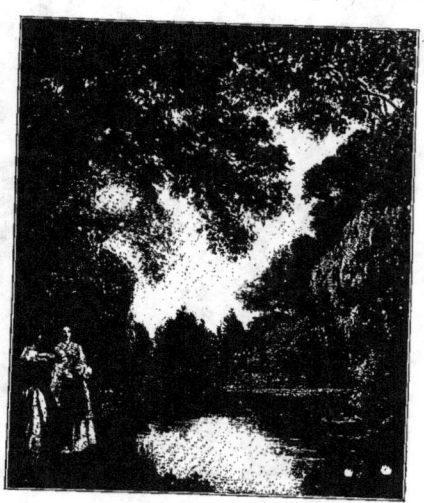

LE JARDIN DE CONSTABLE, PAR JOHN CONSTABLE
(Collection Chéramy.)

Écoutez comme il en parle dans une lettre adressée à son ami Fisher et datée de Hampstead : « ...Je désire extrêmement m'installer dans mon atelier de Londres, car je ne me considère pas à l'ouvrage, si je ne suis pas devant une toile de deux mètres... J'ai fait beaucoup de ciels, car je suis résolu à me rendre maître de toutes les difficultés, et celle-là parmi les autres. Le paysagiste qui ne fait pas de ses ciels une part très positive de sa composition néglige de se servir d'un de ses plus grands auxiliaires. Sir Joshua Reynolds parlant des paysages du Titien, de Salvator Rosa et de Claude Lorrain, dit : « Leurs ciels mêmes semblent sympathiser avec leurs sujets. » ...Le ciel est la source de la lumière dans la nature et gouverne tout; même nos observations communes sur le temps de chaque jour sont entièrement suggérées par lui. La difficulté des ciels en peinture est très grande, pour ce qui a trait à la fois à la composition et à l'exécution, parce que, avec tout leur éclat, ils ne doivent pas avancer vers le spectateur, ou, en réalité, ne doivent pas donner l'idée qu'il y a quoi que ce soit d'autre que d'extrêmes distances; mais ceci ne s'applique pas aux phénomènes ou effets accidentels du ciel, parce qu'ils ont toujours une attraction particulière... »

Puis plus loin, dans cette même lettre à Fisher : « ... Que j'aurais voulu être avec vous à votre partie de pêche à New-Forest! Quelle rivière cela peut-il être? Mais le bruit de l'eau s'échappant des barrages de moulins... etc., les saules, les vieilles planches pourries, les pieux couverts de vase et les briques, j'aime passionnément tout cela... Aussi longtemps que je peindrai, je ne cesserai jamais de peindre les endroits de ce genre... Cependant c'est mon propre pays que je peindrais le mieux; pour moi peindre n'est qu'un autre mot synonyme de sentir, et j'associe «mon enfance insouciante» avec tout ce qui existe sur les bords de la Stourt. Ce paysage a fait de moi un peintre, et je suis reconnaissant; c'est-à-dire que j'ai souvent

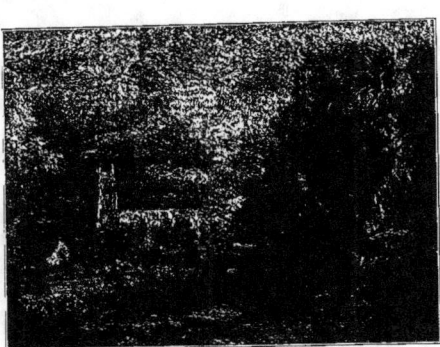

PAYSAGE, PAR JOHN CONSTABLE
(Collection Chéramy.)

pensé à le peindre avant d'avoir touché un pinceau... »

La sincérité de Constable, la haute probité de son art, sa passion pour la vérité, apparaissent aussi clairement dans ses écrits que dans ses peintures, et ses lettres si intéressantes à ses amis, Leslie, Lucas et Fisher sont les commentaires les plus curieux, les plus évocateurs et les plus instructifs de son œuvre [1].

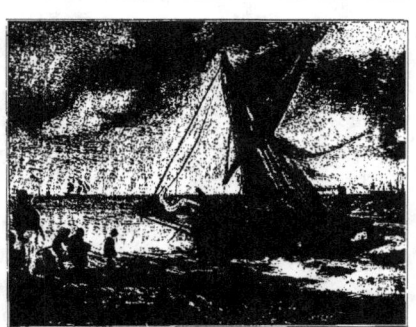

MARINE, PAR JOHN CONSTABLE
(Collection Chéramy.)

* *

De son vivant Turner a eu en Angleterre des admirateurs réellement fanatiques, Ruskin en tête. L'enthousiasme même de ce dernier confina parfois au délire, et dans les innombrables écrits multiformes qu'il consacra à la glorification de son idole, ses dithyrambes sont trop souvent empreints de la plus criante injustice. Certes Turner est grand, très grand, souvent étrange presque jusqu'à la folie, mais aussi souvent sublime dans le paroxysme de son imagination. Cependant la rayonnante illumination de l'œuvre de Turner paraît aveugler Ruskin lorsque, ayant à célébrer l'art de ce maître incomparable, il arrive par des procédés de critique comparative peu dignes de

[1]. John Constable, très éloquent esthéticien, comme la plupart des grands peintres anglais, a aussi prononcé, à l'Institut Royal de la Grande-Bretagne, une série de conférences sur l'histoire du paysage qui obtinrent un très vif succès.

son esthétisme élevé à traiter avec le dédain le plus souverain l'œuvre de Reynolds, de Lawrence et du divin Gainsborough lui-même.

Turner, nom magique qui comme ceux de Rembrandt, du Lorrain, évoque tout un monde de lumineuse féerie et d'Arcadies éblouissantes ! Œuvre de lumière et de rêve due au pinceau du plus inspiré des visionnaires ! Œuvre sacrée aussi dans son apaisante ou tumultueuse beauté ! Car telle est la douce et caressante magie du paysage de Turner, qu'on le contemple avec une mélancolie nostalgique comme un paradis perdu et on se surprend à remercier avec émotion le puissant artiste qui a su nous arrêter au milieu des durs chemins de la vie, pour nous faire un moment retourner la tête vers les pays bienheureux où nous avons tant rêvé de vivre que nous croyons parfois y avoir vécu.

Je ne crois pas qu'il soit possible d'imaginer pour le bonheur terrestre des cadres plus merveilleusement éblouissants que ceux du *Rameau d'or*, du *Pèlerinage de Childe Harold*, du *Golfe de Baïes*, du *Jardin des Hespérides*, des *Cascades de Tédrah*, etc. J'avoue mes préférences pour la manière dont ces œuvres sont traitées et conçues. Ici Turner échappe presque complètement à toute influence, même à celle si noble et si bienfaisante du Lorrain. Il est sur la hauteur divine. Bientôt son imagination maladive et surexcitée s'agitera dans le monde des rêves fiévreux, d'où naîtront encore cependant des œuvres magnifiques, mais parfois d'une troublante extravagance.

Ruskin, qui assurément connaît Turner mieux que personne, car il a analysé toute son œuvre avec une conscience... passionnée, s'est imaginé de diviser la carrière de son peintre en quatre périodes. Une étude que nous fîmes de l'œuvre collective de Turner, exposée au Guild-Hall, il y a quelques années, nous a permis toutefois de constater que ces catégories étaient parfois assez arbitraires : mentionnons-les cependant.

De 1800 à 1820, nous dit Ruskin, l'artiste s'évertua surtout à copier les maîtres doués des qualités qu'il désirait s'approprier. De 1820 à 1835, il travailla sur les principes qu'il avait découverts durant le cours de ses études; n'imitant plus personne, mais s'efforçant de produire de beaux effets, et aspirant, selon les théories alors acceptées par tous les artistes, à un *idéal* éloigné d'une traduction réelle de la nature; de 1835 à 1845, son propre génie a conquis entièrement la vraie théorie de l'art. Il était revenu de l'idéal, mais il

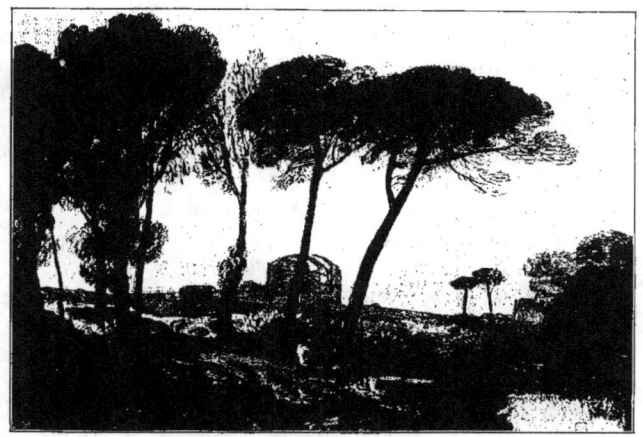

HINDOU FAISANT SES ABLUTIONS, PAR TURNER
(Dessin au crayon gravé dans le *Liber studiorum*.)

reproduisait, aussi énergiquement que possible, les simples impressions qu'il recevait de la nature, en y associant son sentiment profond; en 1845, sa santé déclinant, son esprit et surtout sa vue déclinèrent aussi, les tableaux peints dans les dernières années de sa vie sont d'une valeur tout à fait inférieure.

Nous le répétons, cette division chronologique des diverses phases évolutives de l'art de Turner nous paraît assez arbitraire, car aussi bien pendant nos promenades d'étude à travers les collections privées d'Angleterre, d'Écosse et même de France, que lors de la fameuse exposition des œuvres de Turner au Guild-Hall, nous avons remarqué que si le peintre avait en effet traversé de 1800 à 1820 une période de studieuses recherches et d'imitation féconde mais non servile, on découvrait déjà parmi ses toiles de 1820 à 1835 de purs chefs-d'œuvre qui semblent nés spontanément d'un génie créateur, et où l'œil le plus exercé ne pourrait deviner l'influence d'aucun de ceux dont l'artiste anglais écouta le plus volontiers les leçons : Claude, Canaletti, William van de Velde, Aart van der Neer, Cuyp...

Telles ces toiles au coloris bleu pâle, symphonies d'azur délicat,

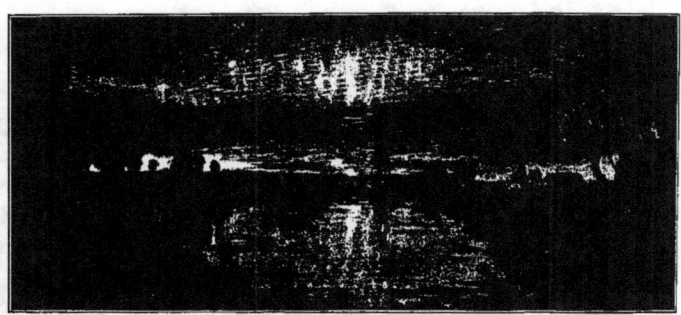

LE CANAL DE CHICHESTER, PAR TURNER
(National Gallery.)

œuvres assez rares dans l'œuvre immense de Turner, mais d'un charme pénétrant comme certaines notations lunaires de Whistler. Ici la personnalité du peintre se révèle dans une intégralité absolue, plus assurément que dans la plupart des toiles exécutées vers 1840, malgré l'originalité audacieuse des œuvres de cette époque, où se devinent cependant, à travers les voiles de lumière et de feu, les influences des premiers éducateurs.

Ces visions bleues, d'une fraîcheur de rêve printanier, d'une pénétrante poésie de nuit d'été, sont rares chez Turner.

Bientôt le vertige de la lumière s'empare de lui et, après une

PAYSAGISTES, PEINTRES DE MARINES, ANIMALIERS.

courte halte dans les gris-perle si reposants de Van de Velde, il partira brusquement comme Icare à la conquête du soleil, périlleuse ambition, sublime mais dangereuse ascension, qui mène à la folie ou à la mort. Mais avant d'arriver à cette période de décadence, disons plutôt de vertige final, où l'horreur systématique des ombres le plonge dans des gouffres de lumière et où il cherche à faire vivre

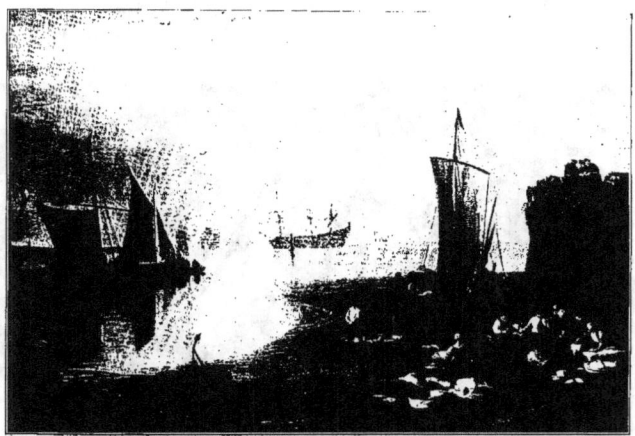

LEVER DE SOLEIL DANS LE BROUILLARD, PAR TURNER
(National Gallery.)

sur des fonds liquides des fantômes jaunes, roses ou blancs d'êtres, de villes, de paysages fantastiques, que de purs et merveilleux chefs-d'œuvre, où se manifestent toutes les inquiétudes, toutes les tendresses, toutes les exaltations de sa grande âme de peintre et de poète!

J. M. W. Turner dont les restes reposent dans le *Painters' Corner*[1] de la cathédrale de Saint-Paul, à côté de ceux des grands peintres de

---

[1]. Le coin des peintres. C'est à Westminster que se trouve le coin des poètes *Poets' Corner*.

l'École anglaise, était le fils d'un petit barbier de Londres. Ce fut, dit-on, un célèbre collectionneur, le Dʳ Mumo, qui devina l'avenir de Turner d'après quelques dessins qu'il vit exposés à la devanture d'une boutique de Maiden Lane, où le père de l'artiste exerçait le métier qu'il s'efforçait, bien vainement d'ailleurs, de faire embrasser à son fils.

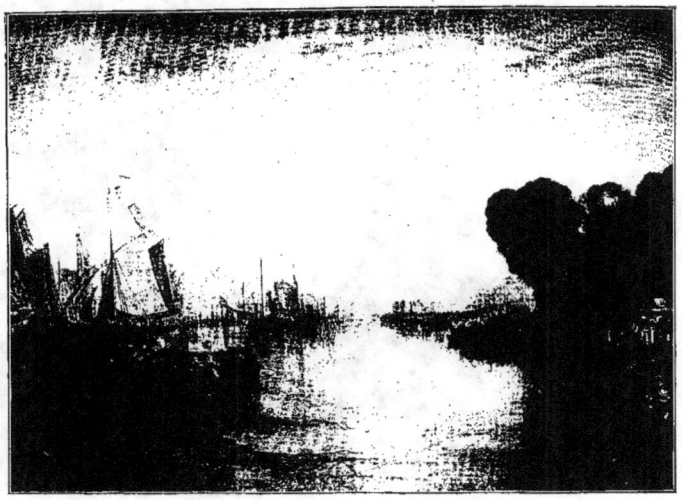

EAST COWES CASTLE, ILE DE WIGHT
LE ROYAL YACHT SQUADRON, PAR TURNER
(Royal Victoria and Albert Museum.)

William Turner, dont la vocation était des plus marquées, résistait énergiquement aux obsessions paternelles, préférant le pinceau au rasoir. Son instinct de coloriste s'éveilla dès son plus jeune âge [1]. L'excellent docteur Mumo fut le Cimabué du jeune Giotto de Covent Garden. Ce fut lui qui fit connaître à l'artiste, destiné à devenir

[1]. Voir à ce sujet l'excellente notice biographique et anecdotique de Peter Cunningham, et les écrits que Ruskin a consacrés à W. Turner.

PAYSAGISTES, PEINTRES DE MARINES, ANIMALIERS.

le plus brillant des aquarellistes, Thomas Girtin (1773-1802), puis John Robert Cozens (1752-1799), qui, avant Turner, avaient déjà traité l'aquarelle d'une façon magistrale. Il est hors de doute que l'un et l'autre, Cozens surtout, donnèrent à Turner de précieux conseils dans un genre où il devait bientôt exceller. Turner n'avait pas encore vingt ans lorsqu'il exposa pour la première fois des peintures à l'huile. On connaissait déjà de lui de lumineuses et fraîches aqua-

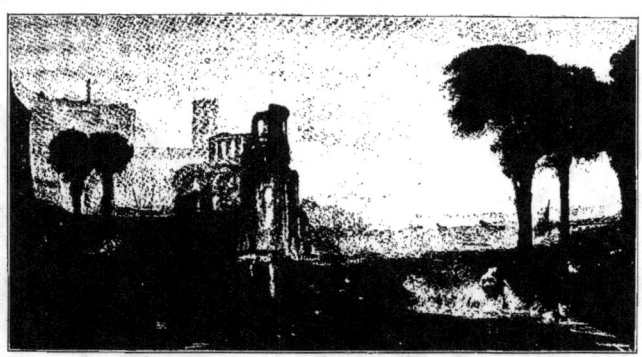
PALAIS ET PONT DE CALIGULA (GOLFE DE BAÏES), PAR TURNER
(National Gallery.)

relles, d'une liberté très imprévue d'exécution, rapportées de ses voyages à travers le Mitland, le pays de Galles et le Yorkshire. En 1799, son fameux *Lever de soleil* le faisait élire comme associé à l'Académie. En 1802, il était élu académicien; il avait 27 ans à peine.

Ce fut à la suite de cette élection qu'il entreprit son premier voyage de l'autre côté du détroit. Il visita successivement la France, les bords du Rhin, la Suisse, et rapporta de cette première excursion hors de son pays, sur lequel son nom devait bientôt rayonner si glorieusement, une moisson merveilleuse d'impressions de voyage sous la forme de rapides et étincelantes aquarelles, de superbes dessins légèrement rehaussés et de croquis sommaires mais d'une rare puissance d'évocation... Schémas de génie, notations suggestives qui deviendront d'inépuisables sources d'inspirations et dont l'éblouissante collection fait des sous-sols de la National Gallery une sorte de crypte magique.

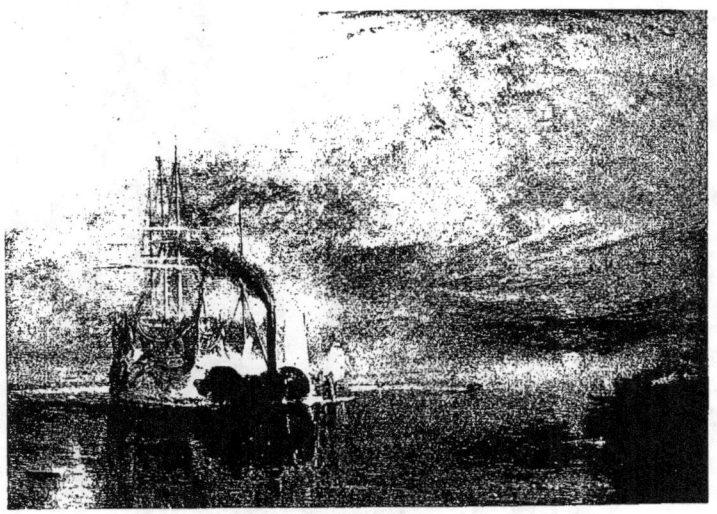

LE COMBAT DU « TÉMÉRAIRE », PAR TURNER
(National Gallery.)

Très peu de temps après son retour de son premier voyage, Turner donna la mesure complète de son merveilleux génie, en commençant la publication de son fameux *Liber studiorum*, collection de gravures d'après ses aquarelles et ses dessins. Un certain nombre d'eaux-fortes sont de la main même de Turner et ce sont de purs chefs-d'œuvre.

Turner visita trois fois l'Italie, en 1819, en 1829 et en 1840. Ce fut lors de son second voyage, dans ce pays béni dont il paraît,

JOSEPH TURNER. — PÈLERINAGE DE CHILDE HAROLD EN ITALIE.

National Gallery

comme le Lorrain, avoir condensé toute la lumineuse beauté dans certaines de ses toiles, qu'il peignait la *baie de Baïes*, où la personnalité de son art s'affirme d'une manière définitive.

Nous parlerons dans un chapitre suivant de l'aquarelliste, qui dès ses débuts échappa à toute influence, même à celle de Thomas Girtin, et sut, à l'aide de la peinture à l'eau, atteindre à des effets de lumière prodigieux, invraisemblables, qu'on se plaît trop souvent à traiter dans l'œuvre de Turner de folles extravagances d'une vision maladive, et qui, la plupart du temps, ne sont en réalité que de prodigieuses expressions de phénomènes réels, de jeux de lumière fantastiques mais existants, dans ces moments où la nature paraît vouloir se jouer des sens de l'homme.

Ce peintre de génie, cet incomparable poète du ciel et des eaux, ce puissant évocateur de la beauté antique dans les plus merveilleux décors de rêve, était grossier de manières, commun de visage, taciturne et presque toujours sordidement vêtu. Son avarice était proverbiale, et les histoires qu'on raconte de son âpreté au gain sont nombreuses[1]. Ce qui ne l'empêcha pas de léguer par testament à son pays natal toute sa fortune et tous ses tableaux ; don plus que royal. Ce testament spécifiait que l'État pourvoirait à l'aménagement convenable des tableaux et que la plus grande partie de l'argent serait

1. Un jour, réglant une affaire avec les éditeurs Hurst et Robinson, le prix de chaque dessin fut fixé, après beaucoup de débats, à 25 livres, et Turner, pleinement satisfait, en apparence, s'en alla. Mais presque aussitôt il revient, glisse sa tête à la porte et crie : — « Guineas! — Des guinées au lieu de livres sterling, soit », répondent les publicateurs. Quelques instants après ils entendent un pas rapide et Turner rentre disant : — « Mes frais (my expenses). — Oh! certainement, Monsieur. » Mais ce ne fut pas tout : une troisième fois Turner hors d'haleine et fort inquiet, car il craignait une résistance à sa nouvelle demande, se présente à la porte : — « Et vingt épreuves? » — Les vingt épreuves encore furent accordées.

M. Peter Cunningham raconte une autre bonne histoire : Turner avait fait un tableau pour M. Jacques Fuller qui le prie de venir déjeuner avec lui en apportant le tableau. Il accepte, apporte son œuvre dans une voiture de place, en reçoit le prix convenu et s'en va après déjeuner. Mais bientôt il revient, frappe à la porte : — « Je dois voir absolument M. Fuller. » On l'introduit. — « Oh! j'avais oublié, il y a trois shillings pour le louage de la voiture. » M. Fuller paya en riant les trois shillings et ne manqua pas de raconter ce trait de maniaque. » (W. Burger, *Histoire des peintres*, V° Jules Renouard, Libraire-Éditeur.)

destinée à la fondation d'une institution de bienfaisance pour les artistes malheureux.

La fortune de Turner était estimée à 140 000 livres. Après de longues discussions judiciaires entre l'État et la famille de l'artiste qui attaqua le testament, il fut décidé, en fin de compte, que toutes les œuvres terminées ou non, peintures, dessins, esquisses, appartiendraient à l'État, et que son parent le plus proche hériterait de sa collection d'œuvres gravées et autres propriétés.

Turner a peint pendant plus d'un demi-siècle avec une inlassable ardeur et une incomparable facilité, c'est assez dire que son œuvre est immense et d'une unité rayonnante dans son extraordinaire diversité. Ses peintures se chiffrent par centaines, ses aquarelles et ses dessins par milliers.

Nous ne croyons mieux faire que de citer ici ces quelques lignes de Ruskin, le mieux renseigné de tous les biographes de Turner, le plus éloquent et le plus subtil des critiques de son œuvre; ce sera le dernier trait de cette trop rapide esquisse d'une des plus colossales figures de peintre : « Aucun sujet n'était trop bas ou trop haut pour lui. Un jour on le trouvait dans une cour de ferme, s'acharnant à rendre avec toute son adresse le plumage d'un coq; le lendemain il dessinait le *Dragon de Colchide*. Tout à l'heure il s'amusait du vent qui enlève le bonnet d'une vieille femme, et le moment d'après il peint la *Cinquième plaie d'Égypte*. Avant lui, chaque paysagiste avait concentré ses efforts sur une seule classe de sujets : Ruysdaël peignit surtout des cascades, Cuyp des rivières ou des pâturages. Salvator et Poussin des montagnes, telles que pouvaient les concevoir *les habitants des villes au dix-huitième siècle*. Dans l'œuvre de Turner, aucune prédominance d'une classe sur l'autre : il y a de l'architecture, des scènes rustiques, comprenant tous les travaux de la campagne : labourer, herser, tailler les haies, creuser les fossés, abattre les arbres, etc.; des scènes de la ville : cours d'auberge, départs de voyageurs, intérieurs de boutiques, construction d'édifices, foires, élections, etc.; des scènes de la vie domestique : intérieurs d'appartements, études de costumes, de nature morte et d'armoiries, comprenant une multitude de vignettes symboliques; des scènes de marine de toute sorte, pêche, navigation, combats sur mer, etc.; des chasses, des compositions classiques, mythologiques, historiques, allégoriques : nymphes, monstres, spectres, héros, divinités, etc., etc. »

Dans son lyrisme énumératif Ruskin semble vouloir incarner en Turner toutes les aspirations, tous les efforts, toutes les curiosités, toutes les audaces des peintres de tous les temps et de toutes les écoles. Mais Turner est surtout grand parmi les plus grands des peintres parce qu'il fut un novateur, parce que jusqu'à la dernière heure de sa vie il ne cessa de demander à de nouvelles combinaisons de couleurs inconnues jusqu'à ce jour, la définitive expression des phénomènes lumineux les

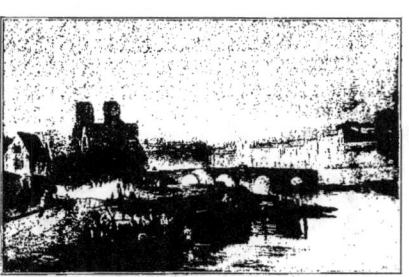

VUE DE LA SEINE ET DE NOTRE-DAME
PAR R. P. BONINGTON
(Collection Chéramy.)

plus exceptionnels et les plus mystérieux. Parfois sans doute l'idéale ambition de réaliser l'impossible échoue dans une sorte de formule affolée où les fantasmagories célestes les plus fantastiques, se lisent assez difficilement à travers des rouges et des jaunes, s'étalant en violentes éclaboussures sur la blancheur crue de la toile. Ce sont là les œuvres des dernières années, les efforts impuissants d'une main fatiguée, les dernières visions d'un œil aveuglé par la perpétuelle contemplation du soleil; c'est le suprême coup d'aile d'Icare...

Mais que de définitifs chefs-d'œuvre avant ces toiles étranges souvent extravagantes et cependant parfois si impressionnantes sous leur aspect de décoration splendide, où s'agitent, comme dans des fournaises, des formes vagues, des silhouettes de cauchemar, écloses dans le cerveau fatigué du génial visionnaire! Ruskin se trompe en disant que dans l'œuvre de Turner aucune prédominance n'existe d'une classe sur l'autre. Turner est grand, Turner est souverain, il est unique lorsque, pour exprimer son amour infini de la nature, ou plutôt son amour de la nature infinie, il cherche et trouve des accents nouveaux, il invente une technique nouvelle, d'une audace jusqu'alors inconnue. L'exaltation de son panthéisme lyrique s'exprime sous une forme où se révèle déjà toute une révolution dans la peinture de l'avenir. Si dans la *Vue de Baïes*, le *Rameau d'or*, le *Jardin des Hespérides*, *Cologne*, *Tivoli*, le *Pèlerinage de Childe Harold*, si dans ces merveilleux chefs-d'œuvre, il se rattache encore à Claude Lorrain, qui pourrait dire qu'il n'apparaît pas comme le plus formidable des paysagistes, et comme un providentiel libérateur dans les *Abords de Venise*, le *Canal de Chichester*, le *Combat du Téméraire*, les *Obsèques de Wilkie*, *Ulysse raillant Polyphème*, prétexte mythologique à un incomparable lever de soleil. Et cette fameuse *Locomotive en marche*, qui figure aujourd'hui à la *National Gallery*, après avoir soulevé de si vives discussions, et où la vitesse vertigineuse et quasi fantomatique de la machine, à travers la légèreté vaporeuse et argentée du paysage, est rendue avec une habileté de pinceau presque décourageante, même pour les plus prestigieux de nos maîtres impressionnistes contemporains.

C'est dans ces vives et ardentes expressions des éblouissements solaires et des jeux splendides de la lumière dans les profondeurs du ciel, à travers les brouillards d'or et d'argent, sur les lacs et la mer, que se manifeste, en toute sa splendeur incomparable, le génie sublime de Turner. C'est là qu'il « prédomine », bien plus que dans la peinture d'intérieur des boutiques et dans ses études de nature morte.

* *

Raphaël, Lucas de Leyde, le Corrège moururent avant d'avoir atteint la quarantaine. Paul Potter disparut à vingt-neuf ans. Bonington

PAYSAGISTES, PEINTRES DE MARINES, ANIMALIERS.

avait à peine vingt-sept ans lorsqu'il rendit le dernier soupir. De là la rareté relative de ses œuvres, bien que son travail fût facile et constant pendant les dix années qu'il produisit de 1818 à 1828, c'est-à-dire depuis sa sortie de l'atelier de Gros jusqu'à sa mort. Et cependant, privilège du génie, la trace d'un si court passage est des plus lumineuses[1].

Bonington fut un des plus assidus et un des meilleurs élèves de l'atelier de Gros, qui d'ailleurs l'affectionnait tout particulièrement.

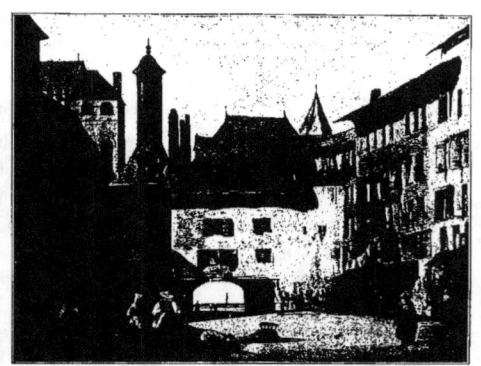

LA PLACE DU MOLARD, A GENÈVE, PAR R. P. BONINGTON
(South Kensington.)

1. *Richard Parkes Bonington* naquit au village de Arnold, près de Nottingham, le 25 octobre 1801. Son père fut un peintre et un graveur de quelque talent. D'après certaines biographies de Richard Bonington ses aspirations de jeunesse se seraient d'abord partagées entre la carrière dramatique et la peinture. Un voyage qu'il fit à Paris en 1816 et ses pèlerinages émerveillés au Musée du Louvre, firent cesser son irrésolution. Il avait d'ailleurs appris de très bonne heure à dessiner sous la direction de son père, artiste d'un beau tempérament, mais dont les moyens naturels furent paralysés par une vie irrégulière. Il entrait à dix-huit ans dans l'atelier de Gros qui faisait le plus grand cas du talent de son jeune élève, malgré les tendances très marquées de ce dernier à préférer les sujets familiers aux sujets épiques. L'éducation artistique de Bonington est d'ailleurs toute française, et bien qu'il fût né en Angleterre et qu'il y mourût, le catalogue du Musée du Louvre le classa pendant fort longtemps dans notre école. Il fit, en 1825 et 1826, un voyage en Italie qui n'eut d'ailleurs aucune influence sur sa technique si personnelle et sur l'originalité de sa vision. Ce fut au printemps de 1828, pendant qu'il faisait avec son ami Paul Huet un voyage en Normandie, qu'il ressentit les premières atteintes du mal qui devait l'emporter si brusquement. Il retourna précipitamment à Londres où il mourut le 23 septembre de la même année.

Mais quand il se sentit en pleine possession de son métier, quand il fut maître de sa technique, d'une si séduisante habileté, quand il n'eut plus rien à demander aux conseils de son illustre maître, et aux leçons muettes des grands paysagistes flamands admirés au Musée du Louvre, il quitta la ville, avide de sensations de nature, et, sa palette aux doigts, parcourut les routes et les plages des Flandres d'où il rapportera des marines exquises, et la Normandie qui lui inspirera des aquarelles étincelantes telles que les vues de Lillebonne, du Havre, d'Abbeville... qui furent très remarquées au Salon de 1822 et de 1824 et qui lui valurent une médaille d'or. Bonington fut d'ailleurs, ainsi que Turner, un incomparable aquarelliste, un des maîtres incontestés de cette riche école anglaise de « water colour » à laquelle nous consacrons un des chapitres de cet ouvrage. Ce genre expéditif de peinture con-

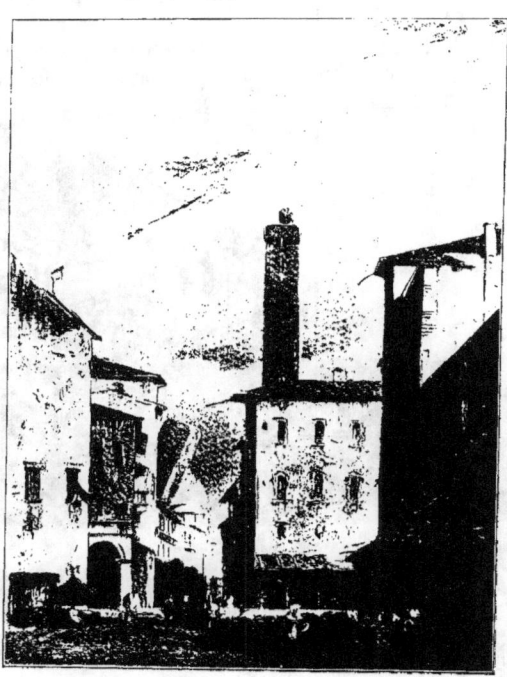

BOLOGNE, PAR R. P. BONINGTON
(Avec la permission de MM. Agnew.)

venait admirablement à la sûreté de son pinceau, à la fraîcheur vibrante de sa vision, à la fluidité lumineuse de son art.

Ce fut à la suite de cette fructueuse expédition artistique le long des plages sablonneuses des pays flamands et à travers les villes normandes et les verts pâturages des bords de la Seine que Bonington éprouva le désir nostalgique de revoir son pays natal. Mais, bien que

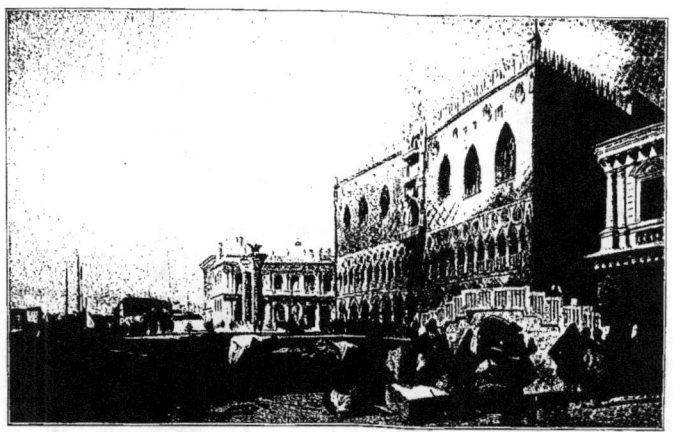

LE PALAIS DUCAL A VENISE, PAR R. P. BONINGTON
(Musée du Louvre.)

très Anglais d'esprit et d'allures, il préférait aux rives brumeuses de la Tamise les berges riantes et ensoleillées de la Seine, et son séjour à Londres ne fut que de quelques mois.

A la fin de 1825 nous le trouvons à Venise dont il subit, comme Turner et comme tant d'autres, l'enivrant prestige. Les trop rares toiles qu'il y peignit sont de purs petits chefs-d'œuvre, et parmi ces chefs-d'œuvre, il convient de citer la *Vue du Palais ducal* et la *Vue du Grand Canal*, dont l'apparition au Salon de 1827 produisit une si profonde impression dans le monde des arts.

Dès ce moment, Bonington prit une place considérable, quoique Anglais, parmi les artistes les plus brillants de la pléiade romantique, qui renouvela l'art en France sous la Restauration, et à laquelle il se rattache surtout par ses compositions historiques, d'un style familier

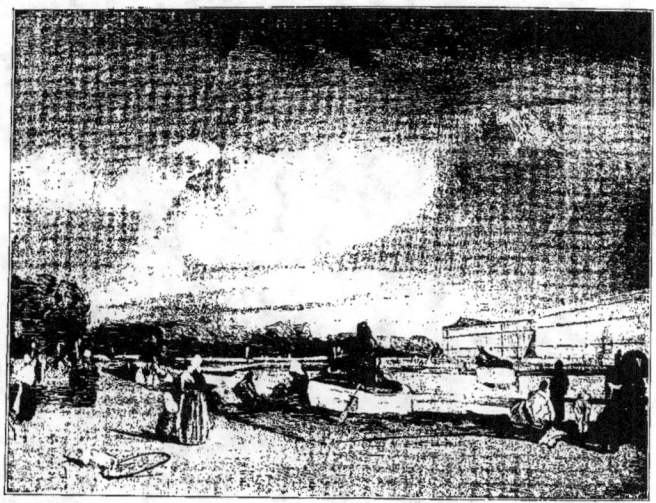

VUE DU PARC DE VERSAILLES (ESQUISSE) PAR R. P. BONINGTON
(Musée du Louvre.)

et charmant, empruntées presque toujours à la vie de cour sous les Valois : œuvres étincelantes d'esprit et de couleur, mais plus brillantes que profondes, et auxquelles nous préférons les superbes toiles, d'une exécution si définitive, exécutées à Venise, ou même les rapides et superbes études largement brossées le long des plages et des pâturages normands et à travers nos jardins parisiens.

Sous la savoureuse et facile caresse du lumineux pinceau de Bonington le jeu des nuages dans le vaste ciel et les profondeurs

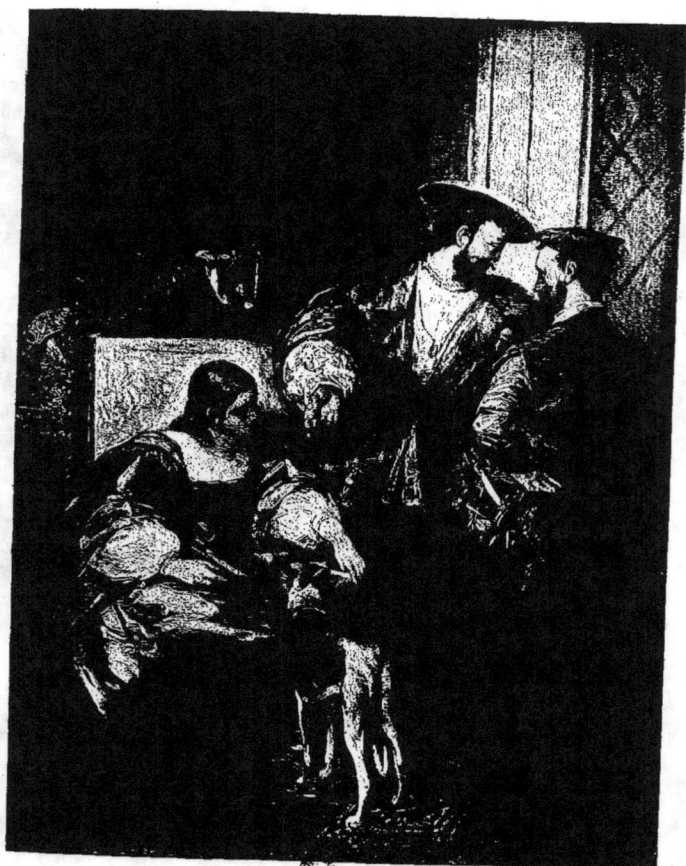

R.P. BONINGTON. — FRANÇOIS I ET LA DUCHESSE D'ÉTAMPES

Musée du Louvre

limpides des eaux naissent plus facilement, et s'expriment surtout plus clairement à nos yeux, que les sentiments intimes de Charles V, de la duchesse d'Étampes, de Henri IV, de François Ier et de Marguerite de Navarre, de Marie de Médicis et de Richelieu... Comme ses grands ancêtres Reynolds, Gainsborough, Romney, comme ce Lawrence pour lequel son admiration était si grande, et qui ne sut cependant pas le comprendre, Bonington fut par-dessus tout un peintre exquis du monde extérieur, des formes visibles, en ce qu'elles ont de plus élégant, de plus charmeur. Burger, dans la belle étude qu'il a

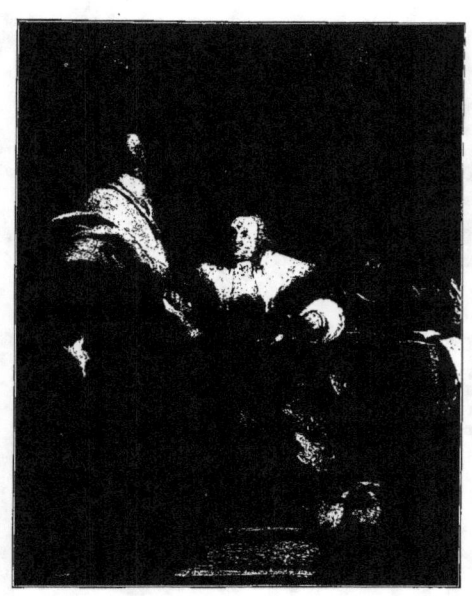

MARIE DE MÉDICIS ET RICHELIEU, PAR R. P. BONINGTON
(Musée du Louvre.)

consacrée à ce maître, l'a spirituellement comparé à une sorte de sylphe léger qui montre la nature en l'effleurant.

Eugène Delacroix, qui tenait Bonington en très haute estime, a porté sur lui le jugement suivant que nous détachons d'une lettre adressée à Burger et reproduite par ce dernier dans l'*Histoire des Peintres de toutes les Écoles* : « ... A mon avis on peut trouver dans d'autres artistes modernes des qualités de force ou d'exactitude dans le rendu, supérieures à celles des tableaux de Bonington; mais personne, dans cette école moderne, et peut-être avant lui, n'a possédé cette légèreté dans l'exécution, qui, particulièrement dans l'aquarelle, fait de ses ouvrages des espèces de diamants dont l'œil est flatté et ravi, indépendamment de tout sujet et de toute imitation... Je ne pouvais me lasser d'admirer sa merveilleuse entente de l'effet et la facilité de l'exécution; non qu'il pût se contenter promptement, au contraire, il refaisait fréquemment des morceaux entièrement achevés et qui nous paraissaient merveilleux; mais son habileté était telle qu'il retrouvait à l'instant, sous sa brosse, de nouveaux effets aussi charmants que les premiers... Sur la fin de sa vie si tôt éteinte, il sembla atteint de tristesse, et particulièrement à cause de l'ambition qu'il se sentait de faire de la peinture en grand. Il ne fit pourtant aucune tentative, que je sache, pour agrandir notablement le cadre de ses tableaux... Nous l'aimions tous. Je lui disais quelquefois : — Vous êtes roi dans votre domaine et Raphaël n'eût pas fait ce que vous faites : ne vous inquiétez

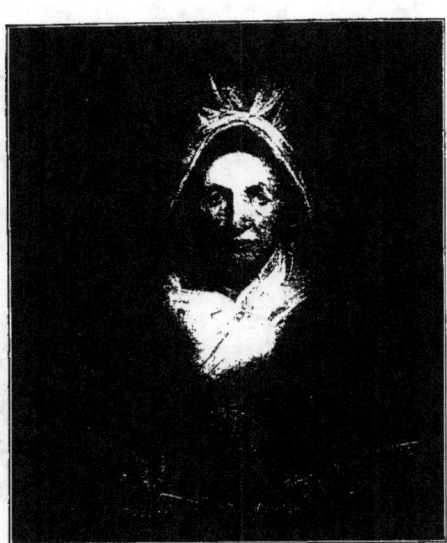

LA VIEILLE GOUVERNANTE, PAR R. P. BONINGTON
(Musée du Louvre.)

PAYSAGISTES, PEINTRES DE MARINES, ANIMALIERS.

pas des qualités des autres ni des proportions de leurs tableaux, puisque les vôtres sont des chefs-d'œuvre... »

Cet hommage rendu par Eugène Delacroix au « glorieux jeune homme » contraste avec l'opinion exprimée par Sir Thomas Lawrence dans la lettre que ce dernier écrivait à M. Forster au lendemain des

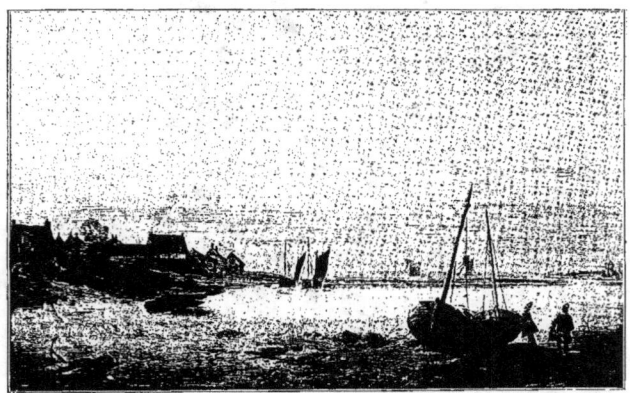

MARINE, PAR R. P. BONINGTON
(Collection II. de Rothschild.)

funérailles de Bonington : « Vos tristes prévisions se sont trop fatalement confirmées, nous venons de rendre les derniers devoirs au regretté M. Bonington. Excepté M. Harlow, je ne sache pas qu'à notre époque la mort précoce ait enlevé un artiste dont le talent *promit davantage*, après un développement si remarquable et si rapide. Si j'en peux juger d'après la direction récente de ses études et par le souvenir d'une de nos conversations, son intelligence semblait s'épanouir en tous sens et arriver à la pleine maturité du goût, avec cette généreuse ambition qui pousse vers les régions supérieures de l'art. »

Delacroix célèbre l'artiste mort jeune, mais non sans avoir éternisé dans des chefs-d'œuvre le souvenir de son génie.

Thomas Lawrence, dont l'opinion était comme l'écho du sentiment général en Angleterre, déplore la mort d'un artiste dont le talent promettait tant...

Le grand peintre français, lui, consacre noblement dans une souveraine appréciation l'art supérieur du jeune artiste élevé en France, tandis que le grand peintre anglais se borne en quelque sorte à deviner chez Bonington une noble ambition très justifiée par la précocité d'un talent plein de promesses...

D'ailleurs l'heure de la justice a depuis longtemps sonné pour Bonington dans son pays natal où l'opinion de Lawrence prévalut pendant de longues années, et, dans de nombreuses collections particulières d'Angleterre, ses étincelantes aquarelles et ses précieuses peintures à l'huile figurent en place d'honneur comme à Hertford House, riche de deux de ses toiles les plus réussies, dont les sujets ont été empruntés à la vie familière d'Henri IV et de François Ier, ses héros favoris[1]. L'Angleterre revendique aussi Richard Parkes Bonington comme un de ses plus grands peintres, pendant que la France s'enorgueillit avec raison d'avoir été la véritable éducatrice du brillant artiste dont l'influence fut très grande d'ailleurs sur son école.

*
* *

Jamais peut-être animalier ne pénétra mieux l'intimité de son sujet que Landseer[2]. « Il est dans la confidence des bêtes, » mais aussi

---

1. L'une de ces petites toiles « espèce de diamant », représentant *Henry IV recevant l'ambassadeur d'Espagne*, fut payée une cinquantaine de mille francs à la vente de Lord Seymour en janvier 1860, par Lord Hertford.

Bonington se révéla comme un maître aquafortiste incomparable dans une eau-forte qu'il fit d'après une vue de Bologne en 1826, c'est la seule gravure qui reste de lui.

2. Sir Edwin Landseer était le troisième fils du graveur John Landseer (1769-1852). Il naquit à Londres le 7 mai 1802.

Il eut tour à tour pour maîtres son père et Benjamin Haydon. Landseer exposa plusieurs fois à Paris. En 1855, il obtint une médaille d'or à notre Exposition universelle.

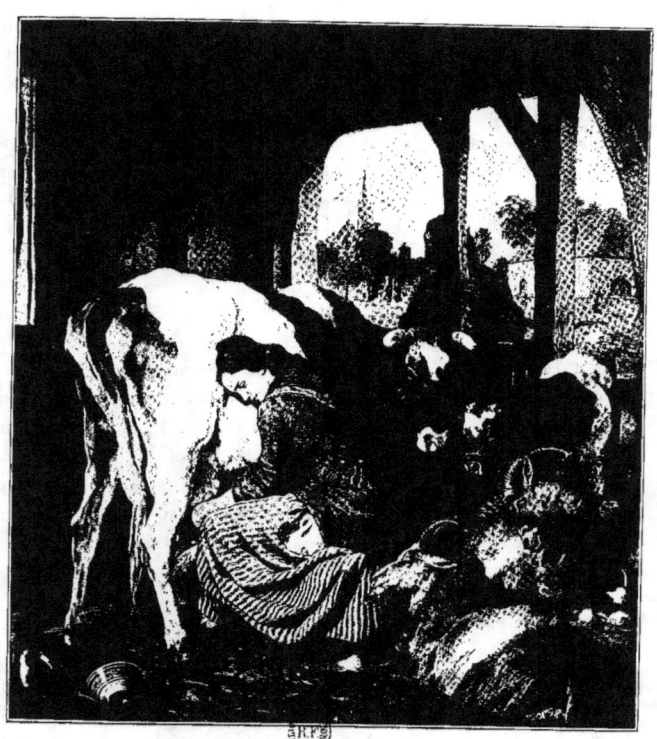

LA SERVANTE ET LA PIE, PAR EDWIN LANDSEER
(National Gallery.)

il faut bien ajouter que jamais plus déplorable coloriste n'exista. Il connaît à merveille les mœurs, les habitudes, l'anatomie, la physionomie extérieure, les attitudes, les mouvements, les gestes caractéristiques, les moindres frissons physionomiques de ses modèles, pris de préférence dans l'infinie diversité de la race canine, parmi les chevaux et chez les fauves des Highlands, et d'un pinceau aussi facile que précis il sait fixer tous les détails de son sujet multiforme. Mais que son art personnel, je veux dire son art de peintre, si sec et si froid, malgré l'abus désordonné des jaunes vifs et des bleus intenses, gagne à une interprétation gravée, surtout lorsque les graveurs s'appellent Thomas Landseer, frère de l'artiste, S. Cousin et Sir Edwin Landseer, lui-même! Alors l'aspect désagréable et glacé de l'œuvre molle et inconsistante disparaît, et la vie latente du sujet se révèle dans toute sa force analytique à travers la magie des beaux noirs veloutés si chers aux maîtres de la gravure anglaise.

Sir Edwin Landseer ne s'adonna pas exclusivement à la peinture des animaux. Il fit aussi plusieurs portraits, assez médiocres d'ailleurs, entre autres ceux de la Reine et du Prince époux, de savantes peintures décoratives qui s'éteignent aujourd'hui lamentablement dans des demeures princières, et quelques toiles de genre, parmi lesquelles la *Mégère domptée* (the shrew tamed), *Titania et Bottom* et une *Clarisse Harlow* en prière, d'un très heureux arrangement, mais d'un coloris désastreux.

C'est comme peintre d'animaux que Landseer appartient à l'histoire de l'art[1], et il est hors de doute que, même malgré le talent de ses habiles graveurs, qui ont rendu son nom si populaire en Grande-Bretagne et même en Europe, le développement de sa réputation artistique n'eût pas atteint ces proportions démesurées et assurément exces-

---

[1]. Parmi les animaliers anglais, Landseer avait eu comme précurseur, non seulement Sawrey Gilpin et Georges Morland, qui peignit si merveilleusement le cheval de labour, mais aussi Stubb (1724-1806), qui avec bien moins d'art et de force, mais avec une grande précision, un peu sèche, s'adonna également à la peinture du cheval, principalement du cheval de course et de chasse, du pur sang anglais si cher à notre Carle Vernet.

PAYSAGISTES, PEINTRES DE MARINES, ANIMALIERS.

sives, si au lieu d'ouvrir ses yeux sur la grande nature dans les montagnes et à travers les pâturages d'Écosse, il s'était borné à choisir ses sujets dans Shakespeare et dans Richardson.

Parfois son amour du pittoresque et son instinct romantique l'entraînent vers l'épopée militaire (Landseer était contemporain de Walter Scott et d'Horace Vernet), et ses *personnages* préférés, chiens ou che-

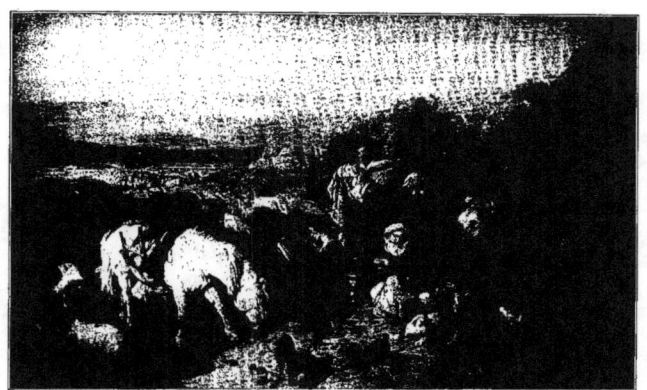

LE DÉPART DU MENEUR, PAR EDWIN LANDSEER
(Royal Victoria and Albert Museum).

vaux, apparaissent alors, au premier plan, dans des attitudes héroïques qu'il appartiendrait à Carlyle seul de décrire.

Aimons-le surtout dans l'expression de ses visions directes de la nature, dans ses petites toiles, où parfois son dessin se précise et où son coloris aigre et cru s'atténue sous la leçon immédiate de la réalité.

Le vrai Landseer, *le grand Sir Edwin Landseer*, pour parler, sinon comme les Anglais d'aujourd'hui, du moins comme ceux d'hier, est, en définitive, celui qui, sous une forme modeste et anecdotique, cherche consciencieusement un sens, une intention aux moindres mouvements des animaux qui posent inconsciemment devant lui et nous initie, pour ainsi dire, aux vagues rêveries de leurs petits cerveaux rudimentaires.

Les meilleures peintures de Landseer s'appellent : le *Vieux chien, Limier endormi. Dignité et impudence, Loutre et saumon, Cerf aux abois, Jack en faction, les Chiens au coin du feu, Un honorable membre de la Société humaine.*

Cette dernière toile, qui représente tout simplement une étude de chien de Terre-Neuve, est considérée comme le chef-d'œuvre de Landseer, le bon peintre des animaux, « le doux confident des bêtes ».

DEUXIÈME PARTIE

L'ÉCOLE MODERNE

CHAPITRE PREMIER

PRÉRAPHAÉLISME

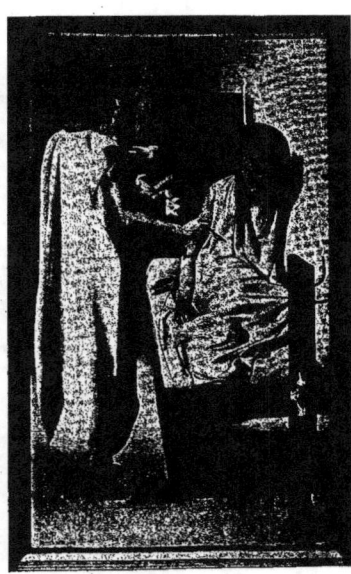

« ECCE ANCILLA DOMINI »
PAR D. G. ROSSETTI
(National Gallery.)

Jusqu'en 1857, disions-nous au début de cet ouvrage, la réputation des artistes anglais n'était qu'insulaire. Nous eussions dû ajouter qu'il s'agissait de la réputation des artistes de « l'ancienne école », car dès 1855, lors de notre exposition universelle, les principaux chefs du mouvement préraphaélite, sinon ses réels fondateurs, s'étaient déjà révélés en France, avec éclat.

Ce fut, en effet, à cette date que William Holman Hunt[1]

[1]. Né à Londres en 1827. Élève de l'Académie de Londres, ses principales œuvres sont : la *Lumière du monde*, *Les deux gentilshommes de Vérone*, *Claudio et Isabella*, le *Réveil de la conscience*, les *Moutons égarés*, l'*Ombre de la mort* (à Manchester), le *Triomphe des Innocents* (à Liverpool).

et John Everett Millais[1], exposèrent aux yeux des Français, vivement surpris, le premier : la *Lumière du Monde*, *Claudio et Isabella* et les *Moutons égarés* ; le second : l'*Ordre d'élargissement*, le *Retour de la colombe à l'arche*, *Ophélie*.

Avant de rechercher les causes de ce mouvement d'art, qui devait donner une orientation nouvelle à l'école anglaise et lui apporter de si utiles éléments techniques, avant d'en analyser les tendances assez complexes, et de tenter d'offrir au lecteur une formule de définition précise, nous avons pensé qu'il serait intéressant de reproduire ici quelques-unes des opinions émises par des écrivains d'art français à l'apparition au Palais des Champs-Élysées, en 1855, des toiles étrangères où s'exprimait avec un audacieux éclat toute une nouvelle et surprenante doc-

---

[1]. Né à Southampton en 1829, mort à Londres en 1896. Comme Hunt il rompit, vers 1850, avec les traditions académiques et prit avec lui et Rossetti la direction du mouvement préraphaélite, qu'il devait d'ailleurs abandonner. En dehors de ses grandes compositions comme le *Retour de la colombe à l'arche*, le *Champ du Repos*, *Ophélie*, le *Fervent royaliste*, l'*Ordre d'élargissement*, l'*Évasion d'un hérétique*, etc..... Millais a peint d'excellents paysages et un certain nombre de portraits où se manifestent les qualités maîtresses de son art, fait de conscience et de force. Citons entre autres les très remarquables images de Ruskin, de Carlyle, de Gladstone, de Tennyson, du cardinal Newman, d'Irving, de Disraeli.

Le peintre anglais excelle généralement dans le portrait, et ce ne fut pas seulement au xviii° siècle et au commencement du siècle dernier que les maîtres anglais triomphèrent dans ce genre, le plus difficile de tous peut-être, et celui assurément où un grand artiste met toujours le meilleur de lui-même. Mais, phénomène assez singulier, si les peintres anglais de l'ancienne école s'illustrèrent surtout dans la peinture de la grâce de la femme et des charmes de l'enfant, ceux de la deuxième partie du xix° siècle et de l'époque actuelle s'évertuèrent, avec une sorte de passion analytique, à exprimer dans les images de leurs contemporains (et ils semblent choisir de préférence leurs modèles chez les hommes) l'énergie du caractère, la force de volonté, l'équilibre des tempéraments actifs. Le pinceau rude et pénétrant des Millais, des Watts, des Ouless (le beau peintre du cardinal Manning), des Orchardson, des Cope..., est en vérité plus apte à l'analyse des peaux rugueuses et à l'expression des sentiments violents ou profonds des vieux prélats, des hommes d'État, des écrivains et des gentlemen-farmers, des soldats au derme parcheminé,... qu'à la douce caresse des peaux satinées et des chevelures soyeuses... L'élégante spécialité de la peinture de la femme anglo-saxonne dans toute la fraîcheur blonde et rose de sa grâce aristocratique, paraît appartenir aujourd'hui aux peintres américains. La brillante succession des Reynolds, des Gainsborough et des Lawrence a été recueillie par les Whistler, les Sargent, les Dannat.....

Sir John Everett Millais, l'ex-préraphaélite intransigeant, mourut directeur de l'Académie.

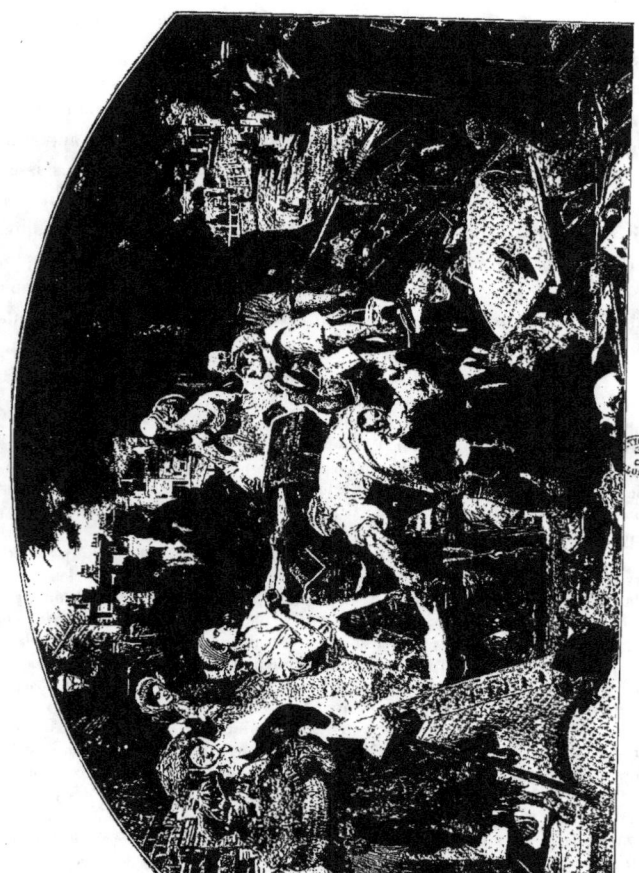

AU TRAVAIL, PAR FORD MADOX BROWN
(Manchester Gallery.)

trine d'art. A vrai dire, l'étonnement de nos critiques fut des plus grands, car, pour la plupart, l'art de Hunt et de Millais fut une révélation.

Ils ignoraient encore l'effort générateur de Ford Madox Brown, le nom harmonieux de Dante Gabriel Rossetti[1] n'avait pas franchi le détroit et à peine commençait-on à parler en France de Ruskin[2] dont l'apostolat préraphaélite s'exerçait, depuis déjà plusieurs années, avec une si impérieuse éloquence.

*
* *

Pour mieux faire connaître Rossetti, le peintre poète, qu'on nous permette de reproduire ici un de ses sonnets, sonnet d'où déborde toute la mélancolie de son âme inquiète et souffrante. Nous le détachons de la *Maison de vie*, où son amour pour Élisabeth Siddal, la noble inspiratrice de son génie, la grande morte dont le souvenir le poursuivra jusqu'au bord de la tombe, est proclamé en cantiques ardents. « A travers Diotime et Béatrice Porcinari, dit M. Gabriel Mou-

---

1. Dante Gabriel Rossetti, fils de l'écrivain italien du même nom, naquit à Londres en 1828 et mourut à Birchington (Kent) en 1882. Élève de l'Académie royale comme Hunt, il se joignit à ce dernier et à Millais pour fonder la confrérie préraphaélite. Voici quelques-uns des principaux tableaux de Rossetti, qui traita le plus volontiers des sujets se rattachant à la poésie des légendes médiévales : la *Beata Beatrix*, *Ecce ancilla Domini*, la *Charmille bleue*; la *Demoiselle élue*; le *Bateau d'Amour*; le *Bien-Aimé*; le *Rêve de Dante*, *Proserpine*; *Venus Verticordia*... Rossetti s'adonna aussi à la littérature, et il a laissé des ballades et des sonnets d'une exquise originalité. On lui doit une bonne traduction de la *Vita Nuova* de Dante.

2. Né à Londres en 1819, mort à Brantwood en 1900. Un des plus grands écrivains d'art. Il fut aussi un aquarelliste d'un faire assez habile et d'un goût délicat. Il chercha à réaliser ses doctrines sous une forme pratique et fonda des imprimeries, des ateliers de filage à la main, des fabriques de drap... où il employa de nombreux ouvriers qui travaillaient sous sa direction personnelle. Il y dépensa la plus grande partie de sa fortune. Il fut le puissant et ardent champion des préraphaélites, et soutint de son âpre et fougueuse éloquence les premiers essais de ses amis Hunt, Millais et Rossetti. On peut dire que c'est grâce à lui que le mouvement préraphaélique put se développer malgré l'opposition presque universelle qu'il rencontra à ses débuts. Ruskin a laissé de nombreux et très intéressants ouvrages dont voici les principaux : *Giotto et son œuvre* (1855-1860); le *Préraphaélitisme* (1862); la *Morale de la poussière* (1866); *Flors clavigera* (1871-1884); *Ariadne Florentina* (1873); le *Val d'Arno* (1874); les *Matinées de Florence* (1875); *Deucalion* (1875-1883); la *Bible d'Amiens* (1880-1885); l'*Art de l'Angleterre* (1883); *Sur la vieille route* (1885)... Ruskin écrivit aussi un volume de poésies, qui fut publié en 1891.

rey, dans le magnifique chapitre qu'il a consacré aux préraphaélites, Élisabeth Siddal relie la chaîne rompue des grandes inspiratrices... Elle est la sœur nouvelle de la prophétesse de Mégare et de Laure de Noves... Elle porte à son front la même couronne qu'elles toutes, de tendres fleurs et de cruelles épines, et l'amour des vierges aimantes luit autour de ses pâles traits [1]. »

Voici ce sonnet intitulé *Sans Elle*.

> Qu'est-ce que son miroir sans elle ? La surface gris blanc
> De l'étang là où il est aveugle du visage de la lune.
> Son vêtement sans elle ? L'espace vide remué
> Par la course des nuages d'où la lune s'est enfuie.
>
> Ses sentiers sans elle ? L'empire réservé au jour
> Usurpé par la nuit sinistre. Sa couche
> Sans elle ? Que de larmes, pauvre de moi ! selon la bonne grâce de l'amour
> Et le froid oubli du jour ou de la nuit.
>
> Qu'est-ce que mon cœur sans elle ? Ah ! pauvre cœur,
> Quel mot demeure de toi avant même que ta parole soit silence ?
> Voyageur par les routes glacées et désertes,
>
> Par les routes escarpées, voilà ce que tu es sans elle,
> Là où les longs nuages et l'ombre des longs bois
> Doublent l'obscurité sur la colline ardue.

Ne vous semble-t-il pas à la lecture de ce sonnet, à ce cri déchirant sorti d'un cœur blessé à mort, que le voile de mystère dont s'enveloppe l'art de Rossetti se déchire, et que les splendides et hautaines figures de Monna Vanna et de la Ghirlandata, de la demoiselle du Saint Graal, que l'attitude douloureusement résignée de la Beata Beatrix, que la sombre mélancolie de l'Astarté Syriaca et que la froide et divine majesté du visage de Béatrice dans *le Songe de Dante*... nous apparaissent comme de purs miroirs où se reflète toute l'âme du grand artiste qui semble n'avoir vécu que pour tenter d'éterniser par la couleur ou par le rythme les traits de « la dame de ses pensées », source de sa souffrance et de son génie. Toute l'œuvre du peintre poète est une troublante réalisation du rêve d'amour le plus ardent et le plus douloureux.

1. *Passé le détroit*, par Gabriel Mourey (Paul Ollendorff, éditeur).

« M. Millais, écrivait Théophile Gautier, en 1855, ne se rattache par aucune filiation au passé et au présent de l'école britannique; il fait bande à part et s'isole complètement dans sa propre originalité comme dans une tour inaccessible du xve siècle, et là, sous la voûte aux nervures gothiques de la salle ronde qui lui sert d'atelier, éclairé par un rayon de jour filtrant à travers l'étroite barbacane, il travaille comme si, depuis cette époque, le temps n'avait pas retourné quatre ou cinq fois son sablier séculaire.

« Avec la simplicité pieuse de Memling, la couleur de vitrail de Van Eyck, et le minutieux réalisme d'Holbein, M. Millais serait bien capable de mettre Raphaël à la porte du paradis sous prétexte de mondanité et de maniérisme... Bien des peintres de notre époque, incertains entre tant de théories, ont cherché « le naïf dans l'art », surtout au delà du Rhin,

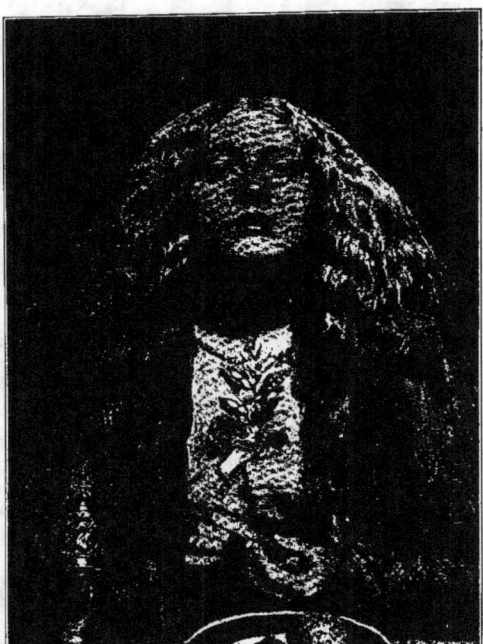

LA DEMOISELLE D'HONNEUR, PAR J. E. MILLAIS
(Fitzwilliam Museum, Cambridge.)

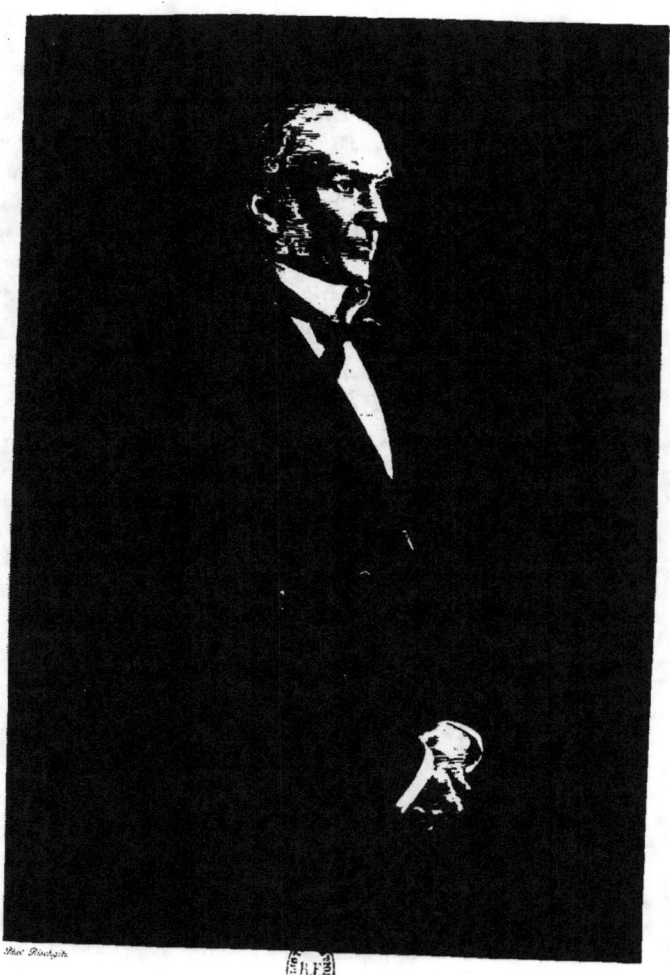

SIR JOHN MILLAIS. W. E. GLADSTONE

mais nul n'a poussé si courageusement son système jusqu'au bout. Ce qui distingue les œuvres de M. Millais des tentatives du même genre, c'est qu'il ne se contente pas de faire des *fac-similés* plus ou moins réussis de peintures anciennes, mais qu'il étudie la nature avec l'âme et les yeux d'un artiste du xv° siècle.

« Rien ne ressemble moins à la manière d'Overbeck, qui lui aussi

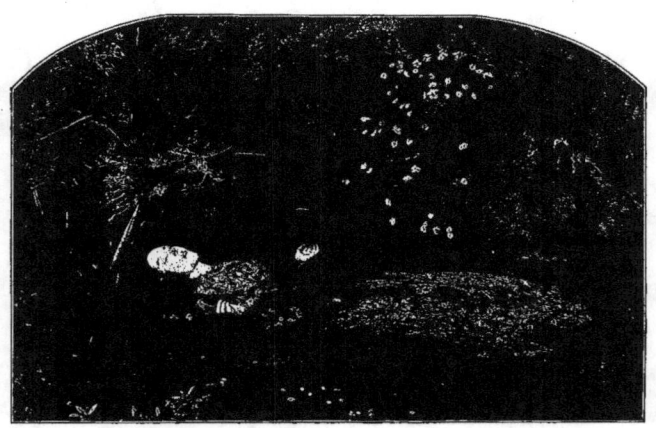

LA MORT D'OPHÉLIE, PAR J. E. MILLAIS
(Tate Gallery.)

a essayé de remonter le cours des âges et de dépouiller la science moderne comme un vêtement profane, pour y substituer la robe à plis droits de l'ascétisme catholique. Par une singulière puissance d'abstraction M. Millais s'est mis hors du temps... »

Pendant que Gautier, avec une force de pénétration si remarquable, analysait et définissait le préraphaélisme dans une rapide étude des œuvres de la première manière de celui qui devait éterniser plus tard les traits des Gladstone et des Carlyle d'un pinceau aussi

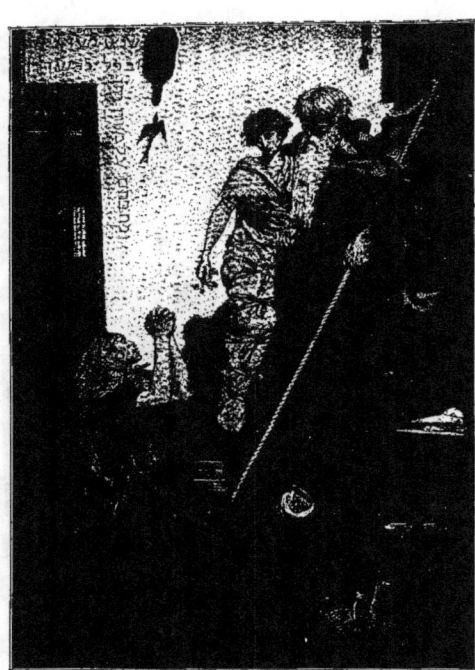

ÉLIE GUÉRIT LE FILS DE LA VEUVE
PAR FORD MADOX BROWN
(Royal Victoria and Albert Museum.)

réaliste, mais à coup sûr moins minutieux que celui d'Holbein. M. Delécluze s'exprimait ainsi dans les *Débats* : « M. Millais est un homme de talent acharné à rendre la nature dans toute sa vérité et qui, pour obtenir ce résultat, s'est fait une manière de peindre dont on chercherait vainement l'analogue dans les ouvrages de peinture connus. M. Millais, pour dire toute la vérité, pousse l'originalité jusqu'à la bizarrerie. Les peintres, eux-mêmes, qui sont les plus versés dans la pratique de leur art, ont de la peine à se rendre compte des procédés que M. Millais emploie pour obtenir dans ses ouvrages tant de vigueur de coloris jointe à tant d'éclat et de pureté de tons. Mais si la pratique de cet artiste est étrange, ses compositions ne le sont pas moins, quoi qu'il soit juste de reconnaître qu'elles sont conçues avec beaucoup d'intelligence. »

« M. Hunt, dit Théophile Gautier, dans un autre article, est de la même communion que M. Millais. Les détails de ses tableaux sont d'un fini inimaginable et tels que les feraient, en s'appliquant beaucoup, Albert Durer, School, et les plus précieux des maîtres allemands primitifs. Nos néo-gothiques ne sont jamais allés si loin. Si l'on admet une fois que l'art ait le droit de n'être pas contemporain et de choisir à son gré un milieu, un siècle, une croyance, alors il faut admirer sans réserve l'œuvre de M. Hunt... Le rendu y est poussé jusqu'aux dernières limites, non pour arriver à ce poli extrême qui charme les amateurs superficiels, mais pour exprimer le vrai, dans ses détails les plus infiniment étudiés... Nous pensons que MM. Millais et W. Hunt feront école en Angleterre. Leur système est séduisant pour les esprits exacts, par son côté absolu ; mais nous doutons que nos réalistes les imitent jamais ; il faut pour cela trop de temps, de conscience, de volonté et d'observation... »

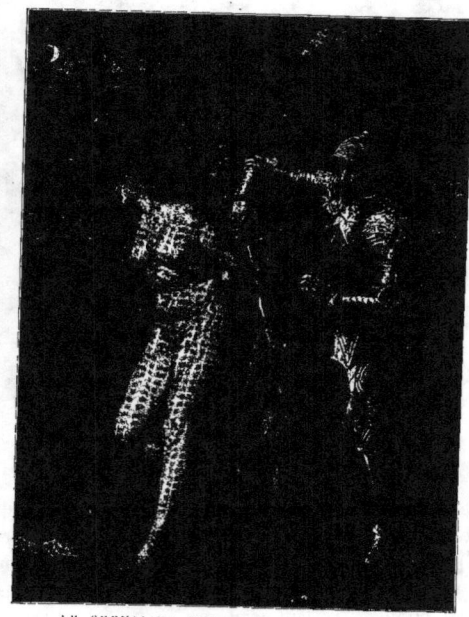

LE CHEVALIER ERRANT, PAR J. E. MILLAIS
(Tate Gallery.)

Pendant que Gautier et Delécluze rendent si éloquemment justice au mouvement préraphaélite, tout en redoutant que ses représentants ne finissent par succomber dans cette lutte corps à corps avec la nature, le vicomte Henri Delaborde instruit le procès du *préraphaélitisme* avec une âpreté qui confine au parti pris. Toute une partie de son réquisitoire indigné que nous détachons de la *Revue des Deux Mondes* du 15 juillet 1855 est à citer : « Si la sincérité du sentiment en face de la nature est le principe et la condition nécessaire de toute œuvre d'art, en revanche, rien de plus malencontreux, rien de moins sympathique que l'effort pour paraître ingénu. Que dirait-on de Célimène cherchant à se donner des airs d'Agnès ou d'un vieillard qui, en témoignage de sa candeur, se remettrait volontairement à balbutier la langue des enfants? C'est pourtant à cette coquetterie fardée d'innocence, à cette ingénuité systématique que les préraphaélites prétendent réduire de nos jours l'inspiration et les formes pittoresques.

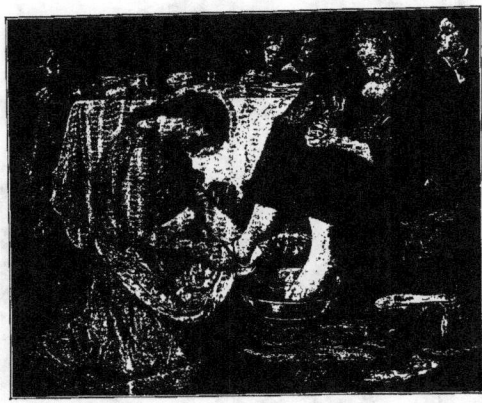

LE CHRIST LAVANT LES PIEDS DE SAINT PIERRE
PAR FORD MADOX BROWN
(National Gallery.)

« En affectant de se montrer naïfs, ils courent risque d'être accusés de niaiserie; en voulant être trop sincères ils ne réussissent qu'à devenir indiscrets. Enregistrez, si bon vous semble, mille accidents dont l'œil et l'esprit n'ont que faire, mais ne nous donnez pas, pour une image du vrai, les servilités de votre pinceau, car ce vrai, dont il fallait définir et résumer les caractères, vous n'aurez su qu'en surcharger et en morceler l'expression... Peut-être M. Millais et les autres jeunes artistes dont le talent s'égare aujourd'hui se lasseront-ils de leur attitude de sectaires et se décideront-ils à consacrer à l'étude du

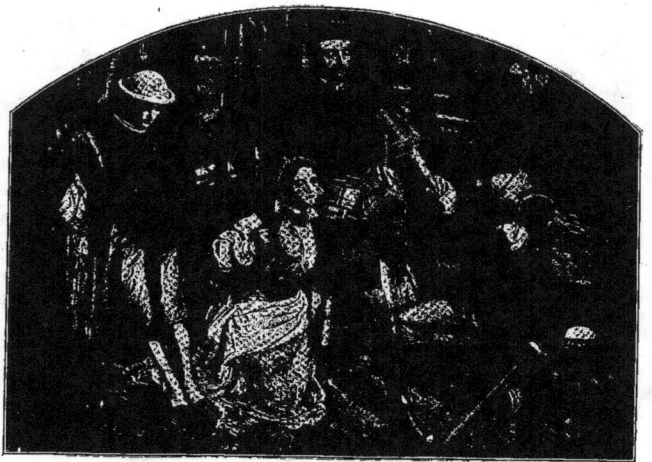

LES DEUX GENTILSHOMMES DE VÉRONE, PAR HOLMAN HUNT
(Birmingham Gallery.)

vrai, les forces qu'ils dépensent dans une lutte stérile avec le réel. L'école anglaise, livrée depuis le commencement du siècle au goût conventionnel et factice, aura pu ainsi tirer quelque profit de son radicalisme actuel. Quant au *préraphaélitisme* proprement dit, après avoir excité quelque temps dans le public une sorte de curiosité, cette doctrine, qui tire son unique valeur de l'excentricité des principes ne réussira même plus à scandaliser personne. Il adviendra d'elle ce qui est advenu déjà de certaines petites églises qui ont essayé parfois de s'installer sur les ruines des dogmes consacrés et des vérités éternelles. Comme la secte des théophilanthropes succombait, il y a soixante ans, sous le poids de l'indifférence et du ridicule, le *préraphaélitisme* tombera bientôt dans le discrédit et l'oubli, et, il faut l'avouer, jamais résultat n'aura été plus désirable, ni châtiment mieux mérité. Hélas! nous aussi nous avons en certain sens nos préraphaélites et nous n'hésiterions pas à formuler quelque vœu semblable sur l'avenir de leur doctrine, si cette doctrine existait à vrai dire, si ce titre de *réalistes* impliquait rien de plus qu'un simple nonsens et des intentions, après tout, assez bénignes. Ici nulle innovation, nul étalage de théorie... Le *Préraphaélitisme* anglais a des appétits bien autrement révolutionnaires; il en veut à l'art de tous les temps et de tous les pays, aux renommées les plus hautes, aux principes les plus universellement respectés... »

* *

Comme on le voit par ces curieux extraits où se précise une des dates les plus intéressantes de l'histoire de l'art, en France aussi bien qu'en Angleterre, les premières manifestations du *préraphaélisme* ne passaient pas inaperçues et ne laissaient pas la critique indifférente.

Chez nous, comme de l'autre côté de l'eau, l'Académie s'insurgeait violemment contre l'audacieuse entreprise de ces novateurs. Car pendant que l'honorable vicomte Delaborde, porte-parole très autorisé de l'Académie des Beaux-Arts, anathématisait, et de quelle façon, l'insurrection préraphaélite, le conservatisme anglais s'indignait à la vue des expressions théoriques de la confrérie, publiquement exposées, sous les très sensibles apparences du *Christ chez ses Parents* de Millais, du *Missionnaire Chrétien* de Hunt et de l'*Annonciation* de Rossetti, qui d'ailleurs figure aujourd'hui à la *National Gallery*, tout comme l'*Enterrement d'Ornans* et l'*Olympia* au musée du Louvre.

Si nous nous permettons ici ce rapprochement, c'est que, par une coïncidence historique, bien plus que par une similitude de système, le préraphaélisme anglais et le réalisme français ont été deux manifestations parallèles de l'art contemporain contre le poncif académique et le mensonge idéaliste. Manet, Courbet, Degas, sont, quelque paradoxale que semble cette opinion, les frères d'armes des Hunt, des Millais et des Rossetti; mais pendant que dans leur louable et commun effort, à la recherche sincère de la vérité, les maîtres français s'efforçaient de formuler leur vision en synthétisant les formes,

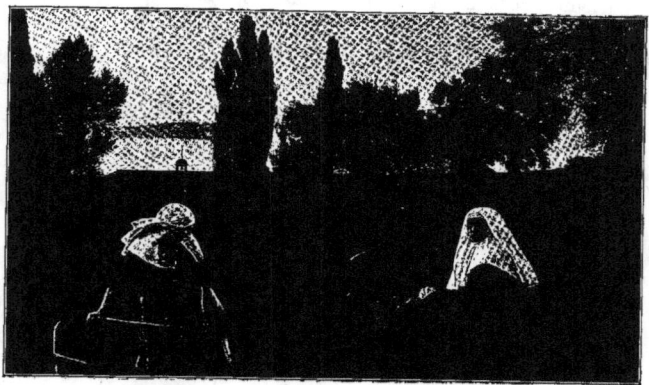

LA VALLÉE DU REPOS, PAR J. E. MILLAIS
(Tate Gallery.)

en construisant par larges plans, en tenant compte des relations et des milieux, en dissimulant en un mot « ce que la réalité dévoile et en ne réalisant que ce qu'elle montre dans son ensemble[1] », les maîtres anglais, analystes minutieux, mathématiciens du pinceau, trop fidèlement asservis aux méthodes étroites des quattrocentistes dont ils n'avaient pas la touchante naïveté, peignaient isolément chaque objet, abstraction faite de toute action ambiante, sans omettre le moindre détail. Leur souci excessif de la vérité les obligeait à individualiser pour ainsi dire chaque cil et chaque cheveu, chaque feuille,

1. Thoré.

que dis-je, chaque nervure de feuille. — Ce furent les peintres de l'infiniment petit, — ce furent les entomologistes du pinceau.

Ils virent la nature bien plus à travers la lentille d'un microscope, qu'à travers l'émotion de leur âme.

L'extrême souci de saisir et de fixer la vérité de la vie dans ses plus infimes détails, en dégageant l'objet d'étude de toute influence extérieure, pour mieux en saisir le mystère dans une observation à la loupe, donne à leurs peintures un aspect de sécheresse anecdotique où le motif principal apparaît, en général, dépourvu de toute valeur réelle[1].

1. Dante Gabriel Rossetti fut en réalité le véritable père de la doctrine préraphaélite, dont il recueillit les principes dans l'enseignement de son maître, Madox Brown. C'est au sortir de l'atelier de ce dernier qu'il constitua avec Hunt et Millais la fameuse confrérie (Brotherhood) (1849-1850), dont les principaux membres furent bientôt, avec les membres fondateurs, le sculpteur Woolner, Stephens, Collinson, Deverell, Hughes, Collins (le frère de Wilkie Collins). Puis vinrent le poète Swinburne, William Morris, le poète décorateur et Burne-Jones. On décida que chaque frère préraphaélite, *Pre-Raphaelite brother*, ajouterait à sa signature les lettres P. R. B., initiales de son nouveau titre. La confrérie eut même sa revue, *le Germe*, où se trouvaient audacieusement affirmées les opinions des révolutionnaires.

Mais, ce furent les ardentes prédications de Ruskin, qui après avoir défini avec une rare éloquence le rôle des préraphaélites, les soutint dans leur terrible lutte contre l'opposition académique et l'opinion publique tout d'abord troublée dans ses admirations traditionnelles. Qu'on lise ces lignes, sorte d'évangile du préraphaélisme, et où, comme le fait très justement remarquer M. Robert de la Sizeranne, le très distingué historien de Ruskin, se trouve renfermée la formule précise du Réalisme, bien avant les réalistes, à l'heure où Courbet et ses pareils, encore enfants ou à peine sortis de l'école, cherchaient péniblement leur voie.

« ... De la part des jeunes artistes rien ne doit être toléré, dans le paysage, que la pure imitation de la nature, *bona fide*. Ils n'ont pas à singer l'exécution des maîtres, à ânonner de faibles et incomplètes redites, et à mimer les gestes du prédicateur, sans comprendre sa pensée ni prendre part à ses émotions. Nous n'avons pas besoin de leurs idées informes de la composition, de leurs conceptions incomplètes de la Beauté, de leurs essais irraisonnés du Sublime. Nous méprisons leur virtuosité parce qu'elle est sans fondement ; nous repoussons leur composition, parce qu'elle est sans matériaux ; nous proscrivons leur choix parce qu'il est sans comparaison. Leur affaire n'est, ni de choisir, ni de composer, ni d'imaginer, ni d'essayer, mais de suivre humblement et consciencieusement les sentiers de la nature et la trace du doigt de Dieu. Il n'est pas de pire symptôme dans les œuvres d'un jeune artiste que trop de virtuosité dans les touches, car c'est le signe qu'il est content de son travail et qu'il n'a pas cherché à faire mieux que ce qu'il savait déjà. L'œuvre des jeunes doit être pleine de fautes, parce que les fautes sont les signes des efforts. Ils doivent se tenir à des couleurs calmes, des gris et des bruns, et, prenant les premières œuvres de Turner pour exemple, de même que ses dernières pour but, ils doivent aller à la nature

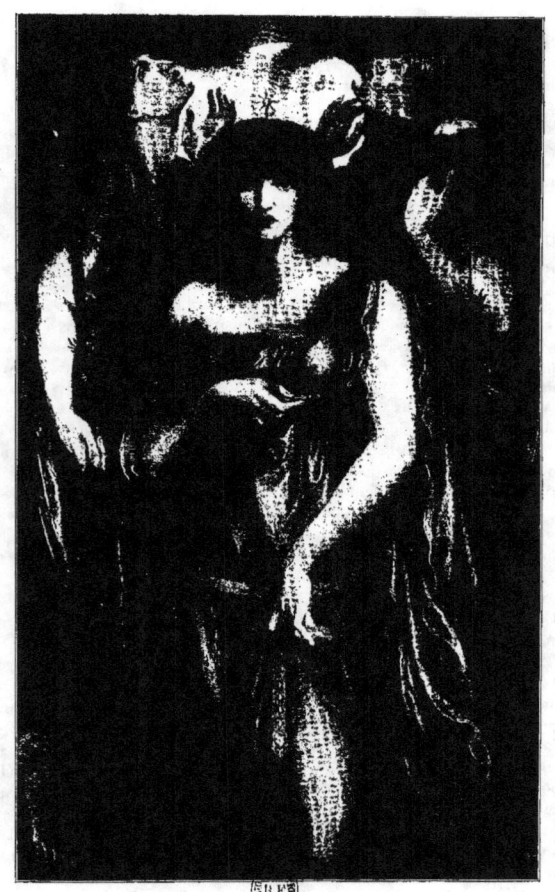

ASTARTE SYRIACA, PAR D. G. ROSSETTI
(Manchester Gallery.)

C'est en s'évadant des liens de la confrérie, c'est en oubliant la tyrannie du système d'après lequel il peignit sa blanche Ophélie, glissant au fil de l'eau, à travers le lacis sec et froid des herbes et des feuilles si minutieusement détaillées, que Millais trouva, en présence d'une nature dont l'universelle et éternelle harmonie est faite de l'infinie variété des valeurs, le grand thème inspirateur de son art généralisateur, un instant fourvoyé dans un milieu de mosaïstes, plutôt que de peintres.

Ainsi qu'il est de tradition constante, les audacieux novateurs devinrent la proie non seulement des traditionalistes impénitents, des Delaborde de l'autre côté de l'eau, mais aussi des journaux satiriques, du *Punch* lui-même, et surtout de la grossière ignorance du grand public, pour lequel l'art hautain des Hunt, des Madox Brown et surtout des Rossetti était d'un hermétisme un peu déconcertant, il faut bien le reconnaître, dans son symbolisme âpre et parfois maniéré. Pour les tourner en ridicule il n'est de joyeuse fantaisie que les adversaires de la nouvelle école n'inventèrent.

Voici le texte d'un :

Menu esthétique pour les faux dévots de la suavité et de la lumière.

LIS EN BRANCHES AU NATUREL
FLEURS DE TOURNESOL A L'ORIFLAMME
HORIZONS LOUCHES A LA DADO
CUISSE DE CIGOGNE TOUT AU LONG
TÊTE D'ÉPOUVANTAIL A LA BOTTICELLI
COMPOTE DE FRUITS DÉFENDUS A LA BAUDELAIRE
FORTEMENT SUCRÉS.

M. Gabriel Mourey, dans le chapitre qu'il consacre aux préraphaélites, dont il défend l'art avec une chaleur d'éloquence qui ravirait Ruskin, cite encore cette « plaisanterie » dédiée à une esthète et que

en toute simplicité de cœur et marcher avec elle, obstinés et fidèles, n'ayant qu'une idée : pénétrer sa signification et rappeler son enseignement, sans rien rejeter, sans rien mépriser, sans rien choisir. »

nous reproduisons ici à titre documentaire. Elle est assez caractéristique de l'effort fait pour ridiculiser les P. R. B.

Pour une esthète.

Vierge au front blême
Écoute-moi te vouer mon amour !
Par tes baisers qui consument;
Par ton parfum de nard ;
Par tes faux cheveux parbouillis ;
Par tes soupirs qui dévorent le cœur ;
Par tes joues de pâte cuite ;
Par tes poses renouvelées des Grecs ;
Par ta langue pareille à un aspic qui darde ;
Par les cordes stridentes de ta cithare ;
Par tes vêtements de vert étuvé ;
Par ton inepte mine ;
Par ces signes, ô mon Esthète,
Tu seras ma Valentine,

* *

Il faudrait cependant se garder de croire que chez les P.R.B. l'esprit de système n'engendra qu'une monotomie uniforme et que de la double influence de la contemplation religieuse des maîtres du xve et de l'amour extasié de la nature, ne naquirent que des œuvres d'une savante impersonnalité, toutes brodées, pour ainsi dire, sur le même canevas, d'après la recette de Ruskin.

Si tous les membres de la confrérie étaient d'accord pour reconnaître, avec leur éloquent directeur de conscience, que depuis le xvie siècle l'art avait pris une funeste direction, qu'avec Raphaël et surtout avec ses imitateurs, il s'était égaré dans la manière et dans « le beau mensonge », chacun néanmoins, ce principe établi, conservait son originalité d'expression dans la recherche de la vérité.

De là, dans la physionomie générale de l'œuvre des préraphaélites, cette variété d'aspects, qui trouble parfois, et qui n'est en définitive due qu'à l'opposition des tempéraments et non des opinions.

Millais, même lorsqu'il peignait le *Retour de la colombe*, la *Mort d'Ophélie*, le *Huguenot*, le *Hussard de Brunswick*, et alors qu'il n'avait pas encore donné la mesure de son admirable talent, quand totalement émancipé de la tutelle préraphaélite il signera les portraits du *Garde Royal* (A Yeoman of the Guard), l'*Ordre d'élargissement*, la *Couronne d'amour*, le *Passage du nord-ouest*, les portraits des *Ducs de Westminster*, de *Mrs H. L. Bischoffsheim*, de *Gladstone*, de *Carlyle*... fut toujours réfractaire, malgré quelques concessions aussi douloureuses qu'apparentes, à la poursuite excessive du détail, à la patiente et excessive minutie d'exécution, à l'analyse infinie.

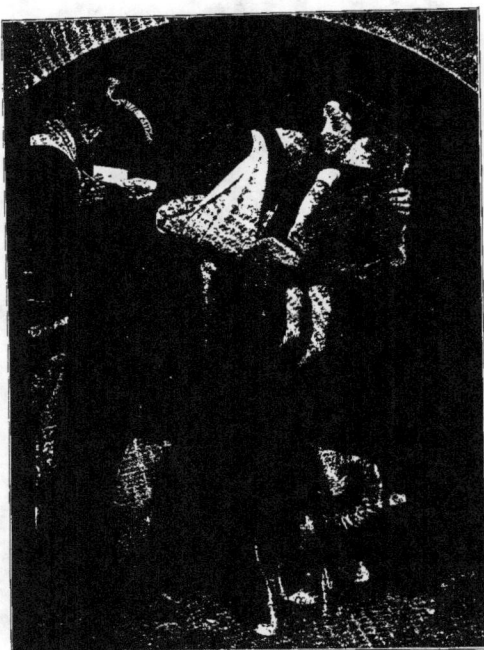

L'ORDRE D'ÉLARGISSEMENT, 1747, PAR J. E. MILLAIS
(Tate Gallery.)

En cela il diffère de M. Holman Hunt et aussi de Dante Gabriel Rossetti, bien que parfois le pinceau de ce dernier, échappant à l'expression anatomique des accessoires, s'oublie dans de larges mou-

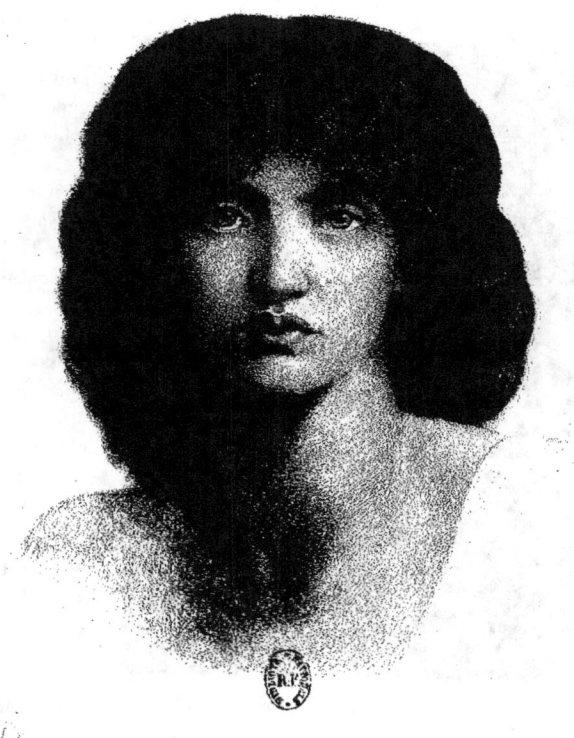

DANTE GABRIEL ROSSETTI — ÉTUDE A L'AQUARELLE POUR LE TABLEAU ASTARTE SYRIACA

South Kensington

vements généralisateurs. Il est de toute évidence que jamais métiers ne furent plus différents que ceux de Hunt, de Rossetti et de Millais, lorsqu'ils peignirent, le premier la *Lumière du monde,* cette œuvre d'une subtilité d'invention si intéressante, d'une mélancolie si profonde, le second, l'*Ecce ancilla Domini,* le troisième, le *Festin d'Isabelle.*

Dans la *Lumière du monde,* peinte en 1854, et dont l'apparition produisit une si vive impression, Holman Hunt paraît avoir, du premier coup, réalisé toutes les tendances, toutes les ambitions des préraphaélites.

Voici bien l'œuvre rêvée par Ruskin, et on comprend sans peine l'enthousiasme du grand esthéticien devant cette géniale formule, où se condensent dans une si parfaite harmonie la poésie du symbole, la vérité du geste, l'analyse impeccable des détails.

C'est de l'essence de préraphaélisme. C'est la suprême et sublime expression de la doctrine.

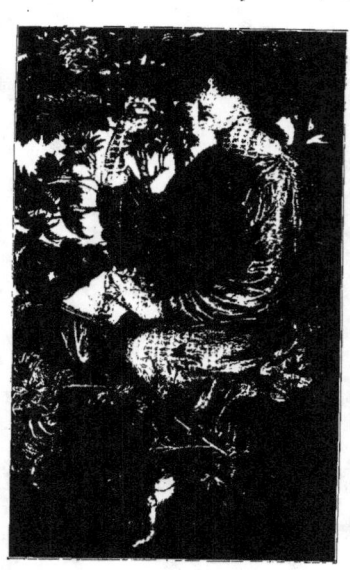

RÊVERIE, PAR D. G. ROSSETTI
(Collection Jonides.)

Au début de sa carrière, phénomène assez rare dans l'histoire des peintres, Holman Hunt avait atteint presque au chef-d'œuvre, et tout autre que lui se serait laissé doucement enivrer par les parfums de gloire et bercer par les concerts d'éloges. — Mais notre jeune artiste avait l'esprit clair et le cœur haut placé, et, au lendemain de son triomphe, il quittait ses amis pour s'enfoncer dans les déserts de la Palestine, afin d'y peindre la grande histoire du Christ, comme plus tard James Tissot[1]. Son rapide succès l'effrayait, et il se voyait

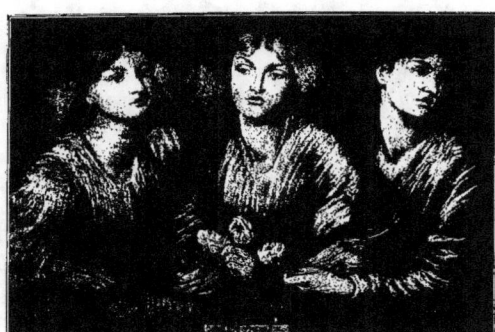

ROSA TRIPLEX, PAR D. G. ROSSETTI
(National Gallery.)

déjà, victime lamentable des snobs, contraint d'éteindre son génie naissant, dans l'incessante production d'une infinité de *Lumière du monde*. A ses amis qui voulaient le retenir, il répondit : « Je ne veux pas rééditer toujours la même formule, le même sujet, le même sentiment. L'art a besoin d'air, besoin d'espace, besoin de renouveler ses inspirations. »

Sans être un exemple de préraphaélisme aussi complet, aussi intégral, que la *Lumière du monde*, l'*Annonciation* de Dante Gabriel Rossetti, ou pour mieux dire l'*Ecce ancilla Domini*, peut être classée néanmoins parmi les prototypes du genre. Cette toile révolutionnaire produisit au Salon de 1850 sur l'imagination du public une impression presque aussi profonde que la *Lumière du monde* en 1854. C'était déjà une très honorable tentative dans l'expression du réalisme religieux : « Si vous considérez cette *Annonciation* en songeant qu'elle fut peinte en 1850, vous trouverez bien qu'elle constituait une révolu-

---

1. Presque toute l'œuvre d'Holman Hunt est d'inspiration chrétienne. Ses principales toiles s'appellent : la *Lumière du monde*, l'*Ombre de la mort*, le *Triomphe des Innocents*, la *Fuite en Égypte*. Dans la dernière partie de sa vie, il peignit aussi quelques légendes, entre autres la *Dame de Shalott*, d'après le poème célèbre de Tennyson. Holman Hunt a laissé des *Souvenirs*. L'œuvre considérable de Hunt a été très étudiée par William Bell Scott, Harry Quilter et John Ruskin.

tion dans le sens de la simplicité, de l'humilité et jusqu'à un certain point du réalisme de la peinture religieuse. « En effet, dit Ruskin, comparez cette Vierge s'éveillant de son sommeil sur un grabat, dans une chambrette très simple, abasourdie par les paroles inattendues et la présence d'un fantôme qu'elle ne comprend pas, et se creusant la tête pour se demander ce que signifie cette salutation, avec les madones des anciens maîtres « habillées de robes bleues scrupuleusement plissées et les drapant de façon exquise avec des bouts brodés d'or, agenouillées sous des arcades d'architecture magiques, recevant le message de l'ange avec leurs mains croisées sur leurs poitrines, dans les poses les plus gracieuses, et les missels qu'elles avaient soin d'étudier à ce moment ouverts sur les genoux. » Cette Annonciation diffère encore de celles qui l'ont précédée parce qu'elle représente l'ange éveillant la Vierge pour lui dire son message. « L'ange aussi diffère de ses congénères en ce qu'il n'a pas besoin, pour signifier son caractère surnaturel, d'ailes d'oiseau insérées aux épaules. Si nous découvrons que c'est un ange, nous le devons à sa figure, qui est celle d'un homme jeune, mais grave. Il n'a ni un corps transparent, ni une gloire lumineuse, ni un vêtement doré, et bien qu'il ait aux pieds des flammes qui les élèvent de façon qu'ils ne touchent pas la terre, ces flammes ne sont pas vues par la Vierge... Ici Rossetti, dans cette œuvre et dans les

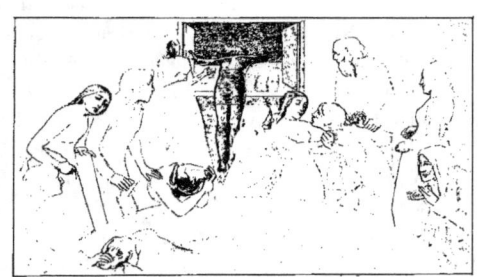

LE DÉLUGE, PAR J. E. MILLAIS (CRAYON)
(British Museum.)

suivantes de cette espèce, pensa qu'il valait mieux pour lui et pour son public s'efforcer de parvenir à une notion vraie de ce qui aurait dû se passer dans la maison du charpentier à Nazareth que de produire une simple variante dans le type de la Vierge, le type de la maison et le type de sa robe, qui ont été fixés par les joailliers du xvi⁰ siècle[1]. »

Cet extrait est très intéressant en ce qu'il décrit fort bien l'état de l'âme de Rossetti, éprise de vérité, en présence du sujet à exprimer, et son très louable parti pris de débarrasser sa composition de toutes les fantaisies architectoniques, anachroniques et autres, dont les tableaux des maîtres du xv⁰, Filippo Lippi, entre autres, sont pleins, lorsque ces grands sincères s'évertuaient, dans leur ferveur mystique, à rendre les gracieuses génuflexions de l'envoyé divin et les attitudes de surprise de la future Mère de Dieu. Mais alors que devient l'absolu respect de la donnée des quattrocentistes et le dédain des règles d'art développées chez les peintres du xvi⁰ et du xvii⁰ siècle, dont plusieurs assurément, et il nous serait bien facile de les citer, si nous voulions nous étendre plus longuement sur ces très apparentes inconséquences, mirent plus de simplicité, d'humilité et de réalisme religieux dans leur interprétation des Annonciations que ces mystiques du xv⁰ siècle, dont les messagers porteurs

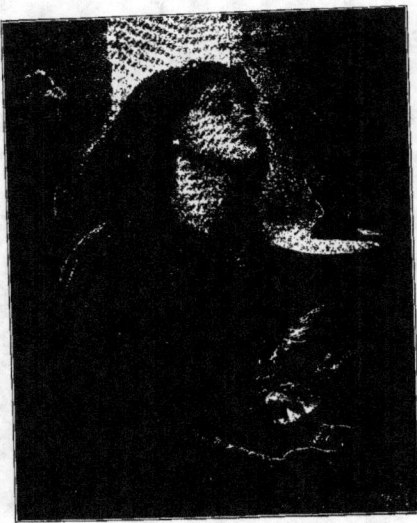

BEATA BEATRIX, PAR D. G. ROSSETTI
(National Gallery.)

[1]. *The three colours of pre-raphaelitism* et *The Art of England*, cités et analysés dans le *Ruskin handbook to the National Gallery* de M. Édouard T. Cook.

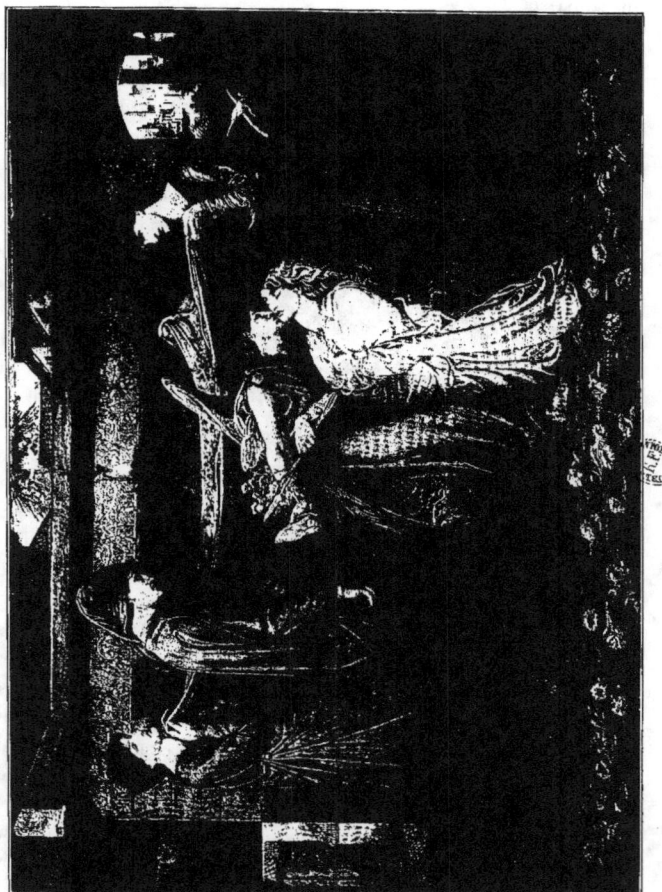

LE RÊVE DE DANTE, PAR D. G. ROSSETTI
(Liverpool Gallery.)

de lys et les Vierges tressaillantes, se saluent avec un si gracieux maniérisme sous leurs revêts étincelants, et dans l'anachronisme féerique des décors. Et puisque, d'après le grand pontife du culte de la Beauté, un des principes, le premier peut-être de l'école préraphaélite, est de prendre les choses comme elles sont probablement arrivées et « non d'après des règles d'art développées sous Raphaël » nous nous permettrons d'objecter que Dante Gabriel Rossetti, peignant « d'après le système du soleil » et d'un pinceau assez généralisateur son *Ecce ancilla Domini*, « bon exemple de préraphaélisme », paraît s'éloigner, bien inconsciemment sans doute, aussi bien dans l'invention du sujet que dans la technique du métier, des ancêtres préraphaélites.

Terminons cette rapide revue des trois œuvres, assez typiques, des peintres préraphaélites où paraissent s'être résumées sous des aspects très divers de composition et de facture, les communes doctrines de la confrérie, en mentionnant le *Festin d'Isabelle* de Millais, œuvre de première jeunesse du grand artiste mais où il a pour ainsi dire déposé instinctivement toute la fleur de son génie naissant. « Lorsqu'on examine les tableaux préraphaélites des premiers jours, dit M. Robert de la Sizeranne, le *Festin d'Isabelle* de Millais, par exemple, on est stupéfait des découvertes naturalistes et même impressionnistes auxquelles ce peintre de vingt ans, grâce à la finesse de son œil, est parvenu. Il n'y a là aucune ombre diffuse sans points clairs, sans reflets des objets lumineux ambiants.

« Il y a là d'imperceptibles lueurs jusque dans les ombres portées, ombres des narines dans la figure de Lorenzo, des bandeaux de cheveux dans la figure d'Isabelle; et cette dispersion continuelle de l'effet, donne à la peinture la plus sèche le papillotement de la lumière et la mobilité de la vie.

C'est clair et joyeux en regard des meilleures toiles académiques de 1849. »

C'est clair et joyeux, dit M. de la Sizeranne; et il a raison, parlant de Millais, mais il n'en est pas moins dans le vrai lorsqu'il constate les « couleurs désagréables » de *Jésus trouvé au Temple* de Holman

PRÉRAPHAÉLISME.

Hunt, et qu'il a l'impression d'une blessure au premier coup d'œil jeté sur le *Troupeau abandonné* du même peintre, devant « ces moutons d'un rouge sanglant dans des buissons indigo, sur des rochers martelés, comme des nougats. »

Car, il faut bien le dire, les préraphaélites furent en général de

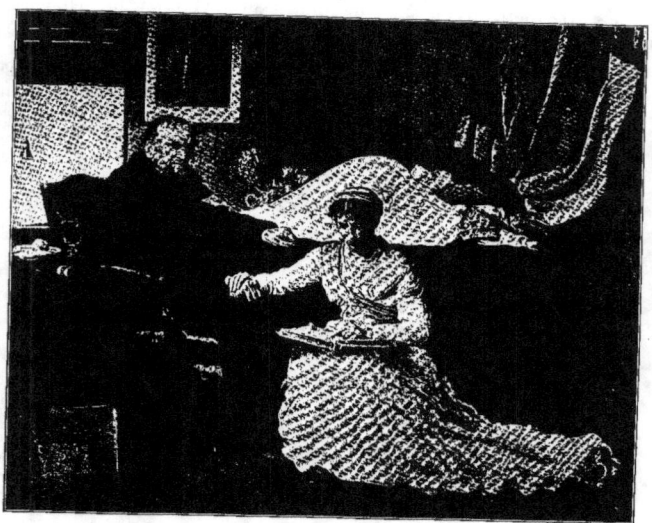

LE PASSAGE DU NORD-OUEST, PAR J. E. MILLAIS
(Tate Gallery.)

pauvres coloristes. Lisse ou heurtée, leur couleur crie plutôt qu'elle ne chante. Son harmonie manque assurément de discrétion, et les valeurs lourdes et glacées des peintures de Rossetti et de Burne-Jones, ces deux symbolistes de la confrérie[1], dont le rêve de douceur

---

1. *Édouard Burne-Jones* naquit à Birmingham, en 1833 et mourut à Londres en 1898. Son art fait d'harmonie sentimentale, de constantes préoccupations de style et de dédain

et de mélancolie a trouvé très rarement des moyens d'expression en rapport avec son charme si mystérieux, affectent aussi péniblement le regard sous l'éclat brillant de leur glace, que les brutales audaces de pinceau d'Holman Hunt, ce vigoureux ancêtre des pointillistes, dont les tons individuellement posés, mais avec une exagération voulue, hurlent parfois si violemment que le spectateur en est péniblement affecté.

Je n'ai jamais pu, je l'avoue, réussir à faire concorder la vision coloriste des préraphaélites, vision presque toujours dure et froide, souvent violente et heurtée, avec les conseils impératifs de Ruskin, affirmant ses préférences pour les tonalités grises ou bleu pâle, douces, chaudes et fondues et toujours discrètes des premières toiles de Turner qui font songer aux plus délicates et aux plus subtiles symphonies whistlériennes.

Ici le désaccord me paraît assez complet entre l'esthéticien et les P. R. B.

du pittoresque, naquit et se développa surtout sous l'influence de Rossetti. Dans la confrérie préraphaélite où il ne pénètre que très tard, il se partage avec Rossetti le vaste domaine mystique de la légende et du symbole, alors que Madox Brown explore l'histoire d'Angleterre et Shakespeare, que Hunt s'attarde dans la vie du Christ, et que Millais trempe son robuste talent à toutes les sources d'inspiration. Si, comme beaucoup le prétendent et bien à tort, la note dominante du préraphaélisme était la recherche du symbolisme, jusque dans les sujets extra-religieux, l'art de Burne-Jones serait l'expression la plus fidèle de cette doctrine, car de toute son œuvre, plus inspirée encore de Botticelli et de Luini que de Rossetti, se dégage un parfum de mysticisme très pénétrant, malgré la grâce un peu païenne de la figure de femme très bien en chair, malgré sa gracilité apparente, qui s'épanouit dans l'œuvre du peintre, comme une belle fleur dans un jardin bien tenu, mais glacé, dans une sorte de cloître aux arceaux rigides, et aux pelouses anguleuses. Femme très anglaise, très anglo-saxonne, avec l'ourlet voluptueux de ses lèvres et l'ombre mélancolique de ses yeux creux et froids, malgré son élégance botticellienne, malgré ses gestes conventionnels et maniérés.

Burne Jones est peut-être très préraphaélite en tant qu'amoureux passionné de symbolisme légendaire, mais il faut bien reconnaître que la caresse lisse et prolongée de son pinceau et sa perpétuelle tendance à substituer le geste conventionnel au geste significatif lui donnent une place toute particulière dans la confrérie à laquelle il se rattache encore par son souci du détail dans l'analyse des accessoires. Le dessin de Burne-Jones est d'une grande pureté, mais sa couleur est sèche et morne.

La plupart de ses œuvres figurent dans les musées et dans les collections de la Grande-Bretagne. Voici les principales : les *Sept jours de la Création*, le *Chant d'amour*, *Merlin et Viviane*, le *Miroir de Vénus*, les *Quatre saisons*, l'*Escalier d'or*, *L'Amour dans les ruines*.

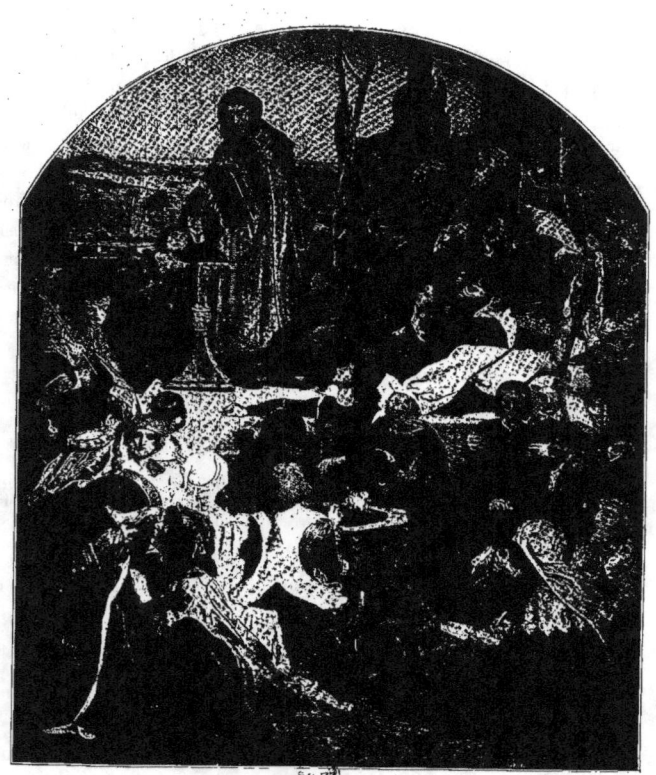
CHAUCER A LA COUR D'ÉDOUARD III, PAR FORD MADOX BROWN
(National Gallery.)

Il est juste cependant de reconnaître que malgré ce conflit technique, entre le maître et ses élèves, ou plutôt entre le prophète et ses disciples, le métier violent et parfois extravagant des plus vigoureux ouvriers de la confrérie, des Hunt et des Millais et aussi de Watts, apporta une vie nouvelle à la peinture anglaise, qui s'éteignait misérablement dans la sauce brune et rousse, largement répandue, par un pinceau trop généreux, sur un plat de bitume, et dont Reynolds avait transmis la recette aux féconds académiciens de la première partie du XIX° siècle.

Et c'est en cela surtout, bien plus que dans la recherche souvent patiente et trop souvent maniérée du fameux geste significatif, que le mouvement préraphaélite eut une providentielle influence sur les destinées de l'École moderne de peinture anglaise.

Les *excentriques colorations* de Holman Hunt, son art de décomposer les plans, d'individualiser les touches, de colorer vivement les ombres des chairs, de chercher en un mot à rendre les vibrations de la vie par d'audacieuses et nouvelles formules inspirées par la vision directe de la nature, et non par le système généralisateur de l'école, produisirent dans la peinture anglaise une révolution presque analogue à celle provoquée chez nous par l'œuvre des impressionnistes, mais plus immédiate. Ford Madox Brown avait d'ailleurs inauguré le genre, lorsqu'en sortant de l'atelier du baron Wappers à Anvers, il exposa, au milieu de l'indignation académique, son *Guillaume le Conquérant*. Et c'est de lui que M. Jules Breton put dire dans *La vie d'un artiste* : « On voit que nos impressionnistes n'ont rien inventé. »

Nous avons tenté à l'aide de quelques traits rapides de décrire le curieux mouvement préraphaélite, d'une si grande noblesse de tenue, et fécond en précieux résultats, quoi qu'en ait pensé le vicomte Delaborde d'une intransigeance un peu trop absolue. Qu'il nous soit permis de conclure en citant, après les opinions des critiques français, quelques appréciations d'écrivains anglais, dues à la plume de juges qui ne lui sont pas particulièrement favorables, sauf néan-

PRÉRAPHAÉLISME.

moins Walter Crane, dont les tendances se relient d'ailleurs très intimement à celles de la confrérie[1].

Nous empruntons ces extraits au livre de M. Robert de la Sizeranne sur la peinture anglaise contemporaine, livre dont les cent premières pages de début résument admirablement le sujet si complexe qui nous occupe. « L'influence de cette école sur le dernier

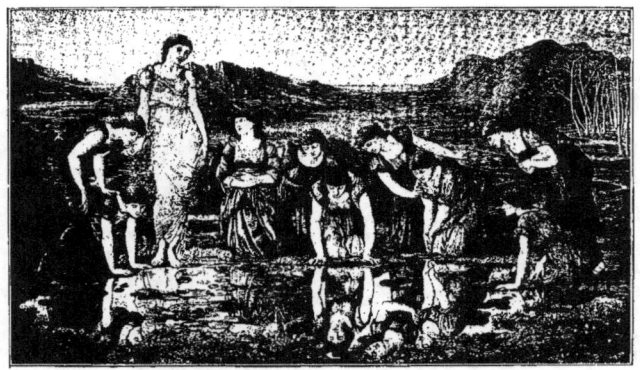

LE MIROIR DE VÉNUS, PAR BURNE-JONES
(Collection Golderdun.)

quart de siècle, dit M. George Shepherd, a été indiscutablement bienfaisante.

« Elle a amené à l'étude directe de la nature, en accordant peu de prix aux règles conventionnelles tirées de l'antique, et quoiqu'elle se soit trompée en méprisant injustement les principes de

[1]. *Walter Crane* naquit à Liverpool en 1845. Il peignit avec succès d'originales compositions décoratives, mais il doit surtout sa réputation à ses aquarelles et à ses spirituelles illustrations enfantines. Citons de lui le *Messager de Printemps* (1873), le *Jardin de Platon* (1875), *Hiver et printemps*, le *Départ de l'armée*, exposé à Paris en 1878; et parmi ses illustrations d'ouvrages enfantins : *Cendrillon*, la *Barque des fées*, *Un heureux caractère*, les *Aventures de Puffy*, etc.

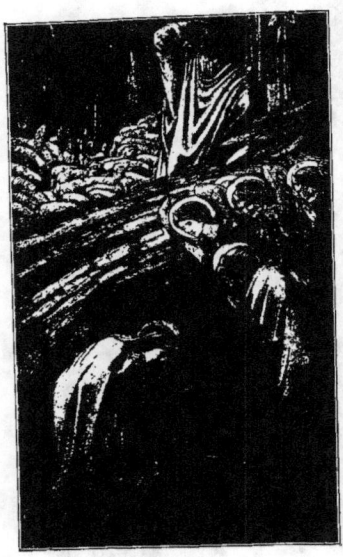

L'ANNONCIATION, PAR BURNE-JONES
(Royal Victoria and Albert Museum.)

composition basés sur l'expérience des siècles, cependant elle a opéré une très bonne réforme[1]. »

« Tout compte fait, et cette opinion est de Richard Redgrave, l'art anglais a été plutôt amélioré que gâté par ce qu'on appela l'hérésie préraphaélite, car le zèle et l'*earnestness* de ses adeptes servirent à contre-balancer le mal causé par le grand nombre de peintures fausses que produisaient beaucoup de peintres préoccupés seulement de gagner de l'argent et ne travaillant que pour vendre[2]. »

Laissons maintenant parler Walter Crane : « Pour indiquer la genèse de notre Renaissance, nous devons remonter aux jours de la confrérie préraphaélite. Quoique aucun de ses membres n'ait été un dessinateur décoratif au sens strict du mot — si nous exceptons Dante Gabriel Rossetti — cependant, par leur retour résolu et enthousiaste au symbolisme direct, au naturalisme franc, et au sentiment poétique et romanesque de l'art du moyen âge, en y ajoutant la puissance de l'analyse moderne, et enfin par leur intime amour du détail, ils dirigèrent l'attention vers les branches du dessin autant que la peinture[3]. »

1. GEORGE H. SHEPHERD, *A Short history of the British School of Painting*.
2. RICHARD REDGRAVE, R. A., *A Century of painters of the English School*.
3. WALTER CRANE, *The english Revival of Decoration art Fornightly Review*.

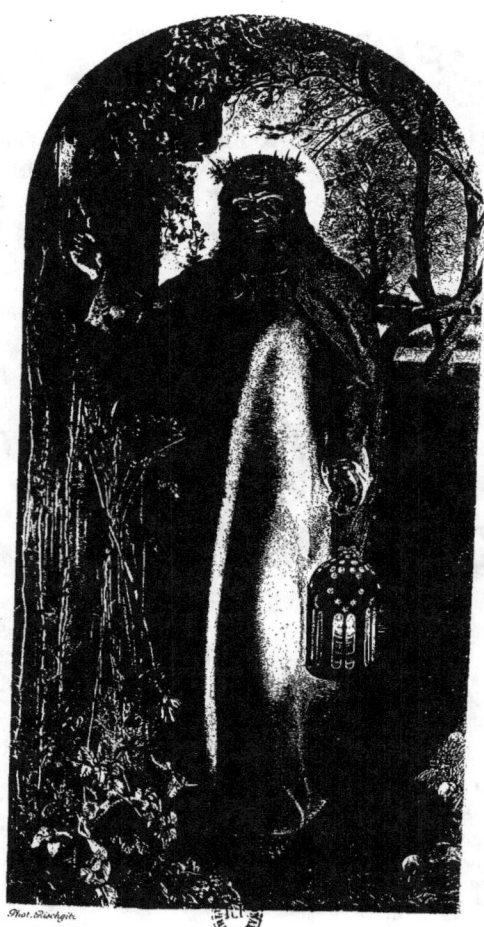
HOLMAN HUNT — LA LUMIÈRE DU MONDE

PRÉRAPHAELISME.

*
* *

Nous eussions voulu clore par une claire définition les notes rapides qui constituent ce chapitre, où nous avons tenté d'esquisser la physionomie générale du mouvement préraphaélite.

Mais vraiment la chose est difficile, car ce mouvement fut d'une complexité rare.

Bien des inconséquences s'y révèlent; et que de fatales divergences, nées de la dissemblance des tempéraments, dans l'application des doctrines !

Pendant que M. Philip Gilbert Hamerton, un des premiers et plus ardents défenseurs des P. R. B. décrit le préraphaélisme « une réaction violente et bienfaisante contre la synthèse indolente en faveur de l'analyse laborieuse... » pendant que Ruskin s'écrie dans son délire enthousiaste : « ... Après qu'elle (la nature) a dépensé des siècles pour faire croître la forêt, pour tracer le cours du fleuve, pour modeler la montagne, elle triomphe sur son œuvre, en toute liberté d'esprit, en jouant avec un rayon qui brille ou un nuage qui flotte; mais le peintre doit passer par les mêmes peines s'il veut se donner la même récréation. Qu'il ciselle son rocher consciencieu-

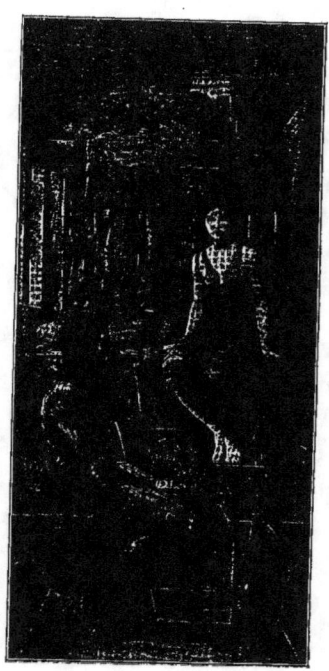

LE ROI COPHETUA ET LA MENDIANTE
PAR BURNE-JONES
(National Gallery.)

sement, qu'il enfeuille délicatement sa forêt, et ensuite nous lui permettrons ses divertissements d'ombre et de lumière et nous l'en remercierons ; mais nous ne voulons pas qu'il nous donne le jeu avant la leçon, l'accessoire à la place de l'essentiel, l'illustration au lieu de l'art[1]. »

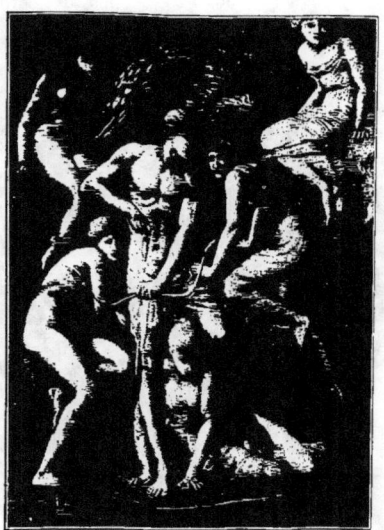

LA CHASSE DE CUPIDON, PAR BURNE-JONES.
(Collection Jonides.)

Pendant que les apôtres du Préraphaélisme sont d'accord pour déclarer qu'un des principaux articles du programme révolutionnaire de la confrérie soit d'exiger la peinture infiniment détaillée de la nature, aussi bien des nervures des feuilles, des plumes des oiseaux, des fils des tissus que des ongles et des veines « jusqu'à la dernière touche », prescription à laquelle se soumettent d'ailleurs, en toute conscience, et avec la ferveur la plus touchante, Hunt, Rossetti[2], Hughes[3], Burne-Jones, Stanhope, W. Fisk, Strudwick, Paton[4], imitant en cela

---

[1]. John Ruskin. *Modern Painters*.

[2]. Voir, comme chef-d'œuvre du genre, *Marie-Magdeleine dans la maison de Simon le Pharisien*.

[3]. *Arthur Hughes* naquit en 1832, ses toiles les plus célèbres sont : *Ophélie*, la *Veille de la Sainte-Agnès* (1854), le *Faucheur* (1865), la *Mort du Voisin* (1878).

[4]. *Paton* (sir Joseph Noël, 1821-1874), né en Écosse à Dumfries ; il s'inspira surtout de Shakespeare, dont il interpréta principalement les comédies dans de grandes compositions très mouvementées et d'un bel éclat, telles que la *Réconciliation d'Obéron et de Titania* ; la *Querelle d'Obéron et de Titania* (musée d'Édimbourg), sa toile la plus célèbre est la *Reine des Fées*, tirée du poème de Spenser.

le magistral exemple donné par Madox Brown, Millais, au contraire, las jusqu'à l'irritation des longues heures passées dans l'analyse des fleurs d'Ophélie et des systèmes minutieux de la nouvelle école, ne tarde pas à protester contre des tendances si peu d'accord avec son tempérament.

William Bell Scott raconte d'ailleurs qu'au début de la confrérie il alla voir le jeune artiste dans son atelier et y aperçut une gravure italienne par Agostino Lauro, datée de 1845 et intitulée *Méditation*, représentant une jeune fille assise sous des arbres. « Chaque feuille de chaque plante, mieux que cela, les deux moitiés de chaque feuille rayonnant de la fibre centrale, même dans l'ombre, étaient représentées avec soin, et le dessin de la robe de la jeune fille de même. Je regardais cette gravure quand Millais, quittant son chevalet : « Ah ! vous examinez cela ! Est-ce assez préraphaélite, n'est-ce pas ? Nous n'en sommes pas encore arrivés là, nous autres ? Mais pour moi je n'essaierai point. C'est une absurdité ! La nature est la nature et l'art est l'art, pas vrai ? On se tuerait à faire cela. »

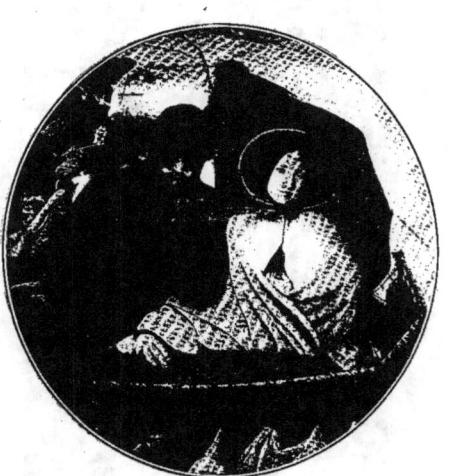

LE DERNIER REGARD SUR L'ANGLETERRE
PAR FORD MADOX BROWN
(Birmingham Gallery.)

Rossetti lui-même dédaignant ce fameux principe du programme,

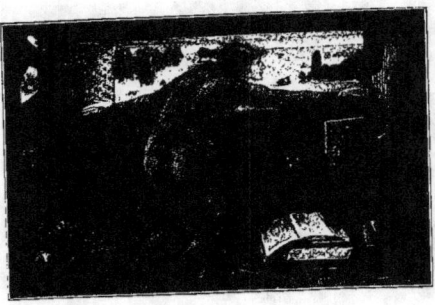

DORIGÈNE DE BRETAGNE, PAR BURNE-JONES
(Collection Jonides.)

ce principe essentiel cependant et qui exigeait que *lorsqu'un P. R. B. avait trouvé un modèle dont l'esprit répondait à ses idées, il devait le peindre* EXACTEMENT *et, pour ainsi dire, à un cheveu près*, ne se servait-il pas quelquefois de mannequin et peignait même *sans modèle*[1].

Holman Hunt lui aussi, au milieu des méprisants anathèmes dont la confrérie accable la glorieuse mémoire de Raphaël, n'ose-t-il pas écrire avec une parfaite bonne foi, non exempte d'ingénuité : « Ce fut dans un léger esprit de paradoxe que nous convenions que Raphaël, *le prince des peintres*, était l'inspirateur de l'art actuel ; car nous voyions très bien que la pratique des peintres contemporains était très éloignée de celle du maître dont ils se réclamaient[2]. »

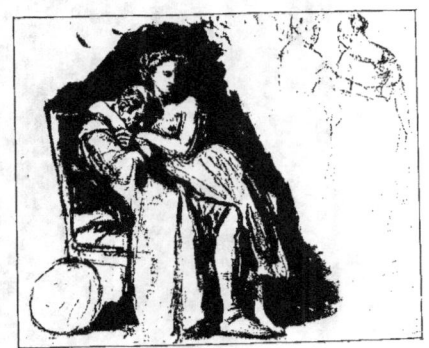

LA FILLE DE JEPHTÉ, PAR J. E. MILLAIS
(DESSIN A L'ENCRE DE CHINE)
(British Museum.)

Ces quelques extraits indiquent assez que, sous l'harmonie appa-

1. M. HARRY QUILTY, *Preferences in Art*.
2. HOLMAN HUNT, *The Preraphaeliter Brotherhood*.

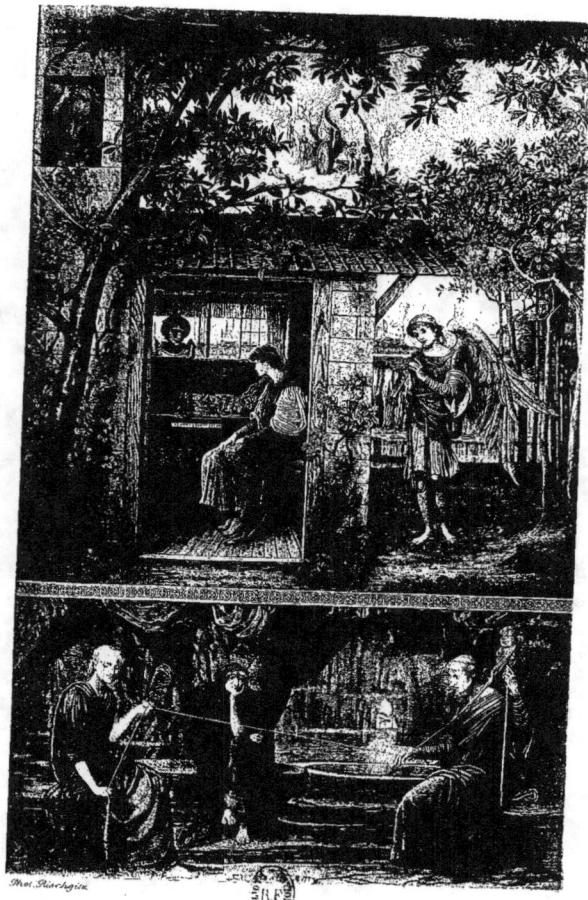

J. M. STRUDWICK — LE FIL D'OR

Tate Gallery

rente du préraphaélisme, se dissimulaient des opinions individuelles très dissemblables et que si le schisme n'éclata pas dès le début, c'est que la véhémente apostrophe et le geste impérieux de Ruskin savaient réprimer à temps les velléités de révolte émancipatrice. Le terrible esthéticien ne put cependant, malgré la réelle éloquence de ses affirmations, réussir à faire entrer le dramatique Madox Brown dans le giron de la confrérie, ni assujettir éternellement le génie indépendant et fougueux de John Everett Millais à ses règles étroites.

Ce que nous disions au début de ce chapitre, nous le répétons ici

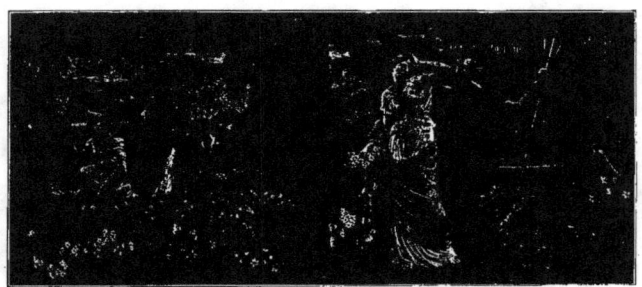

L'ENLÈVEMENT DE PROSERPINE, PAR WALTER CRANE

pour finir : Ce furent surtout d'utiles éléments techniques que le préraphaélisme apporta à l'école anglaise de peinture bien plus que des concepts de haute esthétique. Nous ne pouvons nous empêcher de sourire, en recherchant dans les compositions des Rossetti, des Holman Hunt, des Burne-Jones, des Hughes, des Strudwick, etc., le geste curieux, inédit, individuel, substitué ainsi que l'exigeaient les préceptes de *The Preraphaeliter Brotherhood*, au geste conventionnel, à l'attitude stéréotypée de l'Académie. Mais nous reconnaissons sans effort que, là où la doctrine préraphaélite eut, en dehors de ses règles souvent puériles, une action bienfaisante, c'est lorsque adoptant pour tout système d'éclairage « le système du soleil » comme disait Ruskin, c'est-à-dire le plein air, et en répudiant énergiquement les laids frottis préalablement inventés par Reynolds (et dont abusèrent les peintres anglais du commencement du siècle) pour peindre sur une toile blanche, sans mélange, *sans cuisine*, touche par touche, vivement, franchement, fraîchement, les P. R. B., et parmi eux le grand Watts, sauvèrent, par la vaillance de leur intervention, la peinture anglaise de la mort.

Sans la providentielle entrée en ligne des préraphaélites, sans les foudroyantes prédications de Ruskin, il était à craindre que le dernier rayon lumineux de la peinture anglaise ne s'éteignît sous l'inondation des bitumes.

William Holman Hunt, en qui se résume vraiment la doctrine préraphaélite, faite d'excessives et puériles intransigeances et de haute probité d'art, fut un grand novateur, comme notre Manet, dont la vision de nature et les moyens de l'exprimer

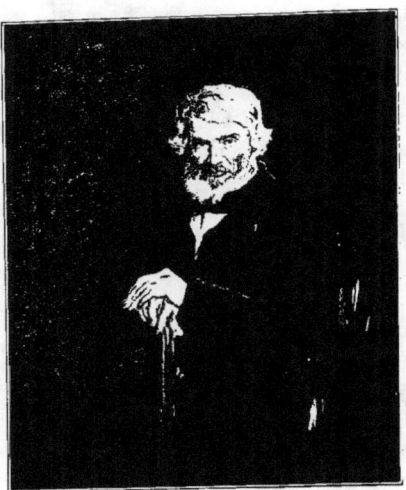

PORTRAIT DE CARLYLE, PAR J. E. MILLAIS
(National Gallery. Section des portraits.)

diffèrent si complètement de ceux du maître anglais.

Mais chez l'un et chez l'autre, chez le *préraphaélite* anglais et chez le *réaliste* français, l'action fut parallèle contre les poncifs classiques, contre le mensonge académique et contre les plus déplorables procédés matériels d'expression.

A leur apparition, les œuvres d'Holman Hunt, comme celles de Manet, furent couvertes d'opprobres. Les unes et les autres figurent aujourd'hui claires et éternellement lumineuses à la National Gallery et au musée du Louvre. « Le système du soleil » a vaincu, et, au même degré que nos réalistes, les P. R. B. ont droit à la reconnaissance des amis de la peinture claire et vibrante, lors même que les vibrations préraphaélites dépassent quelquefois la mesure, et qu'ils cherchent trop exclusivement l'expression de la vie dans son anatomie même, au lieu de la poursuivre dans son aspect général.

Nous étions en quête d'une définition du préraphaélisme. La voici. Elle est aussi parfaite que possible. Mieux que personne d'ailleurs, en France, son auteur connaît l'histoire des P. R. B. et du grand-prêtre de la confrérie. « Le mouvement de 1850 fut ceci : des hommes nouveaux, voulant un art nouveau, substituant le geste curieux, inédit, individuel, au geste banal et généralisateur, et la couleur franche, à sec, sans dessous, brillante par ses juxtapositions, en un mot la ligne expressive au lieu de la ligne décorative et le ton vif au lieu du ton chaud[1]. »

AU LENDEMAIN DU PRÉRAPHAÉLISME

Du même coup la terrible fanfare ruskinienne, qui menait les vaillants P. R. B à la conquête de la vérité dans le plein air et « en pleine lumière du soleil », avait fait disparaître à jamais tous ces faux peintres d'histoire pour qui le mensonge académique était la loi souveraine, les J. Tenniel, les J. R. Herbert, les C. Maclise[2], les

---

[1]. *Ruskin*, par ROBERT DE LA SIZERANNE ; *La peinture anglaise contemporaine* (Hachette, édit.).

[2]. *Daniel Maclise* (1811-1870), tour à tour peintre d'histoire, de genre et de portraits, jouit de son vivant d'une réputation fort peu en rapport avec son art vide et déclamatoire. Ses œuvres principales sont : l'*Entrevue de Blücher et de Wellington sur le champ de bataille de Waterloo* ; la *Mort de Nelson* (Palais du Parlement, galerie royale); *Malvoglio et la comtesse Olivia* (scène de la douzième nuit); la *Scène de la représentation d'Hamlet* (National Gallery); la *Scène du banquet de Macbeth* (comte de Chesterfield); *l'épreuve du toucher*. Il a laissé aussi quelques assez bons portraits, entre autres celui de Dickens, qui fut son intime ami. Et qui sait si ce ne fut pas grâce à cette circonstance qu'il trouva, lui et ses confrères de la R. A.,

F. C. Horsley, les Eastlake, les Édouard Armitage, etc. A ses clairs accents tout ce qui restait de la vieille école semblait s'être évanoui, aussi bien les quelques petits maîtres spirituels, derniers rejetons des Leslie et des David Wilkie : les Webster[1], les Frith[2], les Gilbert[3]... que tous ces mornes fabricants de machines dont la vue seule justifie si pleinement les anathèmes de Ruskin et la farouche intransigeance de ses disciples.

Une peinture nouvelle, un art vraiment national, cette fois, d'un aspect très particulier, d'une saveur imprévue, quoique parfois un peu aigre, va naître de ce choc violent, si violent que les vainqueurs eux-mêmes se disperseront dans la mêlée, comme les vaincus. Car, en vérité, le drapeau du préraphaélisme cessa de flotter le jour même du

un si chaleureux défenseur contre les attaques impitoyables de Ruskin ! L'auteur de Thomas Pickwick n'avait-il pas écrit, parlant du *Christ chez ses Parents* de Millais, exposé au Salon de 1850 : « En vous approchant de cette Sainte Famille, vous devez chasser de votre esprit toute aspiration religieuse, toute pensée élevée, toute association d'idées tendres, drama-tiques, tristes, nobles, sacrées, charmantes ou belles, et vous préparer à aller jusqu'au fond de ce qui est misérable, odieux, repoussant et révoltant. » Verdict injuste et cruel que Dickens regrettera un jour.

1. *Thomas Webster* naquit à Londres en 1800 et mourut à Cranbrook, dans le comté de Kent, en 1886. Il peignit avec beaucoup d'humour les jeux et les espiègleries enfantines. Une de ses meilleures œuvres, qui est en même temps le type de ses tableaux, figure à la National Gallery.

2. *William Powell Frith*, né dans le Yorkshire en 1819, est assurément un des plus brillants peintres parmi ceux de la pléiade qui eut à lutter contre le mouvement préra-phaélite. Il fut coloriste agréable et dessinateur spirituel et précis. Son observation très per-sistante lui a permis de fixer avec beaucoup de vérité les physionomies de ses contemporains et, à ses Leicester, à ses Falstaff, à ses Amy Robsart, à ses Knox et à ses Marie Stuart nous préférons son *Jour du Derby* et sa *Plage de Ramsgate*, d'une si spirituelle invention et d'un luxe si brillant de charmants détails.

3. *Sir John Gilbert* (1817) appartient moins que les deux précédents, surtout que Webster, à l'école de genre, proprement dite, à l'école de peinture familière. Les princi-paux personnages dont il aura à fixer les traits et à décrire les nobles et orgueilleuses atti-tudes, s'appellent le duc de Glocester, le roi Henri IV, le cardinal de Beaufort, et aussi le vaillant Don Quichotte, dont il a raconté maintes fois, et avec un visible plaisir, les mésa-ventures dans ses petites toiles savoureuses et dans ses brillantes aquarelles. Car sir John Gilbert fut un beau coloriste. La franchise de sa touche large et prolongée fait songer parfois à celle de Bonington, avec moins cependant de souplesse et d'éclat. Une de ses toiles les plus importantes, mais non la meilleure, *Un Conseil de guerre à Venise*, figure à la galerie d'art de Manchester.

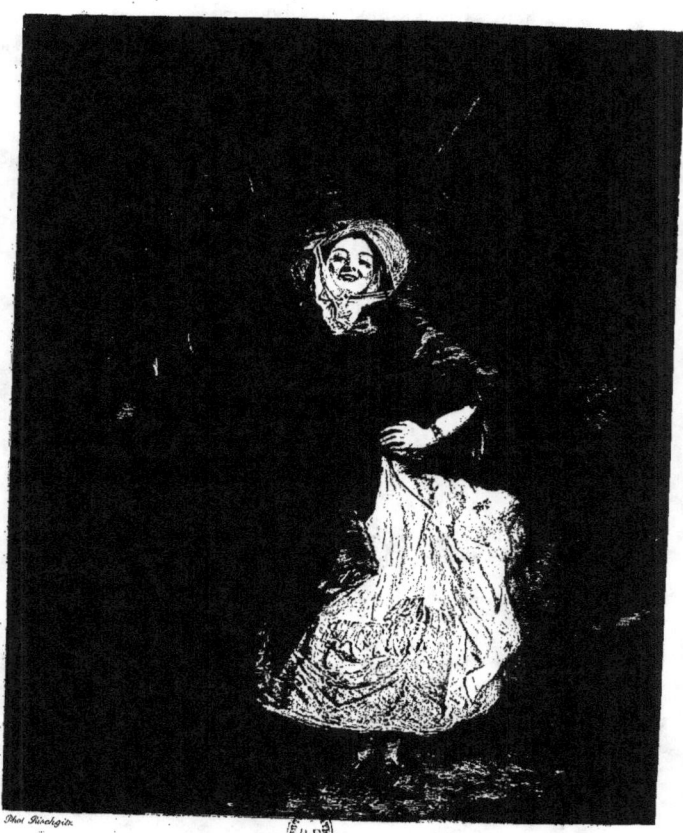

W.P. FRITH — DOLLY VARDEN (DICKENS'BARNABY RUDGE)

R Victoria & Albert Museum

triomphe, et ce ne furent ni les Dyce, ni les Hook, ni les Collins, ni les Anthony, ni les Mac-Callum, ni les Gilbert Hamerton, qui surent perpétuer avec éclat les fermes et inébranlables doctrines de Hunt et les défunts enthousiasmes de Millais.

Mais le coup avait été porté avec une telle vigueur, le voile qui cachait la vérité avait été si largement déchiré, que les plus réfrac-

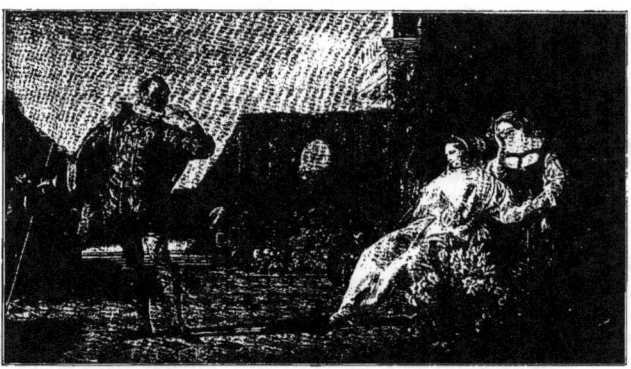

MALVOGLIO ET LA COMTESSE, PAR MACLISE
(National Gallery.)

taires aux nouvelles doctrines, indiscutablement bienfaisantes puisqu'elles amenaient à l'étude directe de la nature, et « à la recherche logique de nouveaux effets lumineux pour exprimer les vibrations de la vie », se prirent à vouloir réagir, certains timidement, contre le doux entraînement de leur éclectisme.

C'est ainsi que lord Frederick Leighton, lui-même, dont l'esprit assimilateur était généreusement ouvert à toutes les esthétiques, s'efforce visiblement d'échapper aux lourdes étreintes d'Overbeck, de Cornelius et de ses premiers maîtres allemands pour courir aux fortes leçons de Madox Brown et de Hunt, tout en empruntant à Rossetti et à

Burne-Jones la grâce onduleuse et svelte de ses Électres et de ses Andromèdes, qu'il sait revêtir d'ailleurs de calyptres aux plis innombrables et très préraphaéliquement parallèles comme ceux des vierges du *Miroir de Vénus* ou de *l'Escalier d'or*.

Dans son *Esprit des sommets*, dans ses *Vierges sages* et ses *Vierges folles*, dans ses *Daphnéphores*, il atteint parfois à une vraie grandeur de style, en dehors des combinaisons académiques, et se rapproche d'assez près des frontières préraphaéliques. Il est indiscutable que si ce noble dilettante de la peinture, que si ce très décoratif et très officiel re-

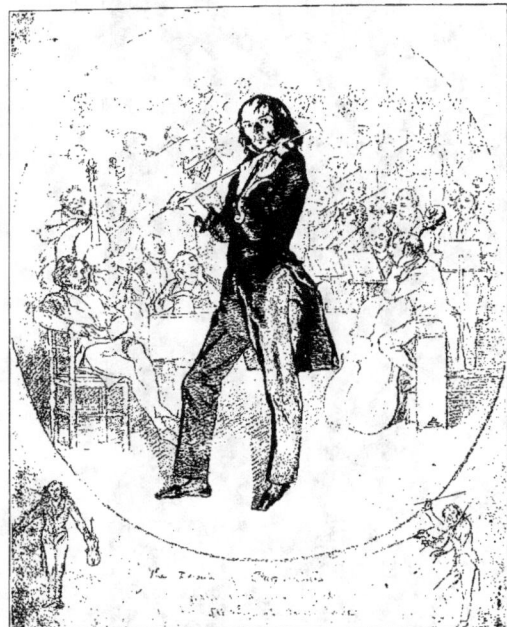

PAGANINI, PAR DANIEL MACLISE (DESSIN)
(Royal Victoria and Albert Museum.)

présentant de la peinture anglaise en Angleterre, aussi bien que sur le continent, n'a pas signé ses toiles des trois initiales fatidiques, il a retenu quelque chose du préraphaélisme dans ses aspirations générales[1].

1. *Leighton (Frederick Lord)*, naquit à Scarborough en 1830 et mourut à Londres en 1896. Il visita l'Italie et se fixa à Rome. À Paris il fréquenta les ateliers d'Ary Scheffer et de Robert Fleury. Son œuvre peinte est considérable. Il fit aussi quelques sculptures assez

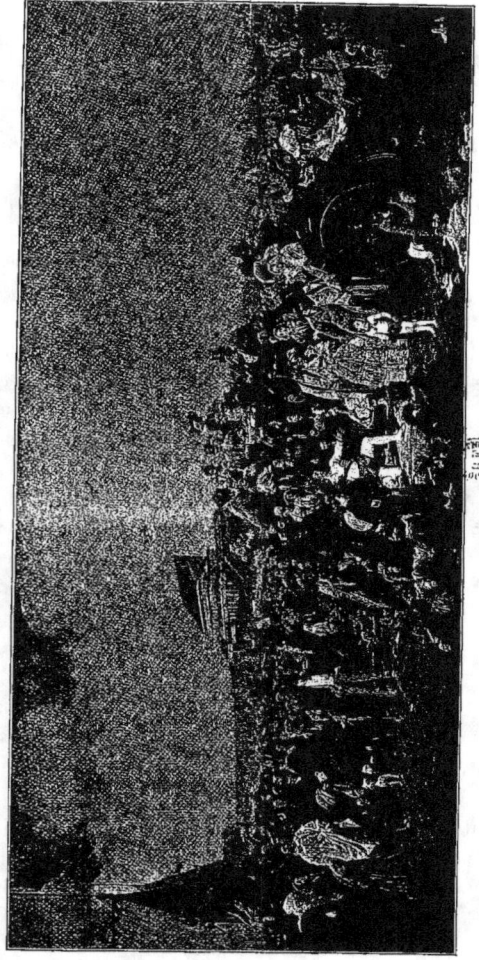

LE JOUR DU DERBY. W. P. FRITH
(National Gallery.)

Watts, ce grand peintre de l'Amour et de la Mort, que ses compatriotes appellent aussi « le peintre des vérités éternelles », cet apôtre hautain et presque farouche de l'art mythique, ce moraliste du pinceau (ne disait-il pas lui-même qu'il peignait les idées et non les choses), ne se rattache pas seulement à la doctrine préraphaélite par la noble intellectualité de son art, mais encore par sa manière de peindre[1]. Comme Hunt, il semble vouloir réagir contre le métier

remarquables. Ses principales toiles sont : *Électre au tombeau d'Agamemnon* ; la *Leçon de musique* ; *Rispha* ; *Christ ressuscitant le fils de la Sulamite*, le *Retour de Perséphone*. Il est l'auteur de deux grandes fresques décoratives, la *Guerre* et la *Paix* qui figurent au Kensington. En sculpture son œuvre principale est l'*Athlète combattant un Python* (bronze). Il fut président de la Royal Academy.

1. *Watts (Georges Frédéric)* naquit à Londres en 1818. Après des essais très remarqués, il se rendit en Italie en 1844. Il y passa quatre années. A son retour il exposa deux grandes toiles : *Écho* et *Alfred excitant les Saxons à une expédition maritime*. Le gouvernement acheta ces deux œuvres du jeune peintre pour le nouveau palais du Parlement où Watts eut, par surcroît, à décorer de 1848 à 1853 une galerie de colossales compositions (*Saint Georges terrassant le dragon*... etc.). Ces commandes officielles mirent son nom en pleine lumière, et bientôt il ne put suffire, malgré sa prodigieuse puissance de travail, aux exigences des collectionneurs. Coup sur coup il exposa, et toujours avec un succès croissant : les *Illusions de la vie* ; *Paolo Malatesta et Francesca de Rimini* ; la *Fée Morgane* ; le *Bon Samaritain* ; une de ses meilleures toiles qui figure aujourd'hui dans l'une des galeries de l'Hôtel de Ville de Manchester ; *Orphée et Eurydice* ; *Junon et Vénus* ; l'*Amour et la Mort* ; etc. Watts a laissé aussi de nombreux portraits, d'aspect souvent un peu dur et tourmenté, mais certains d'entre eux, comme ceux de lady Holland, de Carlyle, de Walter Crane, de William Morris, de Joachim, de Tennyson, de Mrs Percy Wyndham, sont des œuvres remarquables. Comme lord Frederick Leighton, Watts affectionnait la peinture à fresque, qui convenait si admirablement à son genre de peinture, et sa vaste composition décorative de l'École de droit de Lincoln' Inn, représentant l'allégorie philosophique des législateurs du monde (1863-1867), témoigne à la fois de sa puissance d'invention et de la force savante de son métier.

William Morris (1834-1896), dont le nom vient de venir à l'instant sous notre plume, fut en réalité un poète, un sociologue, un critique d'art, un esthète de la décoration, plutôt qu'un peintre. On peut même dire que ce très noble esprit contribua d'une façon définitive au mouvement qui a renouvelé l'art décoratif en Angleterre. Il y contribua et par ses écrits, et par ses conférences, et même par la création de fabriques d'objets d'art, et particulièrement de papiers à tentures, à laquelle il fournissait lui-même les dessins. Son livre sur les *Arts décoratifs et leur relation avec la vie moderne* est du plus haut intérêt. Il fonda aussi une imprimerie d'où sortirent des éditions à petit nombre illustrées de gravures sur bois. Il se lia de vive amitié avec Dante Gabriel Rossetti, dont il avait épousé les doctrines d'art qu'il appliqua très habilement à la décoration, en ajoutant au symbolisme direct, et au sentiment poétique ou romantique de l'art du moyen âge, la puissance des maîtres anglais de « l'ancienne école » et contre les théories de l'École française. Il a l'horreur de la touche large, prolongée, souple, onctueuse, étalée sur de la toile « comme du beurre sur une tartine. » Le *smear* de Reynolds l'horripile et il ne déteste rien, dit-il, tant que l'apparence de dextérité, qui est le trait marquant de l'École française actuelle. Préraphaélite, sans s'en douter, et certes bien davantage, techniquement, que Madox Brown, que Hunt et que Ros-

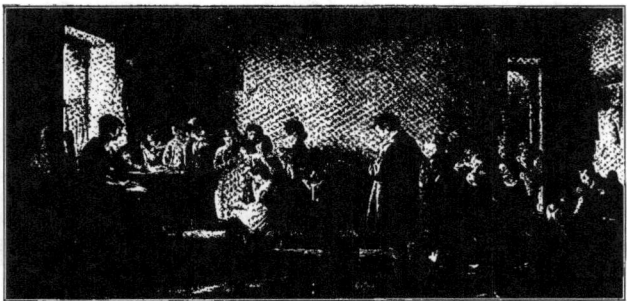

INTÉRIEUR D'ÉCOLE, PAR THOMAS WEBSTER
(National Gallery.)

setti, il peint « à sec », pour employer l'heureuse expression de Delacroix, sans dessous préparatoires, par touches serrées, à petits coups. Mais l'effort se sent malheureusement, et l'on devine trop qu'en voulant réagir contre la fameuse « sauce à l'huile », contre la trop facile fluidité du pinceau, en faveur de la fraîcheur et de la solidité de la couleur, il aboutit souvent à une expression matérielle d'un aspect peu agréable dans sa sécheresse rugueuse et heurtée. Watts fut le véritable ancêtre du pointillisme, et c'est de sa méthode volon-

de l'analyse moderne et une fantaisie de haut goût. William Morris et Walter Crane complétèrent, par leurs efforts décoratifs, le mouvement préraphaélite et méritent tous deux d'être inscrits en bonne place, dans les rangs officieux de la confrérie.

taire, de ses opiniâtres efforts et de son parti pris intransigeant que pourraient se prévaloir MM. Seurat, Henri Martin, Ernest Laurent, Signac... Après avoir protesté avec la dernière violence contre toutes les théories de l'École française, Watts devient, par un curieux phénomène d'évolution artistique, le très vénérable ancêtre d'un des

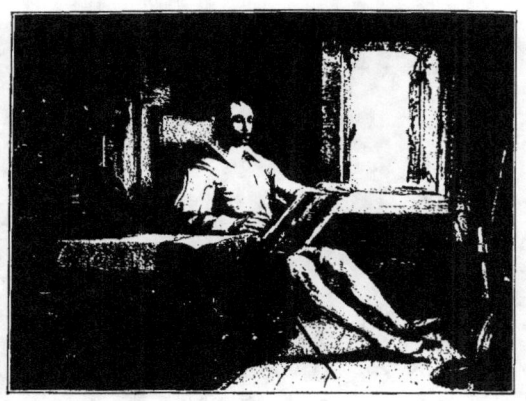

DON QUICHOTTE DANS SA BIBLIOTHÈQUE, PAR G. CATTERMOLE
(Ashbee Collection.)

groupes, et non des moins importants, de notre École française contemporaine[1].

La farouche intransigeance du peintre de l'Amour et de la Mort est cependant quelquefois en défaut, et, aussi bien dans son atelier si hospitalier, qu'à la superbe exposition posthume qu'on fit il y a deux ans de son œuvre dans le palais de la Royal Academy, nous avons été parfois surpris, très heureusement d'ailleurs, par l'aspect de

---

1. « Jusqu'après le temps de Van Dyck, et je pourrais presque dire de Rubens, vous ne trouverez jamais de barbouillage, *smear*, — *cette caractéristique de tant d'œuvres françaises* — vous n'en trouverez jamais une trace dans mes tableaux ou, si vous en trouvez, vous pourrez être sûr que c'est que j'ai voulu l'effacer, avec l'intention de le reprendre. » *The Works of George F. Watts, R. A. Pall Mall Gazette, Extra*. n° 22.

franchise brillante de bon nombre de ses toiles, par le modelé ferme et suivi de certains de ses portraits, et des meilleurs, nous osons le dire. Ici tout procédé disparaît, aucun effort pénible n'est apparent, et la gloire de l'illustre artiste ne paraît souffrir en rien de cette infidélité passagère à un système d'expression d'aspect parfois un peu

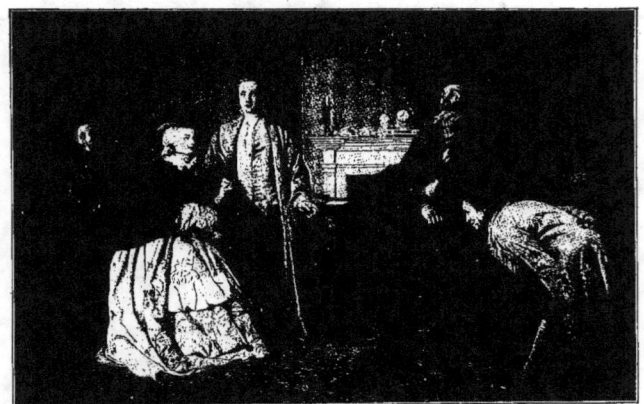

LA PRÉSENTATION, SCÈNE TIRÉE DU « BRAVE HOMME »
PAR WILLIAM POWELL FRITH
(Royal Victoria and Albert Museum.)

trop rébarbatif. Ce fut dans une de ses dernières toiles, *Un essaim d'amours s'envolant dans le ciel* (1904), œuvre charmante, d'une fraîcheur printanière, d'un délicieux éclat de couleur, et où se résument pour ainsi dire les pures aspirations idéalistes et les fortes qualités de sa technique si personnelle, que Watts manifesta peut-être, de la façon la plus définitive, ses secrètes affinités avec les doctrines préraphaélites.

Pendant que, parallèlement aux membres officiels de la confrérie et en marge de leurs efforts collectifs, Leighton et Watts agissaient chacun selon son tempérament, et collaboraient, sous l'indiscutable influence préraphaélique, à doter l'Angleterre d'une école de peinture vraiment nationale. Alma-Tadema[1], un des plus anglais parmi les peintres anglais, bien que Hollandais d'origine, s'absorba dans la reconstitution la plus fidèle de la vie antique, dédaigneux dans

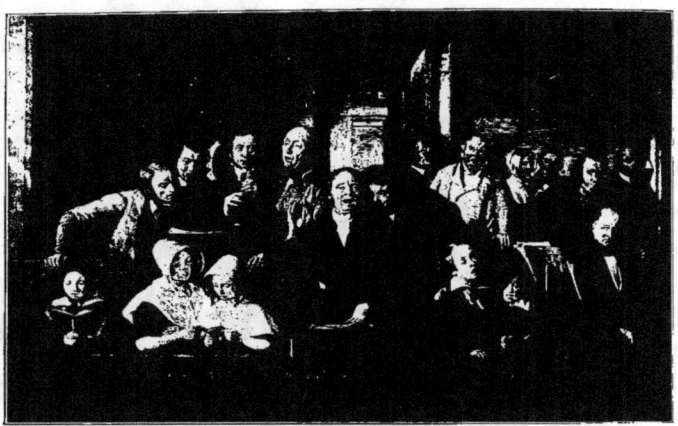

LE CHOEUR DU VILLAGE, PAR WEBSTER
(Royal Victoria and Albert Museum.)

ses compositions de toute ordonnance académique, et s'efforçant, comme un pur préraphaélite, de suggérer des idées pour le seul

1. *Alma-Tadema (Sir Lawrence)*, (1836), naquit à Dronryp en Hollande. Il étudia, comme Madox Brown, à l'atelier du baron Wappers à Anvers. Il fut aussi élève de Leys, dont il apprit l'art minutieux. Dès sa sortie de l'atelier de ces deux maîtres, et tout au début de sa brillante et longue carrière, il s'adonna aux reconstitutions du passé, choisissant de préférence des scènes des époques romaines et mérovingiennes. Après de fréquents voyages en Italie il se fixa en Angleterre en 1869. Mme Laure-Thérèse Alma-Tadema, sa femme et son élève, s'est adonnée également avec succès à la peinture de genre. *Ave Cæsar! Jo Saturnalia!* est considéré comme le chef-d'œuvre du maître. C'est une des évocations picturales les plus tragiques et les plus impressionnantes du passé.

souci de la vérité analytique transportée dans l'observation du passé, que son œil d'archéologue et d'artiste scrute avec la clairvoyance la plus minutieuse et la plus patiente. De ces longues observations, et de ces efforts consciencieux et recueillis dans le plus lumineux et le plus éblouissant des ateliers d'artiste, naissent, comme des fleurs liliales et dorées, ces jolies toiles d'une si spirituelle invention, d'un métier si précieux, la *Mort du nouveau-né*, la *Fête du*

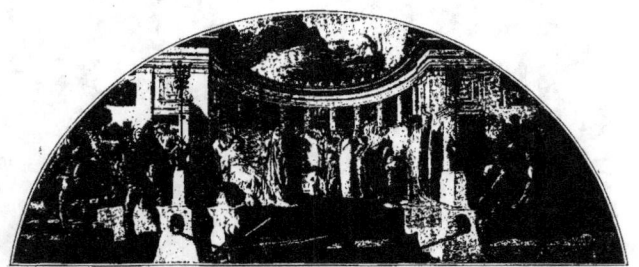

LES ARTS INDUSTRIELS APPLIQUÉS A LA PAIX, PAR FREDERICK LEIGHTON
(South Kensington.)

vin, la *Route du temple*, la *Sieste*, les *Roses d'Héliogabale*, les *Bains romains*, etc...

« L'érudition d'Alma-Tadema, beaucoup moins solennelle que celle de M. Leighton, se montre coquette, familière, amusante, tout à fait à son aise avec l'antiquité. Il connaît par le menu la vie de Rome et d'Athènes et nous promène au bain, à l'amphithéâtre, à l'atrium. Dans ces jolis cadres où luisent doucement les marbres caressés par un onctueux pinceau, il fait mouvoir des figures gracieuses et curieusement modernisées, de sorte qu'on ne saurait dire si ce sont des Anglaises déguisées en Grecques ou des Grecques élevées à Londres. Après l'orageuse possession du dieu, les *Ménades* gardent la fraîcheur immaculée d'une jeune miss et semblent sortir du gynécée. Elles se réveillent avec de jolis gestes de virginale candeur, comme de fines

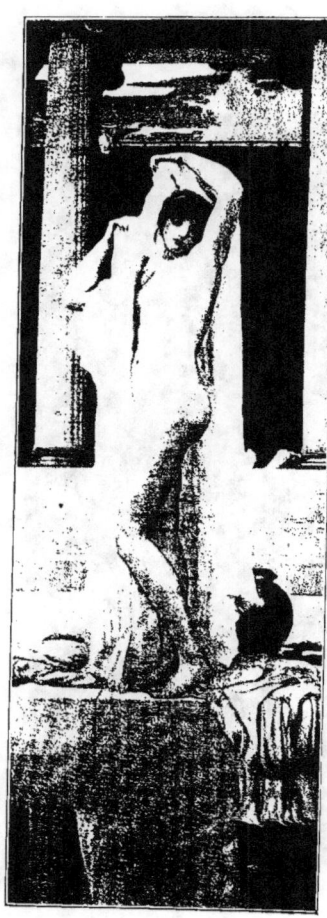

LE BAIN DE PSYCHÉ, PAR LEIGHTON
(National Gallery.)

Galathées de Paros qu'une délicate aurore de vie teinterait de rose pâle[1]. »

Et puisque nous esquissons ici les portraits des grands peintres anglais, dont l'œuvre et le nom brillent du plus vif éclat dans la deuxième partie du siècle dernier, inscrivons, sans hésitation, celui d'Hubert Herkomer (1849) à côté de ceux de Leighton, de Watts et d'Alma-Tadema, bien que, comme ce dernier, Herkomer soit d'origine étrangère[2]. Il naquit en

[1]. Maurice Hamel.
[2]. D'ailleurs sans vouloir donner à notre observation le caractère d'une critique, nous ferons remarquer que dans l'histoire de l'art anglais bien des noms étrangers surgissent avec éclat de la foule des peintres nationaux. C'est ainsi que, sans parler des premiers éducateurs : des Holbein, des Rubens, des Van-Dyck, des Peter Lely, des Zuccaro... nous trouvons, et cette fois pompeusement ornés, pour la plupart, de la glorieuse cocarde académique, les Benjamin West, les Singleton Copley, les Henry Fuseli, les Dante-Gabriel Rossetti, les Alma-Tadema, les Hubert Herkomer... Je ne cite que les plus célèbres, et je me garderai d'oublier John Sargent, aujourd'hui en pleine gloire, et peut-être le plus populaire, le plus habile, le plus aimé des *peintres anglais*, alors qu'il naquit aux États-Unis, et qu'il apprit son art si libre, si franc, si généreux, en un mot si français (n'en déplaise à Watts) à l'atelier de Carolus Duran, dont il a d'ailleurs, en élève reconnaissant, éternisé les traits dans un magistral portrait. Sargent est le

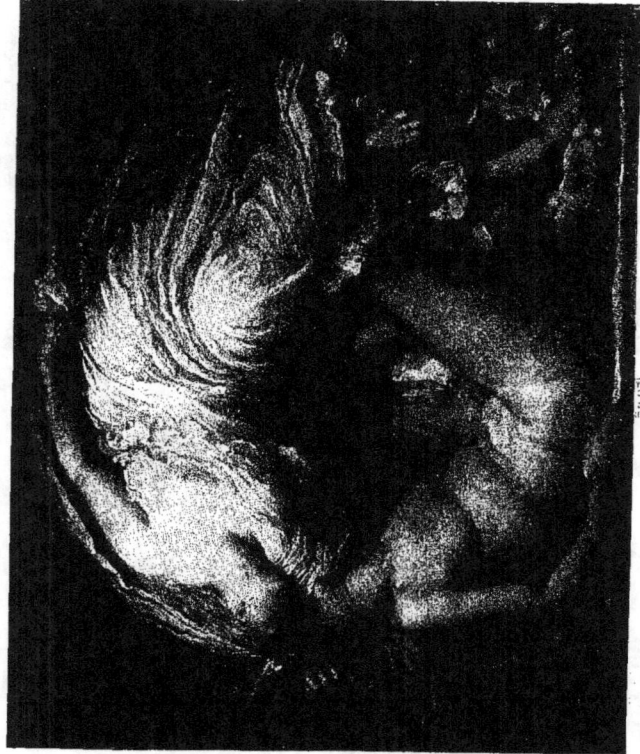

DIANE ET ENDYMION, PAR G.-F. WATTS

effet à Waal en Bavière et ce ne fut qu'après le grand succès obtenu en 1894 par la *Dernière Assemblée*, une de ses premières et de ses meilleures toiles, qu'il se fit naturaliser Anglais.

Il serait téméraire d'assigner une place, parmi les préraphaélites, à ce Bavarois qui débuta dans la caricature, qui volontairement, systématiquement, lorsqu'il peint un portrait, échappe à la fatigante tyrannie de l'analyse des détails en supprimant tout accessoire, et dont les modèles féminins ne font jamais songer aux canéphores *anglicisées* des Rossetti, des Burne-Jones, des Leighton et des Alma-Tadema lui-même.

Les portraits de Herkomer, ceux de la *Dame en noir* (entrée en

peintre en ce moment le plus célèbre de l'Angleterre, et peut-être même du monde entier. Ce dont il nous est d'ailleurs permis de tirer une certaine gloire, puisque c'est grâce à la bienfaisante action d'un maître français que son art prit son essor, et que jamais il ne tenta de réagir contre les mystérieuses mais très fortes influences initiales sous lesquelles se développèrent ses dons naturels et son brillant individualisme. «... M. John Sargent est sain. Il donne pleinement sa mesure. Ne cherchez dans ses œuvres ni mystère, ni secret, ni prévision, ni symbole. La nature l'a doté royalement. Elle l'a créé magnifique ouvrier, au degré des plus grands teneurs de pinceaux qui aient jamais vécu. Il n'existe pas au monde un peintre vivant qui ait plus de maîtrise... Beaucoup de peintres brillants donnent le change : leur coloris violent se révèle criard, leur dessin osé se constate inexact, ce sont des équilibristes et des escamoteurs. Mais dans toute l'œuvre de Sargent, il n'y a pas une négligence, une faiblesse, une difficulté esquivée, un faux semblant. Tout est savant, harmonieux, authentiquement superbe... » (*Camille Mauclair* : John Sargent, l'*Art et les Artistes*. Revue internationale d'art ancien et moderne, n° de janvier 1907).

L'auteur de ce livre eût vivement désiré y consacrer quelques pages à John Sargent et à son œuvre, et à l'influence qu'elle exerce sur la peinture anglaise contemporaine, influence moins grande toutefois qu'on pourrait se l'imaginer. Les individualités les plus fortes ne sont pas toujours celles dont le rayonnement éducateur est le plus grand. Mais John Sargent, bien que peintre très adulé en Angleterre, bien que membre très influent de la Royal Academy, ne s'est pas fait naturaliser citoyen de la Grande-Bretagne. Le drapeau étoilé flotte toujours sur son œuvre éblouissante, et j'entends déjà les très légitimes protestations qui s'élèveraient de l'autre côté de l'Atlantique, si nous manquions à la plus élémentaire des corrections en lui enlevant ici sa qualité officielle de peintre américain. Mais qu'il nous soit permis cependant, après avoir trop brièvement salué ici au passage ce brillant artiste, né à Florence en 1858 de parents américains, instruit dans son art à Paris, royalement adopté par l'Angleterre, et universellement admiré, de reproduire dans ce livre, pour la joie des yeux, et sans trop redouter de patriotiques protestations, une de ses œuvres, où se manifeste avec un éclat tout particulier, la grâce facile et brillante de son pinceau.

mélancolie), ceux de *Miss Catherine Grant* (la dame en blanc), dépourvu, celui-ci, de toute signification symbolique, exécutés au lendemain de la réforme préraphaélite, images serrées, sobres et opiniâtrement fouillées, peints sans dessous, accusent toutefois les conseils de Hunt; et même dans les précises simplifications de leurs accessoires rudimentaires, on devine le culte religieux de l'auteur pour celui qui cisela avec l'angélique patience d'un quattrocentiste la lanterne de la *Lumière du monde* et les pectoraux de l'*Ombre de la Mort*. D'ailleurs, aussi bien dans ses grandes compositions que dans ses portraits, où il excelle parfois, M. Herkomer, d'accord en cela avec les P. R. B, et surtout avec Watts, s'efforce de donner à sa couleur l'aspect fruste de la

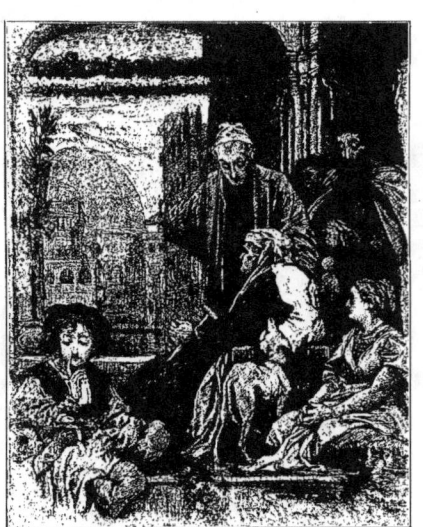

MORT DE BRUNELLESCHI, PAR FREDERICK LEIGHTON
(D'APRÈS UN DESSIN ORIGINAL)
(British Museum.)

fresque, évitant toute préparation de fond avant la pose définitive, affirmant qu'en fait de couleur les plus sèches sont toujours les meilleures. L'application de son système est si absolue que dans certaines de ses peintures, dans la *Dernière Revue* entre autres, exécutée directement sur toile blanche, les substances employées, nous apprend M. Robert de la Sizeranne, étaient tellement sèches, qu'il fallut ensuite y revenir, couvrir le tableau d'enduits parasites, par devant et

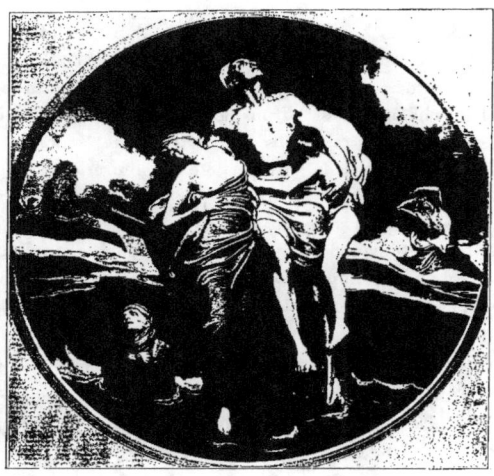

« ET LA MER RENDIT LES MORTS QU'ELLE AVAIT GARDÉS
DANS SON SEIN », PAR FREDERICK LEIGHTON
(National Gallery.)

par derrière, afin d'empêcher un décollage complet.

La *Dernière Assemblée* (The last muster); *Manquant* (Missing); la *Chapelle de la Charterhouse*, le *Port de Refuge*, sont les plus importantes et les meilleures toiles d'Herkomer, et suffiraient, en dehors de ses nombreux portraits, dont quelques-uns, celui de sir Georges Taubman Goldie et de miss Grant entre autres, à lui assurer une place des plus honorables parmi les peintres contemporains de toutes les écoles.

Ce qui caractérise son œuvre, c'est la recherche obstinée des traits caractéristiques de ses personnages, l'habileté de la composition et le souci constant de dégager, soit par une expression anecdotique, soit par un mouvement d'ensemble, une idée morale de sa composition[1]. Et en cela il se rattache encore à la doctrine anglaise qui, d'ailleurs,

---

1. Herkomer, esprit très complexe, nature aussi étrange qu'active, peignit aussi de nombreuses aquarelles, professa, dirigea des écoles, fonda une colonie artistique à Bushey, près de Londres, fut tour à tour impresario, décorateur, machiniste. Très érudit, comme la plupart des grands peintres anglais (autochtones, coloniaux ou naturalisés), il professa éloquemment ses principes d'art dans sa chaire d'Oxford, puis les développa à l'Académie royale, tout comme Reynolds.

n'a jamais varié de Hogarth à Blake, et de Blake à Watts et à Rossetti. En sera-t-il toujours de même? L'évolution qui se produit actuellement dans l'École de peinture anglaise nous fait supposer le contraire, et dans un prochain chapitre nous dirons les motifs de cette opinion.

A côté des grands préraphaélites irréductibles, de Madox-Brown (encore que ce dernier refusa de faire partie de la confrérie), de Hunt, de Rossetti, puis des derniers venus dans la phalange sacrée, mais non des moins fervents, des Burne-Jones, des Morris, des Walter Crane, des Richemond, des Holiday, des Strudwick, des Stillmann, des Rooke, des Spencer-Stanhope..., nous avons tenté d'esquisser les hautes figures, relativement indépendantes, de l'académique Leighton, d'Alma-Tadema l'évocateur historique, de Watts le symboliste, de Herkomer le portraitiste... avec la secrète pensée de déterminer dans la rapide analyse de l'art individuel et cependant soumis à de fraternelles influences, de ces derniers, la physionomie générale de la peinture anglaise, dans la période comprise entre la date de la dissolution de la confrérie de P. R. B. et l'époque actuelle.

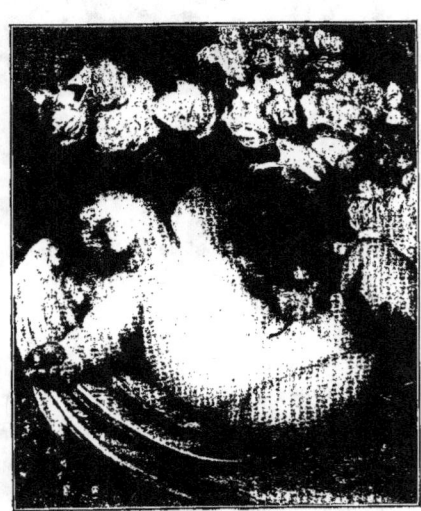

Hollyer, phot.
L'AMOUR ENDORMI, PAR G.-F. WATTS

Peinture philosophique, née violemment d'une volonté révolutionnaire et d'efforts énergiques et persistants pour apparaître au monde entier comme une claire et

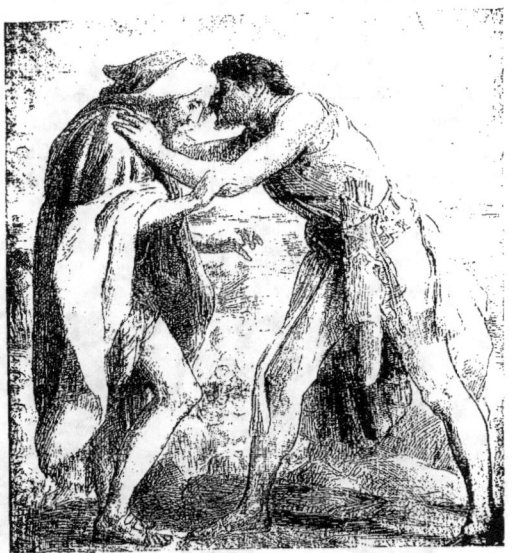

ESAÜ ET JACOB (DESSIN), PAR G.-F. WATTS
(Musée du Luxembourg.)

éloquente expression du sentiment national.

A côté de ces maîtres, d'autres artistes, d'un éclat moindre, mais dont néanmoins l'art très particulier, né cependant du rayonnement préraphaélite, participe à l'expression générale de la peinture anglaise avant son évolution dernière, méritent d'être mentionnés.

Sir Edward Poynter[1] est à l'heure actuelle, ainsi que le fut Leighton, le représentant le plus galonné de l'art académique en Angleterre. Comme Alma-Tadema il se complaît dans la reconstitution de scènes de la vie antique, mais son dessin est moins précis, sa couleur moins brillante, son archéologie plus discutable que celle du peintre de l'*Ave Cæsar!* Il cultive presque exclusivement le genre historique. La *Visite à Esculape*, qui figure aujourd'hui à la National Gallery est considérée comme son chef-d'œuvre.

1. *Sir Edward Poynter* est né à Paris en 1835. Il étudia dans l'atelier de Dobson et entra en 1855 comme élève à la Royal Academy, dont il est aujourd'hui président. Ses principales œuvres sont, avec la *Visite à Esculape*, la *Course d'Atalante*, *Persée et Andromède*, le *Tepidarium*, l'*Age d'or*, *Zénobie*... Comme la plupart des peintres anglais, sir Edward Poynter est un savant esthéticien, et le recueil de ses conférences à Oxford, sur l'histoire de l'art, est très apprécié.

Frank-Holl[1] qui, d'ailleurs, comme Dudley Hardy, Scott of Oldham, Stanhope Forbes, n'échappa pas malgré ses aspirations préraphaélites à l'influence française, a laissé quelques tableaux de genre d'une inspiration mélancolique et d'une couleur assez triste. Ses portraits, entre autres ceux de lord Spencer, de lord Dufferin, du comte de Chichester, contribuèrent davantage à asseoir sa réputation de peintre consciencieux et sentimental.

Robert Braithwaite Martineau[2], se révèle, lui, au contraire, comme un peintre très anglais, ultra-anglais, dans le *Dernier jour nans la vieille demeure* (the last Day in the old House), une de ses rares toiles, (car il mourut jeune), où l'excessive analyse des détails, et la violence martelée

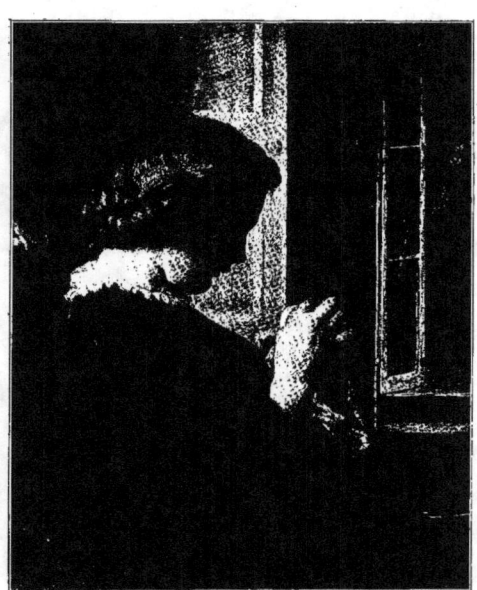

A. Rischgitz phot.

A LA FENÊTRE, PAR G.-F. WATTS
(Jonides Gallery.)

[1]. *Frank Holl* naquit à Cambley Town, le 4 juillet 1845 et mourut à Hampstead le 31 juillet 1888. Il était fils de Holl, le graveur. Ses œuvres les plus connues sont : *Le Convalescent*, *l'Enterrement au village*, *Pas de nouvelles de la mer !*

[2]. *Robert Braithwaite Martineau* naquit à Londres, en 1826, et mourut en 1869, dans la même ville. Il étudia la peinture dans l'atelier d'Holman Hunt.

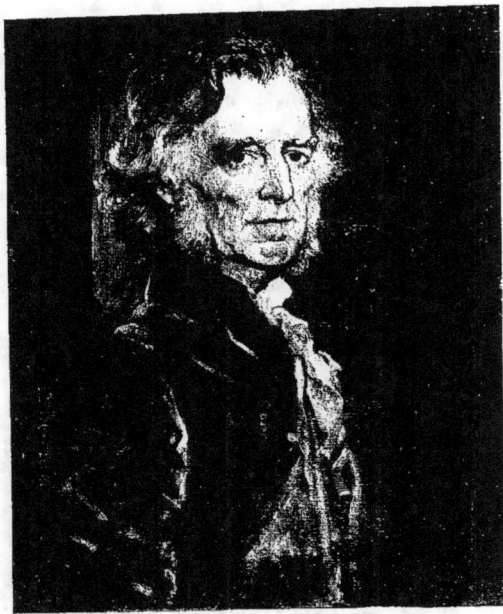

RUSSEL GURNEY, PAR G.-F. WATTS
(National Gallery.)

d'une couleur trop criarde, dénotent une application aveuglément enthousiaste des théories préraphaélites.

Mentionnons aussi les noms de G.-H. Boughton, l'auteur de *Neige printanière*, et de tant d'autres toiles charmantes, exquises de sentiment; de P.-R. Morris qui, après avoir, comme Martineau, étudié à l'atelier de Hunt, et écouté d'une oreille respectueuse, les austères conseils du maître, échappe brusquement et intégralement à l'influence préraphaélite, ainsi que l'atteste son spirituel et joyeux tableau, d'une couleur toute française : *Fils de braves;* d'Albert Moore, qui, moins soucieux qu'Alma-Tadema et que Richard Poynter, d'encombrer de détails archéologiques les cadres de ses évocations antiques, se plaît à draper de voiles chatoyants et de clepsydres consciencieusement plissées, dans des poses abandonnées et dans des décors simplifiés, de belles jeunes femmes aux figures très anglaises et aux formes olympiennes, empruntées aux marbres grecs du Bristish Museum. Et il donne pour titre à ses gracieuses et fraîches peintures : Yellow

Daffodils (*Jonquilles*), Midsummer (*Au Cœur de l'été*), Reading Aloud (*la Lecture à haute voix*), Waitting to Cross (*Attendant le passage*), etc.

John William Waterhouse se plaît comme Burne-Jones, dont il n'a ni le style élégant, ni le charme savant, ni l'émotion poétique, dans la représentation de sujets légendaires, empruntés tour à tour à la mythologie grecque et aux poèmes septentrionaux. Certaines de ses toiles comme *Circé empoisonnant la mer*, le *Martyre de sainte Eulalie* et la *Belle dame sans merci*, sont d'une belle tenue, et la décadence de la formule préraphaélite n'y est pas encore trop apparente[1].

Francis Bernard Dicksee (1853) continue très gravement et très consciencieusement la tradition anglaise qui veut que l'art de la peinture ne serve pas uniquement à réjouir les yeux. Et son œuvre principale *Dans l'ombre de l'église*, si popularisée par la gravure, est un témoignage très

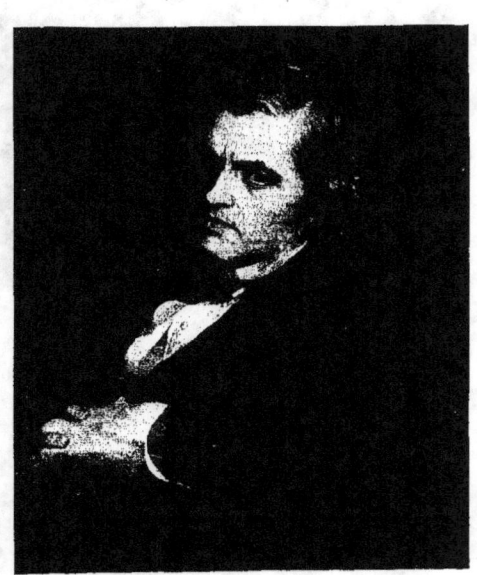

Hollyer, phot.

SIR WILLIAM BORMAN, PAR G.-F. WATTS

1. *John William Waterhouse* naquit à Rome, en 1849. Le premier tableau qu'il exposa, et non sans succès, fut le *Sommeil et la mort* (1874). Citons encore de lui : la *Dame de Shalott dans sa barque*, *Ulysse et les Sirènes*, *Danaé*, le *Cercle magique*...

éloquent de son intention. Nous nous permettrons d'ajouter, qu'ayant eu l'heureuse fortune de voir et l'original et sa reproduction, nous n'hésitons pas à accorder notre préférence à cette dernière, où seule l'invention mélodramatique du peintre subsiste. Et c'est assez.

Francis Bernard Dicksee a produit des œuvres assez nombreuses,

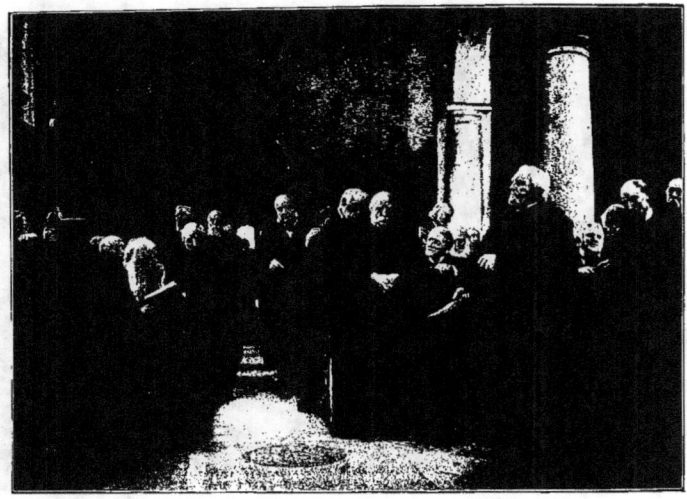

A. Rischgitz phot.
CHARTERHOUSE CHAPEL, PAR HUBERT HERKOMER
(National Gallery.)

inspirées par le théâtre de Shakespeare et l'œuvre de Wagner, mais si elles ont suffi à lui ouvrir les portes de l'Académie, elles furent impuissantes à lui faire place dans les rangs des peintres vraiment originaux, et très rares d'ailleurs, dont les efforts épars succédèrent au mouvement préraphaélite.

Deux intéressantes figures d'artistes se détachent cependant de cette foule vague si pauvre en individualités. Nous voulons parler de Mason et de Walker.

AU LENDEMAIN DU PRÉRAPHAÉLISME.

Georges Heming Mason naquit le 11 mars 1818, à Wetley-Abbey (Straffordshire) et mourut à Londres, le 22 octobre 1872. Il se destina d'abord à la médecine, mais sans passion. Ce fut en 1844 seulement, au cours d'un voyage sur le continent, nous apprend un de ses biographes, que pressé d'argent il se décida à faire de l'art son

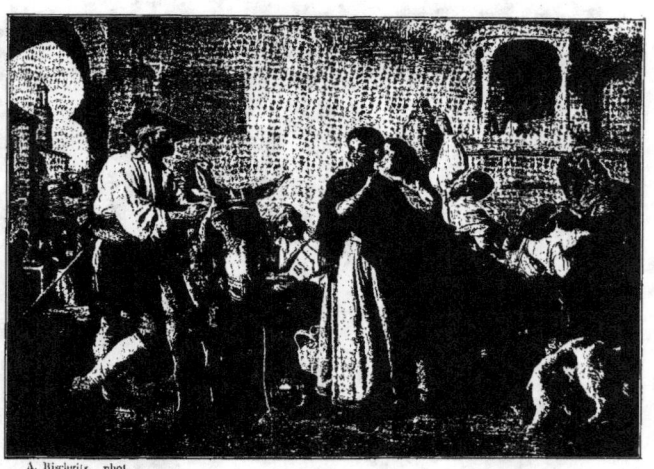

A. Rischgitz, phot.
LES CANCANS A LA FONTAINE, PAR JOHN PHILIP
(National Gallery.)

occupation habituelle et son gagne-pain. Il revint en Angleterre en 1858, après un long séjour à Rome, et s'étant marié, il s'établit à Wetley dans le Straffordshire, où il étudia spécialement le pittoresque de la vie rurale. En 1868, il revenait à Londres et en 1869 il était élu associé de la Royal Academy.

Frédéric Walker naquit à Londres, le 26 mai 1840, et mourut dans le Perthshire, le 5 juin 1875. Son premier maître fut son père, dessinateur ornemaniste de talent. Puis il traversa les ateliers de Leigh et de North. Mais il étudia surtout les marbres du Parthénon au British Museum et l'influence de ces premières études apparaît dans tout son œuvre. Comme dessinateur il collabora avec succès à la Revue *Once a week* et au *Cornhill Magazine* où parurent quelques-uns de ses meilleurs dessins sur le roman de Thackeray, *Philip*. En 1864, il était élu associé de la *Société royale des aquarellistes*. A cette date il s'était déjà fait connaître par diverses peintures à l'huile; et bientôt, avant que la mort ne le fauche en pleine jeunesse et en plein talent, comme Bonington, il expose coup sur coup et avec un succès toujours croissant, les

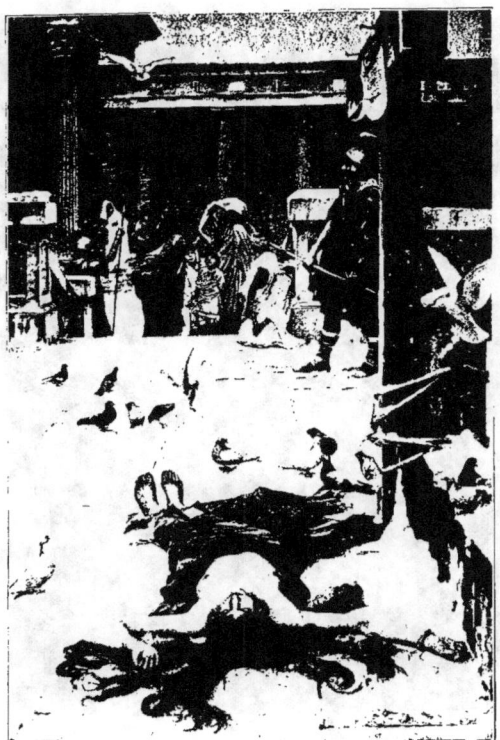

SAINTE EULALIE, PAR J.-W. WATERHOUSE
(National Gallery.)

Baigneurs, les *Vagabonds*, la *Vieille Porte*, le *Labourage*, le *Port de Refuge*, les *Passants*, la *Première Hirondelle*, le *Printemps*, l'*Automne*. La plupart de ces œuvres ont été gravées par des artistes de valeur, par

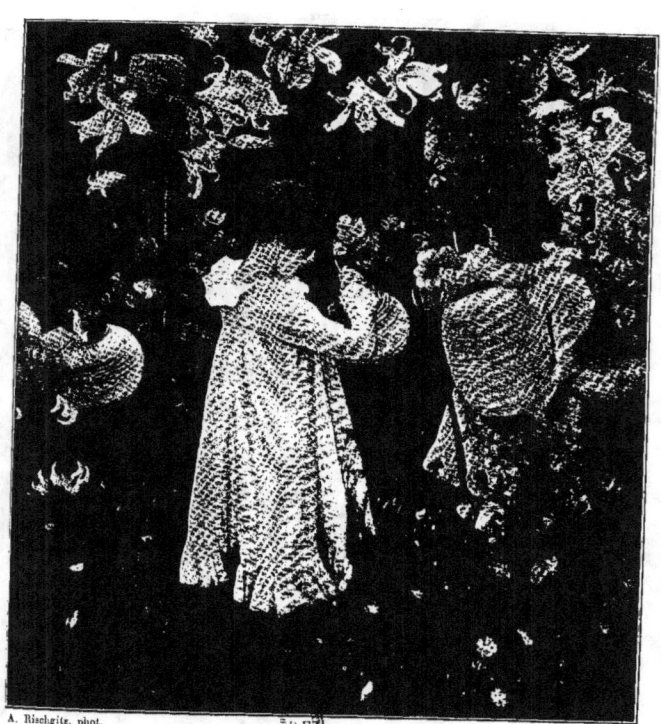

A. Rischgitz, phot.

ŒILLETS, LIS ET ROSES, PAR JOHN SARGENT
(National Gallery.)

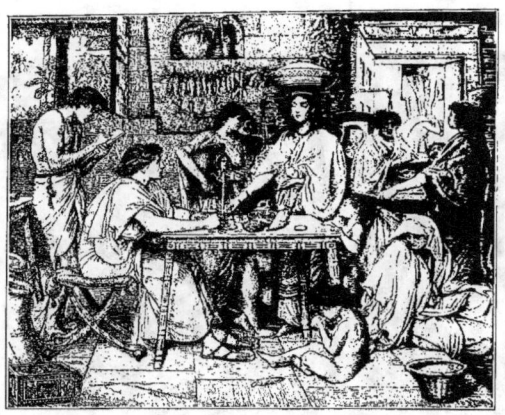

JOSEPH DISTRIBUANT DU BLÉ, PAR E.-J. POYNTER
(Royal Victoria and Albert Museum.)

Herkomer, entre autres.

Georges Mason mourut en pleine production, à cinquante-quatre ans, mais ayant déjà donné dans des œuvres comme : la *Lune de la moisson*, le *Brouillard sur le marais*, le *Cantique du soir*, le *Passage du marais*, le *Retour des moissonneurs le soir* (the Harvest Moon), le *Fer tombé*..., une large mesure de son beau talent de peintre et de poète, tandis que la mort aveugle fauchait Frédéric Walker, presqu'au début de sa carrière, à trente-cinq ans.

C'est à peine s'il nous reste de ce dernier une douzaine de toiles, parmi lesquelles des œuvres du plus haut intérêt, comme : les *Vagabonds*, le *Port de Refuge*, le *Printemps*, la *Vieille Porte*, le *Labourage*, les *Baigneurs*..., toutes œuvres d'un haut style et d'une pénétrante émotion, où l'harmonie la plus intime existe entre le personnage et le décor, et où l'on devine, à travers la distinction de la couleur, les beautés des formes, et la vérité vivante des attitudes, un amour à la fois très profond de la nature et un très délicat ressouvenir de la studieuse contemplation du Parthénon au British Museum.

Les jeunes baigneurs de Walker, tout en gardant la vérité du geste significatif, paraissent s'être échappés pour un moment des frises de Phidias, et la jeune et mélancolique promeneuse du *Port de Refuge* a toute la beauté divine d'une cariatide de l'Erechtéion.

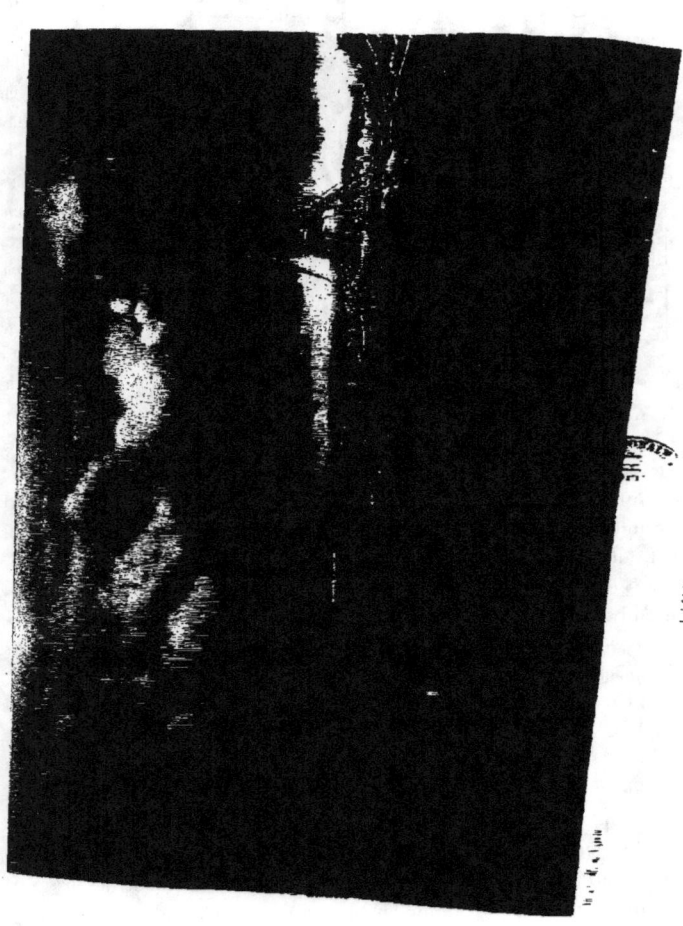

LINNELL — LE MOULIN A VENT

National Gallery

AU LENDEMAIN DU PRÉRAPHAÉLISME.

Mason et Walker, mais ce dernier surtout, sont parmi les très rares artistes anglais de la période comprise entre la dispersion de la confrérie des P. R. B. et la pléiade actuelle, qui soient restés, en apparence du moins, inaccessibles à l'action préraphaélite, malgré leur souci de la beauté classique des formes. La qualité de leur coloris les rapproche d'ailleurs tous deux de notre école française.

* *

Dans les éloquents chapitres de son *Esthétique végétale* et dans ceux non moins éloquents sur la *Splendeur des nuées*, Ruskin, dont l'œuvre colossale embrasse tous les horizons de l'universelle beauté, propage non seulement dans le public qui l'écoute, avec un si profond recueillement, le goût de la nature dans ses détails les plus intimes et dans son infinie splendeur, mais dicte encore aux peintres avec son ardente et impérieuse autorité, la loi générale de la composition, ou, pour employer son terme favori, de l'*invention* dans le paysage. Et ses idées théoriques, et ses conseils pratiques, et sa critique si neuve et si originale, impressionnent aussi vivement les peintres du paysage que les évocateurs de l'histoire et de la légende. D'où quelques œuvres, où la représentation minutieuse de la réalité se substitue à toute convention, où se devinent des efforts de sincérité aussi exemplaires que ceux des

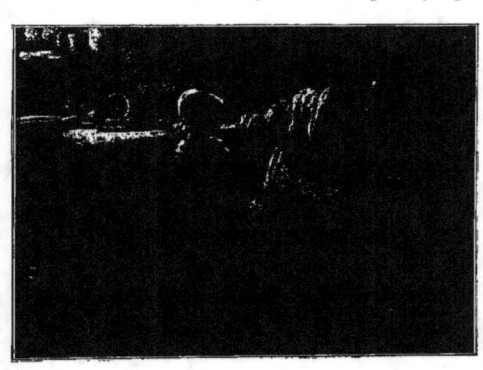

RÉDUITES AU SILENCE, PAR F. HOLL

Madox Brown et des Hunt, et qui furent signées du nom de J.-C. Hook[1], peintre puissant de la mer et de la vie rude des pêcheurs côtiers, de John Linnell et de John Lewis, peintres très habiles des ciels profonds et tourmentés et des larges horizons fermés par de sombres collines, de sir John Everett Millais, dont l'art si facile et si vagabond s'exerce tour à tour dans la légende, dans l'histoire, dans le

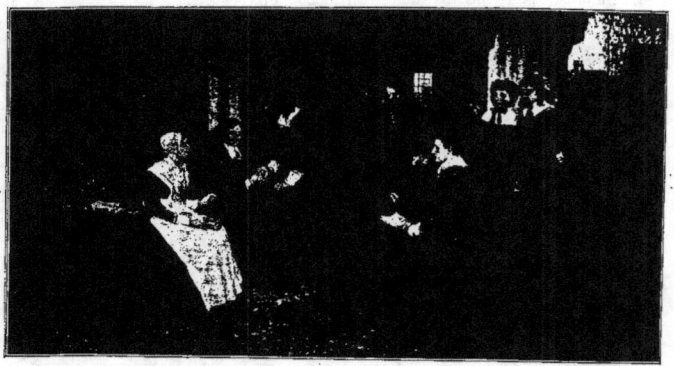

ENTREVUE DE MILTON ET D'ANDRÉ MARVELL, PAR G. G. BOUGHTON
(Collection du colonel Fairfax Rhodes.)

portrait, dans le genre, dans le paysage et jusque dans la caricature. Son beau tempérament de paysagiste se manifeste surtout dans le *Froid d'octobre*, le *Bord de la Lande*, les *Montagnes d'Écosse*.

Vicat Cole[2] apparaît assez comme un peintre de transition, entre les néo-préraphaélites du paysage et la pléiade actuelle. Certes, il est

---

1. *James Clarke Hook* naquit à Londres, le 21 novembre 1819. Il séjourna de longues années en Italie, et fit de la peinture d'histoire et du portrait avant de s'adonner au paysage, et surtout à la peinture de la vie des gens de mer, où il excella. Ses toiles les plus célèbres sont : les *Pêcheurs de Crabes*, *Yo, heave Ho! King Baby*, les *Sables blancs d'Iona*, le *Miroir de la Mouette*. La réputation d'Hook, comme paysagiste, est encore grande en Angleterre.

2. *Vicat Cole* naquit en 1833 et mourut en 1893.

très soucieux de la beauté des lignes et de la noblesse de « l'invention ». Le *Déclin du jour*, la *Pluie d'été*, l'*Or d'automne*, la *Tamise à Greenwich*, le disent assez; mais son pinceau a parfois dans l'indication des feuillages et des masses montagneuses des derniers plans, des mouvements synthétiques qui devaient faire froncer les sourcils à Ruskin.

John Brett, plus fidèle aux traditions préraphaélites (Ruskin n'acheta-t-il pas une de ses premières œuvres, le *Val d'Aoste*), s'est

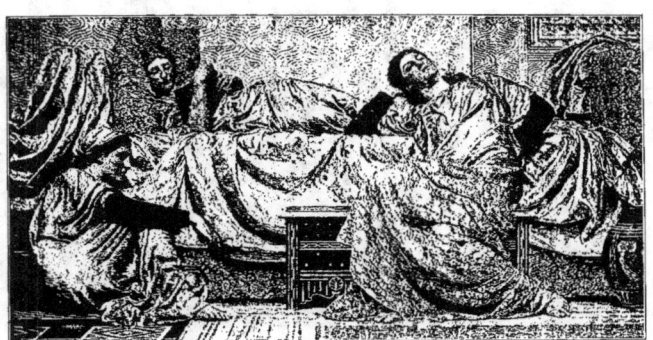

LA LECTURE A HAUTE VOIX, PAR ALBERT MOORE
(National Gallery.)

consacré principalement à la représentation de la mer et des rochers de Cornouailles, et ses peintures aux tonalités violentes et un peu criardes sont encore assez goûtées en Angleterre. Ses deux meilleures toiles, ou du moins les plus réputées, sont *Britannia's Realm* et *Mount's Bay*. Le premier de ces deux tableaux figure au South Kensington.

Myles Birket Foster (1825), après avoir débuté au *Punch*, puis à l'*Illustrated London News*, et avoir aussi illustré différents poèmes, entre autres ceux de Longfellow, se mit bravement à peindre, et son premier envoi à l'Académie : *Une ferme, avec le parc d'Arundel au fond*, obtint le plus grand succès. Dès lors il avait trouvé sa voie, et coup sur coup il exposa de nombreuses toiles, toutes d'un faire sec et minutieux, parmi lesquelles le *Ruisseau*, la *Chute du Tunnel*, la *Laitière*. Cette dernière figure au South Kensington.

Ce fut en 1868 que Foster fit son voyage de Venise, en compagnie de Walter et d'Orchardson. Il rapporta de ce voyage de nombreuses vues de la ville du rêve, mais qui ne rappelaient en rien les

LE FER PERDU, PAR GEORGE H. MASON
(National Gallery.)

vibrantes notations de Turner, ni les visions lumineuses et précises de Bonington.

Cecil Gordon Lawson (1851-1882), fut un des meilleurs paysagistes anglais du siècle dernier. Sa réputation est toujours grande, bien que sa carrière d'artiste fut brève, et qu'il ne put donner la mesure entière de son beau talent. Ses meilleures œuvres sont : le *Jardin du ministre*, la *Brume matinale*, le *Matin après la tempête*, la *Lune d'août*, qui figure à la National Gallery, la *Vallée de désolation*...

La plupart de ces peintures sont empreintes d'un grand sentiment de tristesse.

Cecil Gordon Lawson semble ne voir la nature qu'à travers la douleur d'une âme troublée sans cesse par la douloureuse appréhension d'une mort prochaine. Il dut bientôt quitter les brumes matinales de son pays, dont il savait si bien exprimer la mélancolie, pour se rendre à Menton où il mourut.

Le *Jardin du ministre*, qu'il peignit dans une heure de radieux

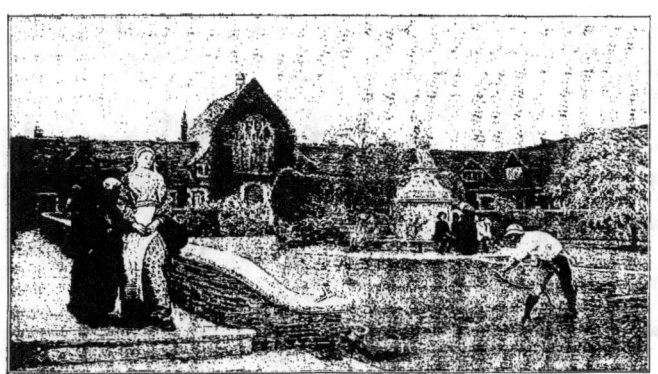

LE PORT DE REFUGE, PAR FREDERICK WALKER
(National Gallery.)

espoir, est un vrai poème de soleil, de fraîcheur et de gaieté, avec ses premiers plans encombrés de ruches, de capucines, d'œillets et de roses trémières, et ses larges horizons inondés de lumière.

Mentionnons aussi Colin Hunter, le peintre des claires marines; Aumonier, avec ses larges plaines, sortes d'océans de verdure, dont les blancs troupeaux de moutons sont les vagues mouvantes; Benjamin William Leader (1831), connu en France par la belle toile qu'il exposa en 1889 : *Sur le soir il y aura de la lumière*, et dont la *Baie de Conway*, les *Sablonnières du Surrey*, *Charrois de poutres*, comptent parmi les meilleurs paysages de l'école anglaise du siècle dernier.

J. W. North, dont la très grande habileté de métier n'exclut pas l'émotion, est représenté au South Kensington par une de ses meilleures toiles le *Soleil d'hiver*; il est un des exposants les plus remarqués de la Société royale des aquarellistes.

Un petit groupe d'artistes, parmi lesquels il faut citer, après

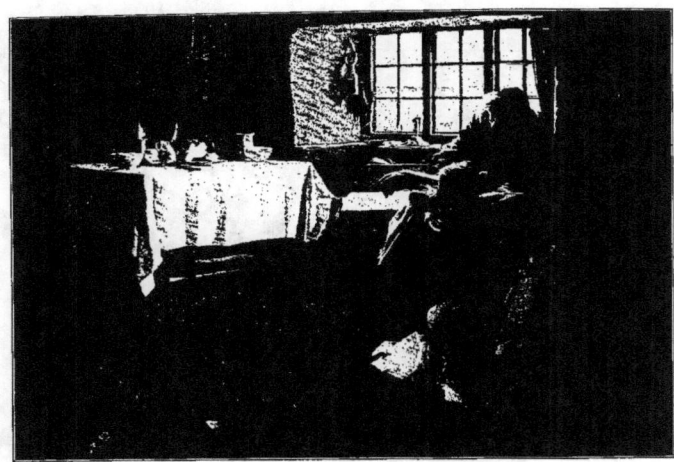

UNE AURORE SANS ESPOIR, PAR FRANK BRAMLEY
(National Gallery.)

Miss Clara Montalba (connue surtout comme aquarelliste), Luke Fildes, W. Logsdail, Henry Woods, s'est spécialisé, avec un certain succès, dans la peinture de Venise, sans faire oublier toutefois la géniale vision de Turner. Mentionnons encore parmi les peintres de genre de cette pléiade : MM. Dudley, Hardy, Auguste Blue, Holl, Macallum, C. Napier, John Philip (qui affectionne les sujets espagnols), W. J. Muller, Stott of Oldham, Stanhope Forbes, dont toute l'œuvre est remplie de si spirituelles observations. Mais ces

AU LENDEMAIN DU PRÉRAPHAÉLISME.

derniers, il faut bien le dire, s'écartent très visiblement du dogme préraphaélite et accusent des tendances continentales et souvent françaises.

A citer encore parmi les peintres anglais modernes, que les sujets maritimes inspirent heureusement : MM. Henry Moore, Edwin Hayes, Hamilton Macallum, T. Graham, W. J. Richards, Francis Powell, T. H. Hardy, J. G. Naish, Frank Miles, C. Napier Henry.

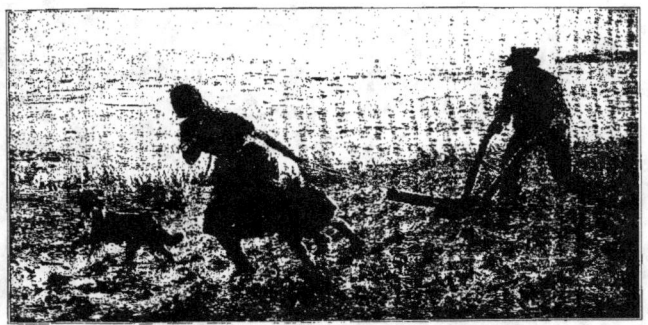

L'ATTELAGE DU LABOUREUR, PAR HAMILTON MACALLUM
(National Gallery.)

M. Henry Moore, frère de l'académicien, est assurément un des premiers marinistes de l'école anglaise contemporaine. Son œuvre est d'ailleurs très connue en France où il exposa souvent.

Il excelle à rendre le mouvement, les larges houles du large, et à faire jouer le soleil sur la masse glauque des flots. A la peinture des grèves, des criques et des rochers, il préfère l'immensité de l'Océan sous l'immensité du ciel, et il sait rendre à merveille la mystérieuse transparence des deux infinis. Il semble dédaigner l'anecdote marine, pour peindre avec une sorte de pieux recueillement l'ensemble énorme de son vaste sujet.

M. Henry Moore est un grand peintre et un grand poète de la mer.

Puis c'est la foule incessante et innombrable de ceux qui, en dehors de toute doctrine et de toute technique imposée, mais très épris de la nature et rebelles à toute formule conventionnelle, préparent ou plutôt travaillent concurremment et parallèlement avec l'école de Glasgow, à l'évolution qui agite en ce moment l'école de peinture anglaise, au pied du palais académique ébranlé et où George Henry lui-même, l'un des plus audacieux représentants de l'école de Glasgow vient de pénétrer en triomphateur après les Clausen, les Brangwyn, les Edward Stott et les William Strang.

Burlington House tend décidément à perdre sa fâcheuse réputation de maison fermée.

Nommons après MM. Cecil Lawson, E.-H. Fafrey, J. Aumonier... MM. A. Parsons, S. W. Knight, L. Thomson, W.-L. Wyllie, Edwin Ellins, H. Enfield, H. R. Robertson... Puis encore, MM. B. Head, E. Barclay, D. Bates, C.-B. Monro, Frank Miles, E.-A. Waterlow, T.-J. St. Watson, Arthur Stud, V. Davis, I. Hetherington, C.-E. Holloway, Stuart Lloyd, W. J. Slater, Tom Lloyd, J.-S. Rawle, Frank Bramley, T. Ellis, A. W. May, etc., et ce groupe si vivant du « New English art club » épris parfois de modernisme jusqu'à l'outrance avec Wilson Steer, un des peintres les plus originaux et les plus distingués de la jeune école, et de fantaisie réactionnaire avec ce délicieux Conder, né de Watteau et de Monticelli, alors que Bernhard Zickert

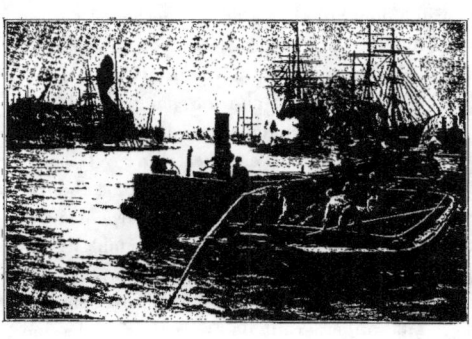

PEINE, ÉCLAT ET RICHESSE, PAR W. L. WYLLIE.
(National Gallery.)

AU LENDEMAIN DU PRÉRAPHAÉLISME.

dresse ses sombres et élégantes architectures dans la lumière invraisemblable de ses ciels glacés et que W. Rothenstein fixe d'un crayon aigu et pénétrant, les traits de ses plus illustres contemporains (voir les portraits de Rodin, Fantin-Latour, Legros...) et analyse avec une rare sincérité les scènes de la vie juive.

A côté de ces noms que domine le grand nom de Sargent, le véritable président de cet intéressant groupement il faut encore citer ceux de MM. Gérard Chowne,

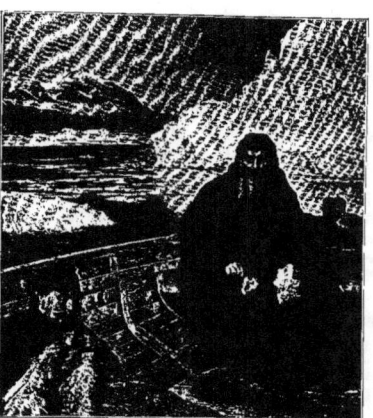

LE DERNIER VOYAGE D'HENRY HUDSON
PAR JOHN COLLIER
(National Gallery.)

peintre de fleurs exquis, qui a su garder sa personnalité, après avoir passionnément étudié Fantin Latour ; de Henry Tonks, sur lequel s'exerce un peu trop visiblement l'influence de Wilson Steer ; de C. J. Holmes ; de A. Hugh Fisher ; de W. Nicholzon, peintre vigoureux et original, graveur spirituel et puissant ; de F. Cawley Robinson, peintre paysagiste doué d'un coloris puissant et d'une riche imagination ; de Hamilton Hay, excellent peintre de marines, coloriste subtil et délicat ; de Fred Footet, paysagiste impressionniste, dont l'art s'apparente assez à celui de Lebourg, œil fin, qui recherche de préférence les effets bleus et argentés des aubes printanières. Enfin terminons cette nomenclature en citant M. Augustus John, bien que très jeune encore, un des membres les plus célèbres du *New English art club*. M. Augustus John est un beau coloriste dont le métier libre et large fait songer à celui de Franz Hals. Il dessine en maître et ses sanguines sont très recherchées des vrais amateurs d'art.

Dans les quelques pages si intéressantes qu'il consacre à la peinture anglaise à l'exposition de 1889, M. Maurice Hamel, en définissant le caractère général de son sujet, s'exprime ainsi : « Il est rare que l'on peigne pour le plaisir de peindre dans l'école anglaise, et les questions techniques, si passionnément agitées chez nous, n'y ont qu'une importance secondaire. Selon le caractère et le goût de la race, on a plutôt des intentions de romancier, d'humoriste, de moraliste ou de poète que des idées proprement picturales. La conception est tantôt allégorique et subtile jusqu'à l'extrême ténuité, tantôt franche et sanguine, à hauteur d'homme, parfois teintée de sensiblerie, jamais strictement naturaliste.

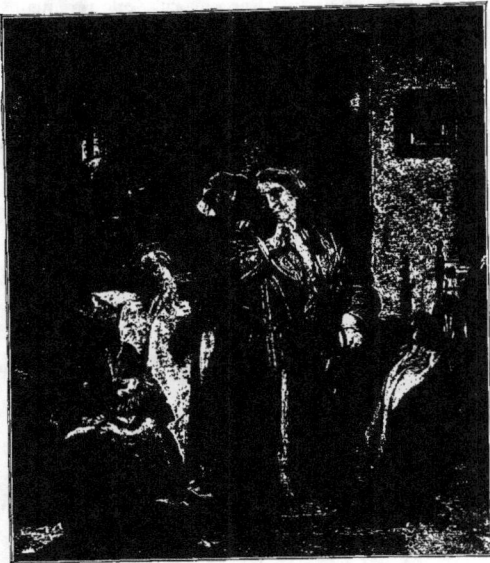
LA ROBE DE SOIE, PAR THOMAS FAED
(National Gallery.)

« L'imagination anglaise s'échappe en deçà ou au delà du réel par un attendrissement d'âme, par une violence ou par une douceur de sentiment. Elle n'accepte pas la nature dans ce qu'elle a de gros, d'âpre et de négligé; elle la polit et la poétise au risque de l'affaiblir et de la romancer; elle l'interprète dans le sens du joli, du touchant, du suave ou de l'intellectuel. Et d'autre part l'œil anglais, curieux du détail, plus sensible aux antithèses qu'aux apaisements, clair plutôt que fin, un peu barbare dans son amour du vif et du cru, voile rarement la lumière dans ses délicatesses dernières, moins encore dans des harmonies sereines. L'impression optique n'a donc pas changé; c'est

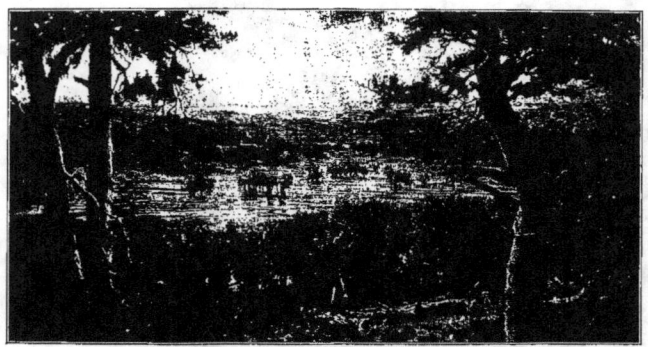

LA LUNE D'AOUT, PAR CECIL LAWSON
(Tate Gallery.)

toujours une saveur piquante et aigrelette, rarement pleine et forte, qui fait penser au pale-ale, à la polychromie taquine des clowns, des boutiques, des bars et des modes anglaises. Le plein air n'a recruté que fort peu d'adeptes. Sans doute, depuis Mason et Walker, on a fait un pas vers l'unité lumineuse et la réconciliation des tons sous une enveloppe tranquille, et cela est surtout sensible dans les aquarelles ou dans les paysages tels que ceux de M. Aumonier... »

Ces lignes, avons-nous dit, furent écrites en 1889. Elles étaient à cette date l'expression juste de la pensée d'un de nos critiques les plus subtils et les mieux renseignés. Depuis, les choses ont changé.

L'hermétisme anglais n'a pu résister indéfiniment à l'action du dehors, d'abord timide, puis impérieuse et envahissante.

L'idéal d'art s'est peu à peu élargi aux harmonieuses suggestions whistlériennes. La place énorme usurpée par l'intérêt purement sentimental et anecdotique s'est sensiblement rétrécie devant la sincérité des recherches des tonalités riches dues à la science des valeurs enseignée par Whistler dans son art quintessencié et dans ses exquises symphonies, et aussi par les grands impressionnistes français dont les chefs-d'œuvre pénètrent chaque jour nombreux et révélateurs, dans les collections d'art les plus riches d'Écosse et même d'Angleterre.

Il est de toute évidence qu'une large évolution se produit à l'heure présente dans la peinture anglaise et qu'il serait téméraire d'affirmer aujourd'hui que les questions techniques si passionnément agitées chez nous n'ont qu'une importance secondaire chez nos voisins.

Ce n'est plus dans les solennelles « exhibitions » printanières de la Royal Academy, encore que John Sargent, « retenu par sa grandeur au rivage », y triomphe fidèlement et facilement, qu'il faut chercher l'âme, avide de vérité, de plein air, de riches et originales harmonies, de la jeune école anglaise, enfin libérée, mais à la New Gallery et dans le modeste local du New English art club, avec les Wilson Steer, les Cawley Robinson, les Augustus John... et tant d'autres vaillants artistes aussi sincères qu'audacieux et dont l'art encore un peu flottant ne tardera pas à se préciser dans de définitifs chefs-d'œuvre fortement imprégnés de réel et d'humanité.

CHAPITRE II

L'ÉCOLE DE GLASGOW

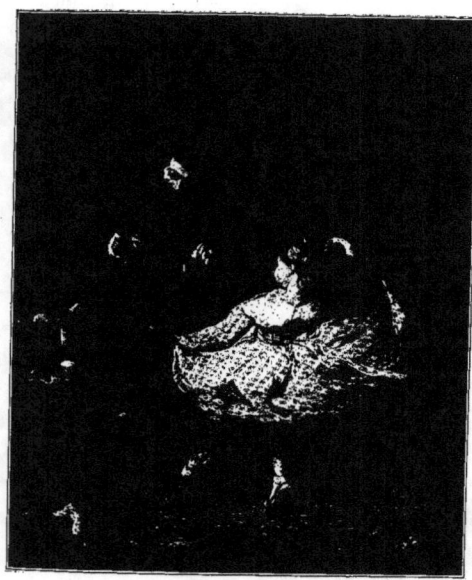

LA RÉPÉTITION, PAR JOHN PETTIE
(Collection de M. Adam Wood.)

Peut-être aurions-nous pu généraliser davantage le titre de ce chapitre ; mais en vérité, nous croyons qu'il est de toute justice de rendre à la ville de Glasgow l'honneur auquel elle a droit.

C'est bien en effet au milieu de sa laborieuse agitation et dans sa fuligineuse atmosphère qu'est née l'*École écossaise*, et que s'est épanouie cette si éclatante et si artistique floraison dont nous allons parler. Il importe de ne pas oublier que les premiers efforts, les premières tentatives de cette jeune école, furent

254   LA PEINTURE ANGLAISE.

aussi froidement accueillis à la « Royal Scottish Academy » d'Édimbourg qu'à l'Académie royale de Londres. Ce fut le patriotisme éclairé, voire même un peu exclusif, d'un riche marchand de Glasgow, qui non seulement encouragea les premières manifestations de l'école

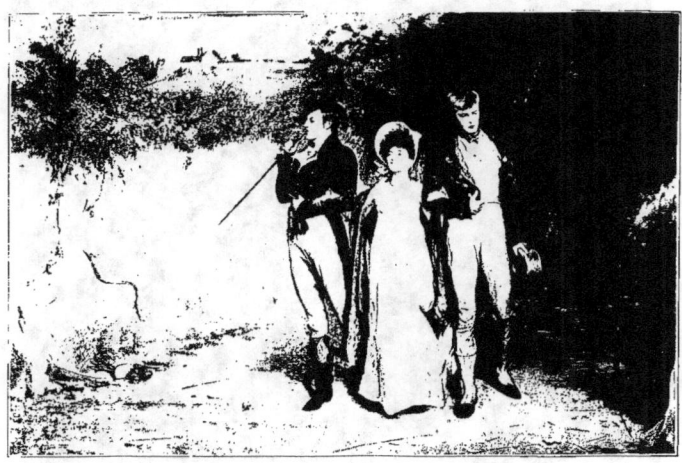

DEUX CORDES A SON ARC, PAR JOHN PETTIE
(Glasgow Gallery.)

naissante, mais qui, involontairement peut-être, contribua à son apparition dans l'histoire de l'art[1].

Vers 1880, en effet, un riche négociant de la grande cité rapporta

[1]. Il n'y a guère eu jusqu'à ce jour d'études critiques sur l'ensemble de la peinture écossaise. Les meilleurs écrits sur ce sujet, écrits disséminés pour la plupart dans des dictionnaires biographiques et des revues, sont signés des noms de MM. M. D. Mackay, Binnington, Redgravis, R. A. M. Stevenson, sir Walter Armstrong, Cornélius Gurlett... Le caractère et l'histoire générale de la peinture de portraits de l'École écossaise ont été étudiés d'une façon remarquable par M. G. J. Caw, l'éminent conservateur de la Scottish National Portrait Gallery, à Édimbourg, dans ses « Scottish portraits » (J. C. et E. Jack, Édimbourg, 1903).

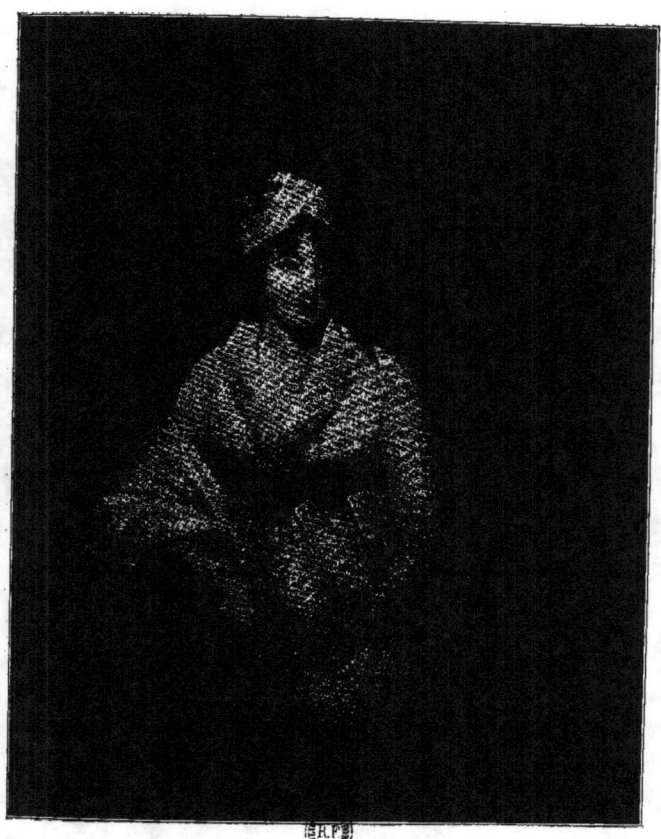
MISTRESS GREGORY, PAR HENRY RAEBURN
(Collection de lord Leith of Tyvie.)

de France tout un lot de toiles dues aux maîtres de Barbizon, déjà appréciés par un certain nombre d'amateurs écossais, mais peu connus encore du plus grand nombre des artistes.

Ces tableaux, au milieu desquels s'étaient glissées quelques rutilantes fantaisies picturales de Monticelli, furent avidement admirées par les jeunes peintres écossais, las de la formule officielle et déjà préparés par la vision originale et séduisante de certaines œuvres de Whistler, et par les libres fantaisies des Japonais, à réagir révolutionnairement contre le traditionalisme académique et même préraphaélitique, et à associer leurs généreux efforts à ceux des futurs fondateurs de la Société internationale de Paris, des sécessionnistes de Munich et des audacieux créateurs du « New English art club » de Londres.

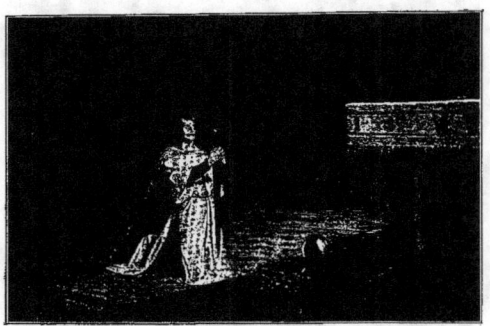

LA VEILLÉE DES ARMES, PAR JOHN PETTIE
(National Gallery.)

Quelques années d'ailleurs plus tard, la « Glasgow corporation » achetait, malgré l'opposition académique, l'admirable portrait de Carlyle par Whistler, un des chefs-d'œuvre du maître.

Et ce fut désormais, dans la contemplation des paysagistes de l'École française, du chef-d'œuvre de Whistler et des estampes japonaises, qu'ils puisèrent le culte ardent de la vérité, qu'ils apprirent l'art de peindre avec les ressources les plus riches et les plus subtiles de la palette, et que le sens décoratif s'éveilla en eux et libéra leur imagination paralysée par la doctrine.

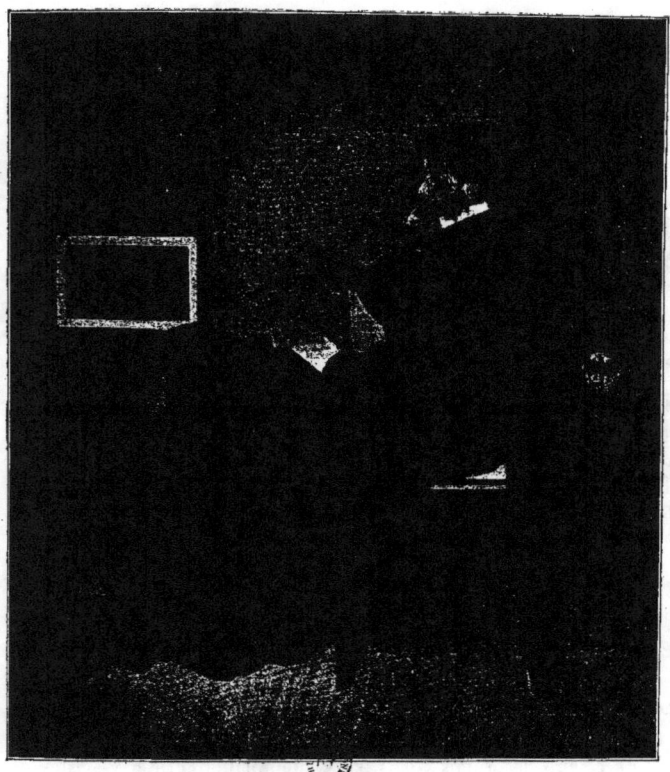

PORTRAIT DE THOMAS CARLYLE, PAR J. A. MAC NEILL WHISTLER
(Glasgow Gallery.)

Il est juste toutefois de dire que bien avant que la vision des œuvres de Rousseau, de Dupré, de Monticelli, de Whistler, d'Hokusaï, eût si vivement impressionné les Mac-Grégor, les Melville, les Paterson, les Guthrie, les Lavery, les Crawhall, les Taggart... et que de ces influences si originales et si diverses, fondues toutes ensemble dans une admiration collective, fût né un art d'une expression si neuve et si séduisante, les leçons muettes du grand Raeburn avaient été religieusement écoutées.

Les jeunes compatriotes de ce grand maître, avides de sensations nouvelles, étaient déjà admirablement préparés à les recueillir. C'est que l'art à la fois robuste et souple, éclatant et subtil, audacieux

CHATEAU DE STIRLING, PAR ALEXANDRE NASMYTH
(National Gallery of Scotland.)

et somptueusement harmonieux d'Henry Raeburn, est un des plus libres qui existent. Son œuvre magistrale, si superbement répandue dans les galeries, dans les palais municipaux, dans les collections particulières d'Écosse, est un éternel exemple pour le peintre. Et il est très visible que son action bienfaisante s'étend à travers les siècles et à travers les influences nouvelles de l'art de ses compatriotes, comme celle de Velasquez, auquel il s'apparente par bien des points, s'exerce depuis le xviie siècle sur l'art des peintres espagnols.

Le nom d'Henry Raeburn n'est pas le seul qui honore l'histoire de la peinture écossaise, intimement mêlée jusqu'à ces derniers temps à l'histoire de la peinture anglaise. Il est assurément le plus glorieux

L'ÉCOLE DE GLASGOW.

représentant de la peinture écossaise, dans l'histoire de l'ancienne école, et son art rayonne avec autant d'éclat que celui de Reynolds, dont il eut parfois toute l'habileté et de Romney, moins coloriste et moins original que lui. Mais puisque avant d'arriver à l'étude de l'école

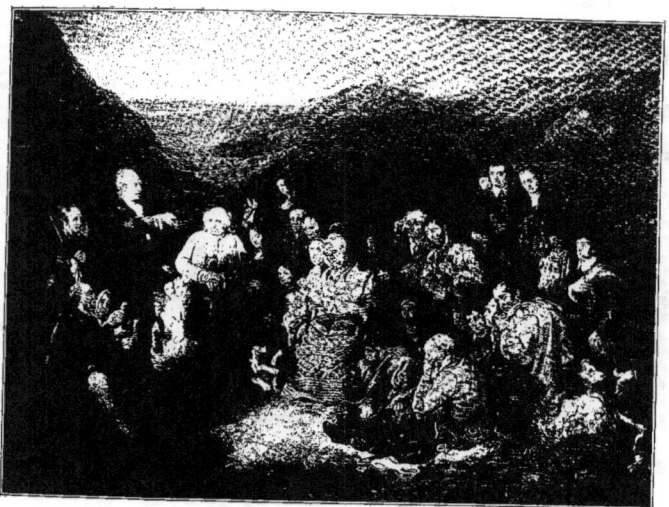

PRÉDICATION DU COVENANT, PAR GEORGE HARVEY
(Glasgow Gallery.)

écossaise, nous faisons une légère incursion dans l'histoire rétrospective de cette école, mentionnons aussi après Raeburn, et bien au-dessous de lui, quelques autres peintres, dont plusieurs eurent une certaine originalité provinciale, mais qui, pour la plupart, subirent l'influence du milieu d'art où ils étudièrent, lorsqu'ils s'échappaient de la corporation de Saint-Luc fondée à Édimbourg en 1729. On retrouvera d'ailleurs leurs noms dans la première partie de cet ouvrage.

Ce furent Allan Ramsay, habile portraitiste, coloriste parfois très puissant, mais dépourvu de toute originalité. Ramsay eut pour élève David Allan, dont « Invention of Drawing » figure actuellement à la National Gallery d'Édimbourg, et qui à son retour d'Italie eut le bon esprit d'abandonner les sujets classiques, dont il fut d'abord obsédé,

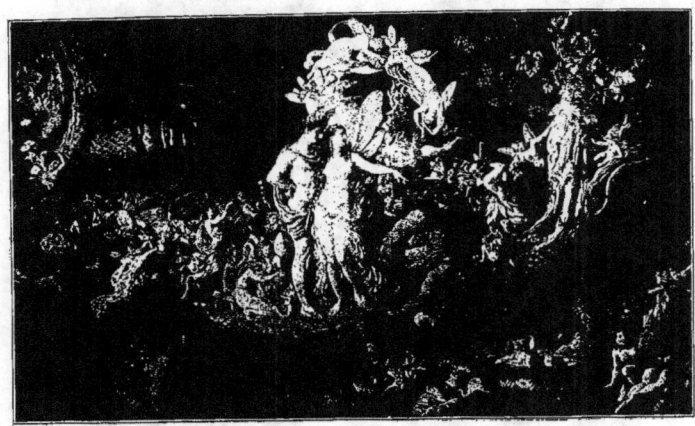
LA RÉCONCILIATION D'OBÉRON ET DE TITANIA, PAR NOEL PATON
(Scottish National Gallery.)

pour interpréter avec une émotion toute romantique les ballades poétiques et les vues pittoresques de son pays natal.

Les deux frères Alexandre et John Runciman, coloristes violents et inharmoniques, se spécialisèrent surtout, comme Fuseli, dans les grandes compositions classiques, dont les sujets étaient la plupart du temps empruntés au théâtre de Shakespeare, à l'Iliade ou à l'Odyssée.

Ce fut à Saint-Pétersbourg que la célébrité de William Allan, portraitiste correct et peintre d'histoire assez habile, s'affirma. Il fut, à la fin de sa carrière (1838), nommé président de l'Académie écossaise.

Puis voici les paysagistes Alexandre et Patrick Nasmyth, dont les

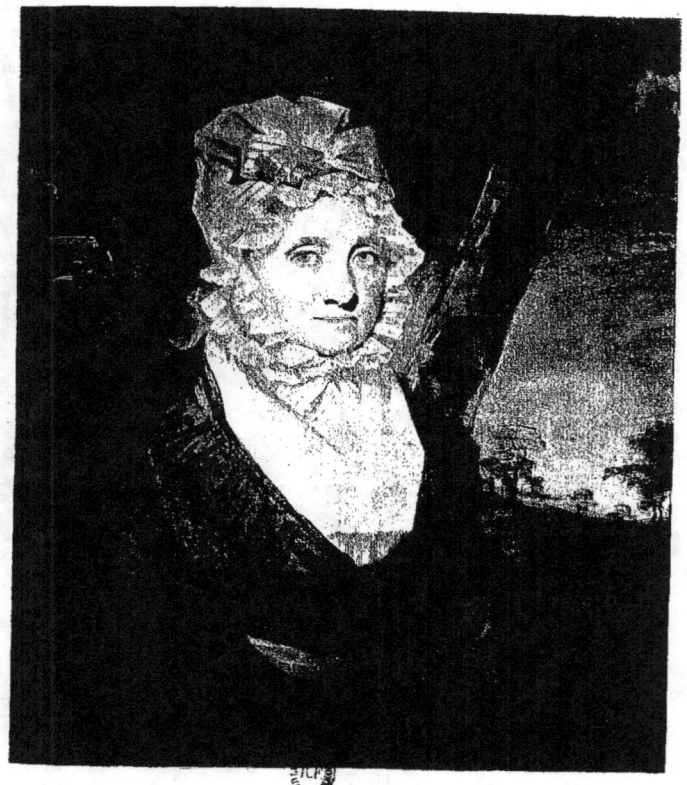

HENRY RAEBURN — PORTRAIT DE VIEILLE FEMME

Collection de M...

œuvres, celles de ce dernier surtout, rappellent parfois celles des meilleurs maîtres hollandais. Bientôt Edmond Thornton Crawford échappera, lui, à l'influence trop monochrome des Hobbema et des Ruysdael pour faire chanter joyeusement toutes les valeurs infinies de la nature dans ses toiles lumineuses et sincères. Edmond Thornton Crawford

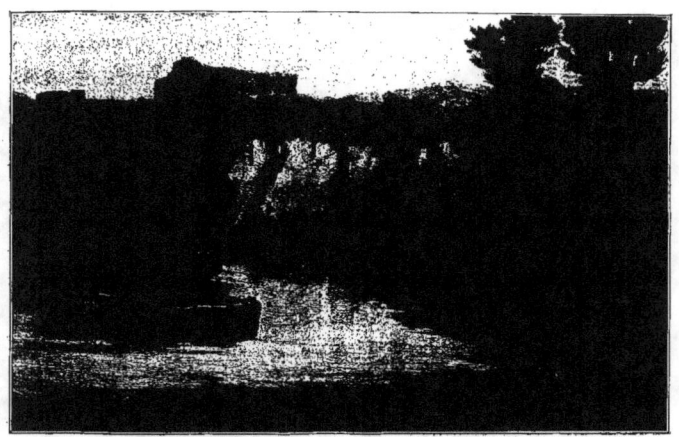

CHEPSTOW, PAR W.-J. MAC GREGOR
(Avec la permission du peintre.)

fut un des vrais précurseurs de la renaissance actuelle. Hornby Mac Culloz fut, lui aussi, animé comme Edmond Thornton Crawford des mêmes velléités émancipatrices, mais il n'eut ni l'art de composition de ce dernier, ni la richesse de sa palette. Néanmoins son action fut très utile. David Wilkie est avec Henry Raeburn le peintre le plus célèbre de l'ancienne école écossaise. Il fut le premier peintre de genre de la Grande-Bretagne[1].

John et Thomas Faed cherchèrent à le continuer en le diminuant.

1. Voir page 103.

Erskine Nicol s'inspira surtout des petits maîtres hollandais pour peindre avec un réel charme de couleur les scènes intimes de la vie irlandaise; sir George Harvey, peintre fécond et monotone, présida l'Académie d'Édimbourg en 1864. De sir Noel Paton on peut dire qu'il appartient à l'école préraphaélite, moins à cause de l'influence subie que par suite d'une tendance similaire. Dans ses grandes compositions shakespeariennes et surtout dans la *Réconciliation d'Obéron et de Titania*, le dédain de la généralisation et l'analyse infinie des détails l'apparentent instinctivement aux membres les plus orthodoxes de la confrérie.

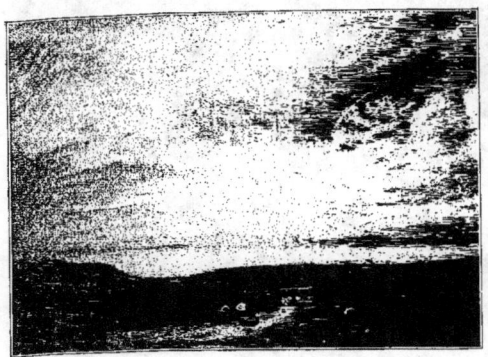

COUCHER DE SOLEIL SUR KINTYRE
PAR J. LAWTON WINGATE
(Collection de M. Archibald Smith.)

Chronologiquement le nom de John Pettie (1839-1893) appartient à l'école actuelle, puisque ses contemporains furent Thornton Crawford, Mac Culloch et Mac Gregor. Mais par son métier un peu vieillot, bien que très habile, par le choix de ses sujets surannés, il nous paraît devoir être classé parmi les peintres écossais de l'ancienne école.

Certaines toiles de ce peintre spirituel et gracieux accusent une rare science de métier et ce n'est pas sans raison qu'on a qualifié du mot de chef-d'œuvre son « Challenge », où il nous montre un jeune homme vêtu de soie jaune, remettant un message à un gentilhomme vêtu d'un costume gris-argent. L'harmonie de cette toile est exquise. Rarement, les nuances les plus délicates, les frissons les plus rapides, les reflets les plus légers furent fixés avec autant de spirituelle subtilité et d'habileté de métier. Ici Pettie se révèle comme un très bon peintre, et en regardant ce joli tableau on songe involontairement à Terburg et à Gainsborough.

William Quiller Orchardson mérite une place très à part dans l'école écossaise contemporaine, bien moins assurément par l'influence bienfaisante qu'il y exerce que pour l'indiscutable originalité de son art très particulier et dont on serait désolé d'ailleurs de voir se généraliser le caractère. La tonalité jaunâtre

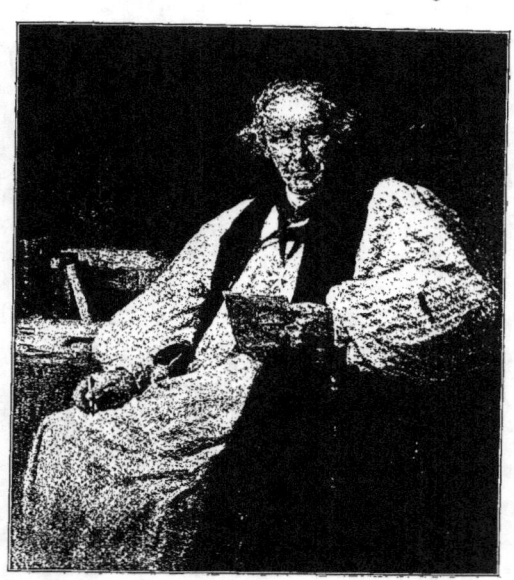

LE LORD ÉVÊQUE DE SALISBURY, PAR GEORGE REED
(Appartient à l'évêque de Salisbury.)

de ses peintures est, à la longue, des plus désagréables et des plus monotones, et la division presque symétrique de ses compositions donne à ses scènes de genre un aspect théâtral et conventionnel qui détruit toute émotion dans l'esprit du spectateur, lors même que le sujet traité est des plus dramatiques comme dans la *Voix de la mère*.

Il n'en demeure pas moins vrai que la grande réputation d'Orchardson est justifiée par la conscience de son art et l'intérêt qui s'attache à la plupart de ses grandes compositions, entre autres à son *Napoléon à bord du « Bellérophon »*, le 23 juillet 1815, qu'il peignit en 1880 et qui lui valut un très brillant succès.

Vinrent ensuite, le *Mariage de convenance*, *Après*, le *Premier nuage*, la *Voix de la mère*, la *Reine des épées*, le *Jeune Duc*, *Voltaire*, la *Leçon de danse*, *Napoléon à Sainte-Hélène dictant ses Mémoires à Las Cases*...

William Orchardson, qui expose assez régulièrement à nos Salons parisiens, dont l'œuvre est représentée au musée du Luxembourg et qui est presque aussi connu en France que de l'autre côté du détroit, est membre de la Royal Academy depuis 1878. Il exécuta aussi quelques bons portraits, principalement des portraits d'hommes, dont l'analyse convient davantage au mouvement un peu sec et dur de son pinceau. En ce genre il nous apparaît supérieur, et, si le jaune vitreux y règne encore trop souverainement, du moins l'œil n'est plus choqué par l'aspect artificiel de la composition.

Un nom domina l'école moderne écossaise de peinture, c'est celui de W. J. Mac Gregor. On peut vraiment dire qu'il fut le réel fondateur de l'école de Glasgow. Ce fut lui qui, après avoir traversé les ateliers des peintres écossais James Docharty et Robert Greenless, puis celui de Legros à la « Slade school » de Londres, où il fit une halte des plus utiles, revint à Glasgow en prophète et, autant par l'exemple de ses œuvres que par ses prédications enthousiastes, révolutionna toute

DAVID LAING L. L. D. LE BIBLIOPHILE
PAR W. FETTES DOUGLAS
(Appartient à la Royal Scottish Academy)

W. Q. ORCHARDSON. — NAPOLÉON A BORD DU BELLÉROPHON

National Gallery

l'esthétique de ses jeunes compatriotes bientôt groupés autour du nouveau Messie. Il leur enseigna avec éloquence que la peinture devait être synthétique, que la part de l'invention décorative devait être large, qu'il fallait éviter de se perdre dans l'infini des détails et chercher dans sa palette toutes les richesses de tons dont la nature se pare à l'infini..., que le pinceau devait généraliser les formes... etc.

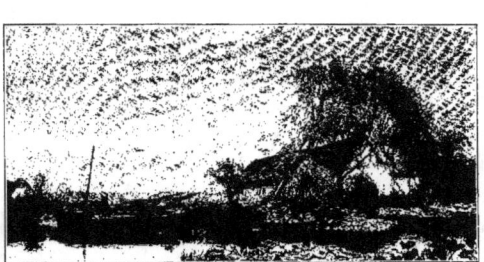

BORDS DE L'AVON (WARWICKSHIRE)
PAR ALEXANDRE FRASER
(Collection de M. William Gibson.)

C'était comme une contre-partie des doctrines ruskiniennes et du catéchisme préraphaélitique.

Et pour étayer son argumentation, il faisait passer devant les yeux éblouis de ses disciples les plus merveilleux paysages de nos peintres de Fontainebleau : de Corot, de Diaz, de Rousseau, de Dupré..., les fantaisies éclatantes de Monticelli, dont se souviendra Brangwyn, qui par l'audace décorative de ses peintures se rattache à l'école écossaise, les subtiles symphonies de Whistler et ses portraits d'une simplicité si forte et d'une synthèse si impressionnante, les ingénieux caprices décoratifs des Japonais...

Il appelait au secours de son éloquence libératrice les expressions les plus nouvelles et les plus audacieuses de la peinture, et il peignait lui-même autant que le permettait l'état de sa santé, presque toujours chancelante, ses visions de nature dans des toiles toujours très consciencieusement étudiées et d'une riche et délicate harmonie : paysages, scènes de mer, sujets champêtres...

Ce fut lui qui, en exposant au « New English art club », établit le premier un lien entre les peintres indépendants écossais et anglais, et contribua encore par son ardente et généreuse propagande à étendre cette activité révolutionnaire qui gagne en ce moment tous les milieux artistiques de la Grande-Bretagne et commence à battre de ses vagues les hautes murailles de la Royal Academy.

Et n'est-ce pas un curieux phénomène que celui de cet élève du français Legros, d'un admirateur passionné de nos peintres romantiques provoquant ce large mouvement de rébellion contre cet art convenu d'un nationalisme si étroit dont Watts lui-même préférait l'académisme glacial à la peinture française dont il ne sut jamais par-

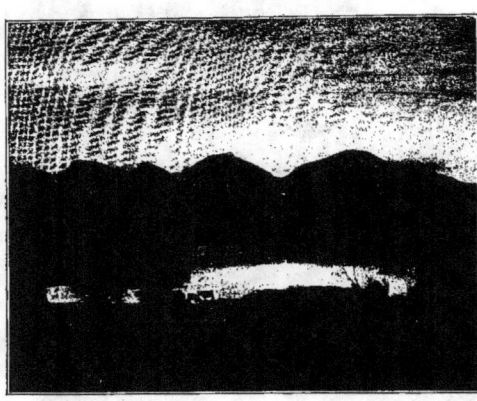

LES EILDON HILLS, PAR D. J. CAMERON
(Avec la permission du peintre.)

ler autrement que dans les termes les plus dédaigneux.

En art, plus encore peut-être qu'en politique, les évolutions les plus subites et les plus déconcertantes se produisent. Ici il faut éviter de se livrer au jeu décevant des prophéties, et nul ne saurait prédire de quelle nature sera l'inévitable réaction qui succédera à l'action révolutionnaire, encore à son origine, de l'école de Glasgow. Bornons-nous aujourd'hui, après en avoir établi les causes, à présenter au lecteur ses champions actuels les plus en vue.

Une des caractéristiques de cette école écossaise est le large courant d'une fraternité artistique qui existe entre ses membres, presque tous réunis, malgré les dissemblances très marquées des tempéraments individuels, sous la paternelle influence de W. J. Mac Gregor, dans une admiration passionnée pour les romantiques français, pour Whistler, pour les Japonais,... pour Velasquez et Franz Hals, les

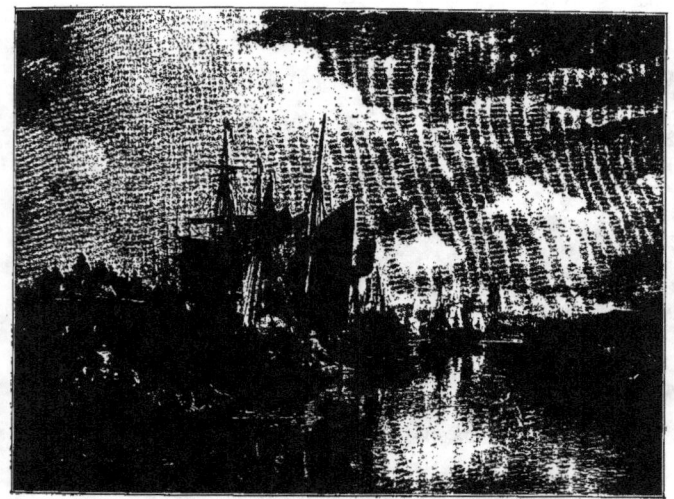

LE PORT DE DUNKERQUE, PAR SAM BOUGH
(Glasgow Gallery.)

glorieux ancêtres, et aussi, dans un élan de généreuse et persistante protestation, contre des formules conventionnelles trop souvent imposées. Ajoutez à cela que les liens de cette sorte de francmaçonnerie idéale ne firent que se resserrer, dans les réunions amicales qui se tenaient à l'atelier de Mac Gregor, puis à *Brig O. Turk*, dans le Highland, séjour favori des artistes en été, à *Kirkudbri*, où se connurent Hornel et George Henry, puis à Paris même, où les envois de James Guthrie furent jadis si admirés et où ceux de M. John Lavery obtiennent encore chaque année un si légitime succès.

Mais leur véritable quartier général fut Glasgow, et c'est dans le tumulte de la grande cité bruyante et fumeuse, sous son ciel de suie, aux bords des eaux de la Clyde plus sombres que celles de l'Achéron, qu'ils préparaient leurs étincelantes palettes et caressaient leurs rêves de gloire.

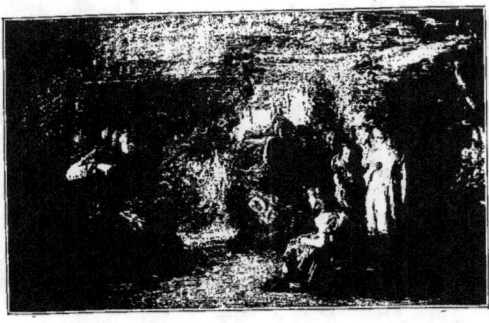

UNE LÉGENDE, PAR G. P. CHALMERS
(National Gallery of Scotland.)

Les deux membres les plus universellement célèbres du groupe, j'allais dire de la confrérie, sont actuellement MM. James Guthrie[1] et John Lavery, et il est presque permis d'avancer que dans l'art de ces deux peintres très remarquables se résume et se manifeste assez visiblement l'aspect général de l'école écossaise avec les influences subies et les tendances très définies. Par bien des points l'art du premier se rattache à la forte technique hollandaise. Dans la plupart de ses portraits, Guthrie apparaît comme un élève de Franz Hals, mais né sous le même ciel que Raeburn.

Lavery s'apparente plutôt à Velasquez, admiré à travers le murmure subtil de symphonies whistlériennes.

Le premier est un pur Écossais, né à Greenock; le second est d'origine irlandaise. Il naquit à Belfast, mais il est Écossais d'adoption et il se considère très volontiers comme citoyen de cette bonne ville

---

[1]. *James Guthrie*, fils d'un prédicateur écossais, étudia tout d'abord à l'atelier de Pettie.

L'ÉCOLE DE GLASGOW.

de Glasgow où, près de son ami Guthrie, il sentit son âme s'ouvrir aux premières grandes émotions d'art devant les chefs-d'œuvre de Raeburn, dans l'atelier hospitalier de Mac Gregor.

L'un et l'autre doivent la meilleure part de leur réputation à leurs portraits, bien qu'ils se soient exercés parfois avec beaucoup de succès dans la peinture de genre... C'est ainsi que Guthrie obtint un de ses plus beaux triomphes en peignant, dans son cher petit village de Cockburnspath, cette magnifique toile intitulée *Dans le verger*, et dont l'apparition produisit une si vive sensation à l'exposition de Munich en 1890. Œuvre de force et de grâce d'où se dégage dans l'éclat vif des couleurs une rare impression de vérité.

Autour de cette toile capitale dans l'œuvre de James Guthrie, considéré comme peintre de genre, se groupent toute une suite de brillantes compositions : pastels aux couleurs réjouissantes, peintures fraîches et vibrantes, représentations des scènes de la vie de la mer et de la vie champêtre. Son art se plaît dans la sincère interprétation de l'existence des pauvres gens et cependant il a peint avec une rare compréhension de la vie moderne et une très légère délicatesse de touche des scènes de sport et des intérieurs mondains où il a su rendre à merveille l'élégance raffinée des choses et la grâce des jeunes filles blanches jouant au tennis ou s'accompagnant au piano sous la lumière ambrée des lampes.

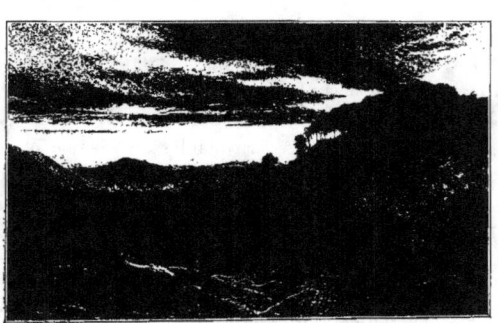

LE SOMMEIL PÈSE SUR LES COLLINES
PAR JOHN MAC WHIRTER
(Collection de M. George Mac Culloch.)

Mais c'est surtout dans ses portraits de cavaliers, d'une si belle allure sculpturale, et dans ses nobles et élégantes effigies de femmes que les qualités fortes et souples de son art se manifestent avec le plus d'éclat.

James Guthrie est un des plus remarquables portraitistes de son temps, et c'est à ce titre qu'il doit la grande notoriété dont il jouit, non seulement dans son pays natal, auquel il est demeuré très attaché, mais encore à l'étranger. Son portrait du Rev. Dr Gardner est considéré comme un de ses meilleurs tableaux. M. James Guthrie a succédé à Sir George Reed, également portrai-

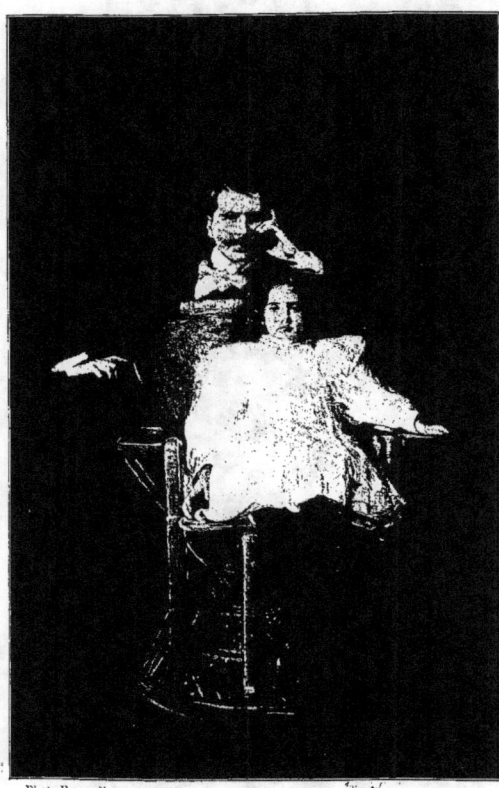

Phot. Ferrandin.
PÈRE ET FILLE, PAR JOHN LAVERY.
(Musée du Luxembourg.)

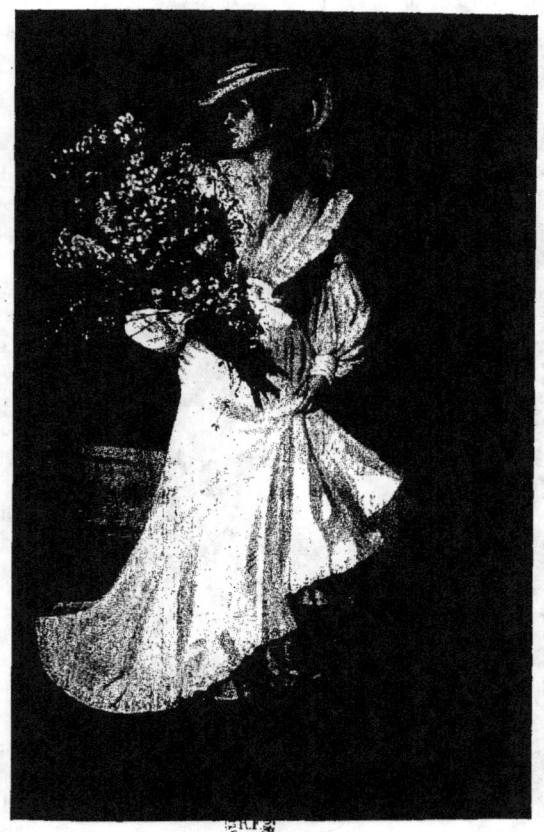
PRINTEMPS, PAR JOHN LAVERY
(Musée du Luxembourg.)

tiste habile et paysagiste délicat, mais sans grande personnalité, comme président de l'Académie des Beaux-Arts d'Édimbourg.

John Lavery, avons-nous dit, n'est Écossais que d'adoption. Ajoutons qu'avant d'avoir reçu le baptême *macgrégorien* il étudia avec une assiduité exemplaire, dans l'atelier classique de Julian à Paris, où il apprit l'a, b, c du métier, mais déjà l'imagination hantée par les grandes images de Velasquez et de Whistler. Il est beaucoup plus connu de la généralité des Français que Guthrie, qui depuis de longues années a cessé d'exposer à nos Salons annuels; ce que nous déplorons. Le Luxembourg possède même deux de ses meilleures œuvres, son portrait et celui de sa fille, sur une seule toile; et *Printemps*, peinture d'un charme si exquis, où il a personnifié la saison divine dans la gracieuse image d'une jeune fille tenant dans ses bras une grande gerbe d'aubépine. Ici la traditionnelle allégorie classique est avantageusement remplacée par une expression d'un indiscutable modernisme. « Il y avait là, dit M. Camille Mauclair, dans le bel article qu'il a consacré au maître dans la revue *l'Art et les artistes* (octobre 1905), la grâce de Greuze transposée dans les souvenirs de l'école anglaise, et même une moue à la Rossetti, et je ne sais quel balancement exquis dans le mouvement de la promeneuse qui s'arrêtait, à demi tournée, au seuil du clair appartement, mais toujours la vie réelle et la certitude des valeurs, la tenue gardée fière et discrète, jusque dans l'épanouissement de cette beauté irritante à force de s'ignorer, chaste et vive, riche de caresses futures et de fraîcheur présente. » Plus loin, M. Camille Mauclair, définissant l'art de Lavery, s'exprime ainsi : « De Whistler il a le dédain des outrances chromatiques, l'amour des beaux tons sonores, l'instinct d'inscrire l'individualité aux moiteurs d'une pénombre égale et satinée de silence. Mais une discrétion un peu froide l'éloigne également de la fougue réaliste du maître français (Manet) et du magique amour du mystère qui hanta le maître américain. La personnalité de John Lavery se définit par un souci foncier de vérité et de mesure. Ni verve ni sortilège : des choses vues, synthétisées et rendues avec une impartialité que restreint seul le soin du style... »

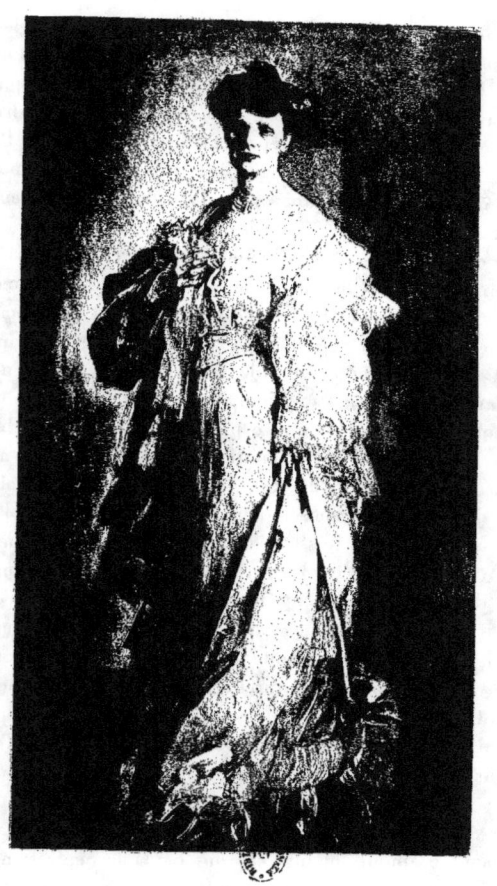

JAMES GUTHRIE — PORTRAIT DE M⁽ᵐᵉ⁾ FINDLAY
appartient à John R Findlay Esq. of Aberlour

L'ÉCOLE DE GLASGOW.

John Lavery est surtout un féministe.

Assurément la souple et lumineuse habileté de son pinceau ne s'atténue pas dans l'interprétation de la figure de l'homme, et le superbe portrait qu'il a fait de lui-même et qu'on peut admirer au musée du Luxembourg, le dit assez. Mais il est de toute évidence qu'il se plaît davantage dans la peinture des charmes de la femme, et qu'il semble même, comme Gainsborough et Romney, choisir de préférence ses modèles parmi « les plus jolies ». Qui oserait le lui reprocher ?

Les images de la délicieuse *Mary in Green*, si simplement belle dans sa robe verte aux tons sourds et sous son large chapeau de paille, de *Vera Christie*, d'une si preste et si vivante exécution,

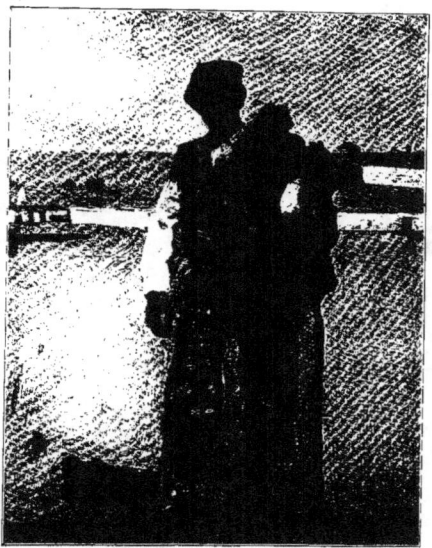

MULETIER ESPAGNOL, PAR ARTHUR MELVILLE

de *Miss Mary Morgan* « aux blanches épaules » aristocratiquement hautaine sous le casque d'or de ses cheveux, la *Violoniste*, d'un si superbe épanouissement de beauté, et la *Communiante*, d'une blancheur de lys et d'une fraîcheur de rose... flottent dans le souvenir comme les plus troublantes et les plus suaves visions.

Nous avons écrit quelque part, dans ce livre, que le grand peintre de la femme n'existait plus chez les Anglais et que Lawrence avait clos la série des incomparables féministes dont les plus illustres furent : Reynolds, Gainsborough, Romney, Cosway, Hoppner, Raeburn... Fort heureusement que James Guthrie et John Lavery ont renoué les anneaux de la chaîne brisée. Mais j'oubliais que Guthrie et Lavery sont de l'école de Glasgow; n'insistons pas...

John Lavery comme James Guthrie ne s'est pas absolument spécialisé dans le portrait. Il a peint, lui aussi, et toujours en y apportant toute la délicate et séduisante originalité de son talent, des scènes de sport (la *Partie de tennis* est justement célèbre), des peintures d'intérieurs, des vues de plages mondaines...

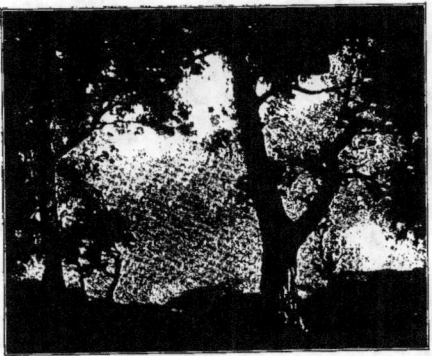

LE VENT DANS LES ARBRES, PAR JOS. PATERSON

A l'heure présente il séjourne au Maroc, qu'il visita d'ailleurs déjà avec son ami Melville, et nous nous en réjouissons car ce voyage en Orient nous promet des œuvres du plus haut intérêt, nées d'observations nouvelles et d'une maîtrise chaque jour plus grande[1].

Une des plus originales et des plus intéressantes figures des peintres de l'école de Glasgow est celle d'Arthur Melville[2], trop prématurément enlevé par la mort, alors qu'affranchi des influences de Meissonier, de Gérôme, puis de Fortuny, influences subies pendant un séjour qu'il fit à Paris, il s'était approprié une manière

[1]. John Lavery peignit au début de sa carrière quelques tableaux historiques, entre autres : *Marie Stuart après la bataille de Langside. La nuit et l'aube après la bataille de Langside.* Le premier de ces tableaux fut acheté par le gouvernement belge. Le second est la propriété de M. Milne, d'Édimbourg.

[2]. Né en 1856, mort en 1905.

bien à lui, mais où cependant se devine, à travers l'originalité parfois un peu déconcertante de son tempérament prime-sautier, ses affinités naturelles avec l'impressionnisme français poussé jusqu'au pointillisme et avec le caprice japonais monté jusqu'à la plus folle fantaisie. Il y a en ce peintre extraordinaire du Seurat et de l'Hokusaï, mais ces relations fraternelles sont dominées par une indiscutable personnalité.

Les sujets choisis de préférence par Melville furent des sujets orientaux et des sujets andalous, et sa manière favorite de les exprimer fut l'aquarelle. Il excellait

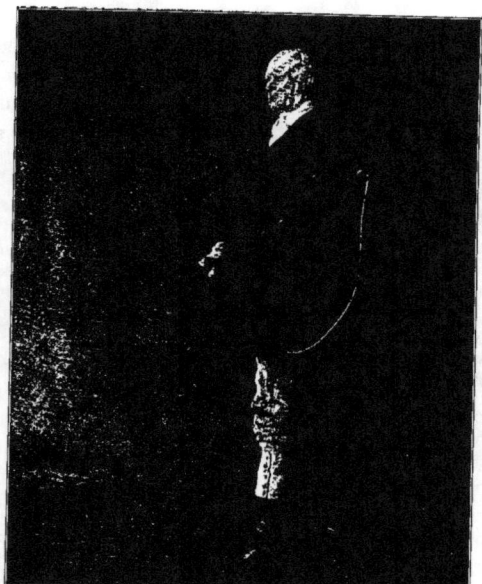

Phot. Ferrandin.
PORTRAIT DU COLONEL A. T. H., PAR LORIMER
(Musée du Luxembourg.)

à rendre le grouillement des foules dans la lumière aveuglante du soleil africain, et le jeu cursif de son pinceau, exprimé par des taches lumineuses d'où se dégageait toujours une riche et somptueuse harmonie, convenait à merveille au rendu fidèle et impressionnant des courses de taureaux, dont il est impossible de fixer par un graphisme précis les mouvements désordonnés et rapides.

Le mot de « fascinante » paraît fort bien convenir à la définition de la peinture de Melville, peintre unique en son genre. Les aquarelles d'Orient, modèles incomparables de virtuosité, semblent avoir vivement impressionné Brangwyn.

Entre deux voyages au Maroc et en Espagne, il venait se reposer à l'ombre fraîche des montagnes de son pays natal, et pendant ces courtes haltes, il peignit quelques sujets empruntés à la vie populaire d'Écosse.

Mais il subissait avec une telle persistance l'influence des pays d'Orient, vers lesquels l'emportaient toujours ses rêves nostalgiques, que sous son pinceau rapide et fiévreux, les verts pâturages prenaient des teintes brûlées, les bergers des Highlands des patines de bronze, et que toutes choses s'enveloppaient d'une atmosphère de feu.

Melville fut avant tout un orientaliste de race [1].

Nous déplorons qu'aucun spécimen de l'art si particulier de cet intéressant artiste ne figure dans notre musée du Luxembourg.

Melville a laissé quelques portraits d'un aspect bizarre et parfois même fantastique.

Le nom d'Arthur Melville évoque tout naturellement en notre esprit le nom d'un autre artiste d'un tempérament similaire, et qui, bien qu'Anglais de naissance, peut être classé dans le groupe des peintres de Glasgow, auquel il fut jadis très étroitement associé. Nous voulons parler de Joseph Crawhall. C'est encore une des figures assurément les plus originales des artistes contemporains. L'art de Crawhall comme celui de Melville dérive des impressionnistes français et des artistes japonais, surtout de ces derniers, dont il a la certitude du dessin dans la fantaisie la plus capricieuse. Mais sa technique diffère très sensiblement de celle de Melville, dont la touche localisée, notation étincelante, contraste singulièrement avec la traînée lumineuse, le jet instinctif et puissant du pinceau de Crawhall, dessinateur de très grande race, et dont les résumés graphiques rappellent les chefs-d'œuvre d'Hokusaï.

---

1. Melville n'entra guère en contact direct avec les peintres de Glasgow avant 1883. C'est à cette date qu'il rejoignit Guthrie et quelques autres à Berwickheim, et il ne tarda pas à prendre une réelle influence sur ses confrères.

Joseph Crawhall produit peu, malgré sa prodigieuse facilité, et il n'expose jamais : mais j'ai eu le rare bonheur de voir pendant un récent voyage en Écosse, dans les cartons d'un ami commun, des aquarelles de lui, et la sensation d'art que j'ai ressentie devant ces œuvres extraordinaires fut vive et profonde. Comme Melville il affectionne l'aquarelle et il peint de préférence sur du papier de Hollande à teinte sombre. Ses sujets préférés sont des scènes de sport, et il ne dédaigne même pas de faire entrer « les jeux de l'automobile » dans son cadre d'étude, malgré sa prédilection pour le cheval, et bien qu'il eut pour père un ardent *sportsman* et un élégant cavalier qui maniait lui-même très adroitement le crayon. Toutefois sa vision

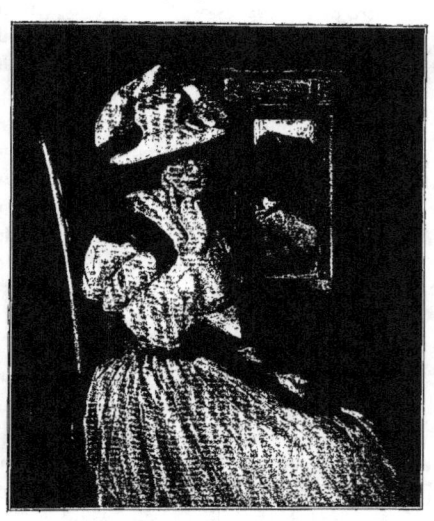

PORTRAIT DE FEMME, PAR ALEXANDRE ROCHE
(Musée de Munich.)

d'art n'est pas exclusivement limitée par le cercle des exercices sportifs. Aucune manifestation de la vie qui passe n'échappe à son œil pénétrant, et il a bien vite fait d'exprimer définitivement d'un trait rapide et étincelant l'impression reçue.

Comme animalier il n'a pas son égal en ce moment au monde, sauf peut-être Bruno Liljefors, et il apparaîtrait comme le premier des satiriques s'il voulait prodiguer avec un peu plus de générosité les trésors de son art et de son humour. Malheureusement Crawhall ne travaille qu'à ses heures, au grand désespoir de ses amis et de ses nombreux admirateurs, et encore est-il bien difficile de pouvoir étudier son œuvre qu'il cache avec un soin jaloux, sa farouche modestie n'y voyant la plupart du temps que des essais trop imparfaits alors que ce sont presque toujours des chefs-d'œuvre délicieux de couleur, de dessin et d'esprit. Curieux type d'artiste, en vérité, et bien rare.

Et puisque, sans trop nous soucier de l'ordre chronologique, nous faisons passer rapidement devant les yeux de nos lecteurs les figures les plus originales de la jeune école écossaise, ne tardons pas davantage à nommer, après Melville et Crawhall, Mac Taggart.

Son art s'apparente à celui de Claude Monet, dont il a la lumineuse vision. Sa vive et pénétrante observation de la nature est servie par une riche technique et une étonnante spontanéité de main. Une grande émotion se dégage de ses paysages.

C'est grâce au charme de sa couleur, riche, pleine et harmonieuse, que G. P. Chalmers trouve une place des plus honorables dans l'école écossaise. Son art subtil et délicat se plaît dans les jeux mystérieux de l'ombre et de la lumière, et en cela il se rapproche un peu d'Israels.

Mentionnons aussi le nom de Dyce qui exécuta quelques portraits tout à fait remarquables et a laissé des peintures décoratives où se manifestent très clairement des affinités sympathiques avec le néopréraphaélisme.

MM. Macaulay Stevenson et Grosvenor Thomas (le second *colonial*[1]), comptent parmi les meilleurs paysagistes de l'École, avec M. James Paterson (né à Glasgow).

Ce dernier est le plus connu des quatre. Il expose assez régulièrement à Munich, où les Sécessionistes lui ont décerné en 1890 une médaille d'or.

L'influence de Corot se fait surtout sentir dans les toiles de Stevenson et de Grosvenor Thomas, œuvres de délicatesse. Celle de Rousseau, de Dupré et des paysagistes hollandais est très marquée

---

[1]. M. Stevenson est originaire d'Australie.

dans l'œuvre de Macaulay et de James Paterson. Toutefois ces remarquables paysagistes ne furent jamais de serviles imitateurs et leur individualité apparaît toujours à travers la riche variété de leurs peintures. C'est ainsi qu'Edward Arthur Walton garde tout le charme original de sa personnalité si distinguée, lorsqu'il peint ses fins portraits de femmes avec le souvenir du grand Velasquez au fond du cœur, ou quand il enveloppe d'une atmosphère whistlérienne ses beaux paysages crépusculaires.

Il n'est pas moins personnel ce curieux E. A. Hornel, bien que toute la technique de son art étrange lui ait été révélée par l'œuvre de Monticelli si magnifiquement représentée dans plusieurs collections privées de

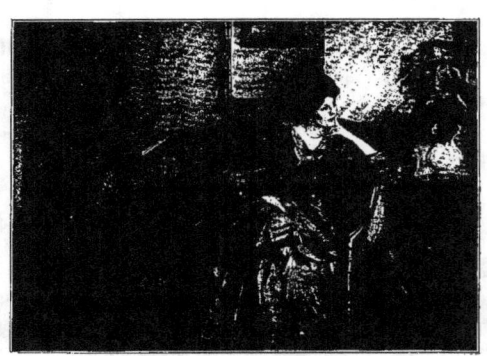

POINSETIA, PAR GEORGE HENRY
(Avec la permission du peintre.)

Glasgow et des environs. C'est du peintre marseillais, dont il a la palette éclatante, qu'Hornel s'est audacieusement inspiré pour peindre ses délicieuses décorations, pareilles à d'éblouissantes tentures, sortes de mosaïques en peinture, dont l'apparition causa une si grande surprise dans le brouillard ossianesque.

Hornel atténue cependant sa manière martelée et la violence parfois agressive de ses valeurs lorsqu'il peint des sujets japonais ou lorsqu'il nous montre dans de jolies toiles baignées de lumière et de fraîcheur des jeunes enfants jouant parmi les fleurs des prairies. Hornel est Australien comme Stevenson, mais il vint dès son jeune âge en

Écosse. Il se lia avec les peintres de Glasgow à Cockburnspath, puis, après avoir étudié à Anvers à l'atelier de Verlat, il partit pour le Japon en 1893 avec son ami George Henry dont il avait fait la connaissance à l'atelier de Mac Gregor.

Les tempéraments si dissemblables et si personnels de ces deux brillants artistes se manifestèrent surtout au retour de ce beau et fructueux voyage. Alors que Hornel était attiré par les aspects joyeux de la vie et s'efforçait de les exprimer avec tout l'éclat de son éblouissante palette, George Henry, dessinateur impeccable et coloriste merveilleux, répandait la mélancolie de son âme en des toiles exécutées dans la fumée et la vapeur des manufactures de la ville, le long des quais sombres et tumultueux de la Clyde, ou bien encore dans les Highlands, couverts de joncs et de bruyères, lorsque le crépuscule les enveloppe d'un vaste et tragique mystère. En ce genre, sa toile intitulée : *Cinderella*, est un chef-d'œuvre d'imagination émue et de couleur.

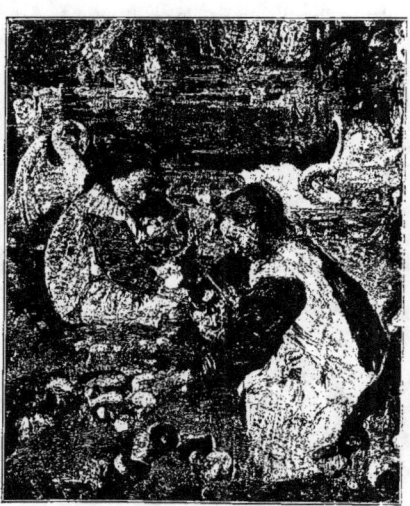

LA CUEILLETTE DES CHAMPIGNONS
PAR E. A. HORNEL.
(Avec la permission du peintre.)

Il exécuta, en collaboration avec Hornel, une très remarquable peinture décorative, *Les Druides*, où les esprits jumeaux des deux artistes communient dans une belle fantaisie d'imagination, mais où leur technique respective s'affirme très nettement malgré les exigences du programme et sans toutefois que l'effet général de l'œuvre, qui est très puissant, en souffre.

La place occupée par Henry, comme par Hornel d'ailleurs, dans les rangs de la jeune école écossaise, est très importante. L'expression réaliste de son métier paraît s'accentuer chaque jour avec plus de force et il a tout dernièrement exécuté des portraits de premier ordre.

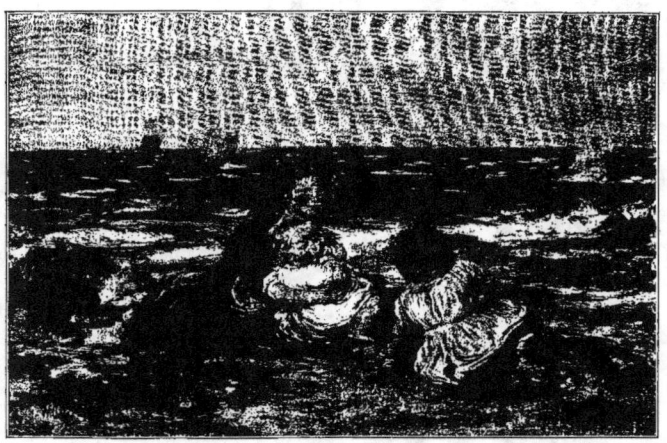

QUAND LES BARQUES RENTRENT, PAR WILLIAM MAC TAGGART
(Collection de M. Alex. Roberts.)

Dans cette nouvelle évolution son art perd un peu, en subtilité et en raffinement, ce qu'il gagne en puissance et en force de pénétration. Il s'est imposé à l'admiration des Anglais eux-mêmes pendant le séjour de quelques années qu'il vient de faire à Londres, et tout dernièrement, malgré le caractère nettement révolutionnaire de son art, il a été élu associé de la Royal Academy. C'est un signe des temps.

Lorimer affectionne comme Orchardson les tons ambrés, et ses personnages, blanches fillettes au blanc sourire, ou cavaliers aux durs visages, vivent et se meuvent, avec une parfaite apparence de santé, dans une atmosphère d'une irréalité jaunâtre. M. Lorimer, qui est un dessinateur de grand talent, habile à composer une scène, semble, lui aussi, regarder la nature, avec une persistance trop prolongée, à travers des lunettes de verre jaune. Il est assez bien représenté dans notre musée du Luxembourg, par son beau portrait du colonel A. T. H., et la *Fête de la Grand'mère*. Mais ces spécimens très caractéristiques de son talent ne sont guère représentatifs de l'art si chatoyant, si savoureux, si varié de couleur, si éclatant, si riche de fantaisie décorative, de la jeune école écossaise.

Complétons la liste de ces brillants artistes en citant le nom de MM. D. J. Cameron, peintre et graveur, qui se spécialise surtout, avec succès d'ailleurs, dans la représentation de sujets architecturaux ; Alexandre Roche qui peignit tour à tour avec un égal talent des sujets-légende comme « le bon roi Wenceslas », œuvre de force et d'émotion qui mit son nom en pleine lumière, d'excellents portraits et des sujets de haute fantaisie, d'un caprice tout japonais, destinés à illustrer des contes de fées et des ballades allemandes ; Millie Dow dont les beaux paysages sont pleins de charme ; Macaulay Stevenson, le mélancolique peintre des clairs de lune ; P. Mac Gregor Wilson que son humeur aventureuse entraîna vers la Perse où il exécuta les portraits du Shah et de ses ministres ; R. M. Coventry dont le pinceau ému excelle à exprimer l'azur sombre des belles nuits d'été ; Edwin Alexander et William Walls qui, dans leurs peintures à l'huile et dans leurs étincelantes aquarelles, d'un métier si large et si franc, s'efforcent de fixer les nuances fraîches et délicates des fleurs et la vie des oiseaux et des animaux ; William Kennedy, le peintre des paysages printaniers, décors verdoyants et fleuris qu'il se plaît à animer par de modernes pastorales ; Sam Bough, Alexandre Fraser, Wingate, paysagistes pleins de verve et aquarellistes réputés ; ce dernier est assurément avec Taggart un des plus originaux des peintres écossais vivants...

L'ÉCOLE DE GLASGOW.

Nous nous sommes efforcé, en cette brève étude, de rechercher les origines de la jeune école écossaise et d'en établir les caractères généraux. Il nous paraît plus difficile de définir son influence sur la peinture anglaise si systématiquement réfractaire jusqu'à ces dernières années à toute action extérieure, même provinciale.

Les artistes écossais de la première période Wilkie, Faed, Nicol, les Nasmyth, Philipp, Scott Lauder... habitèrent Londres, mais il semble que si leur talent original ne souffrit d'aucune influence anglaise, ils n'exercèrent, sauf David Wilkie, qu'une action bien peu apparente sur l'art des peintres londoniens. On peut en dire autant des élèves de Scott Lauder : Pettie, Orchardson, Macbeth, Colin Hunter, David Murray, Gesham, qui, eux aussi, fréquentèrent les ateliers de Londres et occupèrent les premiers rangs à la Royal Academy, mais dont l'art très personnel ne pénétra jamais l'hermétisme de l'art anglais.

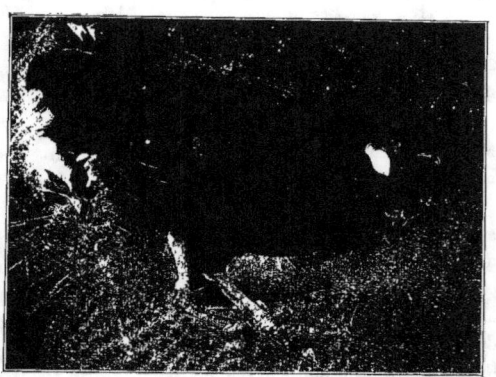
LE COQ NOIR, PAR JOSEPH CRAWHALL
(Collection de M. W. Burrell.)

Aujourd'hui sous la poussée révolutionnaire des Hornel, des Henry, des Melville, ces francs et somptueux coloristes, aux efforts libérateurs desquels s'ajoutent ceux des grands impressionnistes français, les Manet, les Claude Monet, les Sisley, les Renoir, dont les chefs-d'œuvre commencent enfin à franchir la Manche, rayonnants de fraîcheur et de vérité, et aussi de ceux des exposants du *New Art club*, les Wilson Steer, les Fred Footet, les Augustus John..., un flottement très sensible se manifeste dans les rangs des peintres anglais encore trop généralement inféodés aux froides conventions académiques, et au doux mensonge préraphaélite. Leurs yeux commencent à s'ouvrir à la pure lumière de l'art, à la grande lumière du ciel, qui jamais n'éclairera de ses vivants rayons l'*Amour dans les ruines* et le *Jardin des Hespérides*.

L'heure sécessionniste a sonné.

Les efforts persistants de la jeune école de Glasgow, caractérisée par la passion des belles couleurs employées avec une grande habileté de métier, aura beaucoup contribué à cet heureux événement.

CHAPITRE III

L'AQUARELLE

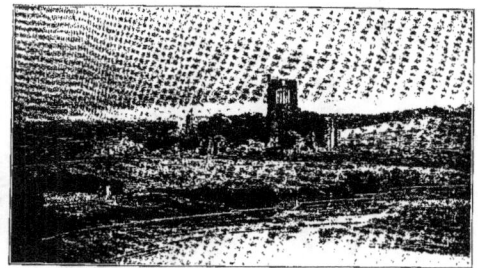

KIRKSTALL ABBEY, PAR T. GIRTIN
(South Kensington.)

L'aquarelle est un art essentiellement anglais.

Presque tous les peintres de l'ancienne et de la nouvelle école se sont exercés, avec succès, dans ce genre, et certains y ont excellé, comme Thomas Girtin[1], Sandby, Robert Cozens, Turner, Bonington...

Les Anglais sont les premiers qui, non seulement ont eu l'idée de donner plus d'éclat et plus de vivacité à l'aquarelle, mais encore de la faire rivaliser avec la peinture à l'huile.

L'aquarelle, sous sa forme la plus élémentaire, fit son apparition dans l'histoire de la peinture anglaise dès les origines de cette école. Sans parler des anonymes *topographiques* et *architecturistes* du

---

1. *Thomas Girtin* naquit à Southwart en 1775. Il mourut en 1803, laissant une brillante série de dessins et d'études à l'aquarelle, esquisses lumineuses de paysages et de cathédrales prises hâtivement pendant ses voyages en Angleterre et en France. Turner, qui l'admirait fort, déclarait (opinion d'une générosité peut-être excessive) que Girtin, s'il eût vécu, l'eût facilement dépassé.

début du xviii° siècle qui reproduisirent les *beautés de la nature* en d'innombrables dessins aussi timidement que maladroitement teintés, Hogarth, Reynolds, lui-même, et Gainsborough nous ont laissé de magnifiques dessins au lavis.

Mais le véritable père de l'aquarelle en Angleterre fut Paul Sandby (1725-1808), à la fois peintre, graveur et aquarelliste. Aquarelliste surtout.

Il fut le premier, dans ses vues si lumineuses et si poussées du château de Windsor, d'Hyde Park, d'Eton... à prouver que l'aquarelle pouvait produire des effets aussi achevés que ceux que donnait la peinture à l'huile, et dès lors, autour de lui, se groupèrent de brillants spécialistes, tels que Edward Dayes (mort en 1804), Thomas Hearne (1744-1817), les deux Rooker : Edward (1710-1774), Michel-Angelo (1743-1816)...

CHATEAU DE WINDSOR, PAR GEORGE BARRETT
(South Kensington.)

L'école des aquarellistes anglais était définitivement fondée, mais ce fut sous l'action des deux Cozens, Alexandre[1] et son fils John[2],

---

[1]. *Alexandre Cozens* (1701-1786), fils naturel de Pierre le Grand et d'une Anglaise amenée par lui en Russie, fut élevé par le Tsar lui-même, qui l'envoya étudier la peinture en Italie... Son style conserva son individualité.
Alexandre Cozens a laissé en effet des dessins qui, par leur impressionnisme puissant et osé, eussent encore été d'avant-garde vers le milieu du xix° siècle (Percy-Moore Turner).

[2]. *John Robert Cozens* naquit en 1770 et mourut en 1799. Son action fut très grande sur l'école aquarelliste anglaise. Il eut, comme Paul Sandby, un panégyriste de haute

que le développement rapide de cette école s'accentua complètement.

Mais c'est à John Cozens principalement que revient la plus grande part d'influence dans le mouvement initial, dont le branle avait été donné par Paul Sandby, et que Thomas Girtin, mort si jeune (il avait vingt-sept ans à peine) seconda si puissamment.

John Robert Cozens voyagea beaucoup et ne cessa de peindre jusqu'à l'heure où une congestion cérébrale provoquée, sans doute, par un excès de travail, fit tomber le pinceau de ses doigts. Il parcourut tour à tour la Suisse, l'Italie, la Bavière, d'où il rapporta de nombreuses aquarelles d'une rare souplesse d'exécution et d'une émotion profonde. Du même

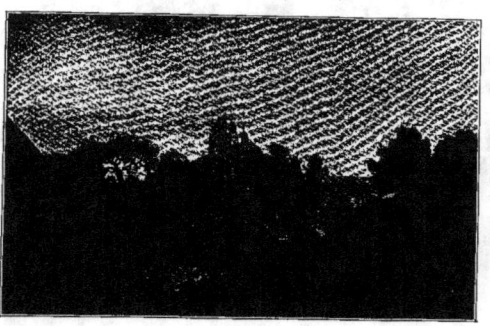
SANTA GIUSTINA A PADOUE, PAR J. R. COZENS
(South Kensington.)

coup ce brillant et original artiste était arrivé à la perfection technique d'un art nouveau. Son influence personnelle sur les peintres de son temps était d'ailleurs puissamment secondée par les travaux de Thomas Girtin qui, avec une verve étincelante, une étrange soif de production, avec une hâte presque maladive, faisait passer devant les yeux éblouis de ses contemporains toutes ces légères aquarelles, où se devine un sentiment si vif et si juste de la nature et dont on peut encore admirer la franchise spirituelle dans les meilleures collections d'art anglaises et aussi au South Kensington.

marque car, dans un élan d'enthousiasme, Constable déclara que Robert Cozens était le plus grand génie qui ait jamais touché au paysage.

Thomas Girtin apparaît dans sa courte, brillante et très laborieuse carrière comme la vivante incarnation de la peinture à l'aquarelle en Angleterre. Il consacra à ce genre, porté si vivement par lui à son extrême perfection, toutes les ressources de son talent et toutes les heures trop brèves de sa vie. Jamais il ne peignit à l'huile. Nous serions volontiers tenté de dire, après avoir étudié de très près sa technique et passé en revue, aussi bien au South Kensington qu'à l'Exposition de l'Institut royal, les types les plus variés et les plus réussis des œuvres des *painters in water colours*, que ce fut l'influence de Girtin qui s'exerça et s'exerce encore aujourd'hui avec

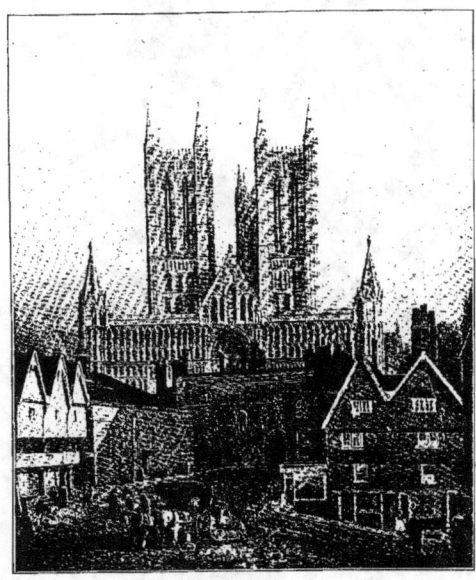

CATHÉDRALE DE LINCOLN, PAR PETER DE WINT.
(South Kensington.)

le plus d'empire sur l'école des aquarellistes anglais.

Presque en même temps, deux autres artistes, d'une personnalité moins haute que Thomas Girtin et d'un exclusivisme artistique moins grand, John Varley (1779-1842) et John Sell Cotman (1782-1842), s'adonnaient également avec beaucoup de succès à la peinture à l'eau.

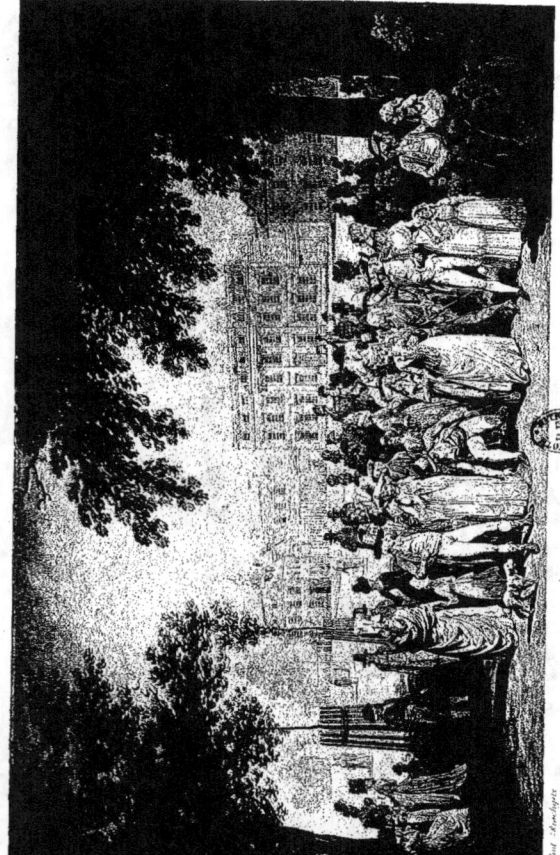

EDWARD DAYES.—BUCKINGHAM HOUSE, ST. JAMES' PARK (1790)

R. Victoria & Albert Museum

Et c'est des efforts fervents de ces premiers aquarellistes, des Sandby, des Cozens, des Girtin, des Varley, que naquit la fameuse *Water colour Society*.

Jusqu'à cette date (1806) les aquarellistes avaient exposé à la Royal Academy, où une salle avait été mise à leur disposition, et avec d'autant plus de bonne grâce que plusieurs des membres de la noble société ne dédaignaient pas de pratiquer avec succès l'art nouveau, devenu l'art à la mode, si à la mode d'ailleurs que bientôt les locaux de la *Water colour Society* devinrent insuffisants pour loger les productions innombrables des aquarellistes. Ce fut le signal de

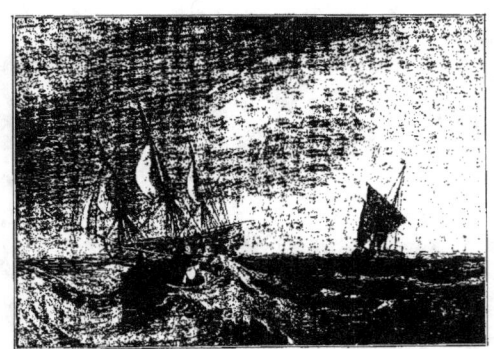

MARINE, PAR J. S. COTMAN
(South Kensington.)

l'irrémédiable schisme, et aussi de la navrante débandade causée par la fatigue du public, las d'un genre uniforme.

L'*Associated Society* se fonda sous les auspices d'un certain nombre de mécontents, demeurés en marge du mouvement d'où était sortie la *Water colour Society*.

Mais cette rivalité bruyante, ce duel fraternel, fut de courte durée, et bientôt la foule habituelle des visiteurs des expositions se désintéressa d'un genre dont on avait peut-être abusé. D'où la fermeture des deux cercles.

Toutefois, nous apprend Percy Moore Turner dans l'excellente étude qu'il a consacrée aux aquarelles et aux dessins des maîtres anglais du XVIIIe siècle, quelques artistes demeurèrent qui doutaient de la sagesse de cette décision (il s'agit de la dissolution de la Water colour Society.). Douze d'entre eux, y compris Cristall, Fielding, Havell, William Turner d'Oxford et Varley, à qui se joignirent plus tard Cox et Linnell, s'associèrent et organisèrent en 1814 une exposition dans New-Bond street. La tentative ne fut pas renouvelée.

Mais la vieille Société (Old Society) renaquit, comme le Phénix de ses cendres, après un sommeil de sept années, et aujourd'hui encore sa vénérable existence se poursuit paisiblement dans son *home* de Pall-Mall-East.

Si nous avons insisté sur les débuts et sur la carrière agitée des deux grandes sociétés de *Water colour*, c'est qu'en réalité, bien que de très intéressantes manifestations individuelles aient lieu chaque année dans diverses salles de Old-Bond street, de New-Bond street, de Leicester square et autres lieux, le développement et l'évolution de l'aquarelle anglaise, depuis Cotman et Cristall jusqu'à James Stephens Hill et James Clark, ont toujours été très intimement liés aux divers mouvements des deux sociétés.

LA TAMISE AU PASSAGE DE LA TOUE
PAR PETER DE WINT
(South Kensington.)

* * *

Nommer les artistes de talent qui apportèrent leur concours à la *Water colour Society*, ce serait dresser ici une interminable liste, car sauf de très rares exceptions, tous les peintres anglais du XVIIIe et du XIXe siècle s'adonnèrent avec enthousiasme à la peinture à l'aquarelle.

et les artistes de tempéraments très dissemblables, de techniques très opposées, comme William Blake (1737-1827), Thomas Stothard (1755-1834), et Thomas Rowlandson (1756-1827), dont nous parlerons plus longuement bientôt, excellèrent dans cet art léger, dont le métier rapide s'adaptait si bien à la fantaisie apocalyptique, galante ou satirique de leur imagination.

Mais en ce genre aussi, et en ce genre surtout, la haute figure de

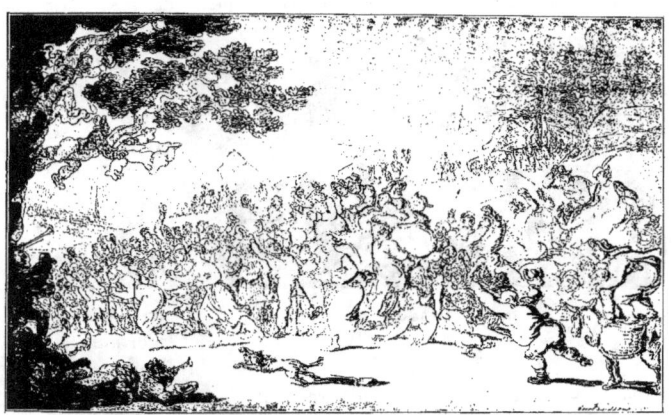

COURSE DE FEMMES, PAR ROWLANDSON
(British Museum.)

Turner domine, de toute la hauteur du génie, celles des innombrables aquarellistes anglais, y compris John-Robert Cozens, Dayes, Thomas Girtin, lui-même, John Varley (1778-1842), David Cox (1783-1859), Peter de Vint (1784-1849), Copley Fielding (1787-1855), George Barrett (1774-1842), Samuel Prout (1789-1852), William-Henry Hunt (1790-1864), George Cattermole (1800-1868), John Frederick Lewis (1805-1876), etc.

Parlant de Turner, dans le chapitre de ce livre consacré aux paysagistes anglais, nous avons donné sur le génial artiste quelques détails biographiques. Ajoutons-en un autre ici, et non des moins curieux.

Son goût pour le dessin fut si précoce, que son père, coiffeur de son métier, l'avait placé chez un dessinateur en bâtiments du nom de Thomas Mallou. Ce dernier, effaré par la fougue extraordinaire, par l'étrange physionomie des premiers essais du futur peintre de la *Chute*

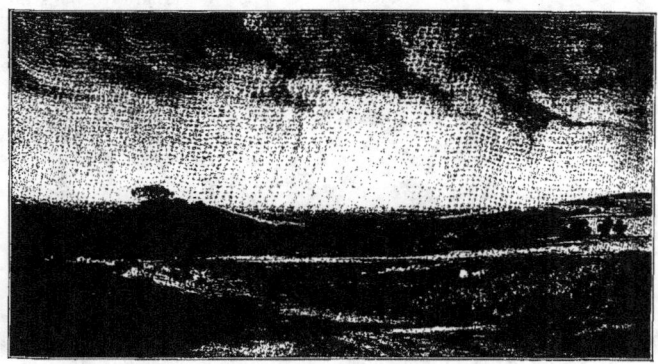

LA VALLÉE D'IRTHING (CUMBERLAND), PAR COPLEY FIELDING
(Royal Victoria and Albert Museum).

de Carthage ou de la *Fontaine d'Indolence,* du futur professeur de perspective à l'Académie, le déclara, net, inapte à tout progrès artistique.

Ce fut peu de temps après sa sortie de l'atelier de ce mauvais prophète qu'il fit la providentielle rencontre du docteur Munro, cet excellent et clairvoyant Mécène, chez lequel il se trouva en contact avec de nombreux artistes, Girtin entre autres, dont le talent original et fort et l'activité prodigieuse et un peu excentrique semblent avoir eu une certaine action sur son esprit et sur son art[1].

1. Turner eut une sorte de goût instinctif pour l'aquarelle qu'il pratiqua toute sa vie avec un grand talent. C'est ainsi qu'avant de s'être perfectionné, dans ce genre, à

Puis vint Ruskin, chez qui Turner, comme les préraphaélites, trouva le plus fervent et le plus éloquent des défenseurs contre les brocards et les indignations des critiques du temps, que les tendances anticonventionnelles du nouveau venu troublèrent brusquement dans leur traditionnelle admiration.

Il est toutefois utile de dire que Turner, malgré son génial instinct, malgré sa révolutionnaire originalité, se plia docilement au début à la règle classique, ce dont il n'eut pas à se plaindre dans la suite, et il s'inclina respectueusement devant les maîtres du « grand style ».

En examinant les nombreux dessins de sa première année, ceux qu'il exécuta avec une si minutieuse patience, et tous

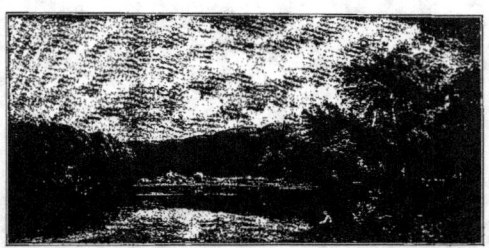

ÉTANG SOUS BOIS A WOTTIN PRÈS DE LEATHERHEAD
PAR J. VARLEY
(South Kensington.)

remplis de détails de la plus étonnante finesse, alors que le sentiment douloureux de la brièveté des heures ne l'obligeait pas à formuler des sensations infinies en quelques touches évocatrices, on découvre sans peine l'influence de Wilson et de Cozens, puis de Ruysdaël et de Claude Lorrain. Certes oui, Turner aima et admira le Lorrain. Entre le génie de ce dernier et le sien une parenté fraternelle existe. Cela est incontestable.

Mais il faut éviter, aujourd'hui que l'œuvre des deux grands maîtres est bien connue, de tenter de diminuer la formidable origina-

l'excellente école de Girtin, il s'estimait heureux de vendre, au prix de 2 ou 3 francs pièce, les petites aquarelles qu'il exposait à la montre de son père; le barbier coiffeur Turner avait alors quatorze ans, et à cette date il avait déjà étudié la peinture chez Thomas Wealton, et fréquenté l'atelier de l'architecte Hardwick qu'il quitta pour suivre les cours de la « Royal Academy » où il étudia la figure humaine.

lité de Turner, le plus personnel peut-être des peintres, en l'accusant d'avoir imité Claude Lorrain. A cette opinion injuste, M. Charles Blanc répond d'ailleurs très victorieusement dans ces quelques lignes :

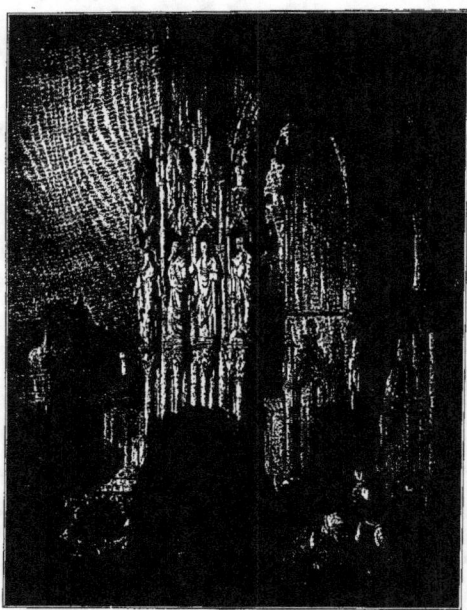

PORCHE DE LA CATHÉDRALE DE RATISBONNE
PAR SAMUEL PROUT
(Royal Victoria and Albert Museum.)

« ... Un homme prodigieux dans l'école anglaise, c'est Turner. Nous le regardons en France comme imitateur de Claude : c'est une erreur. Turner a trouvé quelquefois Claude Lorrain dans la nature; mais il ne l'a pas cherché. Le peintre français est d'une monotonie sublime; l'artiste anglais est d'une éblouissante variété. Claude veut le style; il invente la campagne ou il la refait conforme à la grandeur, à la sérénité de son âme. Turner a beaucoup moins d'arbitraire et de parti pris. Ses bons ouvrages sont admirables par d'autres qualités que celles de Claude. »

Mais nous n'avons à nous occuper ici que de Turner aquarelliste.

En ce genre il domine incontestablement non seulement l'école anglaise, mais les écoles du monde entier. Devant chacun de ses coups de crayon rapides rehaussés d'une touche au pinceau, et où se résume avec une pénétration singulière la vivacité de son émotion en présence d'un des infinis spectacles de la nature, on est conquis par une force irrésistible. Pour pénétrer vraiment le mystérieux génie de ce peintre gigantesque il faut descendre dans le sous-sol du musée de Trafalgar square, où par milliers sont accrochés, en très bonne lumière d'ailleurs, les croquis rapides, les dessins précieux, les aquarelles lumineuses et brillantes, toutes d'un format modeste et presque uniforme, mais qui racontent avec un esprit charmant les sensations d'art de l'extraordinaire visionnaire à travers les villes et les campagnes d'Angleterre, de France, de Suisse, d'Allemagne et d'Italie.

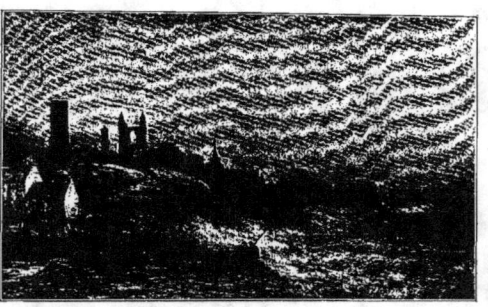

SAINT ANDREWS (FIFESHIRE), PAR JAMES ORROCK
(South Kensington.)

Des trois voyages, qu'il fit en France, sac au dos, dans les montagnes de l'Isère, sur les rives de la Seine, au bord de la Méditerranée et dans la vallée de la Loire, il ne rapporta pas moins de six cents dessins et aquarelles, où l'âme de notre pays est exprimée avec un art d'une sincérité et d'une subtilité singulièrement émouvantes.

Jamais peintre français n'a rendu avec plus de vérité, j'allais dire avec plus de piété, les innombrables détails dont l'ensemble si pittoresque constitue la physionomie générale de la France : petites villes de province aux rues silencieuses et aux maisons grises frileusement tassées les unes contre les autres, collines ensoleillées où s'accrochent de blancs villages, plaines monotones d'où s'élance vers le ciel le clocher aigu d'une église rustique, large fleuve au cours paisible et aux rives fleuries; torrents écumeux, rivages bénis bordés de gais parasols et où déferlent doucement les vagues, côtes profondes, ciels insondables, où évoluent dans des éblouissements de lumière des flottes de nuages passant échevelés sur le miroir des mers qui les reflètent...

Phénomène assez singulier, Turner (et c'est en cela que se manifeste l'universalité de son génie) a peint, et avec quelle richesse de détails, tous les pays qu'il a traversés, sans laisser paraître dans l'interprétation de ses sujets l'empreinte de son tempérament national. Jamais, nous le répétons, aquarelles ne furent plus françaises que celles où il nous décrit d'un pinceau si spirituel et si brillant le pittoresque de notre pays.

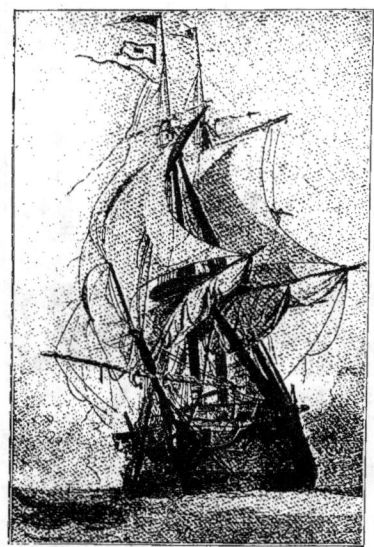
NAVIRE DE GUERRE, PAR J. T. SERRES
(Royal Victoria and Albert Museum.)

Peut-être nous serait-il permis d'en dire autant de Bonington... Il est vrai que si Bonington naquit au village d'Arnold, près de Nottingham, il vint à Paris à l'âge de quinze ans, et que son éducation artistique, essentiellement française, se fit au Louvre, à l'école des Beaux-Arts, et dans l'atelier de Gros.

Mais sauf quelques courses vagabondes hors de l'Angleterre,

Turner vécut continuellement dans son pays natal. Ses maîtres en aquarelle, maîtres dont il ne tarde pas d'ailleurs à abandonner la technique froide, précise et sèche, furent Cozens et Sandby, dont les œuvres tapissaient les murs de l'hospitalière demeure du docteur Munro.

On peut dire cependant que son véritable maître fut lui-même, que son mérite si souverainement original n'est que le résultat naturel de l'originalité de son génie, et que son incomparable individualité se développa en dehors de l'influence des milieux ethniques et esthétiques. Ses compatriotes se faisant, après l'avoir conspué, les échos dithyram-

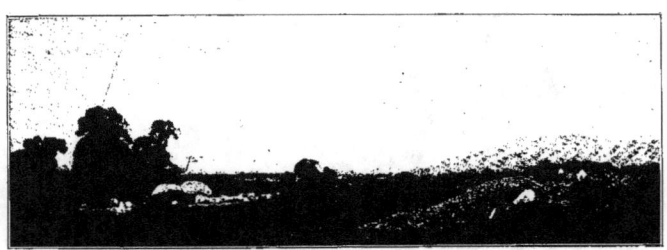

PAYSAGE, PAR R. THORNE WAITE
(South Kensington.)

biques de Ruskin, pourront l'appeler l' « Immortel », le « Messie », mais il leur sera bien difficile de dire qu'en son art sublime et déconcertant, fait à la fois de fougue lyrique, de virtuosité vertigineuse, de violence fulgurante, de nuances infiniment subtiles, de toutes les audaces les plus invraisemblables du génie, se définissent et se résument les caractères de l'esprit anglais, comme dans l'œuvre de certains de leurs grands artistes.

Jusqu'à la dernière heure de sa vie, soutenu par son génie dans sa poursuite affolée de la formule définitive de l'indéfinissable, il apparaît comme le peintre de tous les temps, en dehors des dates et des écoles, échappé à tout milieu éducateur et à toute frontière géographique.

En son œuvre unique, vivront confondus et mêlés, et fixés à jamais pour l'émerveillement des yeux, tous les phénomènes de la réalité et de l'idéal, aussi bien dans les vastes toiles aux fantastiques architectures baignées de lumière d'or et que caressent des mers ambrées, que dans les innombrables et minuscules feuilles où ses visions si personnelles de la nature immense se cristallisent sous les traits rapides du crayon et sous la fraîche et lumineuse éclaboussure du pinceau.

Bien souvent dans cet ouvrage le nom de Ruskin fut cité. Mais le noble esthéticien ne se borna pas à défendre les préraphaélites et J. M. W. Turner contre l'injustice de leurs contemporains et à mettre en pratique ses doctrines et ses théories exposées dans des livres d'une si merveilleuse éloquence.

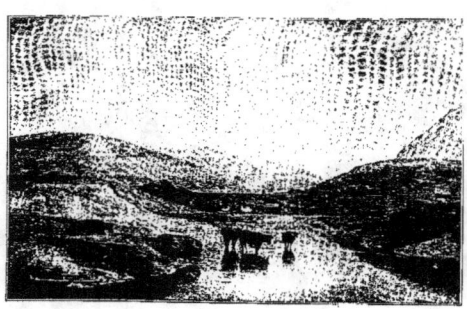

PONT SUR L'USK, PAR TURNER
(South Kensington.)

La fièvre ardente de son apostolat s'apaisait parfois dans les douces récréations du pinceau, et il a laissé un certain nombre de dessins et d'aquarelles où, en même temps que son amour de la nature et de l'art, se révèle aussi son culte pour Turner. Sans doute les légères aquarelles de Ruskin ne supportent pas la comparaison avec celles de Turner et de Girtin, mais on peut dire qu'elles sont d'un artiste de grand goût, qui certes ne fut pas inaccessible à de tyranniques influences et, en définitive, elles ne jettent aucune ombre fâcheuse sur la gloire de l'auteur des *Modern Painters* et de la *Bible d'Amiens*.

John Constable sut parfois aussi, lui le peintre aux lourds empâtements et au somptueux pinceau, si chargé de riche matière, noter légèrement, dans de fraîches aquarelles, ses visions de ciels tourmentés, de bois profonds et de verts pâturages.

« Constable a fait aussi de l'aquarelle, mais assez rarement. Les couleurs à l'huile, plus solides de tons que les *water colours*, se prêtaient mieux à exprimer les qualités qu'il cherchait dans la peinture, et que ses graveurs, surtout W. Reynolds et D. Lucas, ont très heureusement traduites : une pâte exubérante qui éclate en lumière comme des pierres précieuses, un certain papillotement de tons vifs, qui réveille trop également partout les regards, car c'est là le vice de ce puissant coloriste, trop amoureux de tout détail et jamais résigné à ces sacrifices habiles d'où résulte un ensemble tranquille et vraiment grand[1]. »

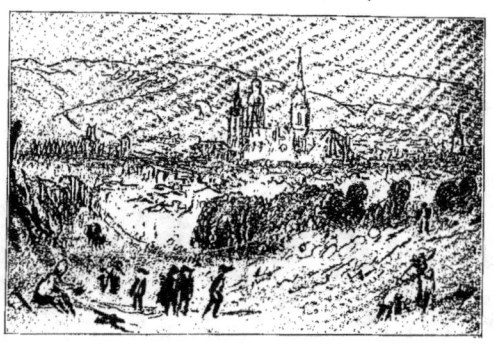
ÉVREUX, PAR TURNER
(CRAYON REHAUSSÉ D'AQUARELLE)
(National Gallery.)

Pour qui désire connaître Constable « aquarelliste » l'étude de ses nombreux carnets d'esquisses est indispensable.

Nous avons eu la bonne fortune d'en feuilleter quelques-uns et d'être vivement surpris par la grandeur d'effet qu'obtenait l'artiste, et toujours avec un goût exquis, à l'aide de quelques teintes légères, de quelques taches rapides, jetées comme au hasard, avec la géniale

---

[1]. W. Burger, *Histoire des peintres de toutes les écoles*, Veuve Renouard, éditeur.

sûreté de Turner. C'est ainsi que sur de fines silhouettes d'arbres ou de maisons esquissées à la plume, il note les principales valeurs par de légers lavis d'encre de Chine, ou par des rehauts d'aquarelle, qui donnent à ses petites peintures à l'eau, qui ont parfois des dimensions de miniatures, une intimité de vie qu'on ne découvre pas à un degré plus puissant dans les grandes toiles où s'est promenée en toute liberté la fougueuse somptuosité de son pinceau.

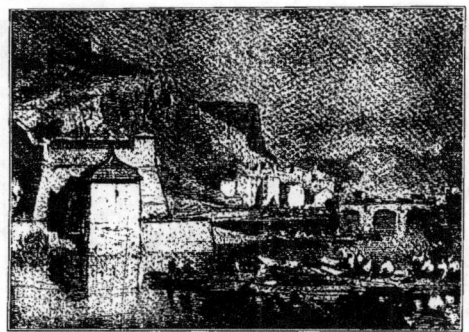

GRENOBLE, PAR TURNER (CRAYON REHAUSSÉ D'AQUARELLE)
(National Gallery.)

Fait digne de remarque, dans ces précieux albums se trouve pour ainsi dire écrite en abrégé presque toute l'histoire de sa grande vie d'artiste. C'est ainsi qu'en tournant une à une les feuilles du précieux livre, dont on voudrait voir les pages à côté de celles de Turner, dans les sous-sols de la National Gallery, on reconnaît les fidèles ébauches des grandes toiles, qui font sa réputation et qu'il brossera un jour à Osmington, à Salisbury, à Brighton, à Hampstead, un de ses endroits de prédilection, à Gilingham, à Folkestone, à Berk...

Il est néanmoins hors de doute que chez Constable, le peintre absorbe l'aquarelliste, et qu'il ne faut voir surtout dans ses lavis et ses croquis rehaussés d'aquarelle, qu'un ensemble de notations cursives destinées à fixer, à l'aide d'un procédé rapide, des impressions fugitives plutôt qu'un genre caractérisé comme chez Cozens, Girtin, Bonington et Turner lui-même, qui parfois, dans ses feuilles de voyage, a poussé l'art de l'aquarelle jusqu'aux dernières limites du métier.

L'intérêt qui s'attache à la personnalité de Constable, un des artistes les plus grands, les plus sincères et les plus originaux, est si élevé que nous ne pouvons résister au désir de citer ici, bien que ce ne soit pas tout à fait le lieu, la page suivante où se trouve fort bien résumée la très juste opinion de M. C. J. Holmes, l'intime ami et l'historien du peintre, sur le développement de sa technique : « Le principe de l'art de Constable c'est l'amour du coin de terre où il est né. Dans l'expression de cet amour, il a d'abord été guidé par les maîtres. Il a beaucoup copié et imité dans sa jeunesse — Claude Lorrain, Gainsborough, Girtin, Wilson — sans cesser de travailler d'après nature suivant son inspiration, car il avait l'intuition et le désir d'un art entièrement différent de celui qu'il trouvait exprimé dans les tableaux.

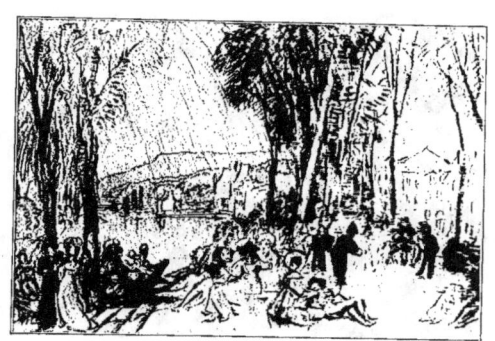
MARLY, PRÈS SAINT-GERMAIN, PAR TURNER
(CRAYON REHAUSSÉ D'AQUARELLE)
(National Gallery.)

« Ses premières esquisses vraiment modernes et naturalistes datent de 1801. Mais il continua longtemps encore à travailler dans le style des anciens jusqu'à ce qu'il fût assez sûr de lui-même pour s'exprimer en grand selon son style à lui. « La différence entre son point de vue et celui de ses prédécesseurs peut se définir par la substitution de l'amour pour la chose réelle représentée à l'amour pour son symbole pictural. » Il ne consent qu'un sacrifice minimum de réalité en vue de l'unité et de la largeur de l'ensemble. Car il est possédé avant tout du respect des choses réelles. Le souci des choses poétiques ou artistiques ne vient qu'après.

« De 1801 à 1806, il subit surtout l'influence de Ruysdaël, Gainsborough et Girtin. En 1807 et pendant les années suivantes, il copia des portraits de Reynolds, travail qui eut une grande influence sur son art en lui enseignant à construire un tableau. Constable « s'achemine vers la combinaison des tons éclatants de ses esquisses de plein air avec l'unité d'effet que tout bon tableau exige ». Il avance lentement. *La construction des bateaux* de 1815 « avec tout son air et sa luminosité ne trahit que peu de progrès sur la technique de Claude Lorrain » tandis que depuis longtemps ses esquisses étaient pleines d'une fougue et d'un réalisme qu'il ne devait pas dépasser. En 1821 il inaugure sa magnifique série des vues de Hampstead, correspondant à l'époque culminante de sa vie. Il ne peint que des ciels pendant quelque temps. Cette période (1817-1822) fut d'ailleurs le moment de bonheur de son existence[1]. »

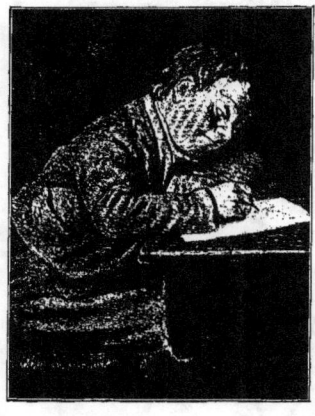

LA SAINT-VALENTIN, PAR W. H. HUNT
(South Kensington.)

A mentionner aussi, parmi les aquarellistes dont les œuvres consacrées figurent au South Kensington, John Sell Cotman, dessinateur habile et précis, qui se spécialisa surtout dans la reproduction par l'aquarelle et aussi par la gravure (ses compatriotes ne l'ont-ils pas appelé le Piranèse anglais) des anciens monuments. Nous préférons

---

1. *John Constable*, d'après les souvenirs recueillis par E. R. Leslie. Traduit avec une introduction par Léon BAZALGETTE. H. Floury, éditeur.

ses gravures à ses aquarelles, d'une sécheresse de coloris désolante, mais d'un incontestable intérêt documentaire.

Voici Bonington, un des rois de l'aquarelle, un de ceux dont la

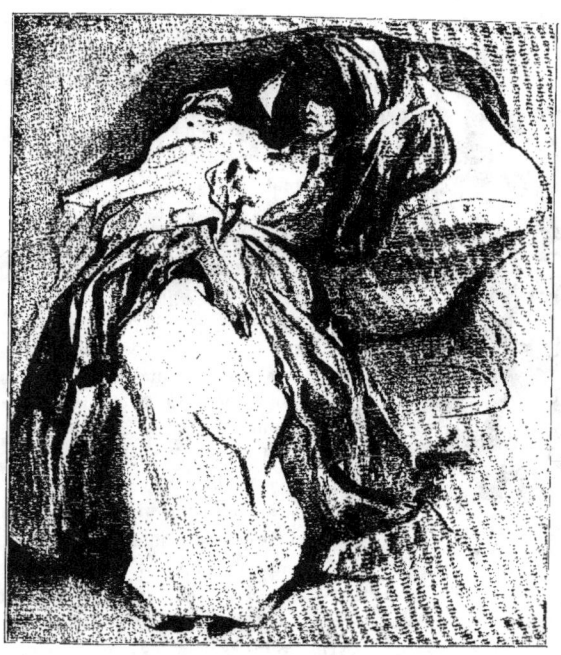

UNE VÉNITIENNE, PAR R. P. BONINGTON
(Reproduit avec l'autorisation de la galerie Shirleys, à Paris.)

légèreté du pinceau et le sens si subtil de la couleur s'exprimèrent avec le plus d'éclat dans la peinture à l'eau. Les aquarelles, trop rares, où d'un pinceau libre et brillant il a décrit les plages humides, les mers calmes, sous les larges étendues de ciel, les vieilles rues des villes normandes, sont les modèles du genre.

Puis ce sont William Muller (1812-1845), mort jeune, comme Bonington, et qui d'un voyage en Orient rapporta une série de peintures et d'aquarelles étincelantes; Peter de Wint (1748-1849), aquarelliste vigoureux. Ses affinités avec ses ascendants hollandais, et

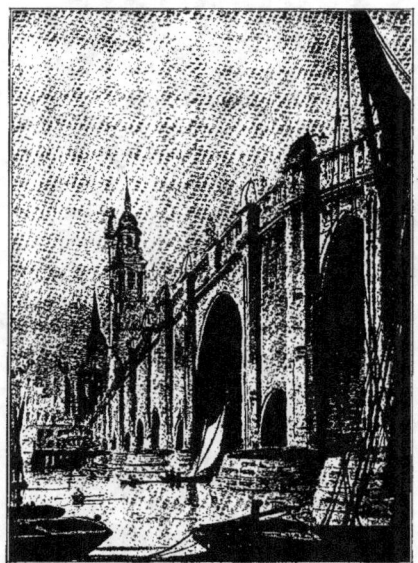

LE PONT DE LONDRES, PAR R. P. BONINGTON
(British Museum.)

surtout avec Ruysdaël, se révèlent à tout instant, non seulement dans ses peintures à l'huile, mais encore dans ses aquarelles très nombreuses et très estimées en Angleterre. Un des motifs de prédilection de Peter de Wint fut les vieilles églises, et de préférence celles de style gothique. Les formes architecturales séduisirent aussi Samuel Prout (1784-1852), qui a laissé de belles vues de cathédrales aux porches ouvragés, mais d'un métier pénible et lourd. Sa renommée fut très grande au début du siècle dernier; néanmoins son œuvre, bien que d'une facture très anglaise, est beaucoup moins estimée que celle du Hollandais Peter de Wint. Clôturons cette nomenclature très incomplète des plus célèbres aquarellistes anglais de la première moitié du XIXᵉ siècle, en mentionnant David Cox (1783-1859), qui tient une place très honorable dans

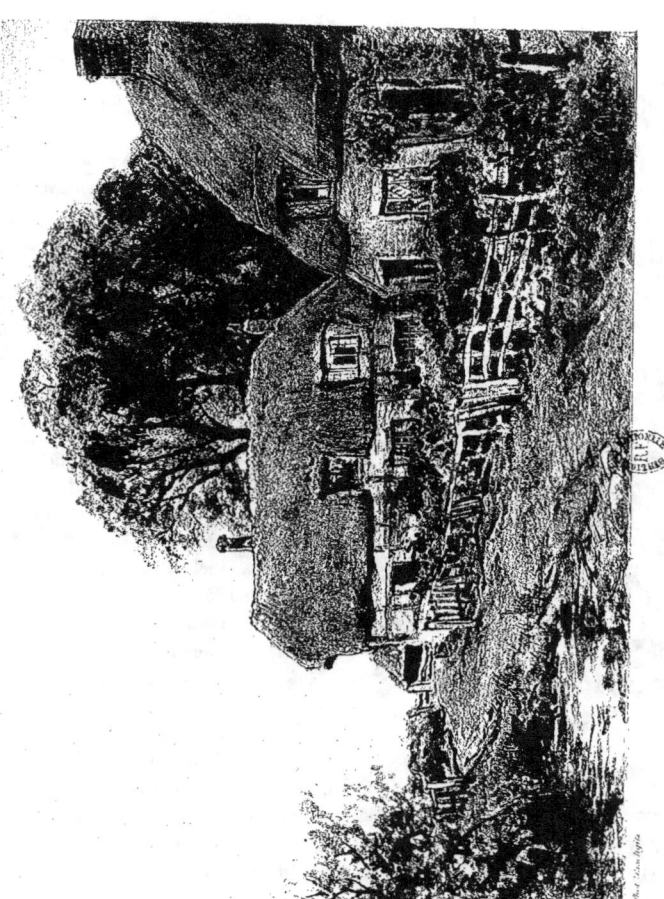

F. W. MERIS COTTAGES PRÈS DE RINGWOOD

l'école paysagiste de son pays et dont les nombreuses aquarelles, d'un maniérisme un peu trop uniforme et d'une grâce facile, dénotent toutefois un tempérament assez original.

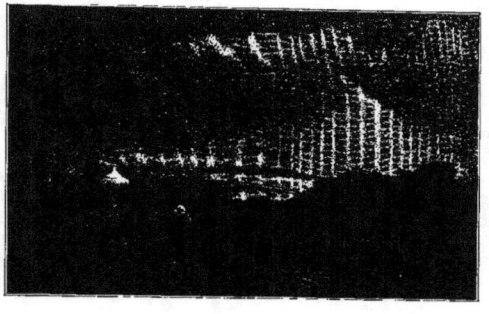
LE MARAIS GALLOIS, PAR JOSEPH KNIGHT
(South Kensington.)

Henry Hunt, humoriste habile, John Frederick Lewis, l'« orientaliste » (1805-1876), James Holland, Frederick Walker (1840-1875), George John Pinwell (1842-1875), George Heming Mason (1818-1872), continuent, avec Dante Gabriel Rossetti, Edward Burne-Jones, Thomas Collier (1840-1891) et Hercule Brabazon (1821-1906), la lignée des grands aquarellistes anglais, bien que chez les préraphaélites proprement dits, la technique, d'une pauvreté lamentable, ne soit qu'une bien imparfaite expression de l'invention poétique qui domine presque exclusivement toute leur œuvre.

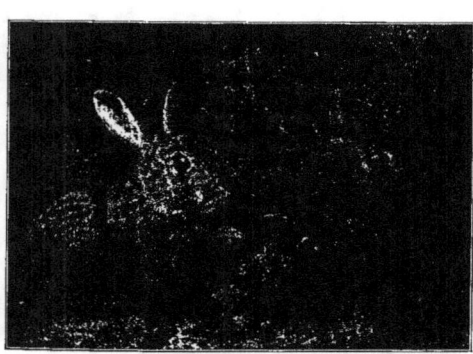
LAPINS, PAR JOHN SHERRIN
(South Kensington.)

Cette rapide énumération nous conduit à l'époque actuelle où l'Institut Royal des peintres en aquarelle (the Royal Institute of painters in water colour), largement ouvert aux idées nouvelles, aux tentatives les plus audacieuses, voit son œuvre de réaction contre les tendances souvent trop arriérées de l'*Ancienne Société* (the Old Water colour Society), complètement couronnée de succès[1].

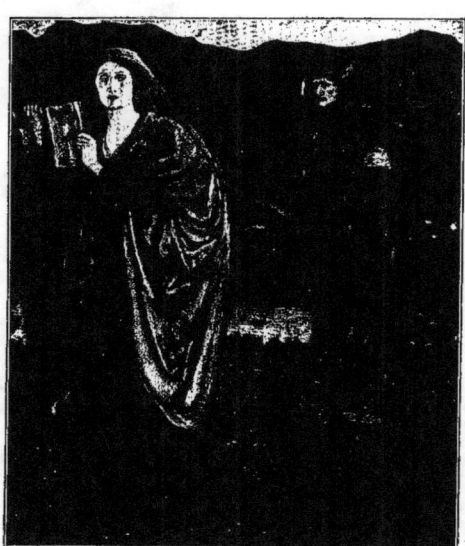

MERLIN ET VIVIANE, PAR BURNE JONES
(South Kensington.)

On a pu dire avec raison que l'Institut royal était devenu le lieu de ralliement de tous les aquarellistes « qui ne sont pas encore arrivés ».

Toute l'histoire de l'école anglaise d'aquarelle, si brillante et si universellement admirée, est comprise d'ailleurs dans les efforts, dans les vicissitudes et dans

---

1. L'*Ancienne Société*, dite aussi Société royale des peintres en aquarelle, date de 1804. Ses membres fondateurs furent : G. Barrett, J. Cristall, W. S. Gilpin, Y. Glover, V. H. Peyne, S. Shelley, J. Varley, C. Varley, J. Holwortley, R. Hills, F. Nicholson.

L'*Institut royal* fut créé en 1831 sous le titre de Nouvelle Société des aquarellistes, « The new Society of painters in water colours ». En 1863, elle changea de nom et adopta celui qu'elle porte aujourd'hui.

les triomphes de ces deux grandes associations artistiques.

Les véritables fondateurs de la nouvelle Société furent W. Cowen, James Fuge, T. Maisey, J. Powel, W. B. S. Taylor et T. Wegeman, Gilles Firman Phillips.

Parmi les noms les plus célèbres de ses membres, mentionnons ceux de Henry Geo Hine, Charles Green, Guido R. Bach, Tom Collier, Edmund Morison Wimperis, un de ceux qui font le plus honneur à l'école d'aquarelle anglaise, Sir John Tenniel, Charles Edward Holloway, James Aumonier, G. H. Boughton, Randolph Caldecott, le peintre spirituel des chevauchées comiques, F. G. Cotman, Frank Dillon, Yeend King, dont le pinceau frais

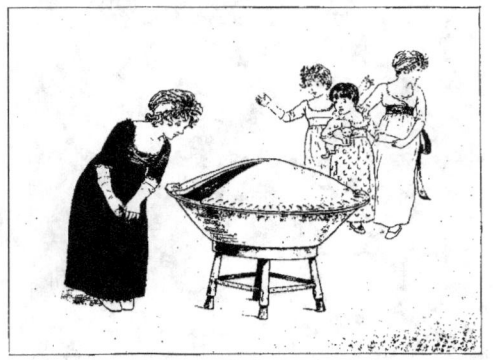
UN COUP D'OEIL A L'INTÉRIEUR, PAR KATE GREENAWAY
(South Kensington.)

et léger se plaît à dessiner les ciels printaniers et les plaines fleuries, Jules Lessort, Walter Crane, Miss Kate Greenaway, Robert Fowler, Saint-George Hare, Frank Sade, Briton Riviere, l'humoristique animalier, John Fulleylove, le peintre vigoureux des intérieurs d'églises, Walter Langley, très pénétrant analyste de la figure humaine, Alfred East, impressionniste fougueux et vibrant, James Clark, dessinateur habile et décorateur exquis, A. W. Wedon, le peintre des montagnes d'Écosse fleuries de bruyères sous des casques de nuages, Bernard Evans, Keley Halswelle, aquarelliste d'un métier très pur et dont certains clairs de lune vénitiens sont pleins de charme, R. B. Nisbet,

John Percin Gulich, William Lee Hankey, James Stephen Hill, John Hassael, James Clark et Dudley Hardy, qui, dans sa note spirituellement mondaine, dans ses harmonies fines et fraîches, représente le mouvement actuel de l'aquarelle en Angleterre, dans ce qu'il a de plus moderne, de plus sincère et de plus conquérant.

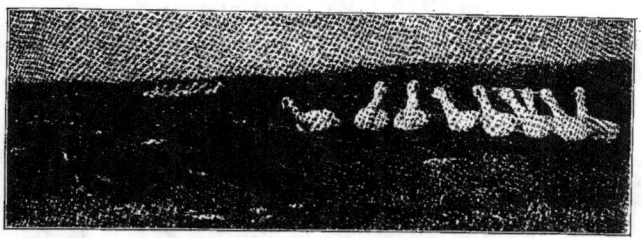

LE RENARD ET LES OIES, PAR BRITON RIVIÈRE
(South Kensington.)

Nous voici bien loin des pastiches surannés des Green et des Tenniel.

L'école d'aquarelle anglaise ne peut que poursuivre son étincelante carrière, en évoluant librement à travers de si longues et de si précieuses expériences, sous le souffle des idées nouvelles.

CHAPITRE IV

LA SATIRE ET L'HUMOUR

Pendant tout le règne de Jacques II et de George II, l'Angleterre fut inondée d'estampes satiriques. Mais la plupart de ces planches,

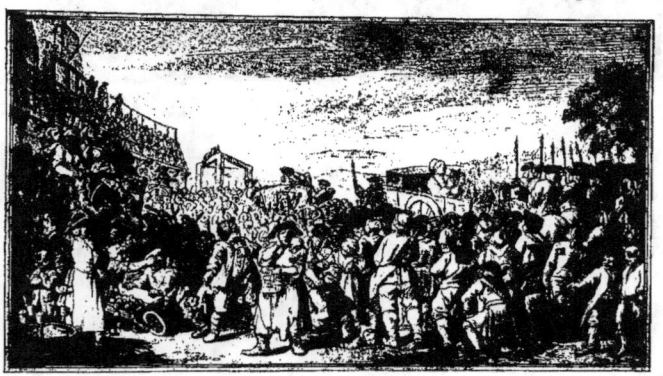

L'APPRENTI PARESSEUX EXÉCUTÉ A TYBURN (INDUSTRIE ET PARESSE)
(D'APRÈS UN DESSIN ORIGINAL) PAR WILLIAM HOGARTH
(British Museum.)

bien que de tendances anglaises, venaient de Hollande et les plus remarquables étaient signées du nom de Romain de Hooghs.

C'étaient des charges, souvent grossières, d'un dessin médiocre, et qui s'inspiraient des haines politiques et religieuses de la Réforme, des violentes querelles entre épiscopaux et presbytériens, des extravagantes entreprises financières du temps, aussi bien de celles du Mississipi que de la rue Quincampoix... Toutefois, à la fin du règne de George II, quelques noms de caricaturistes anglais émergent, à l'ombre du grand nom d'Hogarth, de la foule des fournisseurs habituels des éditeurs Carington Bowles. Ceux, entre autres, de George

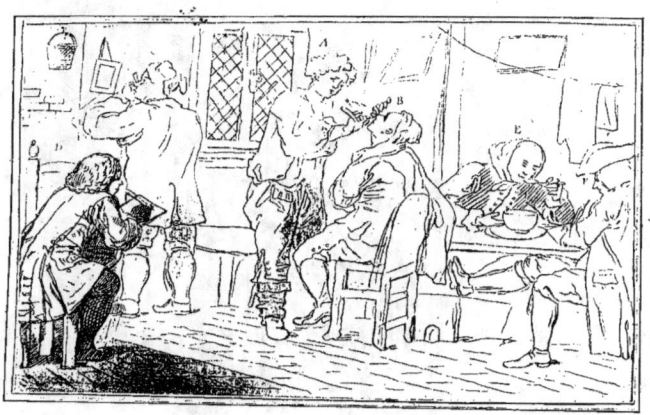

UN DÉJEUNER, PAR WILLIAM HOGARTH (D'APRÈS UN DESSIN ORIGINAL)
A. Fisherman rasant. — B. M.Thornhill. — C. M.Gothall. — D. Hogarth. — E. M.Forest. — F. M.Scott.

Bickham, de John Collet, de Robert Dighton, de R. Attwold, pasticheur trop servile du peintre du *Mariage à la mode*.

Puis viendront, quelques années plus tard, à la fin du XVIIIe siècle, Marc-Ardele, l'auteur de la fameuse estampe l'*Averse du Parc*, Darley, Paul Sandby, qui exécuta quelques caricatures assez malicieuses contre Hogarth...

Ce furent là les *Primitifs* de l'art de la caricature en Angleterre, art qui devait atteindre un si rapide développement avec les Gillray, les Rowlandson et les Cruikshank. Ils brillèrent d'un assez timide éclat, mais qui put cependant éclairer suffisamment leur personnalité nationale, au milieu des fournisseurs habituels de la maison Bowler : les Goupy, les Boitard (Français), le Suisse Liotard, les Hollandais Vandergucht et Vanderbouk..., etc.

Une des sources inspiratrices les plus riches de cette époque, pour les caricaturistes, fut Lord Bute qui, grâce à la faveur de la princesse de Galles, dont il était le favori bien-aimé, gouverna en maître à la cour, soutenu par Fox, le futur Lord Holland, aussi impopulaire d'ailleurs que le premier ministre.

Ces deux hommes politiques, nous apprend sir Thomas Wright, dans son histoire de la caricature, paraissaient viser à la substitution du pouvoir arbitraire au gouvernement constitutionnel. Fox était ordinairement représenté dans les caricatures

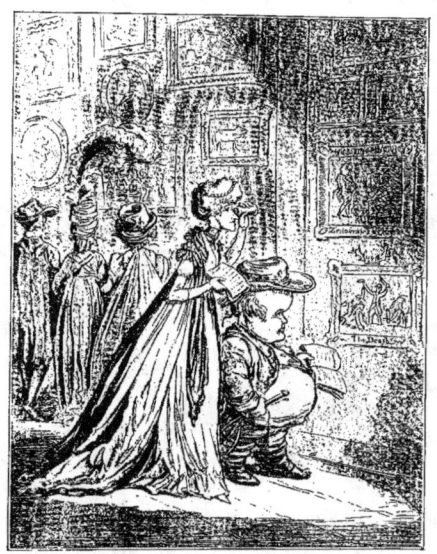

UN COUP D'ŒIL A LA GALERIE DE TABLEAUX
DE CHRISTIE, PAR JAMES GILLRAY
(Cabinet des Estampes.)

avec la tête et la queue (quelque peu exagérées) de l'animal dont il portait le nom (renard), tandis que Bute, par suite d'un très mauvais calembour sur son nom, était, lui, représenté revêtu du costume écossais et chaussé de deux grandes bottes, ou quelquefois d'une seule, de dimensions encore plus considérables...

Effrayé de la haine populaire dont il était l'objet, Lord Bute, chercha à changer l'orientation dangereuse de l'opinion publique en appelant, de son côté, la caricature au secours du gouvernement.

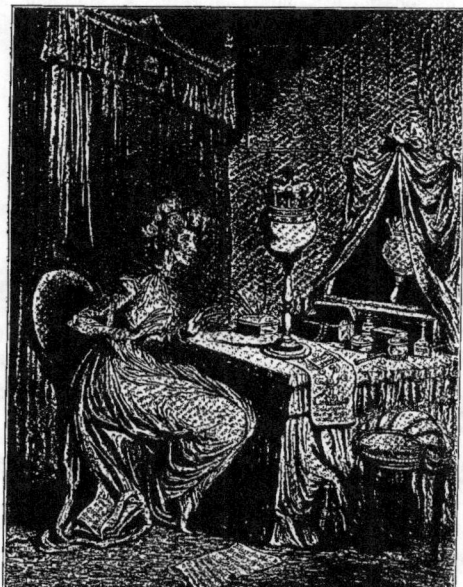

EN CONTEMPLATION DEVANT LA COURONNE
PAR JAMES GILLRAY
(Cabinet des Estampes.)

Parmi les mercenaires satiriques enrôlés par le ministre de George III figurait Hogarth. Il est juste de reconnaître que le grand artiste n'apporta guère que le concours de son nom à la cause très compromise de Lord Bute. La mission, peu digne de son génie, qu'il eut la faiblesse d'accepter moyennant une pension de 300 livres par an, ne fut d'ailleurs pour lui l'occasion d'aucune création d'art susceptible d'atténuer sa faute. Les plates caricatures d'Hogarth, exécutées sans conviction, ne contribuèrent en rien, malgré l'importance de la signature, à retarder la chute de Lord Bute, et dans cette lutte sans grandeur, l'immortel auteur de tant de chefs-d'œuvre fut facilement battu par les auxiliaires anonymes de Pitt et du duc de Cumberland.

Aussi n'est-ce pas dans les satires politiques d'Hogarth, dans les dessins lourds et gauches qui semblent écrits d'une main défaillante, à la gloire de l'indigne favori de la princesse de Galles, qu'il faut chercher la grandeur de son œuvre, mais bien dans ces admirables séries qui s'appellent la *Vie d'une courtisane*, le *Mariage à la mode*, la *Vie d'un libertin*, les *Comédiennes ambulantes*, l'*Industrie et la paresse*, la *Conversation moderne*..., où l'esprit étincelant de l'artiste, son observation aiguë, sa science profonde de la physionomie humaine, ses qualités de peintre se manifestent avec un éclat incomparable.

C'est ici que se révèle le génie du premier en date et du premier en gloire, des grands satiriques anglais, et, si l'on veut, du premier des caricaturistes anglais, bien qu'en définitive Hogarth soit plutôt un moraliste satirique qu'un caricaturiste proprement dit, et que la pensée philosophique de l'artiste se dégage bien plus de la réalité des attitudes et des physionomies vues à travers l'humour sarcastique et souvent cruel de l'observateur, que de la déformation trop facile des traits et de l'exagération comique des mouvements.

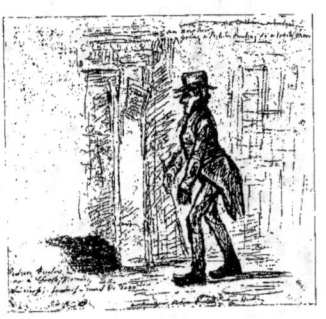

UN AMATEUR FAIT LA CHASSE AUX TABLEAUX PAR UNE MATINÉE DE DÉGEL (CROQUIS AU CRAYON), PAR JAMES GILLRAY
(British Museum.)

Après William Hogarth, mais cependant bien au-dessous de lui, trois grands noms se détachent dans l'histoire de la caricature anglaise au XVIIIᵉ siècle et au début du XIXᵉ. Ce sont ceux de Gillray, de Rowlandson et de George Cruikshank.

Avant d'étudier l'œuvre de ces trois artistes, mentionnons quelques autres caricaturistes, de second ordre, dont l'art naquit et se développa au milieu de l'agitation politique du règne des deux premiers Georges : Paul Sandby, John Collet, Sayer, Bunbury et Woodward.

On peut juger de la verve satirique de Paul Sandby (1725-1809), en feuilletant le recueil publié après sa mort sous ce titre : *L'art rétrospectif, d'après la collection de feu Paul Sandby esq., membre de l'Académie royale.*

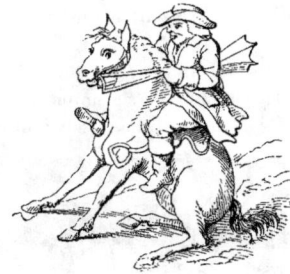

MANIÈRE DE CHEMINER SUR DEUX JAMBES PAR LA GELÉE, PAR BUNBURY

Paul Sandby, qui était l'homme le plus doux de la terre et qui eût souhaité consacrer toutes les heures de sa vie à son art favori de la peinture à l'eau où il excellait, et à la peinture de ciels printaniers et de jardins fleuris, devenait enragé dès qu'on prononçait devant lui le nom d'Hogarth, dont l'humour sarcastique et le ton dédaigneux l'avaient blessé. Il saisissait aussitôt son crayon, et d'un trait rapide et fiévreux, où se manifestait toute son animosité contre Hogarth, il *exécutait* son terrible adversaire, soit en s'attaquant directement à sa personne comme dans : *Un peintre saltimbanque démontrant à ses admirateurs et à ses pratiques que la gibbosité est ce qu'il y a de plus beau*, soit en le criblant d'allusions acérées dans la personne de son protecteur Lord Bute.

Hogarth était très sensible, paraît-il, aux attaques de Sandby, dont l'art réel ne transparaissait d'ailleurs que timidement dans ses compositions caricaturales.

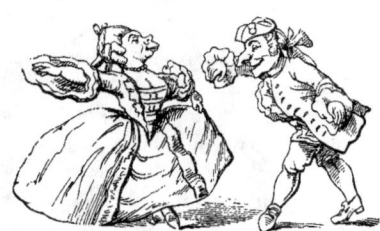

STRÉPHON ET CHLOÉ, PAR BUNBURY

John Collet (1725-1820) échappa à la politique. Fervent admirateur de Hogarth, dont il fut d'ailleurs l'élève, Collet s'évertua, lui aussi, à critiquer les mœurs de son temps et à en flageller les vanités et les faiblesses, mais les lanières de son fouet sifflent faiblement à côté de celles de son maître.

L'ensemble de ses compositions, gravées, en grande partie, à la manière noire, constitue toutefois un tableau intéressant et instructif de la société anglaise au xviiie siècle.

A l'encontre de John Collet, James Sayer fut un caricaturiste politique. Pour le besoin de sa cause et pour le triomphe de ses ambitions naissantes, William Pitt utilisa avec succès le tempérament satirique de Sayer, dont le crayon ne traduisait malheureusement que très imparfaitement la pensée malicieuse et les spirituels sarcasmes.

« Il était fils d'un capitaine au long cours de Great-Yarmouth, mais sa famille avait fait de lui un procureur. Toutefois, comme il possédait une petite

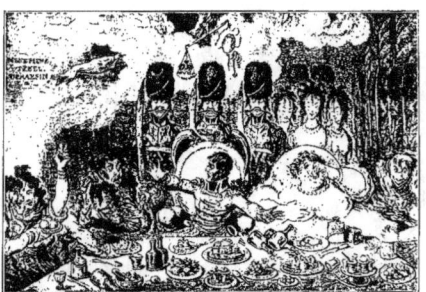
LA MAIN ÉCRIVANT SUR LE MUR, PAR J. GILLRAY
(Cabinet des Estampes.)

fortune et n'avait pas, paraît-il, beaucoup de goût pour la basoche, il laissa là son étude, et, ayant une remarquable aptitude pour la satire et la caricature, il se jeta dans les luttes du jour. Sayer était mauvais dessinateur, et ses compositions sont plus le produit d'un travail patient que d'un crayon habile ; mais elles sont empreintes d'un assez grand fond d'humour et de sarcasme pour justifier leur popularité, à une époque où la sévérité de sa satire faisait passer par-dessus des fautes de dessin plus graves encore[1]... »

Henry-William Bunbury (1750), second fils du baronnet sir William Bunbury, fut entraîné vers la caricature par un goût naturel d'une

---

[1]. Thomas Wright. *Histoire de la caricature et du grotesque dans la littérature et dans l'art* (Garnier frères, éditeurs).

singulière précocité. Son dessin était franc et hardi. Comme Collet, il préféra les faits de la vie sociale, et surtout les scènes amusantes et pittoresques des mœurs contemporaines, élégantes ou populaires, à la politique.

Il excella surtout dans la peinture des scènes hippiques qu'il sut interpréter avec beaucoup d'humour satirique, et en ce genre il apparaît comme le précurseur des Caldecott...

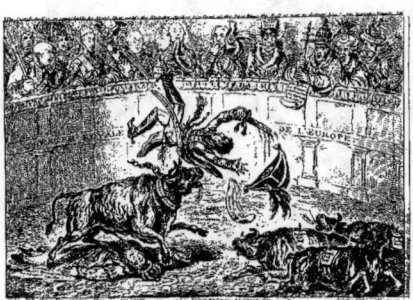

LE COMBAT DU TAUREAU ESPAGNOL
OU LE MATADOR CORSE EN DANGER, PAR J. GILLRAY
(Cabinet des Estampes.)

Woodward s'adonna aussi presque exclusivement à l'étude de la vie sociale de ses contemporains et la plupart de ses caricatures, en général d'un dessin habile, mais un peu froid, ont été gravées par Rowlandson, dont la personnalité si marquée se révèle presque toujours d'une façon trop apparente dans la traduction de l'original.

Gillray[1] est justement considéré par les Anglais comme leur

---

1. *James Gillray* naquit à Londres en 1757. Il était fils d'un ancien soldat de Fontenoy, d'origine écossaise. Le père de Gillray, qui avait perdu un bras à la fameuse bataille, obtint la place de gardien du cimetière de Chelsea, place qu'il garda pendant quarante ans. La jeunesse de Gillray fut très mouvementée. Son goût artistique très précoce ayant frappé l'attention du vieux héros de Fontenoy, ce dernier le mit en apprentissage chez un graveur. Mais bientôt le jeune homme, de tempérament très aventureux, s'enrôlait dans une troupe de comédiens. Toutefois, il ne tarda pas à revenir à Londres, et bientôt il était admis comme élève à l'Académie royale, où il se perfectionna très rapidement dans son art de graveur. Il ne se révéla réellement comme caricaturiste qu'en 1779, lorsqu'il publia son *Paddy à cheval*, satire contre les Irlandais. — C'est de 1782 que date son début véritable dans la caricature politique, à laquelle il devait consacrer son réel talent et son infatigable activité. Ses deux planches caricaturales de 1782 dirigées contre le ministère Rockingham mirent du même coup son nom en pleine lumière. Gillray mourut à Londres en 1815.

premier caricaturiste politique, mais ils se laissent entraîner par un excès d'orgueil national lorsqu'ils en font le plus grand de tous les caricaturistes des temps modernes.

Assurément Gillray fut un satirique remarquable, mais qu'il est loin de notre incomparable Daumier! Il sut avec un tact merveilleux

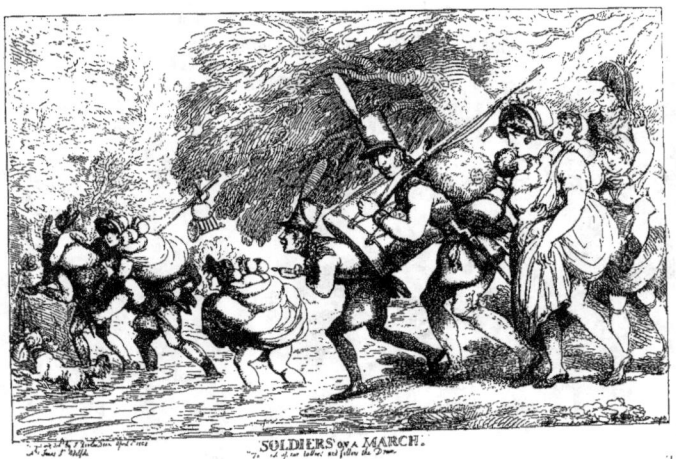

SOLDATS EN MARCHE, PAR ROWLANDSON
(Cabinet des Estampes.)

mettre en relief, dans ses compositions satiriques, les côtés qui prêtaient le plus au ridicule.

Son dessin a de la finesse et quelquefois, mais bien rarement, une certaine vigueur dans son graphisme élégant, et avec un art réel, un art de véritable peintre d'histoire, élevé aux leçons de l'Académie royale, il groupa harmonieusement le nombre infini de ses personnages anecdotiques autour du motif principal.

William Pitt, en politique avisé, acheta le crayon de Gillray, dès 1782, c'est-à-dire dès l'avènement de Shelburne au pouvoir, et ce fut dès lors une guerre impitoyable, incessante, d'une inlassable cruauté, que, sous l'inspiration de Pitt, Gillray fit à Fox et à Burke. Ce qui ne l'empêchait pas d'ailleurs (et ceci parle en sa faveur et le différencie de Sayer et même d'Hogarth) d'attaquer Pitt lui-même avec la dernière vigueur, en 1789, à l'occasion du projet relatif à la Régence.

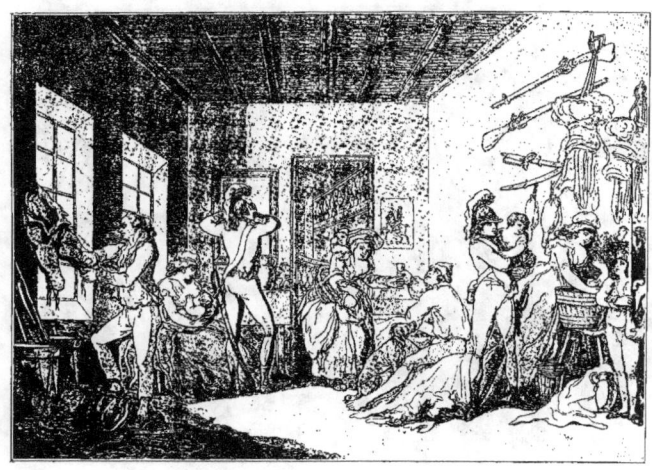

LES COMÉDIENS ANGLAIS, PAR ROWLANDSON
(Cabinet des Estampes.)

D'ailleurs, les flèches du terrible satirique n'allaient pas seulement aux hommes d'État les plus en vue de l'époque, à Fox, à Burke, à Sheridan, à Lord Thurlow, à Pitt lui-même. Elles atteignaient aussi le couple royal à l'abri des murs de Windsor, et dans les années 1791 à 1798, de nombreuses estampes signées du nom de Gillray, et dont le succès fut considérable, attaquèrent avec le plus manifeste irrespect la ladrerie proverbiale des souverains, la lourde gaucherie de George III et jusqu'à la conduite dissolue de la princesse de Galles.

Et toutes ces malicieuses images étaient accompagnées de légendes explicatives sans fin, de légendes à dévidoir, nécessitées par l'absence de toute synthèse graphique.

L'année 1788 fut une des plus heureusement fécondes de la carrière artistique de Gillray. C'était après le fameux procès de Warren

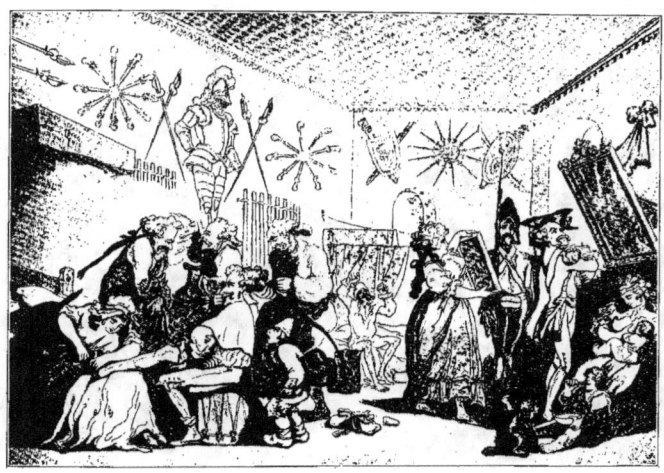

LES COMÉDIENS FRANÇAIS, PAR ROWLANDSON
(Cabinet des Estampes.)

Hastings. Gillray avait pris parti contre les accusateurs, sans doute parce que ceux-ci n'étaient autres que Burke et ses amis. C'est de cette époque que datent deux de ses plus célèbres planches satiriques d'inspiration toute différente, et que nous regrettons de n'avoir pu reproduire dans cet ouvrage. Tout l'art d'âpre humour et de causticité grotesque de l'artiste est résumé avec beaucoup d'esprit dans ces deux pièces. La première, intitulée : *Le sang sur le tonnerre* (Blood on thunder — fragments de jurons anglais) *passant à gué la mer Rouge*, représente Warren Hastings porté sur les épaules du chancelier Thurlow, à travers une mer de sang, jonchée de cadavres d'Indous mutilés... La seconde est intitulée : *Le Jour du marché, tout homme à son prix*. Elle est dirigée contre le gouvernement et représente une scène à Smithfield où les bêtes à cornes mises en vente sont les soutiens des ministres du roi. Lord Thurlow, dont Gillray excellait à rendre la physionomie renfrognée, figure comme principal acheteur. Pitt et son ami et collègue Dundas sont représentés buvant et fumant joyeusement à la fenêtre d'un cabaret. D'un côté Warren Hastings s'en va sur un veau qu'il vient d'acheter et qui n'est autre que le roi; car on croyait dans le peuple que Hastings avait gagné à sa cause l'avarice du roi George au moyen de riches présents en diamants. D'un autre côté les bestiaux dans leur course folle culbutent la voiture dans laquelle cheminent Fox, Burke et Sheridan[1].

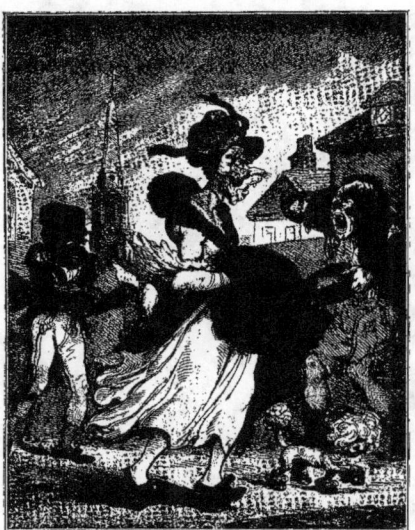

UNE CHATTE EN PATINS, PAR ROWLANDSON
(Cabinet des Estampes.)

A vrai dire, ces images et ces légendes contre la cour n'ont rien de bien méchant, et elles peuvent même sembler assez anodines à nous

---

1. THOMAS WRIGHT, *op. cit*.

autres Français, qui pouvons encore feuilleter aujourd'hui l'admirable *Caricature* de Charles Philipon et juger des terribles coups portés tour à tour à Charles X et à Louis-Philippe, par les Decamps, les Daumier, les Traviès, les Grandville... Mais n'oublions pas que nous sommes en Angleterre, pays où le prestige royal semble être de plus en plus sacré. On se demande si James Gillray, vivant aujourd'hui au début de ce XX° siècle, où cependant la satire opère en grande liberté, pourrait se permettre de livrer au *Punch* d'innocentes plaisanteries contre les faiblesses toutes naturelles de son souverain. Sur ce point, il y a évidemment quelque chose de changé en Angleterre. Est-ce la malicieuse indépendance du caricaturiste qui est morte, ou bien toutes les vertus humaines se sont-elles concentrées dans la personnalité royale, au point de la rendre inaccessible aux plus légers traits de la satire?

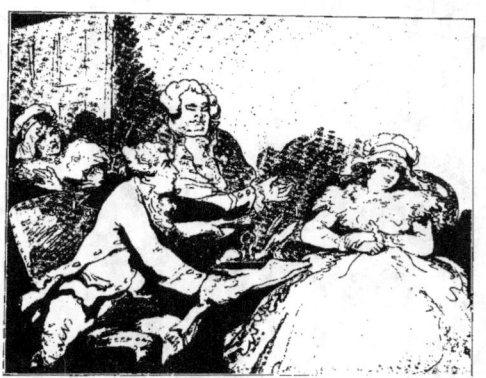

LE MARI ENRAGÉ, PAR ROWLANDSON
(D'APRÈS UNE GRAVURE EN COULEURS)
(British Museum.)

Mais si les caricatures de James Gillray contre la cour furent d'une très relative âpreté, il n'en fut pas de même de celles qu'il dirigea contre la Révolution française, et surtout contre Napoléon.

Ici William Pitt apparaît encore comme l'auxiliaire très actif de l'artiste, et dans toute la suite de ces dernières œuvres, la haine farouche de l'homme d'État est rendue avec une verve grossière et un dessin presque épileptique par le mercenaire du crayon qui, en 1815, mourait dans une crise de folie, l'année même où le grand Empereur tombait écrasé sous le poids de la Coalition européenne.

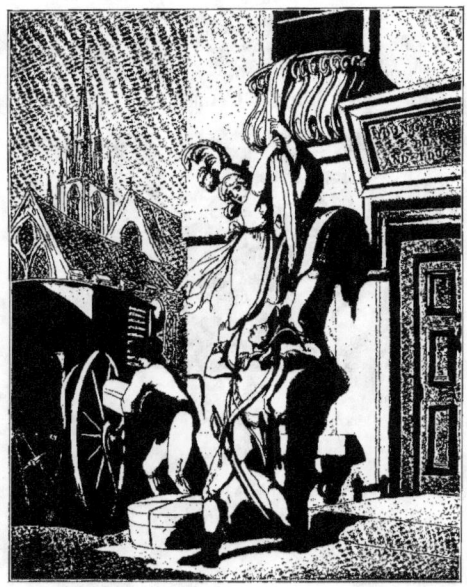

L'ENLÈVEMENT OU LE DÉPART POUR GRETNA GREEN
(D'APRÈS UNE GRAVURE A LA MANIÈRE NOIRE)
PAR ROWLANDSON
(Cabinet des Estampes.)

Malgré la faiblesse de son dessin maigre et flottant, malgré l'obscurité de son symbolisme et la longueur démesurée de ses légendes explicatives, Gillray fut et demeure le plus célèbre des caricaturistes politiques de l'Angleterre.

Il avait le don de composition, de la verve, un certain humour, et une incroyable fécondité.

L'histoire du règne de George III est enfermée, en partie, dans la suite de ses estampes politiques.

Ses caricatures sur la vie sociale sont assez rares et de qualité médiocre. Il s'attarde trop dans la satire individuelle. Son esprit paraît fermé à toute idée générale, à toute vision synthétique, et il se complaît surtout, en dehors de ses caricatures politiques, de commande, à décrire, d'un crayon léger, les extravagances des chapeaux et des costumes de son temps.

La notice biographique ci-dessous, nous dit que Rowlandson vint jeune à Paris et qu'il s'y amusa follement[1]. Ajoutons qu'il s'y trouva, presque aussitôt débarqué, riche de 7 000 livres sterling (175 000 fr.) « plus une valeur considérable de vaisselle plate et autres objets précieux », le tout légué par une tante généreuse, d'origine française d'ailleurs, Mlle Chatelois, qui avait un très vif attachement pour son neveu, dont le caractère enjoué et l'esprit vif et prime-sautier lui plaisaient beaucoup.

Le jeune Rowlandson avait le goût inné des plaisirs, de la grande fête... C'est assez dire que cet héritage lui permit de céder à toutes les tentations parisiennes et surtout à la passion du jeu, qui

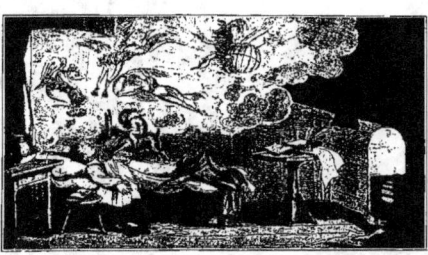

LE RÊVE DE NAPOLÉON DANS SA CHAMBRE A L'ÉCOLE MILITAIRE (D'APRÈS UNE GRAVURE EN COULEURS), PAR GEORGE CRUIKSHANK
(Cabinet des Estampes).

ne tarda pas à le ruiner. Il trouva dans cette vie de débauches, dont son œil clair étudia avec tant de pénétration les milieux, les incidents

---

[1]. *Thomas Rowlandson* naquit à Londres au mois de juillet 1756, dans le quartier d'*Old Jewry*. Son père, marchand de la Cité, aurait pu, nous dit Thomas Wright, lui faire donner une bonne éducation, « mais s'étant lancé imprudemment dans des spéculations malheureuses, il avait vu sa position de fortune s'amoindrir, au point d'être obligé de recourir aux libéralités d'un parent... » Après avoir suivi pendant quelque temps les cours de la Royal Academy, Rowlandson vint à Paris à l'âge de 17 ans. Il y mena joyeuse vie pendant deux ans, puis visita la Hollande et l'Allemagne, et voyagea aussi beaucoup en Angleterre. De vingt à vingt-cinq ans il exposa surtout des portraits et des paysages, qui furent remarqués. Mais bientôt son goût pour la peinture satirique, où il excella, l'absorba tout entier, jusqu'à la fin de sa vie. Ses œuvres principales sont : Les *Jardins du Vauxhall* (1784); les *Trois tours du Docteur Syntax* (1812-1820); la *Danse de la mort*; les *Illustrations du voyage sentimental de Town-Jones*...

et les types familiers, des motifs d'étude aussi variés que pittoresques et qu'il sut rendre d'un trait inimitable dans sa spirituelle originalité.

Ajoutons que le séjour de Paris lui fut deux fois profitable, et s'il put, grâce à la providentielle générosité de sa tante, se ruiner joyeusement en étudiant tout un monde curieux qu'il nous a si bien fait connaître, monde généralement assez fermé à l'indiscrète curiosité de l'artiste, il connut aussi les meilleurs peintres français de cette époque, nos plus habiles illustrateurs, et garda de ces fréquentations une impression de souplesse de facture, d'habileté de métier, de spirituelle élégance qu'on retrouve toujours dans ses aquarelles et dans ses gravures, lors même qu'il s'abandonna, avec sa folle imagination, à la description des sujets les plus grotesques ou les plus vulgaires.

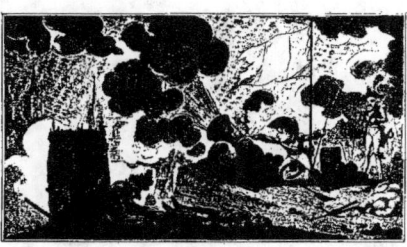

NAPOLÉON TIRANT LE CANON A TOULON
(D'APRÈS UNE GRAVURE EN COULEURS)
PAR GEORGE CRUIKSHANK
(Cabinet des Estampes.)

De retour à Londres, après l'expérience parisienne, il s'adonne à la caricature politique, alors très en vogue, et, sous le voile de l'anonymat, mais d'un trait facilement reconnaissable, il se fait, contre Gillray, le champion de Fox, l'adversaire de Pitt [1].

Bientôt il abandonnait la satire politique qu'il reprendra plus tard contre Napoléon, mais avec moins de férocité grossière que Gillray, pour s'absorber tout entier, et avec quelle verve endiablée, quelle inépuisable imagination, dans la peinture satirique de la vie sociale de

---

[1]. Ce fut en 1784 que Rowlandson publia ses premières caricatures politiques dont la plus célèbre, le *Champion du peuple*, représente Fox, armé du glaive de la Justice et du bouclier de la Vérité, combattant l'hydre à plusieurs têtes, dont les gueules vomissent la Tyrannie, le Despotisme, l'Oppression, la Politique écossaise, l'Influence secrète..., etc.

son époque. Il compose ses groupes, il fait grouiller ses foules avec plus d'habileté que Gillray, et sous la vive caresse de son crayon ou de son pinceau, le grotesque le plus désopilant surgit à côté des grâces les plus savoureuses, des charmes les plus exquis. Il y a en cet étonnant artiste de l'Hokusaï et du Gravelot, du Cosway et du Daumier. Il est assurément le premier des caricaturistes de l'Angleterre. Son art, à la fois prime-sautier et savant, domine de beaucoup celui de Gillray, d'un graphisme si froid et si prétentieux. Il mérite l'éloge de Reynolds.

L'œuvre de Rowlandson est considérable. Il se compose de milliers de pièces. Il ne comporte pas seulement les innombrables estampes publiées par Fores, mais aussi d'admirables illustrations de livres, tels que la *Nouvelle danse de la mort*, de romans tels que *Town Jones*..., etc., des suites de superbes dessins au lavis et d'exquises aquarelles aux fraî-

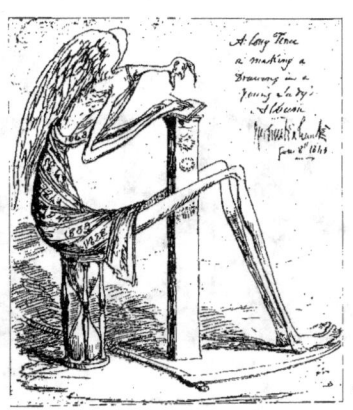

LE LONG TEMPS DESSINANT SUR L'ALBUM D'UNE JEUNE FEMME (D'APRÈS UN CROQUIS ORIGINAL) PAR G. CRUIKSHANK
(British Museum.)

cheurs printanières exécutées surtout à la fin de sa vie et qui ne furent jamais gravées.

Ces pièces sont aujourd'hui très recherchées.

Rowlandson grava aussi des œuvres d'artistes de son temps, de H. Bunbury, entre autres. Mais ce fut un terrible interprète, car généralement dans la traduction de l'œuvre initiale l'originalité du graveur, seule, subsiste.

Thomas Rowlandson, après avoir dissipé des sommes folles, avec une rare prodigalité, dans une vie de fêtes presque continuelles, mourut

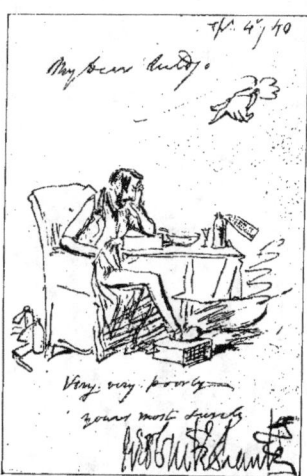

D'APRÈS UN CROQUIS ORIGINAL
DE GEORGE CRUIKSHANK
(British Museum.)

public une satire très violente contre Fox.

Comme la plupart des caricaturistes contemporains, il travaillait sans doute pour le plus offrant.

Georges Cruikshank (1792-1878), paraît avoir ambitionné d'être, comme

1. Robert, le moins célèbre des trois, est surtout connu comme graveur. Il semble avoir collaboré assez activement à l'œuvre de son père et de son frère.

dans la pauvreté, le 22 avril 1827, à l'âge de 71 ans, nous léguant une œuvre de joie et de lumière, qui est comme le fidèle et éternel miroir de son esprit charmant et de sa folle imagination.

Les noms des trois Cruikshank, Isaac (le père), George et Robert[1] (le fils), clôturent dignement, en Angleterre, l'histoire des caricaturistes anglais, formés sous le règne de George III; mais de ces trois noms celui de George est de beaucoup le plus célèbre.

L'œuvre, toute politique, d'Isaac n'est qu'un pâle reflet, une maigre imitation de celle de Gillray. A l'encontre de ce dernier il s'attaque généralement à Pitt. Cependant le 20 juin 1797, il

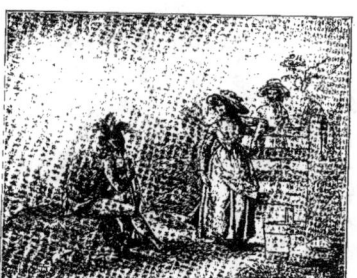

AMOUR ET ESPOIR, PAR WILLIAM H. BUNBURY
(D'APRÈS UN DESSIN)
(British Museum.)

Hogarth, le peintre des mœurs sociales de son temps et il sut, en vérité, décrire dans une suite de compositions très correctement dessinées, des scènes de la vie courante, dont il dégageait toujours la moralité dans d'interminables légendes.

Mais ce fut surtout par ses caricatures politiques que Georges Cruikshank se fit connaître.

Ses véritables titres de gloire sont les étincelantes illustrations dont il orna les pamphlets de William Hone : la *Maison politique que Jack a bâtie*, le *Saltimbanque politique chez lui*, et ses satires mordantes sur le procès de la reine Caroline et sur la vie publique et privée du prince régent. Toutes ces caricatures politiques étaient inspirées par un libéralisme ardent.

Ainsi qu'il convenait à un bon caricaturiste anglais, Georges Cruikshank s'attaqua aussi à la gloire de Napoléon, et, en une suite de

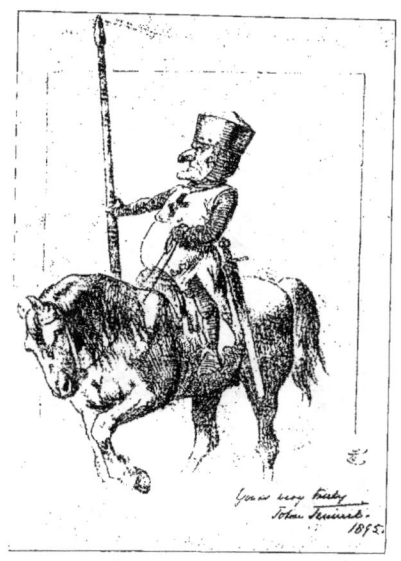

PUNCH PARTANT POUR LA CROISADE
D'APRÈS UN DESSIN ORIGINAL AU CRAYON
DE JOHN TENNIEL
(Collection de G. Ernest Brown.)

planches en couleurs, d'un comique assez drolatique, il s'est efforcé, pour plaire tour à tour à Fox et à Pitt, de ridiculiser l'épopée impériale.

Georges Cruikshank est peut-être le plus populaire des caricaturistes anglais et c'est à ses satires politiques qu'il doit son immense vogue. Ses planches caricaturales se chiffrent par milliers.

Il est bon toutefois d'ajouter que ce fécond et spirituel artiste illustra avec succès différents livres, entre autres : *La vie à Londres* de Pierre Egan et des ouvrages de Dickens et d'Ainsworth.

Dans le chapitre final de son livre sur la peinture anglaise, chapitre consacré à la caricature, Ernest Chesneau formule très judicieusement cet axiome souvent répété : « La caricature est vraiment

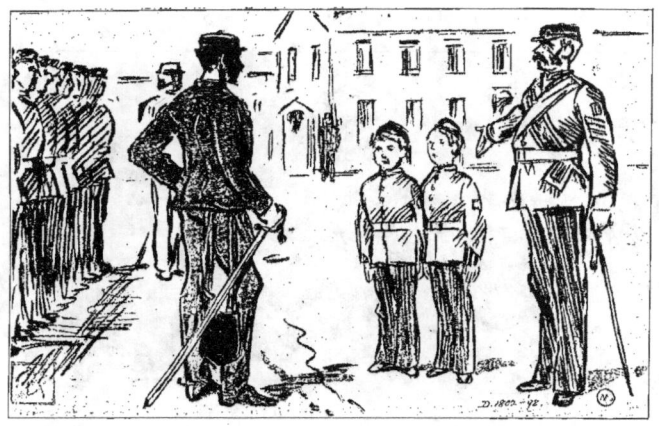

DÉSAFFECTION (D'APRÈS UN DESSIN ORIGINAL AU CRAYON), PAR C. KEENE

L'ADJUDANT. — Que se passe-t-il, Tambour-maître?
LE TAMBOUR-MAÎTRE. — Il n'y a que les tambours sont en état de mutinerie, et voilà les boute-en-train.

(South Kensington.)

l'interprète le plus exact des mœurs et du tempérament d'un peuple. » Et il conclut que, d'après l'étude des livres à caricatures publiés en Angleterre depuis un siècle et demi, le vieux fond de férocité de la race anglo-saxonne s'est, sinon atténué en réalité, au moins singulièrement adouci dans la forme[1].

En effet, si l'on feuillette la collection du *Punch*, du *Graphic*, du

[1]. *La Peinture anglaise*, par ERNEST CHESNEAU (A. Quantin, éditeur).

LA SATIRE ET L'HUMOUR.

Picture Books, les *Contes de Perrault* si délicieusement illustrés par Walter Crane, les *Sporting books* et les *Christmas books* de John Leech, l'*Histoire divertissante de John Gilpin* illustrée par R. Caldecott, la *Lanterne magique* (Under the Window) avec texte et illustration de Kate Greenaway, etc., on est très surpris de la transformation de l'esprit satirique. La douce comédie a succédé au drame.

Le joyeux sourire de Leech a succédé au sarcasme ricanant de

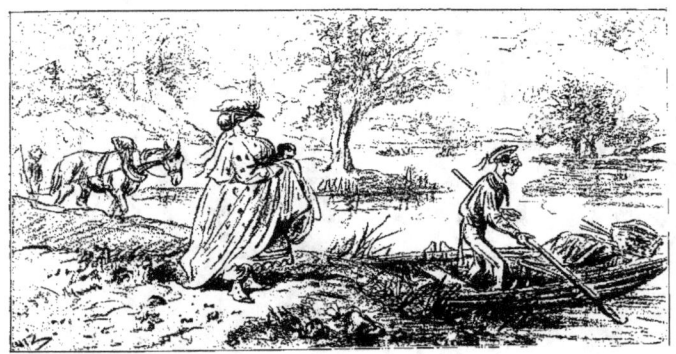

LES AUTRES SONT PARTIS. IL EST RESTÉ EN ARRIÈRE POUR RAMENER MADEMOISELLE ROSE QU'ON LUI A DONNÉE POUR UNE JEUNE FILLE DIABLEMENT JOLIE. — PAR H. K. BROWNE (D'APRÈS UN DESSIN ORIGINAL A LA PLUME)
(Collection de M. G. Ernest Brown.)

Hogarth, les fines plaisanteries de Phil. May, aux saillies acérées et grossières de Gillray, les amusantes chevauchées de Caldecott et les scènes enfantines si fraîches et si exquises de Kate Greenaway et de Walter Crane[1], aux orgiaques fantaisies de Rowlandson et aux satires aiguës de Georges Cruikshank.

1. Walter Crane ne fut pas seulement l'habile décorateur que l'on sait et le spirituel et ingénieux illustrateur de *Cendrillon*, de la *Barque des fées*, des *Aventures de Puffy*, etc. Parfois aussi la satire politique tenta son âme ardente et il a laissé, en ce genre, des planches d'une impressionnante beauté et d'un style très noble, comme la *Commune de Paris*, que nous reproduisons ici.

Il est vrai que le vent de terreur napoléonienne ne plane plus sur le Royaume-Uni et que sans doute les moralistes du crayon cherchent vainement, à l'heure présente, l'occasion de critiquer la souveraine perfection de la majesté royale.

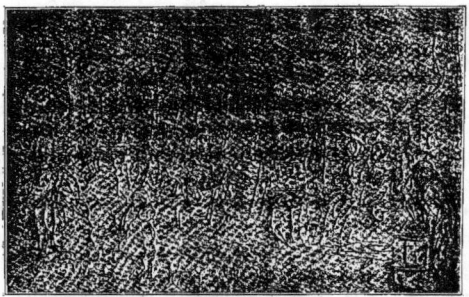

LES PATINEURS A HYDE PARK (D'APRÈS UN CROQUIS ORIGINAL AU CRAYON), PAR JOHN LEECH
(South Kensington.)

D'ailleurs, la meilleure méthode à employer pour bien suivre et étudier le mouvement de la caricature anglaise de la moitié du siècle dernier à nos jours est de feuilleter toute la collection du *Punch*[1] où se sont succédé, on peut le dire, les meilleurs satiriques anglais, comme jadis dans notre *Charivari*, dont la brillante carrière ne se prolongea pas aussi longtemps que celle de son confrère d'outre-Manche.

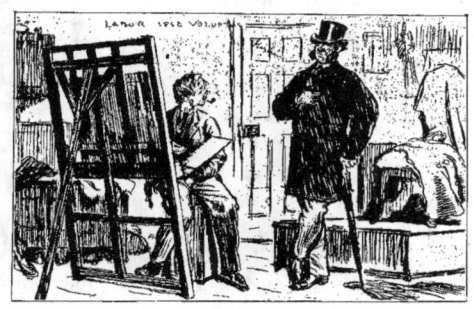

LABOR IPSE VOLUPTAS
(D'APRÈS UN DESSIN ORIGINAL), PAR C. KEENE
(British Museum.)

[1]. *The Punch* (le Polichinelle), journal satirique anglais, fut fondé par Maghew en 1841 et paraît tous les samedis par livraisons grand in-4°.

On peut juger d'après les lignes suivantes de la variété du programme du *Punch* dont la devise sera *Castigat ridendo mores*. En lançant ses épigrammes il se souviendra toujours des deux vers de Lord Byron : « Rions de chaque chose, car nous voudrions savoir si toute chose, en définitive, n'est pas une comédie. »

Voici le texte même de cet amusant programme publié dans le premier numéro, le 17 juillet 1841. C'est un cadre infini et fort ingénieusement divisé pour l'esprit satirique. Il peut servir de modèle à toutes les revues caricaturales présentes et futures :

Punch aura l'honneur de faire son apparition tous les samedis et continuera, de semaine en semaine, à offrir au public toutes les plaisanteries qu'il pourra trouver dans les catégories suivantes :

1° *Politique*. — *Punch* n'a pas de préjugés de parti ; il sera conservateur dans son opposition aux *fantoccini* et aux marionnettes politiques; mais désirant des formes sagement progressives, *sera whig avant tout*.

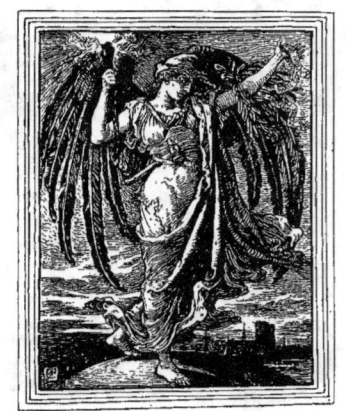

LA COMMUNE (D'APRÈS UNE GRAVURE SUR BOIS), PAR WALTER CRANE

2° *Modes*. — Ce département sera rédigé par Mme *Punch*, dont les relations étendues avec l'élite de la société lui permettront de fournir les informations les plus nouvelles sur les mouvements du monde fashionable.

3° *Police*. — Cette partie de la tâche sera sous la direction d'un gentilhomme expérimenté, régulièrement en relation avec les différents ministères, tout dévoué à *Punch* et constamment à même de lui faire exclusivement des rapports.

4° *Revues*. — Afin que tout ce qui rentre dans cette catégorie soit aussi bien fait que possible, des arrangements ont été pris, qui nous assurent la collaboration du critique John Ketah, esq., que nous avons prié d'accepter cette tâche.

5° *Beaux-Arts*. — Désireux de rendre justice au talent naissant, la critique de la peinture, de la sculpture, etc., sera confiée à un de nos artistes les plus populaires du jour, le propre peintre de genre de M. *Punch*.

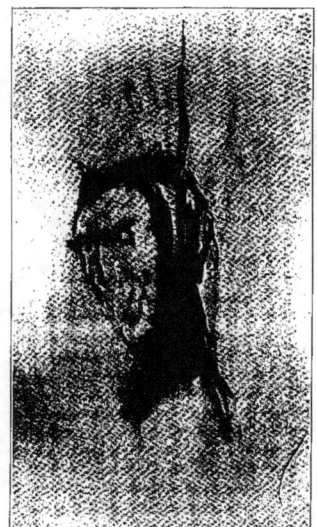

PORTRAIT-CHARGE DE SIR H. IRVING
PAR PHIL MAY
Appartient au Savage Club.)

6° *Musique et drame*. — La musique et le drame tiendront la place la plus importante dans la publication. Les chroniques musicales seront faites par le célèbre ventriloque, assisté du professeur de tambour et de cymbale. Quant aux drames, *Punch* les fait lui-même.

7° *Sports*. — Un prophète est engagé. Il prédira non seulement quels seront les gagnants de chaque course, mais aussi les *rates* et les couleurs des jockeys.

8° *Des facéties*. — Elles seront fournies par les membres des sociétés savantes qui suivent : la Cour du conseil communal, la Société zoologique, l'Association de tempérance, la Compagnie pour l'essai de l'eau, le Collège des médecins et le ministère de Highgate, la Société des auteurs dramatiques et de mendicité, le Club des biftecks et la Société des *anti-dry-rot*.

Comme nous le disions plus haut, l'esprit satirique anglais a subi de profondes transformations dans le courant du siècle dernier, et, il semble que le mouvement du crayon des Hogarth, des Sayer et des

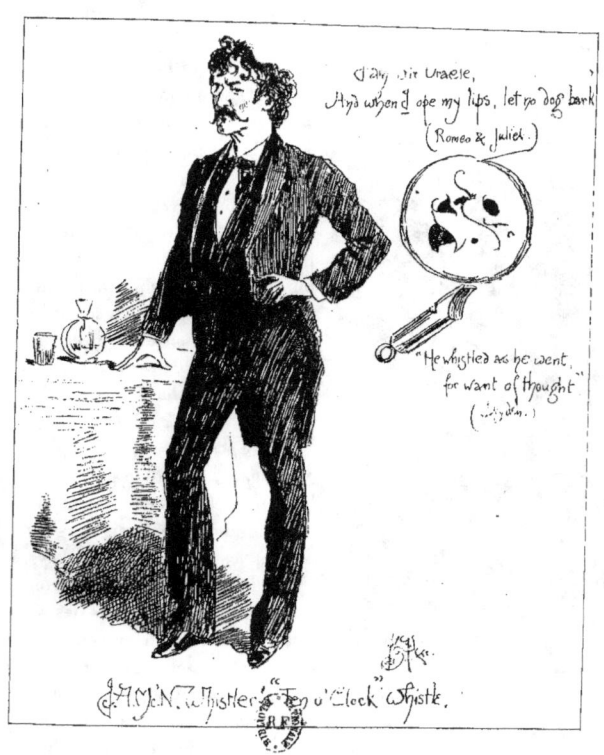

PORTRAIT-CHARGE DE WHISTLER
D'APRÈS UN DESSIN ORIGINAL A LA PLUME, PAR BERNARD PARTRIDGE
(Appartient à M. Spielmann.

Gillray, gens atrabilaires et parfois cruels, serait singulièrement gêné par les angles très arrondis de ce programme, où il est bien permis de faire rire, mais interdit de faire pleurer, car *Punch* est un bon diable, et si son esprit est plein de malice, son cœur est pitoyable et juste.

Il n'hésitera même pas, à l'occasion, malgré son chauvinisme bien établi, à flageller dans de violentes satires la cruauté de l'armée anglaise des Indes en 1857 et malgré sa haine pour les Fenians à nous montrer *la Justice* de l'Angleterre pour l'Irlande sous les traits d'une femme sourde, aveugle, boiteuse et insensible.

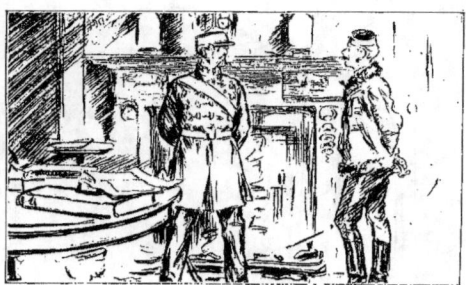

RENDEZ-VOUS DE CHASSE
(D'APRÈS UN DESSIN ORIGINAL), PAR CHARLES KEENE

LE COLONEL THÉORICIEN. — Allez-vous au Kriegspiel, demain?
LE SOUS-LIEUTENANT DE CAVALERIE (CHASSEUR). — Hum! Je ne crois pas, mon colonel. Hum! aller où? Où irais-je? Ai-je jamais entendu parler de l'endroit? Où donc est-il... i... l...
(British Museum).

Durant la guerre franco-allemande *Punch* publia encore des satires d'une impressionnante couleur dramatique, et d'où se dégage toujours, il faut le dire, une grande sympathie pour la France et pour ses infortunes. J'ai toujours devant les yeux cette planche tragique où trois chiens, symbolisant *le Feu, le Fer, la Famine*, sont représentés, hurlant de fureur devant Paris en flammes, pendant que, derrière eux, Guillaume, Bismarck et de Moltke attendent, dans une attitude de patience farouche...

Mais le *Punch*, dont les opinions politiques furent d'ailleurs toujours libérales, et où Gillray, le Tory impénitent, n'eût jamais eu ses entrées, n'est guère prodigue de ces manifestations dramatiques, et elles ne se produisent que sous le coup des plus graves événements historiques.

La verve habituelle de ses spirituels collaborateurs s'alimente surtout de sujets légers empruntés au train-train de la vie parlementaire, au pittoresque des luttes électorales, à l'agitation sportive, à l'observation humoristique de la vie sociale... On peut dire que le *Punch* est vraiment le livre d'or de l'humour anglais sous toutes ses formes si spirituellement catégorisées dans le programme que dressa Maghew, en 1841.

Depuis cette date initiale jusqu'à nos jours, aucun fléchissement ne s'est produit dans la tenue de cette feuille satirique unique au monde, et MM. Owen Seaman et M. F. H. Townsend ont hérité des précieuses qualités directoriales du fondateur.

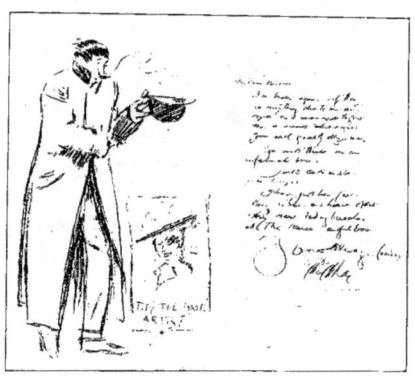

AYEZ PITIÉ D'UN PAUVRE ARTISTE...
(D'APRÈS UN CROQUIS ORIGINAL), PAR PHIL MAY
(Collection de M. Ernest Brown.)

C'est dans le *Punch* que John Leech, pendant vingt-trois ans (1841-1864), fixa de son crayon rapide et léger, malicieux, mais d'une malice exempte de cruauté, les mœurs, les usages, les ridicules de son temps. C'est dans le *Punch* que parut l'amusante série intitulée : *Enfants de l'aristocratie du ruisseau* (Childrens of the mobility).

Il illustra aussi, et avec quel charme spirituel, divers livres et entre autres : l'*Histoire comique de l'Angleterre* (1847-1848), deux volumes; l'*Histoire comique de France* (1851), un volume; de nombreuses publications de sport, les *Contes de Noël*, de Dickens, etc.

L'œuvre de Leech représenterait un total de cinq mille dessins.

En même temps, mais avec un art moins original et moins élevé, collaborèrent au célèbre journal, dans la *Satire de mœurs*, Kenney Meadours (1842-1844), Hablot K. Browne (« Phiz »), Richard Doyle (1842-1850), l'auteur de la couverture actuelle du *Punch*; Sir John Tenniel, qui occupa dans le Journal une place très importante; Charles Keene (1851-1891), dessinateur de premier ordre, observateur pénétrant de la vie, un des plus remarquables artistes de l'école anglaise contemporaine; Georges du Maurier (1860-1895), qui d'un trait fin et élégant se plaît surtout à décrire les ridicules de la haute société; Linley Sambourne (1860), dont la production spirituelle est incessante et qui a pris aujourd'hui au *Punch* la situation prépondérante occupée jadis par John Tenniel; A. C. Corbould (1860); G. H. Galland (1888), digne successeur de Caldecott, ra-

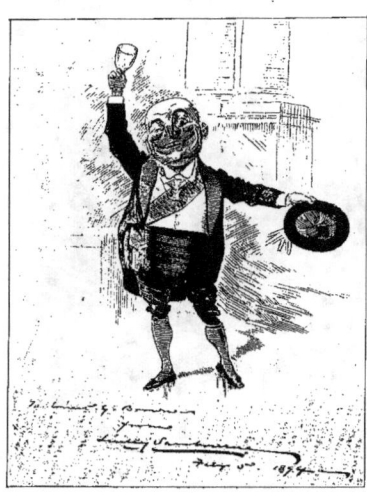

LE TOAST DE PUNCH
(D'APRÈS UN DESSIN ORIGINAL A LA PLUME)
PAR LINLEY SAMBOURNE
(Appartient à M. G. Ernest Brown.)

contera aux lecteurs du *Punch*, que ce genre spécial intéresse toujours très vivement, les scènes comiques de chasse; Harry Furniss (1894) et Et. Reed (1888), croquent les traits et les gestes des parlementaires. — Le dernier se spécialisait autrefois dans des fantaisies préhistoriques. — Bernard Patridge est un des plus verveux et des plus féconds fournisseurs du *Punch* où il occupe aujourd'hui le rang de « second dessinateur ». Le premier est occupé par Linley Sambourne.

Parmi les animaliers du *Punch*, car tous les genres, sauf le genre ennuyeux ont leurs interprètes dans cette feuille unique, il faut citer J. A. Shepherd (1894), Lance Thacqueray, dont les Parisiens ont parfois l'occasion d'admirer, dans des expositions très suivies, les spirituels dessins, aquarelles (peintures d'animaux et dessins de sport), à côté des désopilantes fantaisies de Cecil Aldin, dont l'art robuste et savant touche parfois au plus haut comique, surtout dans la peinture des chiens. Puis voici Phil May (1894-1905), un nouveau venu qui marche brillamment sur la trace de Leech et de Keene; ses sujets préférés sont choisis dans les scènes de la vie sociale et politique. Mention-

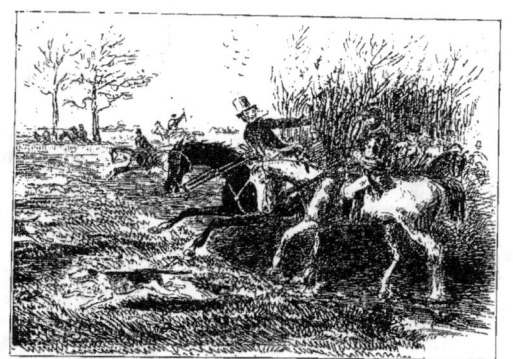

LA DÉTRESSE DE L'AGRICULTURE, PAR J. LEECH
(D'APRÈS UN DESSIN ORIGINAL A LA PLUME)

LE PIQUEUR. — Arrêtez, messieurs, c'est du blé.
LE JEUNE FERMIER. — Arrivez, messieurs, ne vous occupez pas du blé, il ne vaut que trente shillings le quart!
(British Museum.)

nons encore, dans cette étincelante phalange de journalistes du crayon attachés à la rédaction du *Punch*, M. L. Ravenhill, observateur aigu de la vie courante et dont il sait fixer les moindres frissons d'un trait spirituel et léger. — Il excelle dans les charges militaires. — F. H. Townend, Gordon Brown et Arthur Hopkins, attirés aussi plus spécialement par la peinture des scènes de mœurs...

Aucun autre journal satirique n'a pu lutter en Angleterre contre le *Punch*. Il est maître de la place et, pour être juste, il faut reconnaître qu'il n'abuse pas de sa prodigieuse situation, et que ses brillants sagittaires empoisonnent rarement la pointe de leurs flèches. Il est resté fidèle à l'esprit de Leech et de Keene, ces grands maîtres de la caricature, satiriques sans haine, ironiques sans amertume.

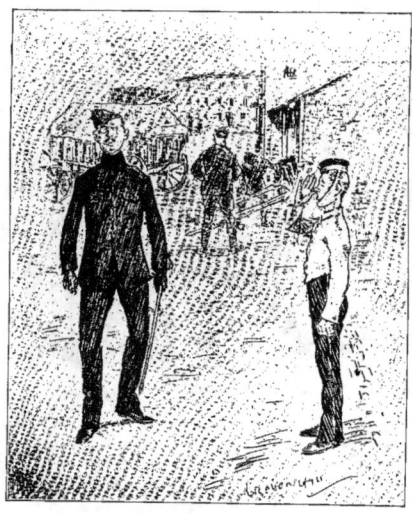

— Drôle de manière de saluer! Ne crois pas que c'est bien correct.
PAR L. RAVENHILL
(D'APRÈS UN CROQUIS ORIGINAL A LA PLUME)
(Collection de M. G. Ernest Brown.)

Toutefois, il est juste de reconnaître que l'art de la caricature ne s'est pas exclusivement réfugié dans les colonnes du *Punch*. Quelques personnalités satiriques très remarquables comme sir F. Carulthers Gould, M. J. R. Halkett, M. David Wilson, collaborent avec éclat à la *Westminster Gazette*, au *Pall Mall Gazette* et au *Daily Chronicle*. Le premier de ces artistes est même assez généralement considéré comme le premier caricaturiste politique anglais de l'époque actuelle.

D'autres artistes satiriques de beaucoup de talent répandent aussi très généreusement les inépuisables trésors de leur esprit dans des publications diverses, magazines, livres, albums; nommons parmi les meilleurs; MM. Dudley Hardy, Tom Browne, J. Hassal, Arthur Rackham, le bel illustrateur de Rip, W. Ralston, Sidney, Nicholson, H. Sime, Starr Wood, Will Owen, J. F. Sullivan, Frank Reynolds...

Un nom se détache, avec un éclat presque obsédant, parmi les noms des artistes de l'école anglaise contemporaine, c'est celui d'Aubrey Beardsley (1872-1898), mort âgé de 26 ans à peine, après avoir, pendant quelques années de vie créatrice, produit une œuvre réellement belle et forte, à l'aide de simples traits à l'encre de Chine, exécutés avec une plume d'or sur du papier blanc[1]. L'œuvre de Beardsley, soit qu'il s'abandonne à des inspirations médiévales, comme dans le roi Arthur, ou hébraïques, comme dans *Salomé*, ou grecques comme dans *Lysistrata*, offre toujours un curieux et troublant mélange d'influences japonaises, grecques et italiennes de la Renaissance. Outamaro et Mantegna furent ses grands maîtres.

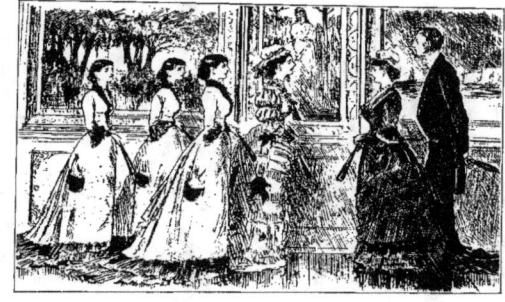

MADAME BROWN. — Ah! mon Dieu, madame Jones! Ces charmantes jeunes filles sont-elles vraiment à vous? Je ne me figurais pas que vous aviez des filles déjà si grandes.
MADAME JONES qui n'a rien perdu de ses charmes. — Oh! oui. Je me suis mariée à quinze ans... Et ce grand jeune homme est-il vraiment à vous?
MADAME BROWN. — Oui... Je me suis mariée à douze.

(D'APRÈS UN DESSIN A LA PLUME), PAR G. DU MAURIER
(Collection de M. G. Ernest Brown.)

C'est du premier et aussi des purs décorateurs des poteries grecques, qu'il apprit l'art si difficile, si rare, réservé à quelques élus, de modeler avec la ligne et d'enfermer dans la simple arabesque du trait toute l'intensité de la vie.

Chez le second il étudia dans tous les détails le faste somptueux des pompes triomphales, en s'appropriant le style serré, presque

---

1. Il usa quelquefois de la couleur. Mais en ce genre les expériences furent rarement heureuses, et ses essais dans l'aquarelle furent presque toujours infructueux.

austère, le résumé puissant, l'incroyable force d'expression du maître de Mantoue.

Parfois aussi apparaît l'influence des décorateurs du xviii° siècle français, et il n'est pas rare de voir ses blanches et longues androgynes errer ou se prélasser vêtues à peine de longues robes aux dessins grecs ou aux ramages japonais dans le cadre fleuri des cabinets de verdure chers aux peintres des conversations galantes. Et cette note imprévue ne fait qu'accentuer l'étrangeté de cet art unique, né à la fois de sources éternellement fraîches et parfumées et de cloaques impurs aux senteurs mortelles.

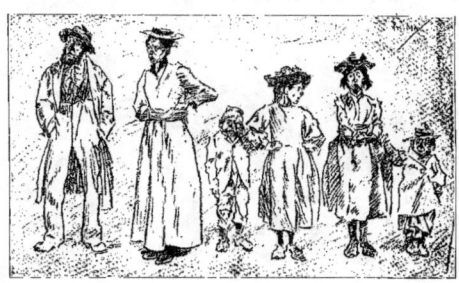

FAMILLE DE MENDIANTS, PAR PHIL MAY
(Collection de M. G. Ernest Brown.)

Une lacune trop grande eût existé dans ce livre où nous nous sommes efforcé de résumer tous les aspects, si variés, de l'école de peinture anglaise, depuis ses origines jusqu'à nos jours, si nous avions omis de faire passer devant les yeux des lecteurs la curieuse et inquiétante figure de cet Aubrey Beardsley, artiste très particulier qui, bien que se rattachant par son amour des détails accessoires aux préraphaélites, n'eut vraiment pas de prédécesseurs dans l'école de son pays et dont l'art demeure infiniment original, malgré les grandes leçons des maîtres de la Grèce, du Japon et de la Renaissance italienne.

En inscrivant le nom de cet artiste, presque inclassable, dans ce chapitre si spécial, nous n'avons pas cru porter atteinte à la tenue classique de son art, à son graphisme élégant, à l'exquise pureté de sa ligne.

Aubrey Beardsley fut d'ailleurs parfois un grand satirique. Assurément, ni par le style, ni par l'invention, il ne rappelle aucun des excellents caricaturistes mentionnés plus haut, et son érotisme maladif n'eût pas trouvé place dans les colonnes du *Punch*.

Mais l'intensité de sa satire rétrospective est extraordinaire et je défie les plus moroses de demeurer impassibles devant la *Toilette de Lampito* et la *Défense de Lacédémone*.

C'est peut-être en ce genre que l'art de Beardsley a atteint son maximum d'expression dans son maximum de synthèse, et *Lysistrata*, pensons-nous, peut être considéré comme son chef-d'œuvre.

TABLE DES MATIÈRES

Pages.
Note préliminaire VII

PREMIÈRE PARTIE

L'ANCIENNE ÉCOLE

Chapitre premier. — Le Portrait 3
—   II. — Peintres d'Histoire et Peintres de Genre 83
—   III. — Paysagistes, Peintres de Marines, Animaliers. . . . 125

DEUXIÈME PARTIE

L'ÉCOLE MODERNE

Chapitre premier. — Préraphaélisme. 179
—   II. — L'École de Glasgow. 253
—   III. — L'Aquarelle 285
—   IV. — La Satire et l'Humour. 309

TABLE DES ILLUSTRATIONS

BARKER (Thomas)

Pages.
Paysage. Somerset Downs . . . .

BARRETT (George)

Paysage, composition 137
Château de Windsor 286

BLAKE (William)

Illustration de Job 96
La vallée de la mort (crayon) . . . 97
Retour du Calvaire (crayon) 98

BONINGTON (Richard Parkes)

Vue de la Seine et de Notre-Dame . . 163
La Place du Molard à Genève 165
Bologne 166
Le Palais ducal à Venise 167
Vue du Parc de Versailles 168
François Ier et la duchesse d'Étampes, héliogravure 169
Marie de Médicis et Richelieu . . . 169
La vieille gouvernante 170
Marine 171
Une Vénitienne 303
Le Pont de Londres 304

BOUGH (Sam)

Le Port de Dunkerque 267

BOUGHTON (C. G.)

Pages.
Entrevue de Milton et d'André Marvell 242

BRAMLEY (Frank)

Une Aurore sans espoir 246

BROWN (Ford Madox)

Au travail 181
Élie guérit le fils de la veuve 186
Le Christ lavant les pieds de saint Pierre 188
Chaucer à la Cour d'Édouard III . . 205
Le Dernier regard sur l'Angleterre . 211

BROWNE (H. K.)

Les autres sont partis 329

BUNBURY (Henry William)

Manière de cheminer sur deux jambes par la gelée 314
Stréphon et Chloé 314
Amour et Espoir 326

BURNE-JONES (Édouard)

Le Miroir de Vénus 207
L'Annonciation 208
Le Roi Cophetua et la Mendiante . . 209

	Pages.
La Chasse de Cupidon	210
Dorigène de Bretagne	212
Merlin et Viviane	306

CAMERON (D. J.)

Les Eildon Hills	266

CATTERMOLE (G.)

Don Quichotte dans sa Bibliothèque.	222

CHALMERS (G. P.)

Une Légende	268

COLLIER (John)

Le Dernier voyage d'Henry Hudson.	249

COLLINS (William)

Seaford, Côte de Sussex	112
Le Matin du Dimanche	113

CONSTABLE (John)

La Charrette à Foin	143
Paysage d'orage	144
Cathédrale de Salisbury, *héliogravure*.	145
Moulin à vent (crayon)	145
Fête de Village (esquisse)	146
Environs d'Hampstead	147
Malvern-Hall	149
La Baie de Weymouth	150
Le Jardin de Constable	151
Paysage	152
Marine	153

COPLEY (John)

L'Abordage (carton pour le combat de Trafalgar)	84
Le Siège de Gibraltar	85

COSWAY (Richard)

	Pages
Portrait de femme (dessin rehaussé de gouache)	70
Portrait de Mrs Plowden (dessin rehaussé de gouache)	71

COTMAN (J. S.)

Marine	289

COX (David)

Attendant le bac	142

COZENS (J. R.)

Santa Giustina à Padoue	287

CRANE (Walter)

L'Enlèvement de Proserpine	213
La Commune	331

CRAWHALL (Joseph)

Le Coq noir	283

CROME (John)

Vue de Mousehold Heath, près de Norwich	135
Vue de Chapel Fields, Norwich	136

CRUIKSHANK (G.)

Le Rêve de Napoléon dans sa chambre à l'école militaire	323
Napoléon tirant le canon à Toulon	324
Le Long Temps dessinant sur l'album d'une jeune femme	325
Croquis original	326

DANCE (George)

Docteur Richard Brocklesby	69

TABLE DES ILLUSTRATIONS.

DAYES (Edward)

	Pages.
Buckingham House — Sᵗ-James Park (1790) *héliogravure*.	289

DOBSON (William)

Son portrait par lui-même.	5

DOUGLAS (W. Fettes)

David Laing L. L. D. le bibliophile.	264

ETTY (William)

Ulysse et les Sirènes.	93

FAED (Thomas)

La Robe de soie.	250

FIELDING (Copley)

La Vallée d'Irthing (Cumberland).	292

FRASER (Alexandre)

Bords de l'Avon (Warwickshire).	265

FRITH (W. P.)

Dolly Varden, *héliogravure*.	217
Le Jour du Derby.	219
La Présentation (scène tirée du « Brave homme »).	223

FUSELI

Les Sorcières (Macbeth, acte 1ᵉʳ).	88
Caractagus au Tribunal de Claude à Rome.	89

GAINSBOROUGH (Th.)

Portrait de la reine Charlotte, *héliogravure, frontispice*.	
L'Enfant bleu.	35
Étude pour un portrait de femme.	37
Portrait de jeune homme.	38
Portrait de Mrs Siddons.	39
L'Enfant rose, *héliogravure*.	41
Portrait du Rév. sir Henri Bate Dudley baronnet.	41
Étude aux deux crayons pour le portrait de la duchesse de Devonshire.	42
Jeune fille en costume de chasse.	43
Paysage, dessin au crayon.	44
Mrs Hallam.	45
Le Comte de Carlisle.	46
Petits paysans de Suffolk.	47
Mary Robinson, *héliogravure*.	49
Portrait de Ralph Schomberg Esq. M. D.	49
Mrs Jordan.	50
Étude au crayon pour un portrait.	51
Dessin au crayon.	126
Paysage (crayon).	127
Le Chemin du marché.	128
Chemin de traverse à la campagne (dessin au lavis).	129

GILLRAY (J.)

Un Coup d'œil à la galerie de tableaux de Christie.	311
En contemplation devant la couronne.	312
Un Amateur fait la chasse aux tableaux par une matinée de dégel.	313
La Main écrivant sur le mur.	315
Le Combat du taureau espagnol ou le matador corse en danger.	316

GIRTIN (T.)

Kirkstall Abbey.	285

TABLE DES ILLUSTRATIONS.

GREENAWAY (Kate)
Un Coup d'œil à l'intérieur 306

GUTHRIE (James)
Portrait de Mrs Findlay, *héliogravure*. 273

HARVEY (George)
Prédication du Covenant. 259

HENRY (George)
Poinsetha. 279

HERKOMER (Hubert)
Chaterhouse Chapel. 236

HILLIARD (Nicolas)
Portrait de Jacques Ier. 3

HOGARTH (William)
Son portrait par lui-même. 6
Portraits de ses serviteurs 7
Peu après le mariage, *héliogravure*. . 9
Portrait d'homme 9
Industrie et Paresse. 10
Industrie et Paresse. 11
Portrait de Miss Lavinia Fenton. . . 12
Scène du Mariage à la mode 13
Sigismonda pleurant sur le cœur de Guiscardo. 15
La Fille aux crevettes. 16
L'Apprenti paresseux exécuté à Tyburn. 309
Un déjeuner. 310

HOLL (F.)
Réduites au silence 241

HOPPNER (John)
Portrait de Mrs Elliott (dessin) . . . 72
Portrait de femme, *héliogravure*. . . 73
La Comtesse d'Oxford. 73
Portrait de Miss Beresford 74

HORNEL (E. A.)
La Cueillette des champignons . . . 280

HUNT (William Holman)
Les Deux gentilshommes de Vérone . 189
La Lumière du monde, *héliogravure* . 209
La Saint-Valentin 302

KEENE (Charles)
Désaffection. 328
Labor ipse voluptas. 330
Rendez-vous de chasse. 334

KNIGHT (Joseph)
Le Marais Gallois. 305

LANDSEER (Sir Edwin)
La Servante et la pie 173
Le Départ du meneur. 175

LAVERY (John)
Père et Fille. 270
Printemps 271

LAWRENCE (Thomas)
Portrait du duc d'York 75
Portrait de femme 76
Portrait de femme 77
Portrait du poète Samuel Rogers (d'après un dessin au crayon). . . 78
Portrait de Caroline de Brunswick, épouse de George IV 79
Portrait de femme 80
Mrs Siddons, *héliogravure* 81
Portrait de femme 81

LAWSON (Cecil)

	Pages
La Lune d'août	251

LEECH (John)

Les Patineurs à Hyde Park	330
La Détresse de l'Agriculture	337

LEIGHTON (Frederick)

Les Arts industriels appliqués à la Paix	225
Le Bain de Psyché	226
Mort de Brunelleschi	229
« Et la mer rendit les morts qu'elle avait gardés dans son sein »	230

LESLIE (Charles Robert)

Le Bourgeois gentilhomme	107
Mon oncle Toby et la veuve Wadman	109

LINNELL

Le Moulin à vent, *héliogravure*	241

LORIMER

Portrait du Colonel A. T. H.	275

MACALLUM (Hamilton)

L'Attelage du laboureur	247

MAC GREGOR (W. J.)

Chepstow	261

MACLISE (Daniel)

Malvoglio et la comtesse	217
Paganini (dessin)	218

MAC TAGGART (William)

Quand les barques rentrent	281

MAC WHIRTER

Le Sommeil pèse sur les collines	269

MASON (George H.)

	Pages
Le Fer perdu	244

MAURIER (George du)

Ah! mon Dieu, madame Jones!	339

MAY (Phil)

Portrait de sir H. Irving	332
Ayez pitié d'un pauvre artiste	335
Famille de mendiants	340

MELVILLE (Arthur)

Muletier espagnol	273

MILLAIS (John Everett)

La Demoiselle d'honneur	184
Portrait de Gladstone, *héliogravure*	185
La Mort d'Ophélie	185
Le Chevalier errant	187
La Vallée du repos	191
L'Ordre d'élargissement	196
Le Déluge (crayon)	199
Le Passage du Nord-Ouest	203
La Fille de Jephté (dessin à l'encre de Chine)	213
Portrait de Carlyle	214

MOORE (Albert)

La Lecture à haute voix	243

MORLAND (George)

Chevaux à l'écurie	115
La Jeunesse amuse la Vieillesse	116
Le Compte	117
Intérieur d'étable	118

MORLAND (Henry Robert)

La Repasseuse	99

MULREADY (William)

Le choix de la robe de mariage, *héliogravure*	117

TABLE DES ILLUSTRATIONS.

	Pages.
Le Combat interrompu	119
Étude de femme et d'enfant (crayon)	120
Frère et sœur	121
La Cible	122
Étude pour le portrait de Mr. Sheepshanks	123

NASMYTH (ALEXANDRE)

Château de Stirling	258

NEWTON (G. STUART)

Yorick et la Grisette	110

NORTHCOTE (J.)

Mortimer et Richard Plantagenet dans la Tour (Shakespeare, *Henri IV*)	91

OPIE (JOHN)

Mary Wollstonecraft (Mrs Godwin)	67

ORCHARDSON (W. Q.)

Napoléon à bord du « Bellerophon », *héliogravure*	265

ORROCK (JAMES)

Saint-Andrews (Fifeshire)	295

PATERSON (JOS.)

Le Vent dans les arbres	274

PATON (NOEL)

La Réconciliation d'Obéron et de Titania	260

PATRIDGE (BERNARD)

Whistler (portrait charge)	333

PETERS

Portrait au crayon des sœurs Fortescue	54

PETTIE (JOHN)

	Pages.
La Répétition	253
Deux cordes à son arc	254
La Veillée des armes	256

PHILIP (JOHN)

Les Cancans à la fontaine	237

POYNTER (E. J.)

Joseph distribuant du blé	240

PROUT (SAMUEL)

Porche de la cathédrale de Ratisbonne	294

RAEBURN (HENRY)

Mrs W. H. Lazarus	63
Mrs Peat et ses enfants	65
Mrs Gregory	255
Portrait de vieille femme	261

RAVENHILL (L.)

Drôle de manière de saluer	338

REED (GEORGE)

Le Lord-évêque de Salisbury	263

REYNOLDS (JOSHUA)

Miss Bowles, *héliogravure*	17
Portrait d'homme (crayon)	18
Mrs Chambers	19
Vénus et l'Amour	20
Femme et Enfant	21
Marie, comtesse de Waldegrave et sa fille, lady Élisabeth-Laura	22
Portrait de la Duchesse de Rutland	23
Nelly O' Brien	25
Portrait de femme	26
Portrait de femme	27

TABLE DES ILLUSTRATIONS.

	Pages.
Garrick dans le « Mari jaloux ». . .	28
Lord Heathfield, gouverneur de Gibraltar.	29
Portrait de M. Palmer, beau-frère de Reynolds	31
Sophia Mathilda de Gloucester. . .	32
Mrs Élisabeth Seymour-Conway, héliogravure.	33
Portrait d'enfant.	33

RIVIÈRE (Briton)

Le Renard et les oies	308

ROCHE (Alexandre)

Portrait de femme	277

ROMNEY (George)

Portrait d'homme	55
Lady Austen	56
Mrs Robinson (Perdita), héliogravure.	57
Mrs Wray	57
Portrait de jeune homme	58
Lady Hamilton en bacchante. . .	59
Lady Diana Beauclerk	60
Femme et enfant, héliogravure. . .	61

ROSSETTI (Dante Gabriel)

Ecce Ancilla Domini	179
Astarté Syriaca.	193
Tête de l'Astarté Syriaca, héliogravure.	197
Rêverie	197
Rosa triplex.	198
Beata Beatrix	200
Le Rêve du Dante	201

ROWLANDSON (Thomas)

Course de femmes	291
Soldats en marche	317

	Pages.
Les Comédiens anglais	318
Les Comédiens français	319
Une chatte en patins	320
Le Mari enragé.	321
L'Enlèvement ou le départ pour Gretna Green	322

SAMBOURNE (Linley)

Le Toast de Punch.	336

SANDBY (Paul)

Vue de Londres de la terrasse de Old Somerset House.	130

SARGENT (John)

Œillets, lis et roses	239

SERRES (J. T.)

Navire de guerre.	296

SHERRIN (John)

Lapins	305

STOTHARD (Thomas)

Les Vendanges (sépia).	vii
Projet de composition décorative (crayon)	92
Projet de composition décorative (crayon)	94
Vendanges grecques	95

STRUDWICK

Le Fil d'or, héliogravure	213

TENNIEL (John)

Punch partant pour la croisade. . .	327

THORNE WAITE (R.)

Paysage.	297

TURNER (J. M. W.)

Hindou faisant ses ablutions (dessin au crayon gravé dans le *Liber Studiorum*). 155
Le Canal de Chichester 156
Lever de soleil dans le brouillard . . 157
East Cowes castle, île de Wight, le Royal yacht squadron. 158
Palais et pont de Caligula (golfe de Baies) 159
Le Combat du Téméraire 160
Le Pèlerinage de Childe Harold, en Italie, *héliogravure* 161
Pont sur l'Usk. 298
Evreux 299
Grenoble 300
Marly, près Saint-Germain 301

VARLEY (J.)

Étang sous bois, à Wottin, près de Leatherhead. 293

WALKER (Frédéric)

Le Port de refuge 245

WALTON (E. A.)

Le Rendez-vous 273

WARD (E. M.)

Les Actions de la Mer du Sud. . . 111

WARD (James)

Taureaux combattant dans un paysage avec vue de Saint-Donatt's castle (Glamorganshire). 138
Pegwell Bey 139

WATERHOUSE (J. W.)

Sainte Eulalie 238

WATTS (George Frédéric)

Diane et Endymion 227
L'Amour endormi 231
Esaü et Jacob (dessin) 232
A la fenêtre. 233
Russel Gurney. 234
Sir William Borman. 235

WEBSTER (Thomas)

Intérieur de l'école. 223
Le Chœur du village 224

WEST (Benjamin)

Agar et Ismaël (crayon) 86
La Toilette de Bélinda (crayon). . . 87

WHISTLER (J. A. Mac Neill)

Portrait de Thomas Carlyle 257

WILKIE (David)

Discours de Knox devant les Lords de la Congrégation (10 juin 1559). 103
Portrait de Miss Gordon. 105

WILSON (Richard)

Paysage avec personnages 131
Paysage le soir. 133

WIMPERIS (E. M.)

Cottages près de Ringwood, *héliogravure* 305

WINGATE (J. Lawton)

Coucher de soleil sur Kintyre. . . 262

WINT (Peter de)

Cathédrale de Lincoln 288
La Tamise au passage de la toue . . 290

WYLLIE (W.)

Peine, éclat et richesse. 248

INDEX ALPHABÉTIQUE

AINSWORTH, 328.
ALBEMARLE, 61.
ALDIN (Cecil), 337.
ALEXANDER (Edwin), 282.
ALEXANDRE (Empereur), 69.
ALLAN (David), 260.
ALLAN (William), 98, 101, 260.
ALLSTON (Washington), 98, 101.
ALMA-TADEMA (Sir Laurence), 26, 224, 225, 226, 228, 231, 232, 234.
ALMA-TADEMA (Laure-Thérèse), 224.
ALTHORP (Vicomte), 30.
ALTHORP (Vicomtesse), 24.
ARMSTRONG (Walter), 48.
ANTHONY, 217.
ARGYLL (Duc d'), 91.
ARMITAGE (Édouard), 216.
ARTHUR, 339.
ATTWOLD (R.), 310.
AUMONIER (J.), 245, 248, 251.

BACH (Guido-R.), 307.
BACON, 143.
BALZAC, 117.
BANKS, 122.
BARCLAY (E.), 248.
BARKER (Thomas), 141.
BARRETT (George), 137, 291, 306.
BARRY (James), 8, 26, 84, 87, 88, 89, 90, 97, 102, 134.
BARTOLOZZI, 69.
BATES (D.), 248.

BAZALGETTE (Léon), 148, 150, 302.
BEARDSLEY (Aubrey), 339, 340.
BEAUFORT (Cardinal de), 216.
BEAUMONT (Lady), 68.
BEAUMONT (Sir George Howland), 140.
BEDFORD, 141.
BEECHEY (Sir William), 66, 67, 138.
BENWELD (Miss), 62.
BERESFORD (Miss), 72, 74.
BICKHAM (George), 310.
BINGHAM (Lavinia), 30.
BIRD (Edward), 98, 100.
BISCHOFFSHEIM (Mrs. H. L.), 196.
BISMARCK, 334.
BLAGDON, 116.
BLAKE (William), 68, 96, 97, 98, 231, 291.
BLANC (Charles), 26, 30, 76, 97, 294.
BLÜCHER, 77, 315.
BOITARD, 311.
BONINGTON (Richard Parkes), 140, 163, 164, 165, 166, 167, 168, 169, 170, 171, 172, 216, 238, 244, 285, 296, 300, 303, 304.
BOOTHBY, 24.
BOTTICELLI, 204.
BOUCHER, 97.
BOUDIN, 144.
BOUGH (Sam), 267, 282.
BOUGHTON (G. H.), 234, 242.
BRABAZON (Hercule), 305.
BRAMLEY, 246.
BRANGWYN, 248, 265, 276.
BRAUWER, 8, 102, 116.

45

INDEX ALPHABÉTIQUE.

Bray (Mrs), 96.
Breton (Jules), 266.
Brett (John), 243.
Bricelench (Duch^se), 68.
Briggs (Henry Perronet), 98, 101.
Bramley (Frank), 246, 248.
Brookes (Dirty), 116.
Brown (Ford Madox), 181, 182, 186, 188, 192, 194, 204, 205, 206, 211, 213, 217, 221, 224, 231, 242.
Brown (Gordon), 337.
Browne (G. Ernest), 329, 336, 337, 338, 339.
Browne (H. K.), 329, 336.
Browne (Tom), 338.
Bruce, 64.
Brunelleschi, 229.
Bryan, 102.
Bulwer, 86.
Bunbury (Baronnet sir William), 315.
Bunbury (Henry William), 313, 314, 315, 325, 326.
Burger (W.), 101, 116, 118, 161, 169, 299.
Burke, 318, 319, 320.
Burke (E. L.), 86, 87, 88, 89.
Burne-Jones, 26, 192, 203, 204, 207, 208, 209, 210, 212, 213, 218, 228, 231, 235.
Burnet, 105.
Burr (Marguerite), 44.
Burrell (W.), 283.
Butall, 52.
Bute (Lord), 134, 311, 312, 314.
Byron (Lord), 68, 331.

Cairthneiss, 62.
Cainsgaccbus, 87.
Caldecott (Randolph), 307, 316, 329, 336.
Callcott (Sir Augustin Wall), 140, 141.
Camden (Lord Chevalier), 133.
Cameron (D. J.), 266, 282.
Campbell, 68.
Canaletto, 132, 156.
Car (R. W. H.), 68.
Caractagus, 89.

Carlyle, 175, 180, 185, 196, 214, 220, 257.
Caroline (Reine), 327.
Casa Torrès (Marquis de), 9.
Catherine (Reine), 101.
Cattermol (George), 291.
Cattermole (G.), 222.
Casanova, 59.
Cawe, 254.
Cécile (Sainte), 85.
Cervantès 102.
Chalmers (G. P.), 268, 278.
Chalon (Alfred-Édouard), 98, 101.
Chantrey, 66, 68.
Chardin, 110.
Charles II, 17.
Charles X, 74, 321.
Charles-Édouard, 101.
Chasles (Philarète), 5, 6.
Chatham (Lord), 87.
Chatiglois (Mlle), 323.
Chaucer, 98, 205.
Chenavard, 90.
Chéramy, 77, 144, 146, 149, 151, 152, 153.
Chesneau (Ernest), 22, 116, 133, 134, 148, 328.
Chesterfield (C^mte de), 215.
Chowne (Gérard), 249.
Cicéron, 132.
Cimabue, 158.
Clark (James), 290, 307.
Claude, 89, 156.
Clausen, 248.
Cokburn (Lady), 27.
Cole (Vicat), 242.
Coleridge, 68.
Collet (John), 310, 313, 314, 315, 316.
Collier (John), 249.
Collier (Tom), 306.
Collins, 192, 217.
Collins (Wilkie), 192.
Collins (William), 102, 112, 113, 114, 116, 123, 124.
Collinson, 192.
Conder, 248.
Consalvi, 77.

INDEX ALPHABÉTIQUE.

CONSTABLE (John), 53, 88, 106, 113, 125, 126, 127, 128, 135, 136, 140, 142, 144, 145, 146, 147, 148, 149, 150, 151, 152, 153, 287, 299, 300, 301, 302.
CONSTABLE (Golding), 146.
COOK (Édouard T.), 200.
COPE, 180.
COPLEY (Singleton), 66, 67, 84, 85, 86, 226.
CORBOULD (A. C.), 336.
CORIOLAN, 81.
CORNELIUS, 217.
COROT, 126, 265, 278.
CORRÈGE, 5, 58, 164.
COSWAY, 61, 69, 70, 71, 274, 325.
COTMAN (John Seel), 137, 288, 290, 291, 302.
COURBET, 191.
COUSIN (S.), 174.
COVENTRY (R. M.), 282.
COVERLEY (Sir Roger), 106.
COWEN (W.), 307.
COWPER (Lady), 77.
COX (David), 290, 291, 304.
COZENS (Alexandre), 286.
COZENS (John Robert), 137, 287, 289, 291, 297, 300.
CRAESBECKE, 123.
CRANE (Walter), 207, 208, 213, 220, 221, 231, 329, 331.
CRAWFORD (Edmond Thornton), 261, 262.
CRAWHALL (Joseph), 258, 276, 277, 278, 283.
CRESWICK (Thomas), 140.
CRISTALL (J.), 290, 306.
CROKER (Miss), 74.
CROME (John), 53, 134, 135, 136, 137, 141.
CROME (John Bernay), 139.
CROMWELL, 85.
CRUIKSHANK (George), 310, 313, 325, 326, 327, 329.
CRUIKSHANK (Isaac), 326.
CRUIKSHANK (Robert), 326.
CUMBERLAND (Duc de), 312.
CUMBERLAND (Duchesse de), 38.
CUNNINGHAM, 30, 44, 55, 56, 86, 158.

CUTHBERG, 77.
CUYP (Albert), 130, 156, 162.

DANBY (Francis), 98, 101.
DANCE (G.), 69, 116.
DANIELL, 102.
DANNAT, 180.
DANTE, 182.
DARLEY, 310.
DAUMIER, 31, 321, 325.
DAVE, 68.
DAVID, 94.
DAVIS (V.), 248.
DAWE (George), 101.
DAYES (Edward), 286, 291.
DECAMPS, 321.
DEGAS, 191.
DELABORDE (Vte Henri), 188, 190, 194, 206.
DELACROIX, 101, 111, 112, 169, 171, 172, 221.
DELÉCLUZE, 186, 188.
DELILLE (Abbé), 12.
DELME (Lady Betty), 24.
DEPPINY, 118.
DEVERELL, 192.
DEVONSHIRE, 24.
DEVONSHIRE (D^{sse}), 37, 42, 53, 54.
DIAZ, 265.
DICKENS, 315, 316, 328, 335.
DICKSEE (Francis Bernard), 235, 236.
DIGHTON (Robert), 310.
DILLON, 141.
DILLON (Franck), 307.
DISRAELI, 180.
DOBSON, 4, 5.
DOCHARTY (James), 264.
DOUGLAS (Lady Mary), 30, 64.
DOUGLAS (W. Fettes), 264.
DOW (Gérard), 123.
DOW (Millie), 282.
DOWER (Lady), 74, 81.
DOWNMAN, 71.
DOYLE (Richard), 336.
DUDLEY (Comte de), 81.
DUFFERIN (Lord), 233.

Duff, 64.
Duncan (Thomas), 98, 101.
Dundas, 320.
Dunthorne (John), 144.
Dupré, 126, 144, 258, 265, 278.
Duran (Carolus), 226.
Durham, 141.
Dürer (Albert), 187.
Dyce, 217, 278.

East (Alfred), 307.
Eastlake, 216.
Édouard (Enfants d'), 91.
Egan (Pierre), 328.
Elcho, 61.
Élisabeth, 106.
Ellins (Edwin), 248.
Ellis (T.), 248.
Enfield (H.), 248.
Essex (Comte d'), 101.
Etty (William), 26, 92, 93, 94.
Evans (Bernard), 307.

Faed, 283.
Faed (John), 261.
Faed (Thomas), 250, 261.
Fafrey (E. H.), 248.
Fantin-Latour, 249.
Farington (Joseph), 132, 148.
Farren (Miss), 74.
Fenton (Lavinia), 14.
Feuillet de Conches, 82.
Fielding (Anthony Vandike Copley), 14, 290, 291, 292.
Fildes (Luke), 246.
Fisher, 21, 144, 148, 151, 152, 153.
Fisher (A. Hugh), 249.
Fisherman, 310.
Fisk (W.), 210.
Flaxman, 69, 88.
Fleury (Robert), 218.
Foe (Daniel de), 8.
Footet (Fred.), 249.
Forbes (Stanhope), 233, 246.
Fores, 325.

Forest (M.), 310.
Fornarina (la), 142.
Forster, 171.
Foster (Myles Birket), 243, 244.
Fortescue, 54.
Fortuny, 274.
Fowler (Robert), 306.
Fox, 311, 318, 320, 324, 326, 327.
Fraser (Alexandre), 265, 282.
Frith (William Powell), 83, 216, 219.
Fugg (James), 305.
Fuller (Jacques), 161.
Fulleylove (John), 307.
Furniss (Henry), 336.
Fuseli (Henry), 62, 84, 86, 88, 89, 92, 97, 226, 260.

Gainsborough, 3, 17, 18, 22, 34, 35, 36, 37, 38, 41, 42, 43, 44, 45, 46, 47, 48, 49, 50, 51, 52, 53, 54, 55, 60, 61, 64, 66, 86, 97, 125, 126, 127, 128, 129, 130, 135, 136, 145, 147, 154, 169, 180, 263, 273, 301.
Galland (G. H.), 336.
Galles (P^{esse} de), 68, 311, 313, 318.
Ganay (Mis de), 74.
Gandy (James), 4.
Gardner (Rev. D^r), 270.
Garnier, 315.
Garrick, 14, 30, 100.
Gautier (Théophile), 122, 123, 184, 185, 187, 188.
George II, 309, 310.
George III, 53, 72, 312, 318, 320, 322, 323.
George IV, 74, 81, 105.
Géricault, 115.
Gérôme, 274.
Gesham, 283.
Gibson (William), 265.
Gilbert (Sir John), 216.
Gillray (James), 310, 311, 313, 315, 316, 317, 318, 319, 320, 321, 322, 324, 325, 326, 334.
Gilpin (Sawrey), 98, 100, 174, 306.

INDEX ALPHABÉTIQUE.

Giotto, 158, 182.
Girtin (Thomas), 147, 159, 161, 285, 287, 288, 289, 291, 292, 293, 298, 300, 301, 302.
Gladstone, 180, 185, 196.
Glover (Y.), 306.
Golderdun, 207.
Goldie (Sir George Taubman), 230.
Gordon, 61, 64.
Gordon (Miss), 105.
Gothall (M.), 310.
Gould (Sir F. Carulthers), 338.
Goupy, 311.
Graham (Miss), 38, 68.
Graham (T.), 247.
Grandville, 321.
Grant (Miss Catherine), 229.
Granville (Lord), 68.
Gravelot, 37, 38, 325.
Green (Charles), 307.
Greenaway (Kate), 307, 329.
Greenless (Robert), 264.
Greuze, 272.
Grey (Jane), 87, 106.
Grey (Lady), 74.
Grey (Lord), 68.
Grey (Lord), 100.
Gros, 165, 296.
Grove (Mme), 62.
Guardi, 132.
Guaspre, 132.
Guillaume IV, 106.
Guillaume (Empereur), 334.
Gulich (John Percin, 308.
Gurney (Russel), 234.
Guthrie (James), 83, 258, 267, 268, 269, 270, 272, 274, 276.

Halkett (J. R.), 338.
Hallam, 68.
Hallet (Mrs), 49.
Hals (Franz), 249, 267, 268.
Halswelle (Keley), 307.
Hamel (Maurice), 226, 250.
Hamerton (Philip Gilbert), 209, 217.

Hamilton (Emma), 56.
Hankey (William Lee), 308.
Hardwick, 293.
Hardy (Dudley), 233, 246, 308, 338.
Hardy (T. H.), 247.
Harlow (George Henry), 98, 101, 108, 171.
Harold, 101.
Harvey (George), 259, 262.
Hassael (John), 308.
Hassal (J.), 338.
Hassel, 116.
Havell, 290.
Hay, 64.
Hay (Hamilton), 249.
Haydon (Benjamin), 172.
Haydon (Robert), 98.
Hayes (Edwin), 247.
Hayley, 61.
Hayman (Francis), 36, 37, 132, 134.
Head (B.), 248.
Hearne (Thomas), 286.
Henry (C. Napier), 247.
Henry (George), 83, 248, 267, 279, 280, 281, 283.
Herbert (J. R.), 215.
Herkomer (Hubert), 83, 226, 228, 229, 230, 231, 236, 240.
Hertford (Lord), 172.
Hetherington (J.), 248.
Hill (James Stephens), 290, 308.
Hilliard, 3.
Hills (R.), 306.
Hilton (William), 98, 101.
Hobbema, 135, 261.
Hodges (William), 132.
Hoffmann, 117.
Hogarth (William), 3, 4, 5, 6, 7, 9, 10, 11, 12, 13, 14, 15, 16, 17, 83, 102, 104, 123, 231, 286, 309, 310, 312, 313, 314, 318, 326, 332.
Hokusaï, 258, 275, 276, 325.
Holbein, 4, 24, 184, 186, 226.
Holiday, 231.
Holl (Frank), 233, 241, 246.

INDEX ALPHABÉTIQUE.

Holland (James), 305.
Holland (Lady), 220.
Holland (Lord), 311.
Holloway (C. E.), 248, 307.
Holmes (M. C. Y.), 150, 249, 301.
Holworthey (J.), 306.
Homère, 34.
Hone (William), 327.
Hooghs (Romain de), 309.
Hook (James Clarke), 217, 242.
Hope (William), 24.
Hopkins (Arthur), 337.
Hoppner, 60, 68, 69, 72, 73, 74, 141, 274.
Hornel (E. A.), 267, 279, 280, 281, 283.
Horsley (F. C.), 216.
Hourzon, 100.
Hubert (Robert), 126, 127.
Hudson (Thomas), 19.
Huet (Paul), 126, 165.
Hughes (Arthur), 192, 210, 213.
Hunt (William Henry), 291, 305.
Hunt (William Holman), 26, 179, 180, 182, 187, 189, 190, 191, 192, 194, 196, 197, 198, 203, 204, 206, 210, 212, 213, 214, 217, 220, 221, 229, 231, 233, 234, 242, 302.
Hunter (Colin), 245, 283.
Hurlstone (Frédéric Yates), 98, 101.
Hurst, 161.
Huysmans, 38.

Ibbertson (César), 140.
Irving (Sir H.), 180, 332.
Iveagh (Lord), 52.

Jackson, 68, 98.
Jacob, 85, 91.
Jacques, 309.
Jakson (William), 48, 49.
Jamesone (George), 4, 104.
John (Augustus), 249, 252.
John (George), 30.
Jongkindt, 144.
Julian, 272.

Keene (Charles), 334, 336, 337.
Kemble, 52, 81, 101.
Kennedy (William), 282.
Keppel (Commodore), 19, 20.
King (Yeend), 307.
Kent, 8.
Knight (S. W.), 248.
Knighton (Sir William), 92.
Knox, 103, 104, 106.

Ladbrooke (Robert), 134, 137.
Laing (David), 264.
Lambton (Master), 74, 81.
Lancret, 97.
Lander (Scott), 283.
Landsdowne, 141.
Landseer (John), 172.
Landseer (Thomas), 174.
Landseer (Sir Edwin), 172, 173, 174, 175.
Langham (Lady), 72.
Langley (Walter), 307.
Larguillière, 4.
La Tour, 60.
Laurent (Ernest), 222.
Lauro (Agostino), 211.
Lavery, 83, 258, 268, 270, 271, 272, 273, 274.
Lavinia, 24.
Lawrence (Thomas), 18, 60, 64, 68, 72, 75, 76, 77, 78, 79, 80, 81, 92, 100, 101, 103, 106, 154, 169, 171, 172, 180, 273.
Lawson (Cecil Gordon), 244, 245, 248, 251.
Lazarus (M°°), 63, 66.
Leader (Benjamin William), 245.
Lebourg, 249.
Lebrun, 56.
Leech (John), 329, 330, 335, 337.
Legros, 264, 266.
Leicester (Lady), 68, 74.
Leigh, 237.
Leighton (Lord Frederick), 26, 217, 220, 223, 225, 226, 228, 229, 230, 231, 232.
Lely (Peter), 4, 17, 132.
Lennox (Sarah), 14.
Leslie (Charles Robert), 83, 102, 106, 107,

INDEX ALPHABÉTIQUE.

108, 109, 110, 123, 146, 149, 151, 153, 216, 302.
Lessort (Jules), 307.
Lewis (John), 242.
Lewis (John Frédéric). 291.
Leys, 224.
Ligonier (Lord), 20, 30.
Linnell (John), 242, 290.
Liotard, 311.
Lippi (Filippo), 200.
Lloyd (Stuart), 248.
Lloyd (Tom), 248.
Logsdail (W.), 246.
Longfellow, 243.
Lorimer, 275, 281, 282.
Lorrain (Claude), 130, 132, 141, 152, 154, 161, 164, 293, 294, 301, 302.
Lucas (D.), 153, 299.
Lucas de Leyde, 164.
Luini, 204.
Lyons (Emma), 60, 61.

Macallum (Hamilton), 246, 247.
Mac-Callum, 217.
Mac-Culloch (George), 269.
Mac-Culloz (Hornby), 261.
Mac-Donald, 64.
Mac-Gregor (W. J.), 258, 261, 262, 264, 267, 269, 280.
Mackenzie (Henri), 66.
Maclise (Daniel), 215, 217, 218.
Mac Taggart (William), 278, 281, 282.
Mac-Whirter (John), 269.
Maghew, 330, 335.
Malcom (Sarah), 14.
Mallou (Thomas), 292.
Manet, 191, 214, 272, 283.
Manning (Cardinal), 180.
Mantegna, 339.
Mantz (Paul), 42, 44, 52, 54.
Marc-Ardèle, 310.
Mark Curie (Mrs), 62.
Marin (Henri), 222.
Martin (John), 101.
Martineau (Robert Braithwaite), 233, 234.

Mason (George Heming), 236, 237, 240, 241, 245, 251, 305.
Mauclair (Camille), 228-272.
Maurier (George du), 336, 339.
May (A.-W.), 248.
May (Ernest), 75, 80.
May (Phil), 329, 332, 335, 337.
Meadours (Kenney), 336.
Meissonier, 274.
Melville (Arthur), 258, 274, 275, 276, 277, 278, 283.
Memling, 184.
Mérimée, 9.
Michel-Ange, 23, 24, 27, 34, 88.
Miéris, 123.
Miles (Frank), 247, 248.
Millais (John Everett), 83, 180, 182, 184, 185, 186, 187, 189, 190, 191, 192, 194, 196, 197, 199, 202, 203, 204, 206, 212, 213, 214, 216, 217, 242.
Millet, 146.
Milne, 274.
Milton, 81, 142.
Moltke (de), 334.
Moncrieff (M. Scott), 66.
Monet (Claude), 144, 278, 283.
Monro (C.-B.), 248.
Montalba (Miss Clara), 246.
Monticelli, 248, 258, 265.
Montrose (Duc de), 68.
Moodey (Mrs), 38.
Moor (Antonio de), 4.
Moore (Albert), 234, 243.
Moore (Henry), 247.
Moreau (Gabriel), 126, 127.
Morgan (Miss Mary), 273.
Morgan (Pierpont), 24, 54.
Morland (George), 100, 114, 115, 116, 117, 118, 140, 174.
Morland (Henry Robert), 97, 98, 99, 100.
Moro (Antonio), 132.
Morris (P. R.), 234.
Morris (William), 192, 230, 241, 251.
Mortimer (John Hamilton), 84, 91, 98, 100.

MOUREY (Gabriel), 183, 194.
MULLER (William J.), 246, 304.
MULREADY (William), 83, 102, 119, 120, 121, 122, 123, 124.
MULREADY (William) fils, 122.
MUNRO (D^r), 158, 292, 297.
MURRAY (David), 283.
MUSIDORA, 49.

NAISH (J. G.), 247.
NAPIER (C.), 246.
NASMYTH, 283.
NASMYTH (Alexandre), 260,
NASMYTH (Patrick), 140, 260.
NATTIER, 59.
NAUSICAA, 100.
NEER (Aart van der), 156.
NELSON, 215.
NEWMAN, 180.
NEWTON (Stuart), 83, 102, 108, 110, 123.
NICHOLSON (F.), 306.
NICHOLZON (W.), 249.
NIKOL (Erskine), 262.
NISBET (R. B.), 307.
NORTH (J. W.), 238, 246.
NORTHCOTE, 66, 67, 84, 90, 91, 92, 100, 125.
NUNZIATA (Toto del), 132.

O'BRIEN (Nelly), 24, 28, 62.
OLIVIER (Isaac), 3.
OPIE (John), 62, 66, 67, 69, 101.
ORANGE (Prince d'), 91.
ORCHARDSON (William Quiller), 83, 180, 244, 263, 264, 281, 283.
ORROCK (James), 295.
OSSIAN, 100.
OSTADE, 8, 102, 104, 123.
OULESS, 180.
OUTAMARO, 339.
OVERBECK, 90, 185, 217.
OWEN (William), 66, 68, 338.
OXFORD (C^{sse} d'), 72.

PALMER, 31.

PARSONS (A.), 248.
PATER, 96.
PATERSON (James), 278, 279.
PATERSON (Jos.), 258.
PATON (Sir Joseph Noël), 210, 260, 262.
PATRICK (Saint), 87.
PATRIDGE (Bernard), 333, 336.
PEAT (Mrs), 66.
PEEL (Robert), 81, 106.
PERRAULT, 329.
PERSON (Major), 87.
PETTIE (John), 262, 263, 268, 283.
PEYNE (V.-H.), 306.
PHIDIAS, 33, 34.
PHILIP (John), 237, 246, 283.
PHILIPON (Charles), 321.
PHILLIPS (Thomas), 68, 100.
PHILLIPS (Gilles Firman), 307.
PIE VII, 74, 77, 105.
PIERRE LE GRAND, 286.
PINWELL (George John), 305.
PISSARRO, 144.
PITT (William), 68, 312, 315, 317, 318, 320, 321, 324, 326, 327.
PLANTAGENET (Richard), 91.
POLIGNAC (D^{esse} de), 79.
POT (Charles), 67.
POTTER (Paul), 164.
POUSSIN, 162.
POWEL (J.), 307.
POWELL (Francis), 247.
POYNTER (Sir Edward), 232, 234.
PROUT (Samuel), 291, 294.

QUENTIN (A.), 134, 328.
QUILTER (Harry), 198.
QUILTY (Harry), 212.

RAEBURN (Henry), 55, 63, 65, 104, 258, 259, 261, 268, 269, 274.
RACKHAM (Arthur), 338.
RAIMBACH, 105.
RALSTON (W.), 338.
RAMSAY (Allan), 21, 66, 67, 104, 260.

RAPHAEL, 5, 24, 58, 88, 142, 164, 170, 184, 195, 202, 212.
RAVENHILL (L.), 337, 338.
RAWLE (J. S.), 248.
REBOW (Général), 148.
REDGRAVE (Richard), 208.
REED (Et.), 336.
REED (George), 263, 270.
REMBRANDT, 24, 34, 38, 41, 66, 88, 101, 127, 138, 154.
RENOIR, 283.
REYNOLDS (Frank), 338.
REYNOLDS (Joshua), 3, 4, 6, 14, 17, 18, 19, 20, 25, 26, 27, 28, 29, 30, 31, 32, 33, 36, 41, 53, 55, 61, 64, 66, 70, 72, 86, 87, 90, 152, 154, 169, 180, 206, 214, 221, 230, 259, 273, 302, 325.
REYNOLDS (W.), 299.
RHODES (Colonel Fairfax), 242.
RICHARDS (W. J.), 247.
RICHARDSON, 19, 175.
RICHEMOND, 231.
RIDLEY, 141.
RIGAUD, 56.
RIVIÈRE (Briton), 308.
ROBERTS (Alex.), 281.
ROBINSON (F. Cawley), 249, 252.
ROBINSON (Mary), 37.
ROCHE (Alexandre), 277, 282.
ROCKINGHAM, 316.
ROGERS (Sam), 76, 78.
ROKER (Michel-Angelo), 286.
ROMNEY, 17, 18, 55, 56, 57, 58, 59, 60, 61, 64, 66, 86, 169, 259, 273.
ROOKE, 231.
ROOKER (Edward), 286.
ROSA (Salvator), 152, 162.
ROSSETTI (Dante Gabriel), 179, 180, 182, 190, 191, 192, 193, 194, 195, 197, 198, 199, 200, 201, 202, 203, 204, 208, 210, 211, 213, 217, 220, 221, 226, 228, 231, 272, 305.
ROTHENSTEIN (W.), 249.
ROTHSCHILD, 50.
ROUSSEAU, 126, 144, 258, 265, 278.

ROWLANDSON (Thomas), 291, 310, 313, 316, 317, 318, 319, 320, 321, 322, 323, 324, 325, 329.
RUBENS, 38, 41, 50, 88, 127, 222, 226.
RUNCIMAN (Alexander), 84, 97, 98, 100, 104, 260.
RUNCIMAN (John), 260.
RUSKIN, 153, 154, 158, 162, 163, 164, 180, 182, 192, 194, 195, 197, 198, 199, 204, 209, 210, 213, 214, 215, 216, 241, 243, 293, 297, 298.
RUYSDAEL, 135, 162, 261, 293, 302.

SADE (Frank), 307.
SALISBURY, 148.
SAMBOURNE (Linley), 336.
SANDBY (Paul), 285, 286, 287, 289, 297, 310, 313, 314.
SARGENT (John), 83, 180, 226, 228, 239, 249, 252.
SAYER (James), 313, 315, 318, 332.
SCHEFFER (Ary), 218.
SCHOMBERG (Ralph), 49.
SCHOOL, 187.
SCOTT (M.), 310.
SCOTT (of Oldham), 233, 246.
SCOTT (Samuel), 64, 130, 132.
SCOTT William Bell, 198, 211.
SEAMAN (Owen), 335.
SERRES (J. V.), 296.
SEURAT, 222.
SEVERN (John), 306.
SEYMOUR (Lord), 172.
SHAKESPEARE, 61, 81, 85, 86, 87, 102, 175, 204, 210, 236, 260.
SHEE (Martin Archer), 98, 100.
SHEEPSHANKS (M.), 123.
SHELBURNE, 317.
SHELLEY (S.), 306.
SHEPHERD (George Sidney), 207, 208.
SHEPTIED (J. A.), 337.
SHERIDAN, 318, 320.
SHERIDAN (Mrs), 38, 50, 62, 128.
SIDDAL (Elisabeth), 182, 183.
SIDDONS (Sarah), 24, 50, 72, 101, 128, 145.

46

SIDNEY, 338.
SIGNAC, 222.
SILVESTRE (Théophile), 112.
SIME (H.), 338.
SISLEY, 144, 283.
SIZERANNE (Robert de la), 192, 202, 207, 229.
SLATER (W. J.), 248.
SMIRKE (Robert), 83, 102.
SMITH (Archibald), 262.
SMITH (J. R.), 138, 139.
SOANE (John), 68.
SOMERVILLE (Mrs), 68.
SOUTHEY, 68.
SPENCER (Lady), 24, 30.
SPENCER (Lord), 68, 233.
SPENCER-STANHOPE, 231.
SPENSER, 210.
STAFFORD, 61.
STANLEY, 61.
STANHOPE, 210.
STANTON (Mrs), 72.
STARK, 137.
STEELE, 56.
STEEN, 8, 102.
STEER (Wilson), 248, 249, 252.
STEPHENS, 192.
STEPHENS (Miss), 68.
STERN (Mme L.), 55, 60, 142.
STERNE, 5, 110.
STEVENSON (Macaulay), 278, 279, 282.
STEWART (Dugald), 66.
STILLMAN, 43, 231.
STONE (Henri), 4.
STOTHARD (Thomas), 92, 94, 95, 96, 97, 98, 291.
STOTT (Edward), 248.
STRANG (William), 248.
STRUDWICK, 210, 213, 231.
STUBB, 174.
STUD (Arthur), 248.
SULLIVAN (J. F.), 338.
SUSSEX (Comte de), 68.
SUTHERLAND, 141.
SWIFT, 5.
SWINBURNE, 192.

TABLEY (Lord de), 139.
TAGGART, 258.
TAYLORD (W. B. S.), 307.
TÉNIERS, 8, 88, 102, 118, 123.
TENNIEL (Sir John), 215, 306, 308, 336.
TENNYSON, 180, 220.
TERBURG, 263.
TEWINS (Thomas), 147.
THACQUERAY (Lance), 337.
THICKNESS (Philippe), 44.
THOMAS (Grosvenor), 278.
THOMAS (John), 30.
THOMSON (Henry), 98, 100.
THOMSON (L.), 248.
THORÉ, 1, 52, 129, 191.
THORNE WAITE, 297.
THORNHILL (M.), 310.
THURLOW (Lord), 318, 320.
TICKELL (Mrs), 38.
TINTORET, 24, 27, 28.
TISSOT (James), 198.
TITIEN, 5, 24, 27, 28, 58, 152.
TOGWOOD, 96.
TONKS (Henry), 249.
TORNHILL (Sir James), 8.
TOWNSEND (F. H.), 335, 337.
TROOTY, 31.
TROYON, 126, 144.
TURNER (J. M. W.), 53, 69, 97, 101, 103, 135, 140, 146, 147, 153, 154, 155, 156, 157, 158, 159, 160, 161, 162, 163, 164, 166, 167, 192, 204, 244, 246, 285, 286, 291, 292, 293, 294, 296, 297, 298, 299, 300, 301, 307.
TURNER (Percy Moore), 289.

VANDERBOUK, 311.
VANDERGUCHT, 311.
VAN DE VELDE, 156, 157.
VAN DYCK, 4, 17, 24, 30, 38, 41, 50, 52, 86, 88, 222, 226.
VAN EYCK, 184.
VARLEY (C.), 305.
VARLEY (John), 288, 290, 291, 293, 305.
VELASQUEZ, 52, 258, 267, 268, 272, 279.

Verlat, 280.
Vernet (Carle), 174.
Vernet (Horace), 175.
Vernet (Joseph), 126, 127, 133.
Vestray, 84.
Victoria (Reine), 101, 105, 106.
Vigée-Lebrun, 61.
Vincent (G.), 137.

Wagner, 236.
Walker (Frédéric), 236, 237, 240, 241, 251, 305.
Wallace, 25.
Walls (William), 282.
Walpole, 14, 66.
Walter, 244.
Walter Scott, 66, 91, 92, 101, 175.
Walton (Ed. Arthur), 279.
Wappers (Baron), 206, 224.
Ward (E. M.), 111, 116.
Ward (James), 138, 139.
Warley (J), 293.
Warren-Hastings, 319, 320.
Waterhouse (John William), 235, 238.
Waterlow (E. A.), 248.
Watson (T. J. St.), 248.
Watteau, 37, 52, 97, 110, 248.
Watts (George Frederick), 26, 83, 148, 180, 206, 214, 220, 221, 222, 223, 226, 227, 229, 231, 232, 233, 234, 235, 266.
Wat Tyler, 91.
Wealnon (Thomas), 293.
Webster (Thomas), 83, 216, 221, 224.
Wedon (A. W.), 307.
Wegemann (T.), 307.
Wellington, 101.
West (Benjamin), 8, 62, 69, 84, 85, 86, 87, 102, 106, 108, 236.
Westall (Richard), 98, 100.
Westminster, 35.

Westminster (Duc de), 196.
Whistler (John Mac Nelli), 83, 156, 180, 252, 257, 258, 265, 267, 272, 333.
Wilkes, 14.
Wilkie (David), 68, 83, 102, 103, 104, 105, 106, 110, 111, 112, 113, 114, 123, 124, 164, 216, 261, 283.
William (Sir), 61.
Williamson (Dr), 71.
Wilson (David), 338.
Wilson (P. Mac Gregor), 282.
Wilson (Richard), 53, 130, 131, 132, 133, 135, 137, 138, 140, 146, 147, 293, 301.
Wilson (William), 132.
Wilton, 70.
Wimpris (Edmond Morison), 306, 307.
Wingate (J. Lawton), 262, 282.
Wint (Peter de), 288, 290, 291, 304.
Wynants, 135.
Wyndham (Mrs Percy), 220.
Wolf (Général), 86, 89.
Wollstonecraft (Mary), 67.
Wood (Starr), 338.
Woods (Henry), 246.
Woodward, 313, 316.
Woollet, 96, 134.
Woolner, 192.
Wray (Mrs), 59.
Wrigh (Joseph), 84, 98, 100.
Wright (Thomas), 133, 311, 315, 320, 343.
Wyllie W. L., 248.
Wyne (Sir George), 133.

Yates (Mrs), 58.
York (Duc d'), 68, 77.

Zickert (Bernhard), 248.
Zuccaro, 236.
Zuchiarelli, 130, 132.

FIN DE L'INDEX ALPHABÉTIQUE.

IMPRIMÉ
PAR
PHILIPPE RENOUARD
10, rue des Saints-Pères
PARIS

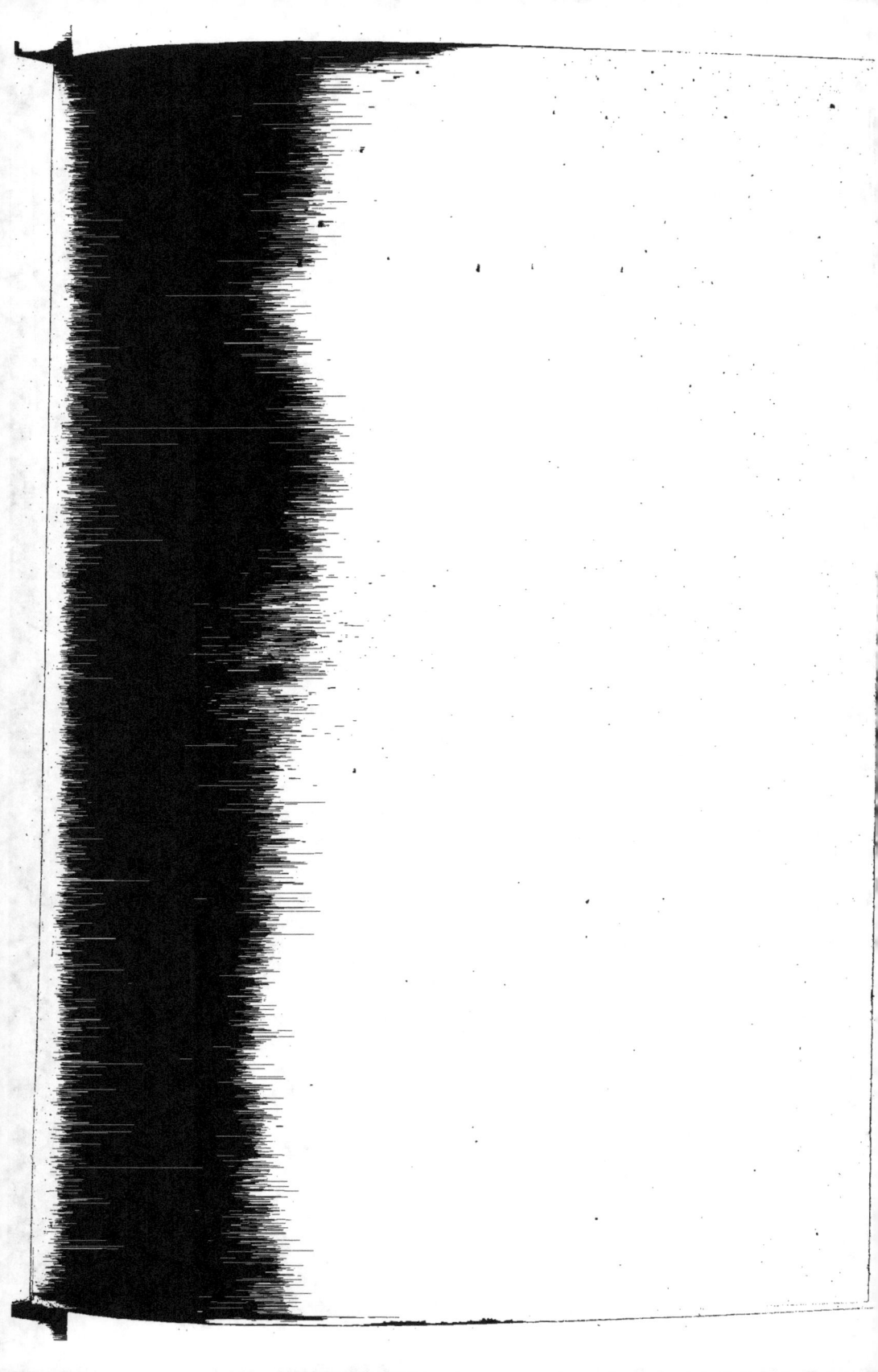

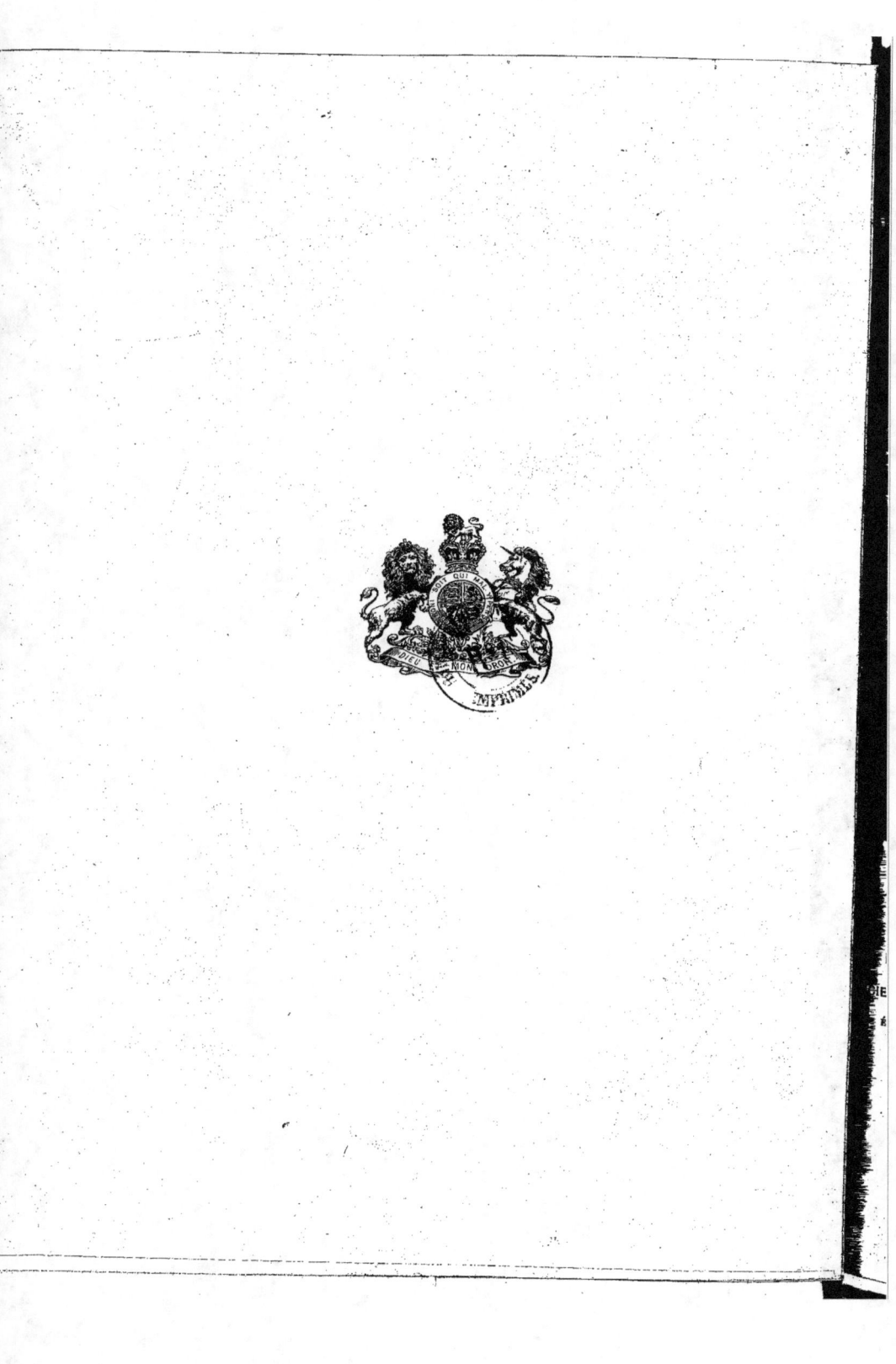

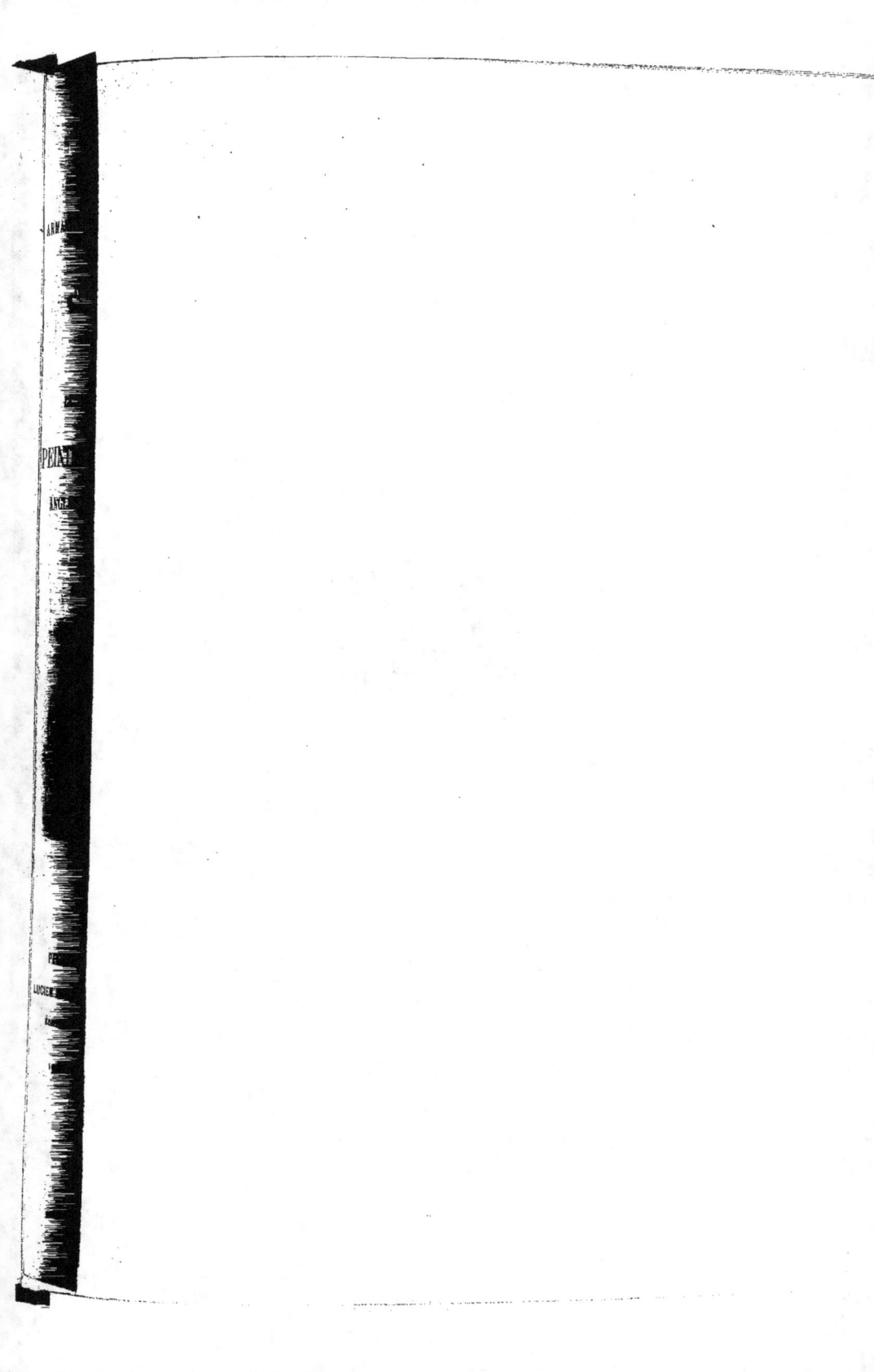

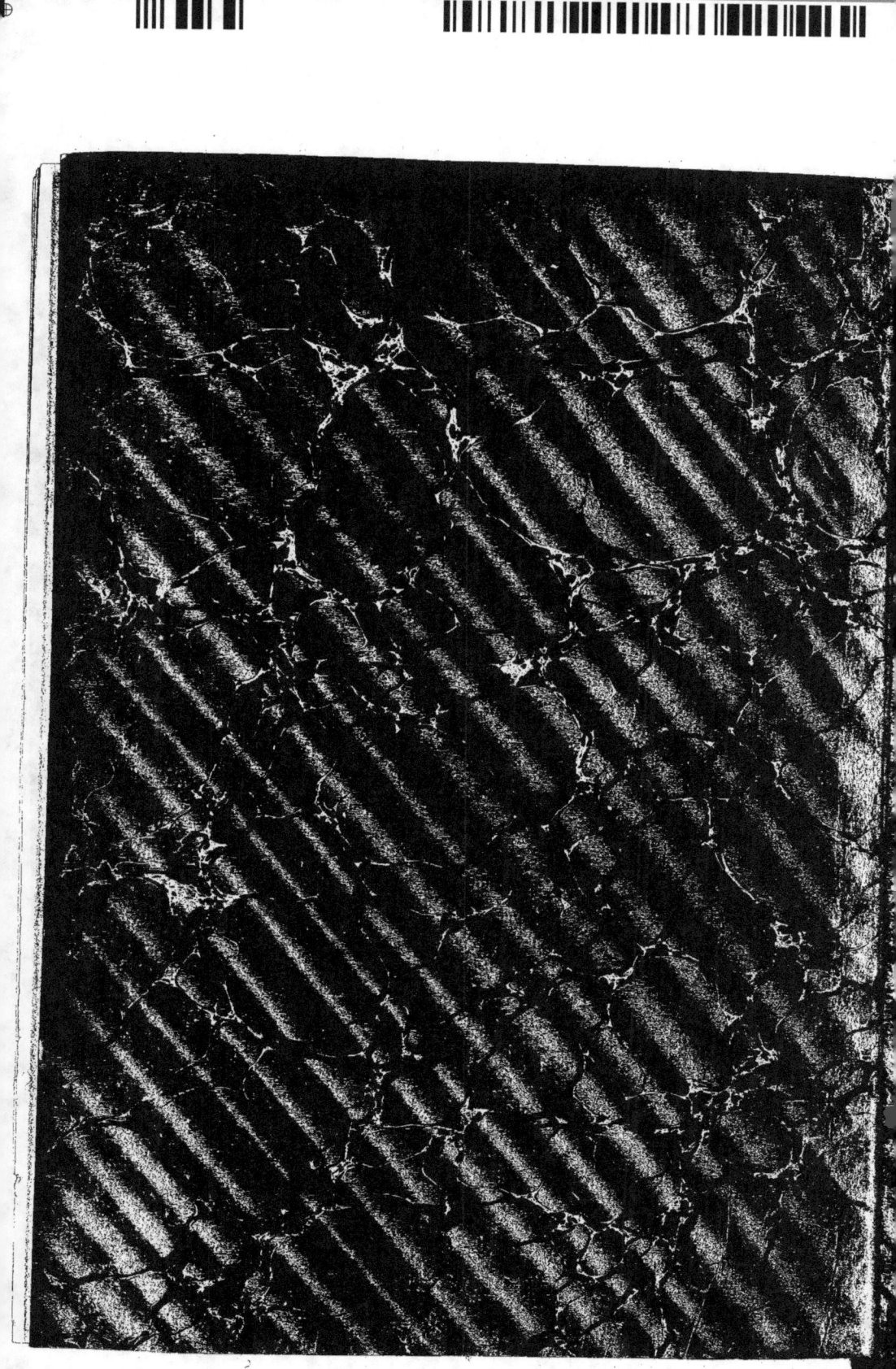

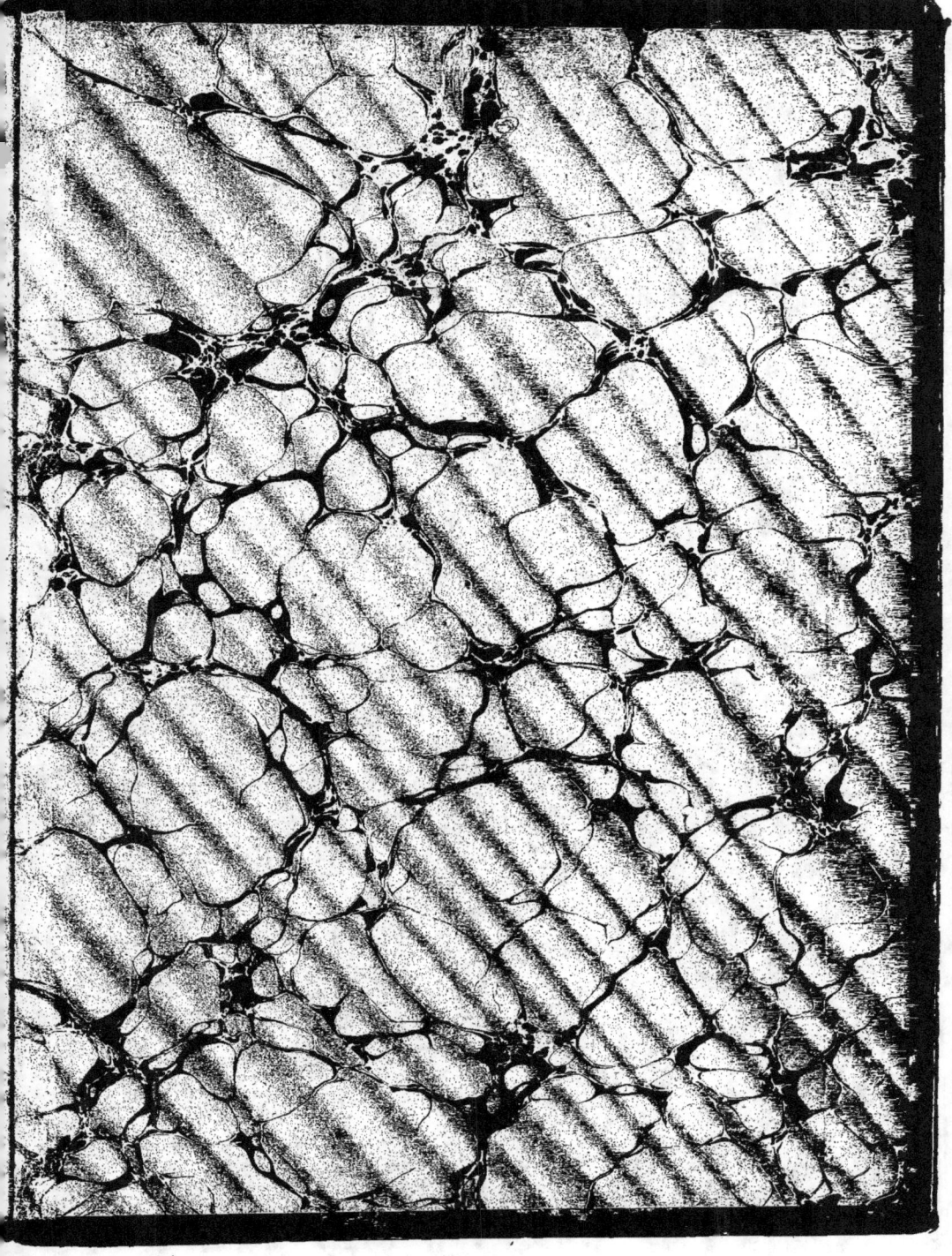